2017—2019

我们的言论

OUR SPEECH

浙江省人民政府咨询委员会 编

浙江大学出版社

目录
CONTENTS

改革开放再出发

GAIGE KAIFANG
ZAI CHUFA

最大限度释放改革红利[1]

改革工作牵一发而动全身。我省当前正在推进的各项改革试点多达900余项，其中省级以上批准的164项，党中央、国务院批准的"国字号"改革21项，国家部委批复的有101项。对照中央要求和群众期盼，对照省十四次党代会提出的通过"改革强省"增创体制机制新优势的要求，我省全面深化改革仍需坚决破除体制机制弊端，加大克难攻坚力度。

[1] 本课题主执笔人胡虎林、陈柳裕，成文于2018年2月27日，原标题为《关于当前我省深化改革面临的主要问题和对策建议的函》。

一、当前我省全面深化改革进程中存在的主要问题

（一）部分重大改革试点仍需持续深化

部分国家改革试点的制度创新仍然受到法律法规和政策协调上的制约，重大举措出台不多，步伐有所趋缓。如舟山的改革焦点转移到自由贸易试验区后，群岛新区先行先试的特色有待深化。中国（浙江）自由贸易试验区的溢出效应也未能充分释放到杭州、宁波、义乌等市。杭州作为全国第一家跨境电商综试区试点城市，在改革扩大至天津等12个城市以后，先行先试的探索需进一步加快步伐。杭州国家级临空经济示范区获批后，创建战略定位仍需进一步明晰，管理体制有待进一步理顺，改革落地成效有待进一步放大。

（二）部分地方和部门对改革试点存在误读

部分地方和部门对改革试点"重引入轻落实""重引入轻退出""重试点设立轻经验总结推广"，改革的工作化、碎片化现象仍一定程度存在。一些地方热衷于争抢改革试点的"帽子"，但对于已获批复的改革试点缺乏后续探索，仍在等待所谓的上级政

策，顶层设计不足已成为各级懒政、推诿的理由。有些改革方案左右协调不够，存在各部门各顾各出文件的现象；有些改革方案上下协调不够，出现重要文件无法执行的情况；有些部门出台的改革方案缺乏对基层实际情况多样性的包容，使得基层执行面临困难。

（三）部分改革成果落地存在衰减现象

部分改革试点存在"只到膝盖不落地"的现象。有些改革方案前期调研不足，致使增加落地难度。一些地区和部门抓改革浮于表面，实际操作不到位，存在以会议落实改革、以文件推动改革的倾向。各地区各部门对改革方案的认识还需进一步加大统一思想的工作，从前期改革中总结出可复制、可推广的经验尚需时日。改革的利益格局尚未打破，只要涉及既得利益集团的"奶酪"，就会受到强大阻力。

（四）干部改革创新的动力和保障机制仍显不足

改革创新容错机制已基本建立，但容错免责的适用情形、认定标准还不清晰，相当一部分地区没有出台具体实施办法，可供参考的典型案例还不多，其中被宣传的就更少。一些部门在涉及绩效考评和工作督查时简单对照目标和条文进行问责，干部对此心有余悸，怕出错和怕被批评、追责、问责的顾虑仍相当程度存在。

二、破解难题持续推进改革的若干建议

（一）以纪念改革开放 40 周年为契机进一步形成改革共识

要鼓励支持全省上下敢闯敢试、大胆探索，加强对改革试点成功案例的推介宣传，及时总结推广改革的好经验好做法，突出对深化改革案例和改革者、改革家的宣传报道，形成想改革、敢改革、善改革的浓厚氛围。要加强研究，更深刻、精准地把握作为一个整体的省域治理体系的内在结构和内在规律，主抓关键领域加强重大改革事项的系统谋划，强化全面深化改革的制度群、制度体系设计。

要坚持社会主义市场经济改革方向，发展高质量高效率的市场经济，加快构建公平竞争、打破垄断、放宽限制、拥有现代法治市场经济所有基本要素的市场经济体制。要将完善产权制度作为经济体制改革的重点，激发和保护企业家精神，鼓励更多社会主体投身创新创业，充分发挥民营企业、中小企业、企业家、新型农业经营主体等各类市场主体的作用。

要坚持以人民为中心的改革价值取向，积极主动回应群众关切，努力使改革向有

利于维护社会公平正义方向前进。要扎实推进民生领域改革，让改革的成果及早惠及人民群众，显著提升群众获得感。要适应新时代社会主要矛盾的变化，抓住老百姓最急最忧最怨的问题，大胆试大胆立，对老百姓最迫切关心的医疗、医保、教育、农村土地制度等领域持续深化改革，充分调动起人民群众参与改革的信心和积极性，形成顺应民心、势如破竹的改革局面。

（二）聚焦"最多跑一次"引领全面深化改革

要根据以"最多跑一次"改革为突破口撬动各领域改革的总要求，围绕牢牢把握高质量发展，着力攻克发展方式、经济结构、增长动力三大关口，加快建设现代化经济体系的目标，在深化供给侧结构性改革和加快完善社会主义市场经济体制两方面进一步加大改革力度，将市场化改革推进到底。要立足问题导向，把提高供给体系质量作为深化供给侧结构性改革的主攻方向，使改革向着有利于增添发展新动力方向前进。坚持使市场在资源配置中起决定性作用，更好发挥政府作用，坚决扫除经济发展的体制机制障碍。加快完善产权制度和要素市场化配置改革，精准聚焦打造最佳营商环境推动改革破冰前行。

要按照"试验探索、复制推广、深化运用"的要求，切实提高改革方案的质量，搭建好改革的"梁"和"柱"。积极做好改革试点与立法部门的衔接，对于与法律冲突，又需要地方先行先试的改革事项，争取全国人大授权；对于试点成熟的改革事项，及时用地方立法和制度的形式固定下来。探索建立向基层开放的试点管理信息平台，切实解决"信息孤岛"问题，避免单纯以数据二次录入作为信息共享的标准。要加大对改革试点的第三方评估力度，综合发挥智库、媒体等第三方在试点监督、经验总结、理论提升、宣传引导方面的作用，充分利用已有研究成果，加强事中事后监管。

要注重改革试点事项和试点地区的可复制性，在鼓励不同地区进行差别化试点探索的基础上，有针对性地开展既符合本地区特点又对解决面上共性问题有探索示范意义的改革试点。要健全复制推广机制，对于成效显著的试点成果，及时总结经验在全省面上推广。积极争取将体现浙江特色样本的改革试点经验标准化，加快将中国（浙江）自由贸易试验区拓展至杭州、宁波、义乌等地，加快嘉善等改革试点的推广。

（三）切实加强全面深化改革的系统性、整体性和协同性

要牢牢牵住改革"牛鼻子"，主抓重点和整体推进相结合、治标和治本相促进、重点突破和渐进推动相衔接，在改革实践中加强各领域改革的联动和集成。要加强对多个单项改革试点的系统集成，推动改革成果由单点突破向整体突破跃升。鼓励和支持各部门将新增的改革试点举措，优先放在相关的综合配套改革试验区，以发挥系统集成效应。

要建立全面深化改革统筹管理体制，存量要清理，增量要规范。对重大试点改革作出认定，由省深改办对哪些是重大改革提出意见，原则上涉及体制机制、模式创新的都要列入，而工作性事项则不列入，切实避免"改革庸俗化"现象。对试点已结束或推进困难的存量改革试点进行清理，采取试点结束的方式进行结题、销号。对增量试点采取项目化管理，严格审批。要加强地方与中央、部门之间的联动，解决部分改革试点批复后"管生不管养"问题。

要把既定的改革部署进行到底，对实践证明行之有效的改革举措必须坚持深化，杜绝"新官不理旧账""另起炉灶翻烧饼"现象。要建立健全推进落实体制，地方为主、省级指导、督促落实。要建立健全保障机制，充分发挥基层改革试点的积极性。要切实加强各级改革办的力量，重视队伍建设。面对各领域众多的改革试点，建立起专职化、专业化、专家化的队伍，有效完成指导、协调、督查、推广等一系列改革工作任务。

（四）正向激励与容错免责并重，强化各级干部的改革情怀与使命担当

要在强化理想信念教育、纪律规矩约束的同时，引导广大干部争当改革促进派，重视通过体制机制激励干部推动改革，将改革绩效作为评价工作的内容，将改革不力作为问责事项，让敢于改革者改得下去，让敢于担当者担当得起。

要下功夫完善改革激励机制，推进干部能上能下的改革。要为改革担当者撑腰鼓劲，适时推出改革创新案例奖，使改革成为领导干部的使命和责任。对于在改革试点中闯出新路，取得突出业绩的干部，在晋升晋级中优先考虑。

要在提拔重用改革实绩突出的干部的同时，支持和保护那些为改革担风险的干部，公正评价因改革遭非议的干部。要完善落实容错纠错机制，明确容错的牵头部门和执行部门，明确事前容错或事后容错，建立谁有问责职能，谁就有容错义务的机制，谨慎启动"问责"，加强"容错免责"。对容错免责的条件和情形，以清单形式进一步细化，既明确免责的正面清单，也确定除外的负面清单，做到指向明确，给改革者吃下"定心丸"。要选择一批容错纠错的典型案例进行宣传。在容错免责的同时，也要注重纠错、加强预防。

加快推进政府数字化转型 [1]

一、顶层设计和基层实践探索亟须加大结合

近年来，我省围绕"最多跑一次"改革、政府数字化转型，出台了一系列文件，但相应的行动计划、工程规划、配套细则等尚未出台，导致一些地方和部门在执行时不知所措，甚至以文件落实文件，未见实效性举措。一些改革举措的普适性有待检验。据基层行政服务中心相关人员反映，"无差别全科受理"由于流程限制反而延长了急办事项的办理时间。不同地域业务属性差

1 本课题主执笔人王小玲、应瑛，成文于 2018 年 7 月 2 日，原标题为《关于我省政府数字化转型推进过程中的若干问题及对策建议的函》。

异导致一些市县对"无差别全科受理"的适用性存在顾虑，推进积极性不高。各地各部门在转型创新实践中涌现出不少亮点，但解剖麻雀式的分析研究、总结提升、宣传推广仍不到位，导致一方的"盆景"难以变成全省的"风景"。建议：

一是加强科学有效指导。坚持把"两个一"，即坚持全面深化"最多跑一次"改革、坚持实施数字经济"一号工程"，作为今后一段时间内我省政府数字化转型的主攻方向，以实事求是的态度、持之以恒的精神、严谨细致的作风，谋划政府数字化转型工作，在制定"时间表"的同时细化"路线图""施工图"，提供方法论。加强重大改革任务落实情况调研和督查，建立改革绩效评价和改革举措评估机制，通过专家论证、第三方评估等方式，及时纠偏，动态完善相关举措，根据实践需要和基层反馈，不断研究优化指导方案，切忌"一阵风"，不搞形式主义，避免"一窝蜂""一刀切"，不搞运动式。

二是加强总结提炼推广。充分发挥各地首创精神，择优选取若干市县、部门开展政府数字化转型试点示范，促进各地各部门数字化转型再深化再提升。要加强针对数字化转型的实践总结、理论研究和经验提炼，复制推广各地各部门行之有效的有益做法和成功经验，通过试点先行、示范引领，有效探索、全面推进。

二、政府大数据建设应用亟须深化

数据全面性、准确性、及时性不足；数据孤岛、数据烟囱依然存在；"一窗受理"平台与部门业务系统之间，甚至同一系统不同业务单元之间仍未完全打通；1998年之前的民政婚姻信息普遍缺失，社保、不动产等历史数据不够完善；政务数据与金融机构、平台型企业、行业组织等社会数据缺乏有效对接；政府归集数据主要依赖于部门报送，部门对原始数据进行"二次加工"的可能，大大降低了数据的真实性和可信性；数据安全存在隐患，网络安全保障意识不足，全省34.2%的政务信息系统未确定网络安全等级，36.5%系统未开展上线前检测；数据开放及应用深度不够，作为全国开展公共信息资源开放的5个省级试点之一，我省在省级政府数据开放排名中仅列第7。另据省委网信办统计，我省已经对外开放的282个数据集中，涉及经济运行、实时交通、物价等民生领域的数据相对较少，元数据也不尽完善，造成很多具备数据处理能力的市场主体面临"巧妇难为无米之炊"的窘境。建议：

一是抓紧填补数字化"规则空白"。 从立法层面对数据产权界定、数据共享开放、数据隐私保护、政企责任归属等方面进行明确规范。将人工智能、物联网、区块链等新技术和"最多跑一次"改革实践中的创新元素纳入相关规章制度。开展政府数字化转型标准建设，加强数据采集、交换、应用等技术规范、流程设置、运行管理标准的统一规划、宣传解读和普及推广。

二是提升数据质量。 坚持以"最多跑一次"改革为牵引，打破信息孤岛、数据壁垒。以第七次全国人口普查为契机，实施"基础数据修复、历史数据补查"专项工程，补齐修正数据存量。借鉴新加坡构建全国传感器网络的做法，加快布局移动互联网、物联网等智能终端，采集法人、自然人、项目"一手"数据，重点完善以公民身份证号码、统一社会信用代码、项目代码为唯一标识的人口、法人、项目基础数据库，做实做优数据增量。

三是强化数据安全。 健全对云平台建设等第三方机构的日常监管，确保政府对数据资源和核心业务的掌控。加强大数据网络安全系统建设，推动建立省级网络信息保护态势感知、监测预警和测评认证平台，提升信息安全技术保障能力。

四是推进数据开放共享。 按照"公开是惯例、不公开是特例"的原则，探索建立数据开放负面清单，及对应公开而未公开数据提供部门的投诉机制。持续更新公共数据开放目录，优先推动民生领域的公共数据向社会开放，尤其针对群众办事所需的社保、公安、国土、不动产、民政等数据，明确实时更新要求。充分发挥省数据管理中心在数据整合共享中的组织协调作用，实时全量下达各地各部门职责范围内的数据，为其数字化转型提供数据支撑。

五是狠抓数据典型应用。 抓住群众"痛点"、贴近群众需求，重点针对商事登记、企业投资项目监管、中小企业融资难融资贵、交通拥堵等突出问题，实施若干个数据应用示范项目，设定有限目标，引入社会力量，鼓励协同创新，打造利用大数据为民办实事的典型样板。

三、监管服务方式亟须优化

监管主体职能交叉重叠，事中事后监管方式方法有限。作为事中事后监管主要手段的社会信用体系尚不健全，守信激励和失信惩戒机制作用未全面发挥，监管存在"空档期"和"空白点"。政务服务产品与智慧化、移动化差距较大。以网站、微信、微博、APP为主的公共服务产品，其设计多以方便部门管理为出发点，对用户需求考虑不足，存在品种单一、更新缓慢、界面不友好、交互不及时、使用过程繁琐、用户体验差等问题。建议：

一是科学再造电子政府流程。落实党中央关于深化党和国家机构改革的决策部署，按照省委统一部署，以推进政府治理体系和治理能力现代化为方向，加快调整优化政府机构设置和职能配置。进一步理顺政府部门间和部门内设机构间的职能分工，在此基础上重构业务过程和流程，实现对电子政府的流程再造。

二是打造"信用浙江"升级版。通过应用推广事前查询信用产品、事中开展信用评价、事后实施信用联合奖惩，充分发挥信用管理在政府监管中的"托底"作用。聚力实施信用"531X"工程，加快构建全覆盖、无死角的信用信息互通共享机制，建立跨部门、跨区域的联动响应机制和联合奖惩机制。开展"信用浙江"应用市县试点，通过基层试点探索全面铺开，真正做到"一处失信，处处受限"。

三是优化提升产品服务体验。根据不同部门的场景化、细分化需求，定制契合民生政务需求的服务和产品。充分利用云计算、大数据、人工智能、自然语言处理、人脸识别等新一代信息技术，推动公共服务和产品创新。通过开设培训班、编发使用手册、制作指导视频等方式，加强对新模式、新流程、新产品的培训指导。顺应移动化、智慧化发展趋势，加快推动政务服务从"一网"向"一端"转型，推动浙江政务服务网APP迭代升级，加快政务钉钉推广应用，完善一体化移动政务服务，打造"掌上办事"之省、"掌上办公"之省。

四、思想认识和保障能力亟须提升

当前各地各部门对"政府数字化转型"的认知水平有高低、理解程度有深浅。有些领导干部对改革核心要义认识不清、把握不准，不能兼顾政府办公效率和群众办事效率，侧重"方便政府管理"而非"满足服务对象需求"为导向谋划数字化转型工作。有些领导干部数字化素养、技能与新形势、新任务的要求不相适应，存在知识恐慌、本领恐慌。省委网信办调研显示，会利用大数据做出决策部署、评估政策实施效果的单位或部门占比仅为 35.36% 和 36.6%。有些机械理解、僵化执行改革要求，死抠"一次""100 天"，重数量文章、形式文章。省内数字化企业参与和支撑政府数字化转型有限。如"最多跑一次"信息化建设主体多为山东、江苏、福建企业，出现了"墙内开花墙外香"的局面。法规制度"立改废释"工作滞后影响转型进程。企业投资项目承诺制改革要求项目"先建后验"，不再核发相应审批文件，但由于相关法律法规及部门规章有关条款未作调整，一些市县职能部门在推进承诺制改革的过程中，仍需要企业按照审批标准提交相关申报资料，造成承诺制项目资料不减，审批不减。信息化及业务人员紧缺。由于薪酬倒挂、工作要求高、强度大等原因，政府信息化部门及"一窗受理""无差别全科受理"等窗口人员尤其紧缺。建议：

一是着力提升"一把手"数字化领导力。政府数字化转型是真正意义上的"一把手工程"，要进一步强化改革的用户导向、需求导向，从与群众生产生活关系最紧密的领域做起，在群众反映最强烈、最渴望解决、最难办的事情上突破，重点针对"是什么""转什么""怎么转"等核心问题，举办专题研讨会和市（厅）长大讲堂，着力提升各地各部门主要领导的数字化意识和能力。配置对数字化转型热衷并懂行，有眼光、有能力抓出实效的分管领导充实领导班子。

二是加强人才队伍建设。各级党委政府牵头抓总，出台教育培训实施意见，将数字化技能水平纳入干部培训、考核计划和各级党校、行政学院、干部学院教学体系。在政府部门探索试点首席信息官制度，在行政服务中心、信息中心等事业单位探索建立特岗特聘制度。对数字化领域特殊人才要有特殊政策，确保人才引得进、用得好、留得住。制定人才培养计划，鼓励在浙高校设立数字化专业相关学科，采取定向培养、委托培养和订单培养等方式，加大对政府数字化领域专业人才培养力度。

三是创新政府与企业、社会公众之间的合作机制。鼓励政府与省内骨干企业开展合作，充分发挥阿里巴巴、海康威视、大华股份等本土龙头企业在数字化技术、产品、人才等方面的专业优势，注重培育和发挥成长型中小企业的作用，打造"市场有效、政府有为、企业有利、百姓受益"的良好生态。推广应用诸如衢州市龙游县"村情通""商情通"等综合信息服务平台，进一步凝聚和充分调动社会各界的智慧和力量，探索基层共建共享治理模式。

四是创建和完善相关制度和政策环境。及时研究、出台有利于政府数字化转型的地方性法规和政策，落实各种突破性政策和容错免责条款，全面清理和修订与转型不相适应的规范性文件，倡导创新、宽容失败，为改革者撑腰，为担当者担当，打造数字经济生态最优区域。

推进政府购买服务[1]

随着我省社会经济发展水平的不断提高，社会公众对公共服务的需求也不断增长，积极推进政府购买服务是弥补公共服务供给不足的重要途径。当前，我省在推进政府购买服务中面临一些问题：一是政府购买服务的覆盖面还不广，规模较小，公共服务供给数量和质量难以满足社会公众的现实需求；二是购买程序不够规

[1] 本报告主执笔人王俊豪，成文于 2017 年 9 月 4 日，原标题为《进一步推进我省政府购买服务的对策建议》。

范，购买行为"内部化"问题比较普遍，缺乏有效的竞争机制，存在廉政风险；三是购买服务的质量标准不够明确，合同条文不够清晰严谨，缺乏科学的绩效评价和监督机制；四是社会组织发育程度较低，在不少公共服务领域缺乏有效的承接能力。为此，建议：

一、逐步增加并强制性实施政府购买服务指导目录

制定科学合理的政府购买服务指导目录是进一步推进我省政府购买服务的基础。要综合考虑政府转变职能的要求、社会需要和社会组织的承接能力等因素，将一些条件成熟、适合市场化方式提供的公共服务不断纳入政府购买服务范围。根据我们调研，2017 年已有 144 项服务纳入政府购买服务指导目录（其中公共服务 96 项），这比 2015 年度的 65 项（其中公共服务 40 项）有很大的增长。但从近年来一些政府部门的预算审查中发现，不少省级部门政府购买服务的项目属性大部分是"政府履职辅助性服务"项目，而对"公共服务"项目实施政府购买服务的较少。究其原因，目前政府部门在具体实施"政府购买服务指导目录"时，具有选择性，而不是强制性。要从根本上改变这种状况，建议将政府部门的"选择性"实施逐步转变为"强制性"实施，对于一时难以实行政府购买服务的项目，则应详细说明理由。

二、形成优选政府购买服务承接者的竞争性机制

按照公开、公平、公正原则，竞争性优选高效率的社会组织来承接政府购买服务项目，这是提高政府购买服务效率的基本前提。这要求政府部门加强购买服务信息透明化，向社会及时、充分地公布计划购买的服务项目、内容、承接者的资格要求、绩效评价和付费标准等信息，以吸引足够数量和较高水平的社会组织竞争政府购买服务项目，真正发挥竞争机制的作用。

当前，特别需要研究如何打破政府有关部门及其所属事业单位对政府购买服务的垄断，按规定严格限制一些政府部门采用单一来源方式购买服务，规范采购程序，消除廉政风险隐患。鉴于一些事业单位与有关政府部门长期以来形成的特殊关系，在政府购买服务招投标中，为保证评标者的中立性、公正性和专业性，可考虑由多部门成员及相应行业专家、经济专家等组成的综合评标机构作为主要评标者。同时，在政府购买服务的合同中，要明确服务质量标准，并建立由政府有关部门、独立第三方和服务对象三结合的绩效评价机制，将绩效评价结果与购买服务合同资金支付挂钩，形成有效的政府购买服务激励约束机制。

三、倒逼政府部门与所属事业单位加快"政事分开"改革步伐

目前，多数政府部门直属的事业单位编制人员数大大超过其行政编制。以某省直部门为例，根据其部门预算，2017 年纳入该部门预算的单位编制人数为 1693 名，其中：行政编制 82 名，参照公务员管理编制 332 名，事业编制 1272 名。其他省级部门不同程度地存在类似情况。而在我省已实施的"政府购买服务指导目录"中所列的144 项政府购买服务清单中，目前多数还是由各政府部门所属的事业单位直接承接的，不符合政府购买服务的公开、公平和公正原则，缺乏竞争性择优政府购买服务承接者的机制。显然，不改革这种政事不分的体制格局，就不可能实质性推进政府购买服务工作。

根据 2014 年 12 月"财政部、民政部、工商总局关于印发《政府购买服务管理办法（暂行）》的通知"，政府购买服务承接主体应当具备的前提条件之七是："符合国家有关政事分开、政社分开、政企分开的要求。"因此，我们建议，至少可从以下两个方面倒逼政府所属事业单位改革：一是将已经列入"政府购买服务指导目录"的项目逐步向社会组织招标，竞争性优选承接者。迫使部分事业单位和政府部门脱钩，根据国家对事业单位分类改革的基本要求，实行政事分开，作为市场主体竞争政府购买服务

的承接权。二是逐步扩大我省"政府购买服务指导目录"的范围，从动态上倒逼更多的政府部门和所属事业单位推进政事分开改革。

四、积极培育和支持社会组织发展，提高社会组织的承接能力

在政府购买服务过程中，作为重要社会力量承接公共服务的社会组织具有基础性作用。要加大力度培育和支持社会组织发展。一方面，支持政府部门所属的部分事业单位改革成为社会组织。长期以来，这些事业单位在政府部门的支持下，拥有相当的专业技术人员、专用设施设备，了解与政府责任相关的公共服务需求，将这些事业单位改革成为适应市场经济体制的社会组织后，必将成为政府购买服务的重要力量。另一方面，积极培育和支持民间社会组织。这类社会组织往往具有较强的市场意识，但由于缺乏前期的积累，在发展初期，通常在规模、人才、设备、资金等方面比较薄弱，在竞争中处于弱势地位，因此，需要政府对民间社会组织的成长和发展提供良好的环境和条件，引导社会组织专业化发展，为承接政府购买服务培育后生力量。同时，如某项公共服务具有可分割性，可考虑让民间社会组织有一定的购买服务比例，以实行效率比较竞争，培育市场竞争力量。

"最多跑一次"改革的深化方向[1]

浙江"最多跑一次"改革，推动政府职能转变实现"四大突破"：一是突破了行政审批的"多头多层"，跑出政府行政审批的新速度；二是突破了市场监管的"严进宽管"，掀开商事制度改革的新篇章；三是突破了要素流动的"隐形壁垒"，激发社会创业创新的新活力；四是突破了政府服务的"意识不强"，回应广大人民群众的新期待。须保持定力、精准发力、持续用力，不断推进"最多跑一次"改革破冰前行。

[1] 本报告主执笔人舒蛟靖、林忠伟，成文于2018年10月29日，原标题为《以"最多跑一次"改革为突破口加快推进政府职能转变》。

（一）进一步推动政府行政审批从"局部减权"向"全面放权"拓展

结合国务院取消下放行政审批事项的要求，对地方性法规设定的现有审批和许可事项逐项深入论证，能取消的坚决取消，能下放的尽快下放。结合新一轮机构改革，根据构建简约高效的基层管理体制要求，探索乡镇街道机构改革方案，尽可能把资源、服务、管理下放基层。结合政府"两强三提高"建设，动态调整权力清单，优化行政权力运行流程，完善省级《"最多跑一次"指导目录》，进一步梳理规范办事指南，方便基层在具体执行中全面贯彻落实。结合政府数字化转型，促进信息系统互联互通，实现审批信息全上网、综合监管全入库、行政监管全覆盖。结合浙江实际，进一步梳理省级行政审批事项，积极推进设市县（市、区）三级政府部门行政权力清单的名称、类型、依据、编码统一，推进变相审批和许可自查整改工作，促进权力持续"瘦身"，力争做到"减无可减"。

（二）进一步推动商事制度改革从"创新实践"向"制度成果"转化

认真总结各地的实践经验，如"标准地"、承诺制改革等，加快把"最多跑一次"改革牵引下，我省各地商事制度改革的探索与实践转化为制度性成果，及时复制推广各地先进经验。加大法规规章"立改废"工作力度，加快推进商事制度相关改革的立法，推动修订出台有关事中事后监管的法律法规目录，做好改革涉及的规范性文件清理工作，及时提出修改意见建议。加快建立健全商事登记标准体系，如加快制定商事登记"一窗通办"标准化建设，以标准化固化改革成果。完善事中事后监管体系，加快构建以信用监管为基础的新型监管机制。以我省"最多跑一次"改革的经验和成果获得国家标准立项为契机，推动我省商事制度改革的各项实践成果上升为国家制度成果。

（三）进一步推动鼓励创业创新从"各自为政"向"系统集成"提升

大力破除市场准入壁垒，深化落实市场准入负面清单制度，不断缩减清单事项，推动"非禁即入"普遍落实。结合"最多跑一次"改革和新一轮机构改革，减少多头管理、重复管理，进一步整合"走出去"与"引进来"涉及的对外投资、浙商回归、跨国并购等政府职能，统筹制定总体战略和政策举措等。总结推广台州黄岩区工业企业服务直通车做法，综合协调各部门力量，打造互通式服务机制、一站式服务体系、妈妈式服务模式，及时解决企业面临的发展难题。加快推进政务数据资源、社会数据资源和互联网数据资源建设，健全完善跨部门、跨层级数据资源共享机制，推进各类平台的无缝对接，形成鼓励创新发展的合力。充分发挥硅谷杭州中心等全球创新资源的平台作用，帮助浙商对接海外创新研发团队，为海外并购和产业链整合提供法务、会计、行政、公共关系等全方位集成服务。

（四）进一步推动服务人民群众从"为民解忧"向"替民谋福"升华

完善"问政于民、问需于民、问计于民、问效于民"的"最多跑一次"改革推进机制，找准老百姓最急、最忧、最怨的问题，察实情、出实招、办实事、求实效。着力加强办事咨询服务体系建设，坚持从群众视角设定标准、用群众语言表述内容、以群众体验检验成效，力求为群众提供准确清晰全面的办事指引，使老百姓一听就懂、一看就会、一用就灵。充分发挥各类智库的积极作用，推进改革的科学化、民主化咨询机制，改革前要科学论证，改革中要严格依法，改革后要追踪评估。结合政府数字化转型，通过整合就业、住房、交通、教育、医疗等领域的大数据信息，及时了解和掌握百姓生活的实际需求和诉求，主动加强各部门有关政策的衔接，让人民群众有更多的获得感。及时研究制定适合新经济、新业态等从业人员的各类保障，如针对"零工经济""柔性经济""弹性经济"等新型就业形态，设计新型劳动用工合同，规范零工从业者的最低工资、加班费、赔偿金等劳动保障。

科学谋划 创新管理 [1]

强化科学谋划和政府管理创新是落实中央和省委决策部署的客观需要，是加强政府自身建设的重要内容，是"两强三提高"要求的直接体现。

1

本课题主执笔人阎逸、姚海滨、舒蛟靖、马欣雅，成文于2017年9月15日，原标题为《关于强化科学谋划和政府管理创新的意见的函》。

一、强化科学谋划

（一）把握重大谋划方向

高质量谋划重大改革。以"最多跑一次"改革为龙头，形成全面深化改革的倒逼机制，着眼于顶层设计和总体规划，研究谋划一批"牵一发而动全身"的基础性、支撑性、突破性重大改革举措。

高标准谋划重大平台。积极探索建立与全球接轨的国际化、市场化、法治化营商环境，结合"大湾区""大花园""大通道"建设，重点是深入推动杭州城西科创大走廊、国家自主创新示范区、浙江自贸试验区、江海联运服务中心等重大平台建设，引领浙江的新一轮发展。

高起点谋划重大项目。研究提出新一轮重大项目投资计划，突出实体投资、补短板投资、提质增效投资和民间投资，结合市场需求，超前谋划一批全局性、示范性、带动性强的重大项目。

高水平谋划重大政策。深入研究国际、国内发展的新情况、新问题、新趋势，强化重大问题研究和政策储备，科学谋划一批凸显地方特色、事关当前和立足长远发展的重大政策举措，鼓舞人心、激励民众。

（二）创新决策谋划方法

树立集成谋划新理念。采用大数据分析、遥感、卫星定位、地理信息系统等方法，将重大项目、土地资源、环境保护、交通系统等涉及空间的信息要素叠加，形成集各类要素为一体的数字化蓝图。以数字化的"中央厨房"集成谋划新理念，按照"数据共享"标准，以"系统化、模块化、项目化"新方式，集成上级文件、本地政策、实时数据、经验做法、专家观点和研究成果等信息，建立信息再加工和深加工机制，构建政府决策的大数据库。

探索规划编制新体系。结合省级空间规划试点，建立统一规范的省级空间规划编制机制，逐步形成总体规划、专项规划、区域规划等科学合理、衔接有序、城乡统一的规划体系。全面推广开化"多规合一"试点经验，推进多规衔接的规划内容、方法和技术标准统一，构建"1＋X"的空间规划体系，实现"一本规划管到底"。

建立现代统计新手段。充分运用新一代信息技术，创新统计调查信息采集和挖掘分析，改进经济运行监测预测和风险预警，及时向社会发布相关信息，合理引导市场预期。要推进统计调查制度、机制、方法创新，对我省正崭露头角的新经济、新模式的统计，要给予热情关注，扶持创新。

探索协同决策新机制。建立重大事项谋划协调机制，促进上下级之间和同级之间的协调联动，努力形成事关全省重大战略举措的无缝对接。完善政府常务会议集体学习制度，邀请专家就新理论、新知识、新技术等进行授课，促进领导干部和工作人员站在经济和社会发展最前沿。

（三）加强决策咨询工作

全过程体现决策咨询作用。充分发挥各类决策咨询机构的作用，推进决策的科学化、民主化。建立健全重大政策事前、事中、事后的决策咨询机制，决策前要科学论证，决策中要严格依法，决策后要追踪评估。

深层次促进决策咨询互动。探索建立决策部门对智库意见的回应和反馈机制，推动咨询研究成果成为科学决策、民主决策的重要依据。近期首先要建立健全政府部门与有关重点智库、专业智库的紧密合作机制和常态化互动平台。完善政府与智库之间人才交流、信息交流、成果交流的"旋转门"制度。

广范围征求决策咨询意见。完善重大决策意见征集制度，对涉及重大公共利益和人民群众切身利益的决策事项，应该通过举办听证会、论证会、社会调查等多种形式，广泛听取意见和建议，以适当形式向社会公布，增强决策透明度和公众参与度，并把重大决策意见征集情况纳入政府年度述职、考核内容，推行阳光决策。

二、创新政府管理

（一）创新政府管理理念

强化"有限政府"理念。 坚持"法定职责必须为、法无授权不可为"原则，守住"三不"底线，即对公民法人能够自主解决的事不干预，市场机制能够自行调节的事不插手，社会组织能够自律规范的事不涉足。不断完善政府权力清单制度，建立审批项目动态清理工作机制，公开权力运行流程，搭建社会舆论监督平台和民意调查的有效平台。

强化"依法行政"理念。 自觉接受人大的法律监督和政协的民主监督，高度重视社会公众监督和舆论监督，形成科学有效的权力运行制约和监督体系，强化对行政行为的程序控制，完善行政执法流程，对专业性、技术性较强的政府规章，引入第三方起草评估机制。

强化"诚信施政"理念。 加快推动政府守信践诺机制建设，健全发展规划、政府工作报告等决策落实机制。全面推进各类政府信用平台和"信用户、信用村、信用乡、信用县"四级信用体系建设，全面创建"无违约"政府，杜绝"新官不理旧账"现象。

（二）创新政府管理职能

以"最多跑一次"改革深化"放管服"。 深入推进权力清单"瘦身"，全面推进市县行政审批一体化改革，着力构建市县一体化、扁平化的审批体制，加强对各级政府行政审批事项实行目录化管理，建立事项准入和动态调整机制。进一步提升政务服务网职能，加大资源整合和共享力度，并全面推动向基层延伸。

改进市场监管方式。 深化"两随机、一公开"机制建设，加快推进县级以上政府部门特别是市场监管和综合行政执法部门建立全省统一的"一单两库一细则"。推进政府部门工作重心从事前审批向事中事后监管转变。制定可量化的事前标准，加强事中对违反标准的行为进行严格执法，加强事后信用管理，推进全省失信黑名单制度建设，构建"一处失信、处处受限"的信用惩戒格局。

加强社会协同治理。 打通公众协同治理的参与渠道，完善政策决策的预告制度、听证制度和舆情、民情反馈制度等。深入整治"红顶中介"，支持社会组织依法申请登记，发展志愿者服务和慈善事业。力争在两至三年内将条件成熟、适合市场化方式提供的公共服务，交由具有承接能力、信用良好的企业或社会组织承担，并建立完善风险分担机制、基于成本的调价机制和项目退出机制。

（三）创新政府管理流程

推动管理流程优化再造。 充分利用信息化手段再造政府工作流程，缩短信息传递层级，综合集成人民群众、市场主体和部门内部的相关需求，率先在重点民生领域和市场领域进行流程优化简化，减少以审批、备案、证明等形式的公共服务前置环节，精减无法律法规依据的盖章和手续，将监管措施融入服务行为之中，增强监管的实时性和人性化。

健全管理流程调整机制。建立管理流程的动态调整机制，确保管理流程的科学性、时效性、规范性。及时总结各地、各部门的经验，将局部的、阶段性的管理创新打造成全方位的全面创新。鼓励各地、各部门探索政府管理流程创新，与干部考核激励挂钩，完善改革创新容错机制。

（四）创新政府管理模式

完善"互联网＋政务"。加强电子政务建设项目的统一管理，促进全省形成上下连贯、分工明确、协同有效的电子政务管理运行体系。大力推进服务事项网上申请全覆盖、行政服务中心证照快递送达全覆盖、政府部门电子印章和电子文件归档全覆盖，让信息多跑路、群众少跑腿，企业从跑政府转入跑市场。要建设一支拥有信息集成、处理和分析能力等专业技能的人才队伍。

构建"数字政府"。推动政府数字化转型，运用大数据技术，建立基础数据库、专业数据库和应用数据库，着力消除政府"数字盲区"，打破部门"数字孤岛"，建立跨部门、跨领域、跨界别的数据联通与开放标准体系。着手建设公共数据基础平台，联通全社会的数据资源，形成多元化的官方统计数据。按照放管结合的要求，进一步加强政府信息公开工作和数据开放的力度，对公共数据进行分类分级开放，尽快实现大胆放权搞活与严格监督管理的有机统一。

创新政务云服务。做好电子政务云平台的顶层设计，制定统一的业务应用标准和数据交换标准，做到数据共享、业务协同。根据专业特性和保密要求，科学合理地划分云平台。按照运行内部决策、管理、协调、监督等业务系统涉密需求，搭建与公共云完全物理隔离的私有云平台，由具备相应管理资质和能力的行政部门运维管理；根据政府社会管理和公共服务范畴的业务应用及与企业、公众的信息交互需求，考虑借助公共云设施来构建电子政务外网的云平台。

建设"智慧政府"。开发适于政府管理的人工智能平台，在复杂社会问题研判、政策评估、风险预警、应急处置等方面推广应用，建立智能化的监测评估预警和综合应对平台。有序推动人工智能与各行业融合创新，在经济建设、社会民生、环保事业、国家安全等重点行业和领域开展人工智能应用试点示范。要着手考虑制定智能时代的社会财富分配体系、社会工作保障和救助体系，并制定人工智能在行业应用的规范和要求，加快建立人工智能政策体系，形成对人工智能的安全评估和管控能力。

（五）创新政府应急机制

提升新生事物响应能力。要定期开展具有前瞻性的课题研究，提出政策建议，形成政府管理应对新生事物、出台监管政策的备案库，为政府建立快速反应机制提供有力支撑。针对新生事物不同发展阶段制定差异化、动态化监管政策。

强化公共危机预防意识。建立健全危机信息监测评估预警机制，运用大数据等手段加强自然灾害和民情舆情的监测分析，对一些重大问题进行预期研判，提高危机响应能力。建立重大风险隐患排查日志制、重大安全隐患报告制和隐患有奖举报制，加固遏制重特大事故的防线。

完善应急管理保障体系。推进应急管理制度和应急保障能力现代化，合理规划专项及部门应急预案，加强与各级政府应急指挥平台建设相结合，不断完善应急预案管理信息系统，实现各级各部门应急预案管理信息系统互联互通和信息共享。加强社会组织、企业等多元主体共同参与公共危机治理，培育专业的公共危机处置机构，消除政府与公众之间的信息沟通障碍，提高危机治理决策的可操作性和执行效果。

有序推进增量配电业务改革试点 [1]

一、我省实施增量配电业务改革试点面临的主要障碍

（一）不少地方政府对增量配电业务改革缺乏积极性

首先，一些地方政府担忧，如果增量配电业务由社会资本承担，供电安全难以得到保障，一旦在增量配电业务区域内发生大面积停电，将会产生一系列严重后果。其次，不少地方政府认为，社会资本特别是民营企业以利润为主要经营目标，难以管控，担心会和政府引发矛盾甚至诉讼。特别严重的是，一些地方政府认为，政府和民营企业合作往往会产生较大的廉政风险，还可能会面临较大的舆论压力。再次，一些地方政府在电网企业的压力下，担心影响和电网企业的关系，不愿因一个小规模的增量配电项目而影响整个地区的供电安全。最后，许多地方政府相关部门缺乏编制增量配电网建设发展规划、配电业务管理等方面的专业人才与专业知识，这在客观上也使一些地方政府缺乏在本地区实行增量配电改革的积极性。

[1] 本报告主执笔人王俊豪，成文于2019年4月8日，原标题为《我省有序推进增量配电业务改革试点的对策建议》。

（二）我省的经济发展水平决定了进一步发展增量配电业务试点难度较大

电力是经济发展最为重要的基础设施，我省在长期的经济发展过程中，电网企业所属的输配电网基本完成布局，实际完成投资不足10%的电力建设项目很少。而根据有关文件规定，选择试点时应参考的原则之一是：试点项目应达到一定的面积和投资规模，原则上供电面积在10平方公里以上，规划三年内年供电量达到1亿千瓦时以上，或电网投资规模在1亿元以上。不少地方政府认为，选择符合这样条件的增量配电业务试点存在较大困难。

（三）增量配电业务电网接入存在多种障碍

根据增量配电业务改革的有关规定，增量配电项目企业享有公平接入电网、公平获得电网应有的信息服务等权利。电网企业要按照电网接入管理的有关规定以及电网运行安全的要求，向项目企业无歧视开放电网，提供便捷、及时、高效的并网服务。但一些增量配电项目企业反映，当地电网企业不公布上级电源的有关信息，而简单地以变电所电源间隔已全部使用为由而拒绝接入，致使项目企业建成的配电设施未能得到及时利用，供电能力受到严重限制，不能较好地为区域内用户提供供电服务，同时影响增量配电企业的信誉。

（四）增量配电业务交易方式与交易价格不利于增量配电项目企业

从增量配电业务交易方式看，电网企业还是把增量配电项目企业视作用户，实行原来的供电模式与供电价格。从交易价格的合理性分析，虽然我省已按照"准许成本加合理收益"的原则核定了省级电网输配电价格，但并没有反映各个电压等级的合理成本，导致核定的输电电压等级的成本高而配电电压等级的成本低。一些增量配电项目企业认为，按照现行规定，增量配电价格是以保证电网企业输电成本和较高等级配电成本补偿与收益为前提，很难保证增量配电合理的投资成本和合理收益，甚至可能导致增量配电投资的亏损，造成不可维持性问题。

（五）地方电网企业利用其垄断地位对增量配电项目企业设置多种障碍

地方电网企业承受上级销售额与利润额等考核压力，对在本地区范围内实行增量配电改革持排斥态度，或明或暗地设置多种障碍。阻碍试点项目业主招标。在试点项目招标前，电网企业通常要求控股，有的即使在项目业主确定后，电网企业仍要求项目业主参股，并逐步成为控股方；有的电网企业要求负责运营增量配电网。干扰增量配电区域合理划分。地方电网企业提出许多有利于自身利益的区域划分要求与严格限制的条件；有的电网企业以请求上级公司批复为由无期限拖延时间；有的电网企业甚至不愿与项目企业磋商。不公开披露电网信息。电网企业常以信息保密、电网安全为由，拒绝公开或披露相关信息给试点项目企业，并以此作为博弈筹码。

二、我省有序推进增量配电业务改革试点的对策建议

（一）完善增量配电业务改革的相关法规政策

明确增量配电市场准入与退出、公平接入、价格机制、安全质量、监管权责、法

律责任等方面的规定，使地方在增量配电改革中有章可循。而对我省来说，建议：一是根据国务院有关部委的政策文件，针对我省增量配电改革的实际情况进行制度创新，由省政府相关部门出台专门文件，对我省增量配电改革的主要内容作出规范性、指导性规定；二是编制《浙江省增量配电改革实施手册》，对增量配电改革中的一些关键问题作出较为明确的说明，并在全省实施。

（二）对国家电网和增量配电网实行强制性无歧视接入政策

国家电网和增量配电网的规模和市场力量是完全不对等的。已经建立了输配一体化网络的电网企业完全有能力通过拒绝与增量配电网企业接入并网而排斥新的竞争者，因此，接入并网条件的决定权不能掌握在具有垄断力量的电网企业手中，而应当纳入政府监管的范围，实行强制性无歧视接入政策，以保证增量配电企业有同等权力，以合理的价格接入电网。否则，不解决有效接入问题，增量配电网建立后就会成为一张"死网"。为此，省政府相关部门一方面可建议国家发改委和国家能源局制定强制性的电网接入并网政策；另一方面可协同国家能源局浙江监管办公室制定强制性无歧视接入政策细则，并对电网企业的接入并网行为实行严格监管。

（三）理顺增量配电业务交易方式与交易价格机制

鉴于现有省级电网输配电价格没有较好反映各个电压等级的合理成本，导致输电价格高、配电价格低。而电网企业实行输配一体化模式，这为电网企业在输电和配电业务间实行交叉补贴战略提供了条件，致使电网企业的配电业务和增量配电业务处于不平等竞争状态，难以发挥竞争机制的积极作用，甚至可能导致增量配电企业的长期亏损而被驱逐退出市场。建议：一是尽快启动我省第二监管周期（2020–2022年）电价审核工作，加强对省级电网企业的成本价格监审，并按不同电压等级制定较为科学合理的省级电网输配电价，形成合理的输配电价格结构。二是在实行输配分开改革前，要求电网企业在财务上对输配电实行分开独立核算，并建立监督机制。三是省价格管理部门出台增量配电接入价格细则，规范增量配电接入价格行为。

（四）对电网企业和增量配电企业实行不对称监管

为在配电业务领域尽快培育竞争机制，政府应该对电网企业与新兴的增量配电企业实行"不对称监管"。一是强制电网企业无条件接受增量配电企业接入并网的合理要求，并按照增量配电企业的电力需求增加必要投资，完善电力输配基础设施。二是探索实行接入价格优惠政策，在增量配电网投入运行初期（如开始二年内），要求电网企业向增量配电企业提供较低的接入价格，以弥补增量配电企业在经营规模和生产管理等方面的劣势。三是强制电网企业服从地方政府关于增量配电业务区域划分和存量资产处置合理要求，以顺利推进增量配电改革。四是强制电网企业履行信息公开、披露、报送义务。以解决电网企业和增量配电企业之间的信息不对称问题，并为政府实行有效监管提供必要信息，等等。

（五）更好发挥地方政府在增量配电改革中的重要作用

当地政府最了解本地的经济发展与电力需求情况，在总结前期增量配电改革经验教训的基础上，我省地方政府可从多方面更好地发挥其在增量配电改革中的重要作用：一是地方政府首先要根据有关规定认真负责做好配电区域划分工作，组织编制和动态调整区域内增量配电网建设发展规划，提高规划的科学性和前瞻性。二是地方政府要为增量配电项目招投标、增量配电企业成长、培育配电业务领域的竞争力量而创造良好的条件，创造公平的营商环境。三是政府价格管理部门要加强对输配电成本监审，综合运用最高限价、地区间比较竞争等激励性监管手段，打破电网企业对输配电成本信息的垄断，并实施将降低成本、提高效率的成果由配电企业与用户分享的计划。四是政府能源监管部门要强化落实有关增量配电政策的监管职责，明确和细分监管权限，对有争议的问题敢于依法依规拍板，对违法违规行为敢于依法依规处罚。五是地方政府为弥补自身局限性，可鼓励第三方中介机构积极参与增量配电改革工作，通过政府购买服务，委托高水平中介机构编制增量配电试点项目业主市场化优选及监管方案、电网发展规划，评估区域划分方案，提高项目运作和监管水平。

扩大浙江大宗商品自由贸易 [1]

浙江是一个资源小省，95%以上的生产加工能源资源都需要从省外境外进口。作为生产必需的油品、钢铁、有色金属、矿产、木材等大宗商品是浙江经济发展的根基，也是浙江产业转型升级的基础。随着我国资源需求对外依存度提高，浙江在铁矿石、能源、粮食、木材等大宗散货的储运贸易中的战略地位将显得越来越重要。目前，"一带一路"沿线许多国家都是大宗商品资源国，

[1] 本报告主执笔人徐志宏、舒蛟靖、蒋天颖、汪长球、刘春香、王帅，成文于2018年6月12日，原标题为《推进和扩大浙江大宗商品自由贸易的建议》。

俄罗斯、中东欧、中亚及南非地区拥有丰富的天然气、石油、有色金属、煤炭、铁、磷矿等。浙江利用独特区位优势和大宗商品集散优势，可以更好地在推进"一带一路"建设中发挥重要的国际港航物流枢纽作用。

近年来，随着沿海及内陆地区经济崛起和电子商务发展，浙江大宗商品贸易面临来自于其他区域的挑战，大宗商品交易市场竞争趋向分散，全省144家大宗商品交易市场平台，总体呈现数量多、规模小、重复率高等特征。同时，受制于转口贸易尤其是平台上转口贸易的体制机制制约，受限于期货现货分制的现行制度设计，大宗商品交易平台难以进入并获取全球大宗商品交易信息数据，也难以全面开展全球大宗商品线上线下交易。

一、确立全球战略视野，谋划大宗商品全球交易远景规划

首先，制定全球化发展长远规划。推进浙江大宗商品自由贸易，关键要做好顶层设计。要以建设"一带一路"战略枢纽为目标，以实现大宗商品自由贸易为突破口，按照全球交易的发展要求和运行规则，结合浙江全面开放的现实要求，研究制定全球性大宗商品交易发展规划。其次，培育具有国际竞争力的龙头企业。发挥浙江海港大宗商品交易中心的综合功能，整合省内相关大宗商品交易平台，打造综合实力较强的

大宗商品贸易集团企业。第三，构建国际化的大宗商品供应链。加大仓储、物流、贸易、金融等要素集聚，打造和完善大宗商品贸易的产业生态圈，改变现有的大宗商品物流初级形态，构建区块链＋供应链＋现代制造业的高端物流形态，推动浙江大宗商品集散中心向交易贸易中心转型。

二、破解体制机制障碍，加快建设国际大宗商品交易中心

一是按照国际通行规则创新大宗商品自由贸易体制。参照国际标准，明确交易规则，完善定价体系，实现石油天然气、铁矿石、棉花、液体化工品、白银、有色金属等重要品种的全覆盖，并开展线上线下的大宗商品交易。二是加强与国际大宗商品交易平台联通与合作。要与世界各地影响较大的如：芝加哥商品交易所（CME）、伦敦金属交易所（LME）、纽约交易所（COMEX）等加强联系，实现信息、交易互通，建立全球交易动态、交易结算、转口结算、离岸金融服务等运行机制。三是加强自贸区相关部门管理体制改革和协调。按照大宗商品自由贸易的要求，同步推进海关、商检、口岸、金融等相关领域的配套改革。加强交易监测和金融预警，建立符合国际市场机制的监管体系。

三、消除自贸区域限制，拓展大宗商品自由贸易品种范围

首先，尽快推进浙江自贸区实现"一区多片"布局。参照其他省自贸区的成功做法和经验，争取把宁波港区块、杭州空港区块、义乌国贸区块和跨境电商试验区块纳入浙江自贸区，实现海港、空港、陆港、信息港联运，扩大自贸区范围，增强自贸区功能。第二，扩大自贸区大宗商品交易种类。要在做强油品全产业链自由贸易特色同时，发挥宁波舟山港大宗商品集散中心的优势，探索和拓展铁矿石、煤炭、木材、钢铁、有色金属等自由贸易的范围。在做大综合性大宗商品交易平台的同时，也可分门别类组建各类大宗商品交易分中心。第三，完善大宗商品交易基础设施布局。按照"一区多片"的布局，完善各片的铁矿石、油品、煤炭、粮食、LNG等各类码头设施和仓储等基础设施布局，吸引大宗商品、航运物流领域的国企、央企和国外龙头企业地区总部或分支机构在港内集聚。

四、突破传统规章制约，创新大宗商品自由贸易的标准规则

一是改革创新大宗商品自贸体制。在有效管控市场风险的前提下，建立大宗商品

交易中心配套的仓储、分拨、贸易和保税交割中心，开放期货交易、场外衍生品交易，接轨国际现货交易市场，实现风险可控的国际大宗商品市场资源配置。二是吸引外商入驻拓展配套业务。支持国内外交易所在港内设立国际大宗商品交易平台，探索开展原油、成品油、燃料油、液化气等油气产品现货和期货交易。支持开展煤炭、矿砂、粮油、贵金属、木材等大宗商品保税储存加工业务。第三，拓宽大宗商品交易服务功能。一般来讲，世界大宗商品交易场所，也是国际金融衍生品交易的场所。浙江以大宗商品自由贸易为载体，积极探索和推进期货和现货结合模式的国际化大宗商品交易中心和金融衍生品交易中心建设。

五、完善组织协调机制，推进大宗商品自由贸易部署和实施

首先，研究和落实大宗商品自由贸易的工作部署。推进大宗商品自由贸易涉及相关地方政府和有关部门，需要省级负责领导和牵头相关部门统筹研究和制定有关工作方案和协调相关工作。其次，研究和谋划大宗商品自由贸易的区域布局。推进大宗商品自由贸易要结合浙江大湾区规划和建设，整合湾区沿线资源，通盘考虑宁波、舟山、杭州、义乌等区域条件和现实基础，确定浙江国际大宗商品交易中心和分中心分布和功能定位。第三，研究和部署大宗商品自由贸易的内陆腹地。推进大宗商品自由贸易不仅是一个交易行为，更是一个物流体系。国际大宗商品自由贸易除了要加强与国际商家的合作与沟通，也要重视大宗商品物流腹地的合作与联系。要加大与沿海周边省份合作，加强与内陆省份的协作，浙江建设国际大宗自由贸易中心，需要国内外各界的支持和响应，形成良好的共识和行动。

在"一带一路"沿线推广"品字标"[1]

2014年，我省在全国率先构建"浙江制造"公共品牌建设制度体系，以高标准、高质量的"品字标"品牌为引领，带动浙江制造业整体转型升级。截至2018年年底，全省共研制"浙江制造"标准850项，通过"品字标"认证的企业达到556家，获得"品字标"企业的经济效益比其他同类型企业平均高出30%，"浙江制造"正在成为我省高质量发展的一张靓丽名片。在实施"一带一路"倡议过程中，要加快开展"品字标"浙江制造的推广。建议：

1

本报告主执笔人宋明顺，成文于2019年3月15日，原标题为《关于加快"品字标浙江制造"在"一带一路"沿线国家推广的建议》。

一、加快提升"浙江制造"标准国际水平的行动

成立"一带一路"浙江制造团体标准制定机构，该机构应将"一带一路"沿线国家标准专家吸纳进来，通过开放的方式，共同制定"浙江制造"团体标准，进而使"浙江制造"标准更适用于"一带一路"沿线国家。另外，应采取进一步措施将先进的"浙江制造"标准上升为国际标准，数字经济是我省经济高质量发展的一号工程，电子商务，尤其是跨境电子商务作为我省在国际上最有竞争力的产业，应利用国际标准化组织(ISO)电子商务标准化技术委员会落户杭州这一得天独厚的国际标准制定平台，将我省数字经济，尤其是将电子商务领域优秀的技术和管理方法制定和转化为国际标准，使"浙江制造"产品通过标准行销全球，扩大"浙江制造"品牌的国际影响力，实现得标准者得天下。

二、加快提升"浙江制造"认证国际水平的行动

"品字标浙江制造"是通过认证的方式打造的，为了加快"品字标浙江制造"走出

去的步伐，浙江组建了"浙江制造"国际认证联盟，并已吸纳美国 UL、德国 TÜV 等 5 家国际一流权威认证机构参加，对符合"浙江制造"标准要求的企业和产品进行认证，为浙江企业走向国际市场提供了互认的"通行证"，降低了企业出口成本。但这还远不能满足"品字标浙江制造"沿着"一带一路"走出去的要求，"一带一路"沿线国家都有自己的认证机构，应采取认可授权的方式吸纳"一带一路"沿线国家认证机构、国际知名跨国企业加入"浙江制造"国际认证联盟，授权他们按"浙江制造"标准进行认证，许可"品字标"在"一带一路"沿线国家使用。省政府应适时成立"浙江制造"认证公司，授权该公司按国际认可认证准则独立开展认证服务，鼓励其在"一带一路"沿线国家设立分公司、子公司等分支机构，让"品字标浙江制造"在"一带一路"沿线国家蓬勃发展，大幅提高"品字标"品牌效益直接反馈母体的比例，推动我省认证服务业的高质量发展。

三、加快提升"浙江制造"国际市场占有率的行动

提升"品字标浙江制造"商品在"一带一路"沿线国家市场的占有率，是提高"品字标浙江制造"国际市场竞争力的主要路径之一，是落实省委、省政府提出的"改革开放再出发"要求的重要抓手。义乌小商品博览会从 2017 年起改名为"义乌小商品（标准）博览会"，主打"品字标浙江制造"标准，提升义乌小商品的国际品牌。除此之外，义乌小商品市场还应大力开展"品字标"品牌进卖场、商场体验活动，通过国外采购商口口相传，来提振"品字标"品牌形象。建议购买义新欧班列及其他中欧班列广告权，专用于宣传"品字标"。应充分调动驻外浙江商会的积极性，在"一带一路"沿线国家设立"品字标浙江制造"销售专区。在哈萨克斯坦、俄罗斯、捷克、德国、法国、西班牙等陆上丝绸之路沿线主要节点国家、以及马来西亚、新加坡、印度、沙特、阿联酋、南非等海上丝绸之路主要节点国家定期举办"浙江制造"博览会或其他形式的推介会。加强"品字标"企业网站建设，并积极与阿里、亚马逊、谷歌等世界著名网络公司开展合作，通过他们向全球用户展示"品字标"品牌形象，以此推进杭州和义乌两个国家级跨境电子商务综试区的建设。

提升"海上丝路"指数影响力[1]

加快"海上丝路"指数与宁波航交所的升级，不仅事关浙江的海洋经济强省、港航强省建设的进程与质量，也关系到我国的海洋强国建设、"一带一路"打造的进程与质量，战略和现实意义重大。

1
本报告主执笔人程惠芳、张旭亮、秦诗立，成文于2017年1月18日，原标题为《推进"海上丝路"指数与宁波航交所升级发展的几点建议》。

一、问题挑战

体制上，存在航交所平台服务的公益性特征与区域港航资源配置能力受限问题。宁波航交所在职能上具有较强的公共服务和公益性特征，本质上属于宁波市及浙江省港航管理等政府行政职能的有效延伸，但交易所现有的宁波市属国有企业性质，使得其在业务对接、信息共享、服务创新等港航行政资源配置效用上存在明显不足，在航运企业数据采集、行业信息的发布上公信力不足，这些均不利于航交所充分发挥规范区域航运市场行为、培育高端航运服务产业和促进航运服务业升级发展等作用。

功能上，面临我国"海上丝路"指数建设重任与航交所平台实力亟待提升问题。"海上丝路"指数先后被列为国家"一带一路"建设重点工作之一，成为习总书记访英期间双方达成的重要成果，并被写入我国国民经济和社会发展"十三五"规划纲要，成为我国扩大开放、体现航运服务产业升级的战略举措。比较发现，宁波航交所仍处于发展初级阶段，"海上丝路"指数市场影响力较弱，指数内涵亟待丰富，指数功能亟待拓展，与国际市场公认的航运指数标准和产品仍有差距。

趋势上，面临全省港航信息一体化整合与航交所港航服务增值创新的双重挑战。我省正全力实施全省港口一体化、协同化发展战略，省海港委和省海港集团除了对全省港口、岸线、码头、堆场等硬件资源进行资源整合外，还拟将对各类现有涉海服务平台进行有效整合，实施港航信息一体化整合。现阶段及未来一段时间，航交所面临如何在体制上突破，机制上创新完善，从而有效融入全省港航服务一体化建设中去。

同时，还亟须在航运金融、指数功能上加快创新步伐。

形势上，面临省海港集团不愿纳入和宁波市政府支持力度减少的双重困境。省政府相关文件明确将宁波航交所纳入省海港集团，但因其专业化程度高、与海港集团业务直接关联性不强，加上难有较大盈利能力和规模，省海港集团对其纳入的积极性不高。同时，宁波市政府因宁波航交所未来可能不再属于宁波市管理，对其在财政补贴、管理授权、服务外包等方面的支持及其力度正逐步减弱。

二、发展思路

（一）定位：浙江港航强省建设战略平台

现代港航强省建设是国家对浙江"走在前列、勇立潮头"战略期许的重要支点之一，核心是有机联动、统筹实施浙江海洋经济发展示范区、舟山群岛新区、浙江自贸试验区、舟山江海联运服务中心、义甬舟开放大通道5大涉海战略，聚力建好浙江海洋港口"全球四个一流"（一流现代化枢纽港、一流航运服务基地、一流大宗商品储运贸易加工基地、一流港口运营集团）、宁波国际港口名城。其中，全球一流航运服务基地建设上，宁波航交所需进一步作为浙江港航强省建设战略平台，大幅升级并发挥运价指数指导、航运电商服务、航运金融支持等功能优势，担当起全球一流航运服务基地建设主力军角色；海丝指数进一步"立足浙江、服务全国、面向亚太"，进一步加强产品深度开发与应用，提高行业服务力、影响度能级，成为宁波航交所"皇冠上的明珠"。

（二）性质：新一代航运公共服务平台

航运服务专业化、开放化程度高，而市场风险、海上作业风险较大，需要强有力、高权威、拥有广泛会员参加的公共服务平台，来提供中立公正、正外部性强大的一系列专业服务，来保障航运服务可持续发展。宁波航交所性质上，亦属非盈利性的公共服务平台（或俱乐部）。同时，宁波航交所需顺应现代服务业融合发展趋势，积极、科学推进运价指数、航运电商、船舶交易、航运金融等航运服务融合发展，在加快增强综合实力、功能优势集成中，建构高活力、高权威的新一代航运服务平台。

（三）目标：较强国际影响力的现代化航交所

航交所的有效服务半径很大，有着较强的市场替代性，须有较强的市场竞争优势，如专业化产品开发与服务优势、集成化国际航运业务解决方案提供优势等，并需有发达关联服务业，如海上运输业、现代物流业、海洋信息服务业等的有力支撑，否则很容易缺乏市场影响力、服务力。宁波航交所需有"全国领先、国际一流"的战略定位和目标，需积极加强体制机制与政策创新、核心业务与技术创新，在增强综合实力中突出核心优势、在增强综合服务中突出核心服务，不断升级宁波航交所的现代化活力与魅力。

（四）任务：聚焦业务升级做强与体制机制创新健全

在国内，航交所建设总体上尚处探索起步阶段，创新、做强任务均重要且紧迫；国际上，航交所发展历史较为悠久，但也随国际贸易重心改变、环境改变、规则改变而面临深刻的调整、适应。宁波航交所已面临日益激烈的竞争，需把发展重心全力集中在业务升级做强、体制机制创新健全两大方面。其中，业务升级做强上，需深入分析宁波航交所的现状与潜在优势所在，统筹设计、重点突破；体制机制创新健全上，需把政府类公共服务平台体制优势与现代市场机制优势有力结合，强化相关瓶颈制约突破、渠道通道畅通，有效分享改革红利、有效释放市场活力。

三、对策建议

（一）加强战略支持

建议将宁波航交所由省海洋港口委员会直接管理，宁波市和舟山市政府积极参与，注册地和办公地仍设在宁波市；省、宁波市财政给予一定补助，宁波每年财政补贴数保持不变，省政府财政补贴大致相同；明确省海港集团（宁波舟山港集团）、浙商银行等的职责，各司其职，协力共建宁波航交所；宁波航交所独立地位保持不变，不纳入省海港集团重组计划，从宁波市属国企变成省海港委所属事业单位，按公益二类性质，实行量身定做的考核。

（二）加强战略重组

建议积极支持宁波舟山港集团内部的航运电商业务与宁波航交所航运电商业务重组，并由后者为主加快做大做强；授权全省的船舶在线司法拍卖业务由宁波航交所负责，避免重复建设与无序竞争；支持宁波航交所与舟山市政府合作，加快江海联运运价指数研究开发，成为全国权威的江海联运运价指数服务提供商。

（三）加强平台运营

宁波航交所主要作为中立、公正的公共平台提供者，加强与省海港集团（宁波舟山港集团）、宁波海运集团，以及招商国际、马士基、新加坡交易所、阿里巴巴等合作，并以后者为主，以基石性做市商身份，促进海丝指数、航运电商、船舶交易等公共平台的市场交易活跃度、能量级的提升。

（四）加强服务购买

浙江省政府、宁波市政府需加强制定航运服务的公共服务购买办法，明确服务费用征收办法、完善服务质量管理监察与考评。同时，增加公共平台搭建、开发维护等费用，以及相关规则制定、完善等的公共服务购买。

"走出去"与"引进来"相结合[1]

多年来，浙江注重"走出去"与"引进来"相结合，2017 年浙江境外投资 824.4 亿元，实际利用外资 1207.3 亿元，并形成了"跨国并购＋回归反哺"等发展模式，成效显著。当然，我省"走出去"和"引进来"相结合也面临着一些问题，如两者之间没有形成合力、缺乏统一的信息服务平台、海外并购整合技术逆向溢出不畅、金融支持有待加强、国际化人才不足等。为此建议：

1 本报告主执笔人舒蛟靖、林忠伟，成文于 2018 年 9 月 12 日，原标题为《促进"走出去"与"引进来"更好结合的建议》。

一、推动"走出去"与"引进来"相结合的模式创新

一是通过投资"走出去"推动产品"引进来"。引导企业境外并购后，加快拓展国内市场。借鉴上海光明集团收购意大利萨洛夫公司股权经验，通过聚焦资源、打通渠道，使萨洛夫公司核心品牌翡丽百瑞在中国市场取得快速发展。

二是通过合作"走出去"推动技术"引进来"。引导企业以对外合作方式引进高端技术。借鉴 2017 年上海电气集团与安萨尔多合作经验，通过战略合作，上电集团掌握了重型燃气轮机的研发设计技术，建立全球化研发平台、制造基地、销售网络和服务团队，缩小我国燃机技术和世界先进水平的差距。

三是通过技术"引进来"推动生产"走出去"。鼓励跨国并购企业在全球进行生产力布局。如吉利集团收购沃尔沃轿车公司以来，在"引进来"过程中持续推动技术创新升级，积极推进从贸易输出转为技术输出，推行本地化生产。2017 年，吉利（白俄罗斯）汽车有限公司全散装件工厂正式建成投产。

四是通过园区"引进来"推动企业"走出去"。借鉴苏州工业园区转型经验，通过搭建境外投资服务示范平台，帮助国内企业"走出去"，成为吸引外资和对外投资双向活跃的示范区域，推动我省中意宁波生态园、中澳舟山现代产业园等转型升级。

二、加强"走出去"与"引进来"的统筹协调

一是推进政府"走出去"与"引进来"职能的整合。 结合"最多跑一次"改革和新一轮机构改革，减少多头管理，合并重复管理，进一步整合"走出去"与"引进来"涉及的对外投资、浙商回归、跨国并购等政府职能，统筹制定"走出去"和"引进来"的总体战略和政策等。同时，完善"走出去"与"引进来"相结合的保障体系，通过金融、保险、法律、会计、咨询等专业服务降低企业风险。

二是推进"走出去"与"引进来"活动的统筹协调。 充分发挥浙洽会、中东欧博览会等国际经贸合作平台的作用，兼顾"走出去"和"引进来"功能。在我省举办境外投资推介会时，同步向他国机构和企业推介我省利用外资项目。在举办重大招商活动时，关注和搜集境外投资项目信息，大力招引有利于"走出去"的"引进来"项目。

三是推进"走出去"与"引进来"项目的联动。 创新性地开展工作，如逐年制订"引进来"与"走出去"联动工作重点，将"走出去"后关停项目置换出的土地与"引进来"项目所需要的用地，进行有效对接。

三、完善"走出去"与"引进来"相结合的信息服务

一是建立"走出去"与"引进来"统一信息服务平台。 结合政府数字化转型，整合有关"走出去"与"引进来"的公共信息服务的相关力量，建立统一的信息服务平台，发布我省和东道国投资环境、企业商机等相关信息，为企业提供及时准确的公共信息服务。消除政府外资部门和外经部门之间信息孤岛，推进"走出去"与"引进来"各类数据互联互通。

二是建立"走出去"与"引进来"相结合的案例数据库。 全面收集国内外"走出去"与"引进来"相结合的案例，可借鉴韩国政府经验，在统一的信息服务平台上，汇集海外投资信息与成果失败案例形成数据库，为企业免费提供海外投资信息支持与专家在线沟通服务。

四、提升"走出去"与"引进来"相结合的金融支持水平

一是建立省级跨境融资平台。 借鉴上海自贸区建设相关经验，在浙江自贸区探索金融业对外开放为主的跨境融资平台，通过构建国际金融资产交易平台，推动各类金融市场能够配置好境内境外两种金融资源，为企业的"走出去"和"引进来"提供双

向金融服务。

二是引导银行业机构创新"走出去"和"引进来"相结合的金融产品。 聚焦企业需求，引导银行业机构支持省内优质企业到境外去开展融资，推动企业"走出去"。稳步推进境外机构和企业发行人民币债券和资产证券化产品，推动境外企业"引进来"。

三是探索建立境外产融结合示范区。 结合"一带一路"沿线国家境外经贸合作区，鼓励和引导我省各类金融机构围绕合作区内的产业链和创新链开展合作投资，支持我省企业"走出去"。同时，鼓励金融机构发挥"信息中介"的作用，为境外企业投资我省提供信息、咨询和金融等方面的服务，构建境外区域产业与资本金融高效互动的平台。

五、加强"走出去"与"引进来"相结合的人才保障

一是推进"引进来"与"走出去"相关工作人员交流。 安排外资部门和外经部门工作人员之间相互挂职、流动，尤其对派驻外地的外资或外经部门工作人员，探索赋予其对外招商和推进"走出去"双重职责，加强工作人员复合型能力素质培养。

二是创新"走出去"与"引进来"相结合的人才培养。 借鉴上海城建职业学院双向互动办学的做法，结合"一带一路"建设，一方面邀请国外技术骨干到我省学习研修，与本地技术人员相互学习交流，另一方面邀请本地技术人员走出国门，将课程带到"一带一路"建设项目现场。

三是积极发展"走出去"与"引进来"的新型用人模式。 如依托大数据、云计算等信息技术，建立"'走出去''引进来'云人才库"，基于平台进行全球化的协作、工作外包，为各类主体与灵活就业者提供全球范围的精准对接、远程匹配，柔性引进，灵活就业。

四是引导本土跨国公司的内部人才交流。 借鉴国外跨国公司的本地化发展模式，结合企业跨国发展，鼓励企业在向海外派驻的大量人才的同时，将全球优秀的人才吸引到总部工作。

让企业更好参与"一带一路"建设 [1]

自"一带一路"倡议实施以来，浙江企业凭借适销对路的制造业优势和全球布局的浙商资源优势，紧紧抓住新的发展机遇和发展空间，积极参与沿线国家的经贸投资，成为推动我省在"一带一路"沿线对外开放合作的重要力量。2017 年企业与"一带一路"沿线国家贸易总额达 1183 亿美元，同比增长 15.2%，对全省进出口贸易贡献率达 31.1%；在沿线国家投资项目 115 个，投资金额达 30.43 亿美元，占全省对外直接投资的 31.55%。

[1] 本课题主执笔人徐志宏、夏谊、程偲奇，成文于 2018 年 6 月 8 日，原标题为《关于推进浙江企业参与"一带一路"建设的建议的函》。

虽然，企业参与"一带一路"建设的步伐不断加快，但囿于沿线国家的政治、经济、文化等方面诸多不确定风险，以及企业境外投资服务机制不完善等因素，企业在"一带一路"经贸投资中仍面临不少困难：一是境外投资信息不对称，二是境外法律法规不熟悉，三是境外政治环境不稳定，四是境外融资渠道不通畅，五是境外投资服务不完善，六是境外商会组织不健全。建议：

一、加强政府协调指导

一是进一步完善工作机制，发挥好政府的引导作用。省推进"一带一路"建设领导小组下设的国际产业合作与外贸专项小组，要定期研究我省企业参与"一带一路"建设情况，加强企业对外投资重大事项的统筹协调。整合统战、发改、商务、外侨、教育、文化、工商联等部门的相关涉外职能，坚持问题导向，明确工作任务，增强工作合力，加强对企业参与"一带一路"的指导和帮扶。

二是鼓励智库开展"一带一路"研究，制订"一带一路"投资指南，引导企业理性投资。积极推动省内智库、咨询行业龙头机构加强对"一带一路"沿线国家特别是浙商投资比较集中的国家开展相关研究，并根据国家和浙江已经出台的《关于进一步引导和规范境外投资方向的实施意见》精神，细化重点投资区域及重点投资方向，引导企业有序合理安排投资布局。

三是完善现有双多边合作机制，大力推进对外高层合作，搭建境外服务平台。完善与沿线重点国家在投资保护、金融、税收、海关、人员往来等方面的合作机制，加强宏观政策协调；探索与重点国家共建"一带一路"国别合作促进中心，依托海外华侨华人社团组织、驻外使馆等力量，搭建境外综合服务平台，为企业"走出去"提供全方位支持和保障。

二、提供优质服务保障

一是积极推动服务咨询机构开展国际战略合作，为"走出去"企业提供法律法规等咨询服务。鼓励支持省内服务咨询机构与国际知名的、深涉产能合作业务的投资顾问、律师事务所、会计事务所、资产评估事务所等中介服务机构开展战略合作，联合为企业提供市场信息、战略咨询、法律顾问、财务顾问、资产评估等方面的服务。

二是建立"一带一路"公共信息服务平台，为企业提供全方位的综合信息支持和服务。按照我省"数字政府"建设的任务要求，建立以政府服务为主，中介和金融机构、企业充分参与的"一带一路"沿线国家国情发展实时数据库和公共信息服务平台，通过"掌上办事""掌上办公"，为企业提供及时准确的涉外法规政策、境外投资资源分布、投资环境、市场信息以及风险预警等信息。

三是拓展融资资金渠道，加大企业"走出去"的金融支持。鼓励浙商银行等本土金融机构实施海外发展战略，在"一带一路"沿线投资相对集中的国家或地区布局网点，构筑海外金融服务网络。扩大新金融服务跨境合作，推动"一带一路"跨境电商平台金融互联互通体系建设，为中小企业"走出去"拓宽融资渠道。

三、加强企业风险防范

一是引导企业优先向风险较小的国家和地区投资。结合我国已经签订双边投资保护协定的情况，梳理与我省建立友好省州和友好城市关系的地区，以及我省在建的"一带一路"捷克站、迪拜站等地，作为引导企业重点投资的地区。基于泰中罗勇工业园等6个境外经贸合作区的合作基础，鼓励中小企业境外投资优先考虑入驻这些园区。

二是建立突发性的企业境外投资风险应急机制。借鉴国际通行规则和我省实际，组建风险应急处置专家系统。建立省政府、驻外使领馆和所在企业的三级联动反应机制，明确处置风险的组织机构和部门职责。采用数字化应急管理，按风险级别建立较为完备的应急知识和国内外应急案例数据库，妥善选择处理方式。

三是发挥我省境外商会的积极作用。由省政府涉外部门牵头，对我省企业境外商会组织进行摸底、整合重组，建立健全相关工作机制，加强与当地政界、警务、司法、商界、工会组织的联系，积极构建法律、安保、公关等网络体系，增强对企业境外突发事件应急处置能力，共同防范和化解海外投资风险。

四、创新产能合作方式

一是加快推进境外经贸合作区建设。在商务部等有关部门的大力推动下，中国企业在沿线 24 个国家已建设境外经贸合作区 75 个。我省应积极引导龙头企业以"一带一路"沿线国家主要节点城市、港口以及我省友好城市为重点，培育和建成一批我省优势产能在沿线共赢合作、集群发展的平台。

二是鼓励支持通过并购重组等方式推进产业转型提升。围绕八大万亿产业，通过政策扶持及税收优惠，鼓励有一定实力和竞争力的大企业、上市公司通过跨国并购、参股、收购境外品牌和销售网络等方式获取品牌、技术、研发能力和营销渠道，向产业中高端发展。

三是加强国际科技合作。支持和推动企业与沿线国家和地区知名机构和产业组织共建联合研究中心、技术推广中心、技术转移中心等，合作开展重大科技公关。推进实施海外企业研发平台建设计划，支持有条件的企业设立海外研发中心或产业孵化基地。

五、拓展境外物流体系

一是推进境外物流园区建设。支持省内物流企业到"一带一路"沿线国家重点市场建立物流园区，开展配送业务；推动浙江境外商品城转型发展为物流园区，形成一批分销、配送中心。

二是推进境外物流网络等配套服务体系建设。支持企业在"一带一路"沿线的重要国别、重点市场建立海外仓储平台、分拨中心，并纳入我省"一带一路"国际港航物流枢纽体系，拓展和延伸国际物流运输网络。

三是推动跨境电商平台互联互通。积极推动以世界电子商务贸易平台（eWTP）为主的跨境电商平台与"一带一路"沿线国家和地区的海关、有关国际组织在多种贸易领域开展海关监管互认、信息交换、经认证的经营者互认、执法互助等合作，提高通关效率。

六、强化国际人才支撑

一是加大"一带一路"国际人才培养。鼓励人才中介服务机构根据企业"一带一路"经营管理人才需求，开展专项培训；我省大专院校增设"一带一路"相关课程，培养一批国际化复合型人才。

二是支持我省企业、中介机构引进国际化专业人才。加大海外高层次人才引进，对企业引进"一带一路"经营管理人才的，按照相关人才政策可申请个人所得税减免；对中介服务机构引进翻译、律师、会计等国际化人才的给予一定的财政支持。

三是建立海外人才离岸创业创新基地。借鉴上海自贸试验区海外人才离岸创新创业基地建设经验，在杭州、宁波等地建立"区内注册、海内外经营"的离岸人才培养和创业模式，打造具有引才引智、创业孵化、专业服务保障等功能的国际化综合性创业创新平台。

提升"一带一路"建设的软实力 [1]

近年来，浙江积极响应和参与"一带一路"建设，宁波"一带一路"综合试验区、义新欧班列、网上丝绸之路等一批标志性项目有序推进。在加快基础设施等硬件建设的同时，也要积极改善政务服务、科技创新、对外贸易、金融服务、人文交流等软件配套建设，提升我省参与"一带一路"建设的综合实力。

[1] 本报告主执笔人舒蛟靖、程偲奇、姚海滨，成文于2017年11月22日，原标题为《提升我省参与"一带一路"建设的软实力》。

一、完善开放领域政务服务

一是加快外资外贸方面的"最多跑一次"改革。加快实现备案、审批、外商互动全程"在线"。积极争取国家有关部门更大支持，尽可能简化报关手续，实现对外贸易"快进快出""优进优出"。完善各级政府官方英文版网页、微博、微信公众号等新媒体，及时发布最新资讯和政策信息。

二是设立"一带一路"综合服务平台。统筹协调我省各职能部门及各市县的有关工作，组织开展规划制定、项目策划、市场评估、组织实施、对外联络、跟踪反馈、信息发布、督促检查等方面工作。

三是推进政府服务"走出去"。借鉴兄弟省份设立国外办事机构的经验，在中东欧等重点合作国家或地区设立功能更加完备的浙江办事处；建立扎实有效的经贸合作沟通机制，以强化涉外商事法律服务为重点，维护双边多边务工人员的劳动权益与利益；完善境外投资风险评估与预警机制、境外突发安全事件应急处理机制。

四是加强工商合作机制建设。进一步加强省贸促会、省国际商会与"一带一路"沿线国家的贸促机构、商协会组织以及有关国际组织的工作联系，通过签订合作协议、备忘录等方式，定期交换经贸信息，组织企业团组互访，开展政企对话、项目对接和政策法律咨询等活动，减少信息不对称、资源碎片化、纠纷应对不力等问题。

二、融入全球创新网络体系

一是以之江实验室为重点大力实施开放式创新。吸引国际一流科研人员，打造开放式的信息经济科创中心，引领万物感知、万物互联、万物智能新一轮技术革命。借助公安部对我省出入境政策再度优化的契机，对我省外籍专家、技术人员、海外创客和创业团队，积极推进"五证联办"[1]，并对海外创业团队给予相应补贴和帮扶。

二是鼓励本地企业与外资企业加强创新合作。促进龙头骨干企业与外资跨国企业建立技术战略联盟，建设双边互动的科技企业孵化器，促进中小企业与先进外资企业形成有机的产业配套，融入全球创新型产业体系。

三是探索科技成果异地孵化模式。支持企业在美国波士顿和硅谷、德国科隆等国外科技领先地区建立科研机构，实现尖端科技"国外研发，省内孵化"。

四是以"欧盟标准"从严要求"浙江标准"。推进"三强一制造""标准化＋"，以浙江优势、特色制造产品为基础，瞄准国际先进技术水平，研究制定一批高于国际水平的浙江标准，通过将"浙江标准"输出到"一带一路"沿线国家，树立"浙江制造"良好的国际形象。

三、加快贸易发展方式转变

一是打造"网上丝绸之路"核心区。发挥浙江电子商务这张"金名片"作用，推进传统贸易向跨境电商转变，率先联通中东欧贸易"网上丝绸之路"，提供电商通关、数据交换、外贸协同、商务信息等综合服务。

二是推进产品贸易国际化向高端要素国际化转变。针对"一带一路"沿线国家目标市场的实际情况，鼓励企业开展自主品牌、自主营销和自主研发为主的出口贸易，提升企业运用质量、服务、技术、品牌等高端要素参与国际竞争的能力。加快建设一批具有国际影响力的科创特色小镇、离岸创新创业基地、开放式创业街区和高端众创空间，形成聚合高端要素的国际化创新创业空间体系。

三是浙沪合作共建自由贸易港。充分发挥浦东新区和舟山群岛新区的优势，积极打造上海自贸区和浙江自贸区升级版，以洋山深水港区为重点，更快更好地探索建设

---

[1] 即外国人就业证、专家证、海外人才居住证、外国人居留许可、永久居留证。

自由贸易港。浙江自贸区要以油品全产业链投资便利化和贸易自由化为重点，积极建设成为全球大宗商品交易中心。

四是着力发展高端服务贸易。深入推进杭州服务贸易创新发展试点，发挥杭州、宁波中国服务外包示范城市创新引领作用，培育一批服务贸易领军企业和品牌企业，引领高端服务贸易发展。巩固软件和信息技术外包的规模优势，大力发展基于云计算和大数据的高端业务流程外包，不断提升生物医药研发等知识流程外包业务占比。

四、加强境外产融结合服务

一是探索建立境外产融结合示范区。结合我省牵头实施的5家"一带一路"沿线国家境外经贸合作区，鼓励和引导我省各类金融机构围绕合作区内的产业链和创新链开展合作投资，构建区域产业与资本金融高效互动的平台。

二是为企业"走出去"提供全方位金融保障服务。发挥宁波国家保险创新综合试验区的作用，探索建立保险保税区，大力发展对外工程保险、海外投资保险、境外人身意外伤害保险等业务。发挥多元化投融资方式的优势，鼓励私募股权基金、民间资本参与"一带一路"投资，支持"走出去"企业以境外资产或股权、矿权为抵押获得融资，弥补"一带一路"沿线国投资缺口。

三是发挥上市公司在跨国并购中的引领作用。鼓励上市公司通过境外定向增发、配股等资本运作，引进成熟的市场销售网络及品牌资源，并购境外优秀技术成果和研发机构，做强核心技术竞争力。同时做好后续知识产权保护、专利维权等保障性措施。

四是尽快建立浙江省跨境融资平台。目前我省缺乏跨境融资平台，向海外发行股票上市和发行债券的直接融资行为均要借助上海自贸区的金融公司，走上海自贸区通道，成本高且手续复杂，而外币贷款的间接融资则要借助相关企业，市场较为混乱。通过建立系统性的跨境融资平台，为我省相关企业提供便捷的跨境融资配套服务。

五、促进国际人文交流

一是发挥浙籍华侨华人的独特优势。在浙籍华侨华人聚集地区建设文化展示交易中心，举办华侨华人文化合作论坛，深化"丝绸之路文化之旅"活动，与有关城市联合举办"丝绸之路艺术节"。发挥省海外高层次人才创新园和省海外留学人员创业园作用，建设华侨经济文化试验区，吸引"一带一路"沿线一流的华侨华人人才、科技、产业及资本的回归。

二是建设一批专业化高水平新型智库。对"一带一路"沿线的重点国家开展全方位专业性的国情研究，全面深入了解相关国家的法律制度、安全审查、税务制度、外汇制度、劳工问题，以及政府审批程序等，为制定相应的战略、规划、政策提供决策支持，为我省"走出去"企业做好政策对接的指导和咨询服务。

三是加强教育等民生领域的合作。探索新型国际合作办学模式，建立"丝绸之路"奖学金，增加留学人员奖学金名额，培育专业化技术性人才，真正实现人才的互联互通、教育的合作共赢。吸引国际组织来浙江开展合作项目、落户设点，推动社会公益事业国际化。

四是积极推荐"诗画浙江"特色旅游。在"一带一路"沿线国开展旅游推荐活动，结合全域旅游，挖掘山水秀美又富含民俗文化的旅游路线；推出一批具备涉外服务条件的民宿；对旅游业服务人员进行系统培训，提升涉外旅游服务的水平。

统筹建设"文化浙江"与"一带一路"[1]

目前，我省教育界的不少高等职业院校借助与企业结合较密切的优势，在"一带一路"的建设中实施职业教育"走出去"计划已有较好的开局。但许多省属高校或文化机构或企业在推进我省"一带一路"的建设中还不易找到着力点和共振点。我省要在"一带一路"建设项目推进中取得更广、更深层次的进展，还是有许多工作要做，有许多挑战要应对。

[1] 本报告主执笔人吕进，成文于 2017 年 7 月 14 日，原标题为《关于加强"文化浙江"建设与"一带一路"统筹规划的建议》。

一、整合研究力量，增加对"一带一路"国家社会、经济与法律的"知晓度"

鉴于目前我们对"一带一路"沿线国家国情的认识与了解都有待加强，建议政府部门发挥引导作用，面向各类智库、研究机构或高校设立专项软课题项目，开展对适应浙江"走出去"发展的沿线国家和地区的专题研究。若有条件，可由政府部门牵头设立机制灵活的浙江省"一带一路"国别与区域研究院或研究中心（以下简称：区域研究中心），由具备条件的研究机构或高校承担不同的国别或专题的研究，政府部门做好统筹规划指导。区域研究中心可编撰信息汇编，搭建相关信息平台，发布沿线国家政治、经济、社会、法律、金融和宗教等基本信息，为我省"走出去"企业做好指导、咨询服务；区域研究中心可通过面向政府及拟投资企业的需求开展有偿研究补充其运行。

储备一手人脉和一手材料。通过非政府组织机构开设"一带一路"专题系列讲坛，邀请沿线国家的我驻外人士、有较深造诣的专家或外国官员宣讲，并有针对性地聘请他们兼任区域研究中心客座研究员。区域研究中心可针对沿线国家学者或专家设立诸如"浙江丝路学者"等专项奖学金，提供来浙短期访学资助。既增进我们对沿线国家深入了解，又培养一批知华、知浙人士，为宣传浙江、走向丝路助力。与"一带一路"

沿线国家智库积极开展交流与合作，注重与沿线所在国浙商、浙企联系，掌握一手信息。区域研究中心还可运用先进的教育技术为"一带一路"项目出国人员提供语言培训和技术服务。

二、利用有效媒体形式，讲好浙江故事，提升"一带一路"沿线国家的"识浙"度

我省作为改革开放的先行省，涌现出不少世界知名的企业家，也积累了适应沿线国家发展的优势产业和产品。建议创办介绍浙江服务"一带一路"特色与能力的杂志与网络新媒体，以英语或所在国语言进行传播，宣传好浙江服务"一带一路"的能力与优势。杂志或新媒体的组稿要利用好在浙留学生和在沿线国家工作与经商的浙籍人士两支队伍，提高以所在国语言和思维特点来讲好浙江"一带一路"故事的水平，争取达到人车未至、网信先行的效果。

编写浙江"一带一路"省情宣传册。在目前开展的境内外技术培训中，适当增加一定的课时宣传我省在"一带一路"倡议实施中的优势。对招收留学生的高校亦可设立"一带一路"讲堂，定期宣讲浙江故事和优势，并鼓励留学生广为传播。鼓励拟"走出去"企业设立留学生实习基金，为企业培养所在国骨干，政府对企业设立的实习基金予以适当补贴。出台政策进一步鼓励在"一带一路"沿线国家创办职教培训、办学机构，以及文化教育与技术中心。加强与"一带一路"沿线国家的人文交流，鼓励各设区市举办沿线国家教育、文化、艺术类展览或文化节；组织有一定深度的商业旅游，扩大社会及民间的认知。通过民间加强往来，使沿线国的民众与我省增进相互了解，提高文化包容度。

三、加强交流共享，推进"走出去"浙企之间以及企业与高校之间的合作

发挥浙江商会、省侨联等组织的作用，按区域情况建立"浙江之家"民间联盟，推进在沿线国"走出去"浙江企业与教育机构之间的信息交流共享，增强民间组织与国内的区域研究中心的联系，有助于政府掌握信息，更好地为企业做好服务。鼓励省内有条件的学校配合企业走出去，在"一带一路"沿线国家开展境外办学，共建海外院校、特色专业、培训机构，为企业提供人才支撑。温州大学在意大利设立分校，服务温州人在内的广大华商企业就是一个很好的实践。

理性应对中美贸易争端[1]

近期，中美贸易争端一波未平一波又起，并存在进一步升级可能。短期内，中美贸易争端会对我省经济产生一定的影响和冲击，但从长期来看，则是倒逼企业转型升级的动力。就浙江而言，一方面，要沉着冷静，不因此打乱既定的改革、开放、发展节奏；另一方面，要积极应对，超越以往的惯性思维，尽力化"危"为"机"。

[1] 本报告主执笔人舒蛟靖、马欣雅，成文于2018年4月18日，原标题为《理性应对中美贸易争端的浙江之策》。

一、政、企、研联动，配合国家合力反制

加强与企业之间的沟通，及时向国家层面反映浙江企业的关切和诉求，针对我省产业特点，围绕能增加美国国内产业成本、冲击美国国内需求的行业，提出精准反制的政策建议，积极配合商务部等国家部委做好协商谈判的基础工作。凡是涉及我省企业、产业的大案要案，有必要采取反制措施的，要积极向国家相关部门做工作，争取支持，集中政府行政资源，形成应对合力一致对外。同时，加强与商务部及在美联络点的沟通联系，依托赴美投资企业建立预警点，进行总体风险研判，及时向我省企业提供风险参考，协助企业开展投资项目风险评估。由政府、智库、行业协会及企业联合设立浙江省应对中美贸易争端专家组，加强对美、欧反倾销反补贴调查新近出现的动向及规则变化的跟踪，加强反制办法研究，及时调整应对策略，增强我省相关工作的预见性和应对能力。全面推动我省各级政府参照建立相应反补贴应对机制，形成纵向联动、横向配合的应对网络。

二、加快在金融等开放领域的全面布局

扩大对外开放，积极融入并推进经济全球化，是解决中美贸易争端的根本之策。

中美贸易争端对国内金融业会有一个传导机制，也倒逼我省政府监管和金融企业的转型升级，要借此机会，努力消除我省一些影子银行、互联网金融、科技金融存在的隐患，以及地方债、信托、银行理财产品等风险点。同时，要高度关注国家层面新的外商投资负面清单及制造业开放政策，尽快出台进一步扩大开放的配套举措，发挥浙江的体制机制优势，推进相关的税收、市场准入、监管、法律法规等制度建设，推动金融、医疗、养老、教育、新能源汽车、通用飞机等外资优先在浙江布局，促进我省在能源、资源、基础设施、交通运输、商贸流通、专业服务等领域形成全面开放的新格局。此外，上海很有可能继海南之后成为中国第二个自由贸易港，浙江在争创自贸港的同时，应在务实推进洋山深水港区新一轮开发的基础上，就浙沪合作共建自由贸易港进行协商，结合宁波舟山港自身优势，打造更具国际竞争力的外向型主导产业功能，拓展我省与美国在能源等方面的合作空间，发挥服务"一带一路"建设的辐射带动作用，深度融入经济全球化。

三、进一步提高对赴美企业的服务水平

面对复杂的国际法规和标准，结合"最多跑一次"改革和政府数字化转型，简化、优化相关审批程序，加强对我省政策 WTO 合规性的审议工作，并在外汇、信息和数字化应急等方面提高相关政策支持的水平。充分发挥硅谷杭州中心等全球创新资源的平台作用，帮助浙商对接海外创新研发团队，提供法务、会计、行政、公共关系等精准服务，为海外并购和产业链整合提供金融等全方位支撑服务，促进浙商既能走得出、留得住，更能回得来、回得好。整合政府有关部门、金融机构、商会等多方力量，积极组织开展相关法律法规、政策的培训和成功案例的讲座等，有针对性地帮助企业了解美国经济发展规划、优先发展产业领域、对外资行业准入规定、官方文件及统计数据等；整合海外科技研发服务外包资源的跨境知识产权服务平台，降低投资成本和风险。引导企业积极调整对美投资方式，如：吉利集团在汽车产业全球化布局采用的分布收购方式，逐渐从家用汽车市场延伸至商用汽车、智能驾驶等领域，有效减少投资的对抗性，也可采用间接并购策略，对美国目标公司的控股可通过第三国子公司完成间接并购等等。

四、充分发挥华侨华人的桥梁纽带作用

旅美华侨华人通晓中美双方贸易规则和惯例。要充分发挥旅美浙籍华侨华人"润滑剂"的作用，找准我省与美国有关方面的利益契合点，有针对性地与美国有关政界、

商界人士进行沟通联系。发挥在美"海外交流协会""留联会"等现有平台作用，加强跟踪联系，充分借助侨胞的人脉优势，及时了解美国对中美经贸合作态度的最新动态。加强旅美浙籍华侨华人及侨团的牵线搭桥工作，为我省企业在美投资、规避风险等提供信息和渠道。同时，依托我省与美国密歇根州、纽约州、芝加哥市已经建立起来的贸易投资合作联合工作组，推动双方高层领导互访，加强双方经贸资源对接，搭建双方企业接触平台，推进投资合作。

五、探索赴美投资风险防范的长效机制

中美贸易争端是一个长期的、多轮的、战略性的博弈，必须做好长期和持续斗争的准备，建立风险防范的长效机制。结合政府数字化转型，为涉及对美经贸摩擦的企业建立信息直报通道；建立完备的应急知识和国内外应急案例数据库，为我省指导全省企业应对中美经贸摩擦提供参考。继续推进我省对外贸易预警体系建设工作，切实发挥预警点整合资源，在信息预警、贸易摩擦知识培训、具体案件应对以及服务企业转型升级等方面的作用，提高产业尤其是八大万亿产业国际贸易摩擦的预警能力及预警措施落实能力。探索制定符合行业特征的知识产权保护制度，根据各行业对知识产权保护水平的敏感度，制定适应各行业的政策。建立健全涉外知识产权保护机制，借鉴韩国经验，建立由政府、行业协会、驻外机构等共同参与的海外知识产权维权援助机制。

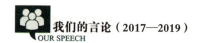

中美贸易争端的应对之策 [1]

当前美国对中国的贸易争端愈演愈烈，省咨询委组织召开专题座谈会，与十多位咨询委员、专家学者、银行及企业界代表进行座谈，交流探讨中美贸易争端的形势、可能产生的影响，主要观点概括：其一，对浙江高端制造业和新经济产生较大影响；其二，将对浙江传统产业和中小企业造成一定冲击；其三，加大上市企业资本环境的不确定性。为此，建议：

[1] 本报告主执笔人马欣雅、舒蛟靖、阎逸，成文于 2018 年 4 月 4 日，原标题为《中美贸易争端对我省的影响及对策——省咨询委中美贸易争端对浙江经济的影响座谈会综述》。

一、各级政府抓紧研究，全省上下树立信心、积极应对

中国银行国际金融研究所副所长钟红建议，浙江要密切跟踪商务部最新动态，精准分析关税目录清单，及时发布信息，加强预警和研判。加快对全省重点行业、企业的摸底调查，形成监测评估机制、应急预警机制和协调推进机制。省咨询委委员程惠芳提出，各级政府和相关部门应在省委省政府的统一领导下，对中美贸易争端的相关情况进行详细解读，提醒企业采取必要的应对措施，及时提供应对咨询、法律培训等服务，引导金融、保险等机构有针对性地提供精准专业服务。浙江大学经济学院院长黄先海认为，对中美贸易争端不必太恐慌，政府应及时向企业做好宣传，建立政府、协会、企业三方共同参与的应对机制，畅通工作联系渠道，力争将负面影响降到最低。

二、不断开拓市场，加快构建全面对外开放新格局

率先出台进一步扩大开放的政策举措。浙江大学经济学院院长黄先海表示，此次应对中美贸易争端的根本之策，就是进一步扩大对外开放。如：加快争创自由贸易港，通过扩大对美的天然气进口，保障我省清洁能源供给的同时，也能促进中美之间的进

出口平衡。积极引导浙江企业的全球化产业布局。中国银行浙江省分行副行长俞群建议，大力引导浙江企业海外投资建厂以规避美国的限制，优先向风险较小的国家和地区投资，争取更多企业在全球供应链中占据主导地位。浙江大学经济学院院长黄先海说，浙江要积极构建全球生产贸易体系，减轻因单一市场受限带来的贸易冲击，积极打造自主品牌，走差异化、品牌化之路。努力引导企业走多元化市场销售策略。杭州海康威视科技有限公司副总裁郑一波表示，要积极开拓欧盟、东盟市场，比如在网络安全防范方面加大对外合作，减少发达国家对中国的质疑、偏见。深入推进义甬舟、义新欧和网上丝绸之路建设，构建全面开放新格局。

三、加快推进产业转型升级，提高核心竞争力

促进核心技术研发转化。中国银行浙江省分行副行长俞群认为，应以中美贸易争端为契机，倒逼产业优化升级。通过全面落实我省《中国制造2025》，通过加大自主创新和科技研发力度、自主品牌创建等多种手段，提升我省产品和产业的附加值。同时，加大知识产权全球布局，强化知识产权双向保护。浙江大学经济学院院长黄先海提出，我省可以浙江大学为基地，建设世界知识产权交易中心，推进知识产权保护制度建设，完善知识产权维权援助制度，试行消费者集体诉讼制度，降低创新制度成本，提升消费者福利，提高最终品价格减少顺差。同时，加大知识产权的全球布局，帮助我省企业引进消化吸收高精尖技术。

四、加强风险监测和预警，防范系统性风险

重点关注中美贸易争端升级带来汇率波动对我省经济的影响。杭州巨星科技股份有限公司执行总裁池晓蘅提出，近期人民币对美元汇率波动对企业出口影响很大，如果中美贸易争端不断升级，人民币升值将对我省重点行业及企业整体竞争力产生极大影响。浙江万丰奥威汽轮股份有限公司营销副总经理吴兴忠也说，企业要有效规避汇率风险、原材料价格上涨成本压力和物流风险等。建议各类商会、协会发挥自身优势，进一步加强企业之间的信息互通，联合企业做好应对工作。加强防范化解金融风险。中国银行浙江省分行副行长俞群建议，政府要大力引导帮助企业充分利用银行、保险等金融机构丰富的避险工具防范汇率风险给企业带来的损失。省咨询委委员程惠芳指出，要关注房价下跌、企业经营亏损导致的银行坏账以及资本流出等系统性金融风险。要加大对重点国家经贸政策变动的监测分析研判，形成政策应对储备。

五、不断深化相关领域改革，充分发挥市场机制作用

进一步优化民营企业的投资环境。特约研究员傅吉青认为，以"最多跑一次"改革为引领，进一步简政放权，深化"放管服"改革。推进供给侧结构性改革，着力降低民营企业生产经营成本。省咨询委委员赵伟提出，民营企业是浙江经济发展的根基，我省基础设施等投资领域要进一步向民营企业开放，如轨道交通建设等，并向企业提供及时和丰富的政策信息。发挥好产业政策的引导作用。赵伟提出，要对以往产业政策进行恰当反思，借鉴发达的国家成功经验，推进实施差异性产业政策。继续扩大国内消费市场，提升国民收入占企业收入比重，解决中低收入者无消费资本的问题，扩大家政服务等现代服务业市场。

此外，专家学者还提出了对国家层面的五点建议：一是行业抱团应对，加强信息沟通和交流；二是加快产业结构调整，积极扩大内需；三是加强和防范金融风险；四是采取必要的谈判沟通技巧；五是积极争取国际社会的支持。

附件：表1：浙江对美经贸情况
表2：2017年部分沿海省份进出口及对美贸易情况

附件

表1　浙江对美经贸情况

年份	贸易总额/亿美元	出口额/亿美元	进口额/亿美元	占全省进出口比重/%	入境的美国游客/万人	占入境外国人比重/%
2012年	453.9	381.8	72.1	14.54	42.0	7.36
2013年	479.6	414	65.6	14.28	44.2	7.66
2014年	523.5	461.5	62	14.74	45.1	7.34
2015年	549.3	488.4	60.9	15.86	48.5	7.21
2016年	546.6	489.3	57.3	16.35	55.6	7.60
2017年	619.4	545.8	73.6	16.39	63.7	7.95

表 2   2017 年部分沿海省份进出口及对美贸易情况

省份	全省进出口 总额 / 亿元	对美进出口 总额 / 亿元	对美进出口总额 与全省进出口比重 /%
浙江	25600	4197.6	16.40
江苏	40022	6819	17.04
广东	68200	8624.7	12.64
福建	11591	1441.7	12.44
山东	17824	2302.6	12.92

更好发挥华侨华人作用[1]

当前，国内各侨务大省越来越重视发挥华侨华人作用，我省侨资企业数和投资额占到全省外资企业总数和外资总额的60%以上，借鉴外省经验，建议：

> **1**
> 本报告主执笔人舒蛟靖、林忠伟，成文于2019年1月21日，原标题为《更好发挥华侨华人在浙江经济发展中的作用》。

一、鼓励海外华侨华人参与浙江全球化战略

引导海外侨商帮助浙商获取境外软资源。进一步加强与海外侨商协会组织等的工作联系，通过签订合作协议、备忘录等方式，定期交换经贸信息，组织企业团组互访，开展政企对话、项目对接和政策法律咨询等活动。利用法华工商联合会等海外重点侨商的网络资源，加强与所在国的牵线搭桥工作，把海外市场和浙江产业有机"联起来"。鼓励海外华侨华人通过设立浙江品牌展示销售中心、特定的进出口公司等方式集中承销我省商品。充分发挥旅美浙籍华侨华人"民间外交家"的作用，找准我省与美国有关方面的利益契合点，有针对性地与美国有关政界、商界人士进行沟通联系，降低中美贸易摩擦给我省出口带来的不利影响。

借助海外侨商助推浙企融入全球创新体系。结合我省海外创新孵化中心建设，引导龙头骨干企业与侨商跨国企业建立技术战略联盟，建设双边互动的科技企业孵化器。促进中小企业与先进侨商企业形成有机的产业配套，融入全球创新型产业体系。支持海外侨商培育壮大"科技猎头公司"，服务关键领域核心技术、核心人才的挖掘引进，服务浙江企业的境外并购、收购，共推"浙江制造"升级。

发挥海外华侨华人在政策制定和风险防范中的作用。在部分国家选聘一批浙籍华侨华人法律、会计、商务、金融、税务等领域的专业顾问，为我省制定相应的战略、规划、政策提供决策支持，并积极构建法律、安保、公关等网络体系，增强对企业境外突发事件应急处置能力，共同防范和化解海外投资风险。

二、引导华侨华人参与我省重大发展战略

深化我省参与"一带一路"的各类涉侨平台建设。结合世界（温州）华商综合试验区、浙江（青田）华侨经济文化合作试验区等平台建设，探索将自贸区政策和杭州、宁波跨境电商试点等经验向平台延伸，进一步吸引捷克等"一带一路"沿线一流的华侨华人科技、产业及资本的回归。

引导海外华侨华人融入浙江经济数字化转型。鼓励侨商物流网络、营销网络深度参与eWTP新型贸易中心建设，引导与国内第三方交易平台合作，与沿线国家协同共建跨境电商生态圈。以浙江全省企业上云为契机，引导海外侨商参与建设云服务和大数据服务基地。

发挥海外华侨华人优势，加快浙江自贸区建设。通过引进海外华侨华人中的自贸区建设专业人才、吸引参与海外自贸区建设的侨商等方式，把海（境）外自贸区在投资管理体制创新、贸易便利化创新、金融制度创新、政府职能创新等方面的成功经验引进来。借助海外华侨华人力量，推动世界自由贸易区联盟等组织在我省设立办事处，加强浙江自贸区与全球自贸区的科技贸易合作对接。

促进乡村振兴与侨资侨智回归相结合。总结推广青田组织开展的"百个侨团结百村，助力乡村振兴"、华侨当村官河长、促进海内外青田人互动发展等经验做法；支持省内侨乡进一步深化华侨要素回流，以乡情为纽带，促进侨商资本人才进入农村，参与美丽乡村建设、产业振兴发展和农民持续增收等。

三、为华侨华人创新创业营造更好的发展环境

深化海外"最多跑一次"改革。在法院、公安、司法部门等现有业务基础上，进一步联合教育、投资审批等涉侨部门，共同开展远程服务，为海外华侨华人在浙办事消除空间障碍。结合"三服务"活动，梳理侨商企业在行政审批、专利保护、优惠政策享受等问题。建立海外人才数据库，广泛联系海外重点侨团、侨领、侨商和海外顾问，及时向华侨华人推送我省各地的经济发展情况和新政策。

为侨资企业提供更好的金融服务。借鉴广州经验，在股权交易中心设立"华侨板"，为境内外侨商提供各类股权融资、债权融资、财务顾问等服务，帮助企业解决融资难问题。

加强对华侨华人创新创业的智力支持。组织各类智库对"一带一路"沿线的重点国家开展国情研究，并向所在国华侨华人推送研究成果。鼓励浙江高校为浙籍归国华侨华人开设各类培训班，加强创业辅导，提高海外人才回国创新创业能力。

浙沪合作共建"自由贸易港"

当前，上海、天津、厦门等市纷纷提出要争取建设自由贸易港。浙江省早就提出在舟山群岛新区探索建设自由贸易港区的设想，并列入了国务院批准的《浙江舟山群岛新区发展规划》和《长江三角洲城市群发展规划》。在此基础上，浙江进一步发挥舟山群岛新区的优势，加快推进"义甬舟"开放大通道、宁波"一带一路"综合试验区和环杭州湾大湾区建设，在积极打造中国（浙江）自由贸易试验区升级版的基础上，完全有条件争取自由贸易港试点。

1

本报告主执笔人王东祥，成文于 2017 年 11 月 7 日，原标题为《关于浙沪合作共建自由贸易港的建议》。

但是，客观地分析，上海是我国除香港特别行政区外开放度最高的中心城市，五个中心（经济、贸易、金融、航运中心再加上科技创新中心）的功能定位，赋予上海长三角地区核心、"长江经济带"龙头和世界级城市群极核的重任。中国（上海）自由贸易试验区是我国首个设立的自由贸易试验区，在贸易、投资、金融及港航服务等领域的改革试点和体制机制创新走在全国前列，已形成了一批可借鉴可推广的成果。上海港在集装箱吞吐量上一直居于全国第一、全球第一的地位，远高于宁波舟山港。首先在上海探索建设自由贸易港的可能性很大。在上海国际航运中心组合港范围内，同时设立两个自由贸易港的可能性是很小的。在这样的背景下，提出加强浙沪合作，共同建设自由贸易港的设想，对浙江来说，应该是最有利而且最可行的首选方案。

一、浙沪合作共建自由贸易港符合上海国际航运中心建设的总体要求

上海国际航运中心是以上海港为主体，以宁波舟山港和江苏太仓港等为两翼的组合港。浙沪合作建设的洋山深水港区，已建成一、二、三、四期工程，可全天候接纳世界最大型集装箱船满载装卸，集装箱吞吐量远远超过当初设计能力（930 万标箱），

从开港第一年 2006 年的 323 万标箱到 2015 年的 1537 万标箱，年均增长 30% 以上，已成为上海港的核心港区，为上海国际航运中心建设发挥了关键作用。宁波舟山港一体化后，2016 年货物吞吐量达 9.2 亿吨，晋升为全球首个 "9 亿吨" 大港，连续八年蝉联世界第一宝座；集装箱吞吐量达 2156 万标箱，位居世界第四；港口的总航线已经达 241 条，其中远洋干线 117 条。浙沪合作共建自由贸易港，能够使上海港集装箱运输和航运服务的优势、宁波舟山港大宗散货运输和深水岸线的优势得到充分发挥，取得 "1＋1＞2" 的优势互补效应，江海联运服务中心的功能得到尽快强化，同时进一步增强了上海港在国际航运中心中的主体地位。

二、浙沪合作共建自由贸易港是推进长三角区域合作一体化的重要举措

经过十几年的努力，长三角地区已经建立了推进区域发展一体化的组织机构和协调机制，在发展规划衔接、重大项目实施和共同市场建立等方面取得了显著成效。党的十九大报告提出，要 "创新引领率先实现东部地区优化发展，建立更加有效的区域协调发展新机制"。长三角地区三省一市要积极响应。我们提出浙沪合作共建自由贸易港，是贯彻落实十九大报告的实际行动。通过浙沪合作共建自由贸易港，既有利于推进长三角地区港口发展的一体化、对外开放的一体化，也有利于建立更加有效的区域协调发展新机制，完全符合党中央提出的 "创新引领率先实现东部地区优化发展" 的要求。

三、浙沪合作共建自由贸易港具有良好的建设基础和配套条件

建设 "一带一路" 和长江经济带是我国新时期的重大战略，上海和浙江同属于这两大战略的结合部，携手打造连接 "一带一路" 和长江经济带的战略支点，是我们共同的责任。国家批准上海设立浦东新区和中国（上海）自由贸易试验区，批准浙江设立舟山群岛新区和中国（浙江）自由贸易试验区，浙江和上海的这两个新区和自贸区是相邻相连的。浙沪两省市加强合作，可以充分发挥浦东新区和舟山群岛新区的优势，积极打造上海自贸区和浙江自贸区的升级版，更快更好地探索建设自由贸易港。启动阶段，可以依托两个自贸区，以洋山深水港区为重点进行探索。洋山深水港区是浙沪合作建设的范例，现在小洋山北侧通过围涂造地已形成陆域面积 16.55 平方公里，深水岸线资源 4.1 公里。2018 至 2019 年，浙江省政府和上海市政府先后签署《关于共同推进小洋山区域开发等重大合作事项的框架协议》和《关于深化推进小洋山合作开发的

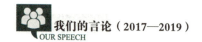
备忘录》，已经就洋山保税港区扩区和小洋山区域合作开发达成了共识。在此基础上，进一步就浙沪合作共建自由贸易港进行协商，一定能够达成优势互补、合作共赢的最佳方案，为建立更加有效的区域协调发展新机制，为加强浙沪合作推进长三角一体化作出贡献。

对浙江来讲，浙沪合作共建自由贸易港是进一步接轨上海的重要举措，是进一步扩大开放的重要举措，也是进一步实施"一带一路"和长江经济带战略的重要举措，对新时代推动浙江更好更快发展及长三角区域一体化发展具有重要意义。现在，李强同志当选中央政治局委员并兼任上海市委书记，应勇同志担任上海市市长，浙江实施"八八战略"进一步接轨上海迎来了难得的历史机遇。我省应该抓住这个机遇，尽早促成，尽快实施。

"危"中寻"机"

当前中美贸易摩擦仍在持续发酵。浙江作为开放程度较高的省份之一，要发挥自身优势，多措并举，充分挖掘危机中隐含的机遇，最大限度地降低中美贸易摩擦带来的负面影响。

本报告主执笔人舒蛟靖、林忠伟、姚海滨，成文于2018年8月13日，原标题为《多措并举"危"中寻"机"——降低中美贸易摩擦对我省经济发展影响的几点建议》。

一、加强与美国各界的交流合作

一是加强省州经贸合作。美国各州在同中国开展经贸合作方面拥有较大的自主权。我省可以依托与美国密歇根州、纽约州、芝加哥市已经建立的贸易投资合作联合工作组，加强双方在经贸、基建、新兴产业、气候和能源等领域的合作。积极发展与美国其他各州、市政府合作，探索举办省州（市）长年度峰会等，建立合作机制。

二是加强与在浙美资企业的沟通。截至2017年，美国共在浙江投资设立了6000多家企业，实际外资净额70亿美元。要积极发挥与我省关系紧密的美国大型跨国企业（如波音公司）、协会、游说团体的影响力，向美国商界传递友好合作的信息。

三是鼓励企业加强与美国贸易伙伴的磋商。借鉴重庆经验，指导企业加强与美国主要客户沟通，通过美国客户或行业协会向美国商务部申请"诉请排除程序"，豁免部分新增关税，或者与美国客户共同承担新增关税等方式，最大程度减轻企业贸易负担。也可以求助美国应对贸易摩擦有丰富经验的律师协会，寻求技术支持。

四是增进民间文化交流活动。利用我省在美华侨资源，发挥在美"海外交流协会""留联会"等平台作用，在文化交流中增进互信。充分发挥浙美两地的智库、贸易协会、非政府组织等民间组织的"二轨外交"作用，形成有效而灵活的沟通途径和对话机制。

二、提高企业应对中美贸易摩擦的能力

一是建立政企信息直通机制。借鉴河北经验，建立对美贸易专项数据库，指导各级商务部门建立帮扶台账和联络员制度，及时传递相关信息，了解企业诉求，指导企业准确研判形势并制定商业预案以降低市场风险。

二是引导企业通过转口贸易出口美国。可由行业协会牵头组织，引导我省企业将以美国为出口目的地的产品，转经香港、新加坡、马来西亚等地，规避因中美贸易摩擦增加的关税。

三是利用境外经贸合作区等合理避税。结合"一带一路"倡议，支持企业到成熟的中国境外经贸合作区进行产业投资，享受当地的出口政策。如在老挝磨丁特区保税物流加工园区的企业生产或者组装产品，可取得老挝原产地证书，享受发达国家的最惠国待遇。或者把对美出口产品最后一道组装安排在墨西哥，利用北美自由贸易区的优势来降低产品关税。

四是引导企业加快出口方式转变。结合深化义乌国际综合贸易改革试点，积极引导企业逐步摆脱代理包销的出口方式，鼓励企业通过并购、自建等方式，在美国拓展品牌、营销网络、研发等机构，实现价值链的延伸。

三、加快推进数字贸易创新发展

一是打造高能级数字贸易平台。深入推进中国（杭州、宁波、义乌）跨境电子商务综合试验区建设，探索制定数字贸易规制及与其相应的数据保护规则，推出数字贸易便利化措施，探索建设数字自由贸易区，引领全球电子商务新模式、新规则、新标准。发挥世界互联网大会平台的作用，积极开展数字贸易国际交流与合作。

二是推动跨境电商集聚发展。积极引进亚马逊等境外知名电商平台，对接境外知名电商平台，培育一批具有较好经营实力的跨境电子商务出口企业，集聚一批数字贸易企业，构建完善的数字贸易产业链。

三是推动传统外贸企业向数字贸易转型。结合杭州 eWTP 实验区建设，鼓励企业运用互联网、大数据、人工智能等新技术，创新发展跨境电子商务 B2B、B2B2C、B2C、O2O 和移动电商、社交电商等新模式，通过构建智能物流网络、完善跨境支付体系、拓展第三方服务，拓宽企业贸易进出口双向通道。

四、促进服务贸易快速发展

一是积极推进服务贸易体制机制创新。总结杭州服务贸易创新发展试点和杭州、宁波国家级服务外包试点经验，加快经验的复制推广，深入探索适应服务贸易创新发展的体制机制、政策措施和开放路径。

二是加快重点领域服务贸易发展。结合开放强省建设，努力挖掘服务贸易的增长空间，加快推进旅游、留学、人才环流、投资移民、电子商务、专利费和第三方收入等领域发展。结合数字经济发展，积极推进软件和信息服务出口。结合浙江自贸试验区、舟山江海联运服务中心等国家级战略推进，加快国际海事服务建设。

三是以生产性服务业发展提升产品出口竞争力。借助我国扩大开放的有利时机，进一步放宽生产性服务业市场准入门槛，鼓励制造业出口企业积极引进国际先进的设计、研发、物流等生产性服务业，增强产品出口竞争力。

四是推进制造业企业出口贸易的"软硬结合"。引导制造业出口企业从"卖产品"向产品与服务并举转变，增加产品附加值。如大华集团在产品出口的同时提供云存储、云计算等平台和软件的服务，提升企业贸易竞争力。

五、拓展国内消费市场

一是扩大浙江优势农产品生产和销售。利用我国对美进口水果、猪肉等农产品加征关税的机遇，发挥我省高效生态农业的优势，扩大特色优势农产品的种植和生产，进一步推进生猪规模化养殖，完善质量安全可追溯制度，培育一批农产品优势品牌。

二是推进能源化工产业绿色创新发展。利用我国对美进口改性乙醇等能源化工产品加征关税的机遇，针对目前国内产能与年消耗量之间有近一半的缺口，加快舟山绿色石化基地建设和油品全产业链构建，推进乙醇汽油等的研发与推广。

三是推进智能制造的进口替代产业发展。利用我国对美进口无缝钢管、汽车、医疗设备等产品加征关税的机遇，发挥我省产业优势，推进进口替代产业发展，确定一批需要赶超的行业目录和产品清单，优化完善产业规划，抢占相关国外产品的国内市场。

聚焦聚力高质量

JUJIAO JULI
GAOZHILIANG

走在新时代前列 [1]

在未来高水平推进全面小康和现代化建设的"两个高水平"新征程中，浙江要以习近平新时代中国特色社会主义思想为指引，继续秉持浙江精神，抢抓现代化机遇，勇立新征程潮头，砥砺走在新时代前列。

[1] 本课题主执笔人徐志宏、夏谊，成文于 2017 年 12 月 8 日，原标题为《关于抢抓现代化机遇走在新时代前列建议的函》。

一、走在前列要确立全球视野的战略定位

在"一带一路"统领新一轮开放的大格局中，浙江未来全面开放，必须要有全球化视野、国际化规则、现代化目标的战略定位。

发展上盯住发达国家现代化水平，谋划新时代浙江发展的全球化定位。面对当前新一轮科技和产业革命兴起，国际分工体系加速演变，全球价值链深度重塑，对浙江而言迎来千载难逢的重大发展机遇。在这个经济全球化深入推进的新时代征程中，浙江实现现代化新一轮腾飞，不能只盯住国内强省，而要立足世界，放眼全球，盯住发达国家。在全球化竞争格局当中谋划未来，在发达国家现代化水平对照中定位高端，在国际全产业链构建中占领高地，谱写好"两个一百年"的浙江篇章。

开放上瞄准全球市场资源，打造全球资源配置的重要枢纽。面对经济全球化深入发展的大趋势，浙江不仅要求浙商"回归浙江、建设浙江"，更要鼓励浙商"跳出浙江、发展浙江"。第四届世界浙商大会，号召浙商要"聚力拥抱新时代、开放创新立潮头"。世界浙商是浙江的最大资源、最大优势。要充分发挥浙商群体在浙江、中国和全球三级链条中独特纽带作用，进一步加强浙江与世界发达国家的国际经贸合作，积极参与全球治理体系改革和建设，提升对全球资源要素的配置能力。

转型上紧扣发展方式转变，形成创新为新动能的现代化经济体系。要适应经济发展由高速增长向高质量发展的阶段性变化的时代要求，浙江理应在转变发展方式、优化经济结构、转换增长动力的攻关上实现率先突破，在建设现代化经济体系的跨越关口上砥砺先行。充分发挥浙江信息经济在全国的领先优势，打造以信息经济为先导的

现代化经济体系，大力推动互联网、大数据、人工智能和实体经济深度融合，加快发展数字经济并占领世界数字经济发展的创新高地。

二、走在前列要再创体制机制新优势

在新时代新征程中，浙江要高水平推进全面小康和现代化，必须更加深刻地理解和把握"八八战略"中蕴含的优势论，通过进一步发挥体制机制上的比较优势，加快改革创新，营造优良环境，激发持久的内生活力。

以增强民营企业活力为着力点，充分激发市场主体的蓬勃生机。民营企业作为浙江经济最基础、最广泛、最富特色的力量，增强民营企业活力，浙江经济转型升级就有了坚实的基础。要进一步强化对民营企业转型升级提升的服务支持，促进有效投资和要素保障落实到位。以创新财税政策为切入点，实施"减、奖、扶"的政策，为民营企业"松绑减负"。进一步落实产权保护制度，依法保护民营企业家财产权、创新权益、自主经营权和名誉权，激发和保护企业家精神。

以发挥市场在资源配置中的决定性作用为重点，提高要素配置效率。在新一轮深化改革中，要以完善产权制度和要素市场化配置为重点，在产权有效激励、要素自由流动、价格反应灵活、竞争公平有序、企业优胜劣汰的体制机制改革创新中实现重大突破。推动生产要素充分自由流动，在用地、用水、用电、用气等方面各行业同等同权同价。进一步完善公共服务领域的社会资源配置方式，推动教育、医疗、健康、养老等生活性服务业对社会资本全面开放。

以推进治理体系和治理能力现代化为目标，深化政府行政管理体制改革。以"最多跑一次"改革为突破口，准确把握全面深化改革总目标，大力推动实践基础上的理论创新、制度创新，不断推进制度的变革。全面提升经济、政治、社会、文化、生态等领域的制度化、程序化、法制化、信息化水平，通过自上而下的管理和自下而上的监督以及部门之间的协同和基层单位的自治，大力提高政府驾驭经济体系的能力，打造有现代理念、现代服务能力和水平的"善治"政府，更好地服务和促进现代化经济体系建设。

三、走在前列要打造美丽中国的浙江样板

要以生态文明体制改革为着力点，以尊重自然、顺应自然、保护自然的新理念，建设生态文明先行示范区，打造宜居宜业的人与自然和谐共生的生命共同体，把"美丽浙江"打造成为"美丽中国"的浙江样板。

践行"两山"理念，努力在保护生态环境上打造样板。要着眼长远、科学规划，坚持把"两山"理念融入各项规划中，系统研究美丽中国"浙江样板"指标体系，完善主体功能区配套规划，统筹做好治山理水文章。加快实施山水林田湖生态修复、造林绿化与退耕还林等绿色生态工程，提升自然生态系统稳定性和生态服务功能。深入推进"净空、净水、净土、净食"行动，不断改善生态环境质量，不断提升美好生活水平，让青山、碧水、蓝天、美食成为"美丽浙江"的亮丽名片，成为"美丽中国"的样板。

践行"两山"理念，努力在发展绿色经济上打造样板。通过发展绿色经济，在源头上，促进环境不断优化，实现经济优质增长。过去浙江以环境整治倒逼经济转型升级，未来浙江要以绿色发展引领经济转型升级。以建设全国生态文明先行示范区为契机，着力构建低碳循环的绿色工业体系、生态有机的绿色农业体系、集约高效的绿色服务业体系，建立健全绿色低碳循环发展的经济体系。

践行"两山"理念，努力在创新生态机制上打造样板。要巩固和深入推进生态文明建设，就要继续深化体制机制改革，充分发挥科学考核的导向作用、市场机制的调节作用、行政力量的推动作用、依法治理的监管作用；不断完善差别化分类考核、流域生态补偿、责任追究等各项制度，形成源头预防、过程控制、成效激励、责任追究的绿色制度体系；引导、规范和约束各类开发、利用、保护自然资源行为，用制度推动绿色发展。加快建设全省"生态云"大数据平台，推动生态环境大数据分析应用，推动建立生态环境质量趋势分析和预警机制、环境监测统计和评估体系，切实保障好、巩固好、提升好浙江的生态优势。

四、走在前列要满足人民对美好生活的向往

要紧扣当前社会主要矛盾变化，始终坚持和深入贯彻以人民为中心的发展思想，把人民对美好生活的向往作为一切工作的出发点和落脚点。

坚持以人民为中心的发展思想，不断满足人民日益增长的美好生活需要。围绕人民群众期盼的更好教育、更稳定工作、更满意收入、更可靠社会保障、更高水平医疗卫生服务、更舒适居住条件、更优美环境、更丰富精神文化生活等制定工作目标，真正干到点子上，有效提升人民群众的满意度。

建立居民收入与经济发展同步增长机制，使民生保障走上良性可持续发展轨道。要履行好政府对国民收入分配和再分配的调节职能，坚持按劳分配原则，完善按要素分配的体制机制，促进收入分配更合理、更有序。建立健全科学的工资水平决定机制、正常增长机制、支付保障机制，完善最低工资增长机制，完善市场评价要素贡献并按

贡献分配的机制，增加低收入劳动者收入，扩大中等收入者比重，拓宽居民劳动收入和财产性收入渠道，缩小收入分配差距。

加快推进基本公共服务均等化，让改革发展成果更多更公平惠及全体人民。保障和改善民生要抓住人民最关心最直接最现实的利益问题，坚持城乡并重、区域协同，加快推进城乡发展一体化，努力缩小城乡区域发展差距，切实提高发展的协同性和整体性。要进一步完善公共服务体系，推进优质教育医疗资源均衡布局，完善统一的城乡居民基本医疗保险制度和大病保险制度，建立统一的社会保险公共服务平台，统筹城乡社会救助体系，完善社会救助、社会福利、慈善事业、住房保障、优抚安置等制度，让改革发展成果广泛惠及全体人民。

五、走在前列要打造一支勇于开拓敢于担当的干部队伍

推进"两个高水平"建设，关键是要建设一支勇于开拓敢于担当的干部队伍，保证党和政府的大政方针和重大决策部署落到实处。

培养勇于开拓敢于担当的干部，鼓励干部在实践中增长才干。对干部的培养，不仅要针对性地开展经济管理、科技创新、文化建设、法治建设、社会治理、生态文明等方面专业培训，更要进一步建立健全干部上挂、下派等培养制度。选派干部到工作一线进行历练，让干部在实践中增长才干，在干事中增添本领。通过多种形式的实践历练，让更多勇于开拓敢于担当的干部能够脱颖而出，在推动改革开放和现代化建设事业中担当重任、建功立业。

使用勇于开拓敢于担当的干部，建立干事创业的容错机制。要让更多的干部勇于开拓敢于担当，一方面，要教育党员干部树立正确的执政理念，增强为民的服务情怀，履职尽责、积极作为。另一方面，要宽容干部在工作中特别是改革创新中的失误，为敢于担当的干部担责，为敢于负责的干部负责，旗帜鲜明地为那些敢于担当、踏实做事的干部撑腰鼓劲，让更多干净干事、不谋私利的好干部脱颖而出，激发各级干部勇担当、谋实干的热情和动力，促进党委和政府的各项决策部署有效落实。

建设勇于开拓敢于担当的干部队伍，落实鼓励改革创新的用人制度。坚持德才兼备、以德为先，把是否忠诚干净担当、能否开创工作新局，作为评价和检验党员干部的重要依据。大力选拔求真务实、敢闯敢试、担当有为的改革"弄潮儿"。把为官是否担当作为纳入干部的绩效考核，不断完善干部考核评价机制；从体制机制上对忠诚廉洁、事业为上、公道正派、踏实做人、勤奋干事的干部委以重任。畅通为官敢为者上、不为者下的渠道，在全省形成改革创新、干事创业、奋发有为的浓厚氛围，把我省现代化建设的各项事业不断推向前进。

以"三新"培育发展新动能 [1]

一、浙江培育经济发展新动能的战略重点

在经济高质量发展并加速向后工业化过渡的建设现代化经济体系的关键时期，浙江培育和壮大经济发展新动能战略重点是：发展新产业，打造新空间，构筑新体制。

（一）为适应和引领新时代的经济发展，加速完成向后工业化时期过渡的发展要求，浙江必须加快形成以信息经济为主导，现代服务业为主体，先进制造业和绿色生态农业为两翼的产业发展新格局

一是在信息经济时代，走信息经济主导的产业发展之路，是浙江抢占未来发展制高点的必然选择。信息作为驱动经济增长核心生产要素的地位正在不断强化，信息技术带动新一轮技术进步的态势正在持续增强，信息经济推动未来经济发展的空间十分巨大。

二是借助信息经济发展的良好基础，大力推动现代服务业的快速发展，是浙江培育发展新动能的必由之路。浙江信息经济发展迅速，已经在部分领域实现全球"并跑"和"领跑"，信息经济突起激发了现代服务业的发展。

三是在信息经济主导下，依托现代服务业推动先进制造业和绿色生态农业发展，是浙江产业转型升级的必由之路。先进制造业的主攻方向是以信息技术主导和现代服务业为支撑的智能制造，高效生态农业的抓手是依托信息技术提高农业的生产、经营和服务水平。

（二）为加快融入国家"一带一路"倡议，适应构建新产业对集聚高端资源的迫切需求，必须加速推进杭州和宁波两个都市经济圈的极化发展和联动发展，构建杭州湾创新型城市群 [1] 发展新空间

1 本课题主执笔人史晋川，成文于 2017 年 11 月 23 日，原标题为《关于浙江经济发展新动能：新产业、新空间、新体制的函》。

[1] 主要包括杭州、宁波、嘉兴、绍兴、舟山、湖州六市。

一是杭州湾创新型城市群将为国家整体转型发展提供新动力。杭州湾创新型城市群可以成为在全国范围内推动"供给侧结构性改革"的模范生，也可以成为国家打造"一带一路"战略枢纽的排头兵。

二是打造杭州湾创新型城市群，是浙江在长三角城市群的新定位，有利于高端要素的主动集聚。杭州湾创新型城市群北接上海，通过浙沪合作开发洋山港区、嘉兴全面接轨上海，形成与上海的陆海协同一体化发展态势。通过城市拓展、制度创新、科技进步、生态建设等方方面面的系统工程，能够成为面向未来发展的一个极具整体性和浙江标识度的品牌。

三是打造杭州湾创新型城市群，有利于提升浙江的国际化发展，重塑区域发展新空间。国家中心城市能帮助浙江进入全球城市网络，促进杭甬联动发展，努力以杭州为主打造国家中心城市。

（三）为加速推进供给侧结构性改革，构建新产业格局和打造新发展空间，必须进一步推动要素在多种所有制主体之间和城乡之间自由流动，推动传统工业经济下形成的治理体系进一步变革创新，加快建立新的体制机制

一是打破国有经济部门与非国有经济部门形成的二元经济结构，能够极大推动信息经济及服务业发展。新产业发展需要放开产业管制，信息经济的渗透发展需要数据开放。

二是打破城乡二元结构和行政区域界限壁垒，能够极大推动杭州湾创新型城市群发展。人才流动需要打破城乡二元结构，城市群空间拓展需要打破城乡二元结构，一体化整合需要打破行政分割。

三是打破单向治理，构建协同治理，有助于形成推动产业和空间"双转型"的社会氛围。整个社会对政府的治理手段和方式都将提出新的要求，主要表现为治理模式从单向管理转向双向互动，从线下转向线上线下融合，从单纯的政府监管向更加注重社会协同治理转变，各个利益相关方共同参与的去中心化协同治理逐渐成为社会新共识。

二、发展新产业、打造新空间、构筑新体制的政策举措

（一）培育完善发展新产业的多层次创新生态圈

一是全力推动重大科技和信息基础设施在浙落地。以城西科创大走廊为支撑，加大投入建设之江实验室，全力争取信息经济领域的国家实验室、国家大科学中心和国家重大科技基础设施，打造全球领先的信息经济科技创新中心。建设国家信息基础设

施和国际信息网络核心节点，积极推动在浙江建设第五代移动通信（5G）研发应用。

二是提前布局未来产业，强化前沿技术研究储备和产业转化。加快推动高端制造业转型升级，重点发展人工智能、柔性电子、量子通信、集成电路、数字创意、增材制造、生物医药、新材料和清洁能源等战略新兴产业集群。深化发展"互联网＋"，打造全球"信息湾区"典范，以新一代信息技术与制造技术深度融合，建设若干个数字制造超级工厂。

三是建设集科学发展、技术发明、产业发展于一体的新型研发机构。积极建设三类创新载体：聚焦行业共性技术供给的制造业创新中心，主要负责行业新型通用技术的转移扩散、中试放大和首次商业化应用；聚焦块状经济技术升级的产业创新综合体，主要负责我省传统制造业的"互联网＋""机器人＋""标准化＋"和"大数据＋"改造；聚焦科学发现、技术发明和产业发展一体化扁平式推进"达摩院"式的新型研发机构，确保科技成果产业化全链条的通畅和产业发展对技术研发的反哺。

四是以强大的高等教育体系支持原始创新。进一步优化高等教育教育结构和明确不同院校的分工使命，按照"投法人"和"投项目"相结合的方式，对高校给予兼具精准性和均衡性的支持。学习深圳的虚拟大学园区，积极主动承载先导性科技项目研发团队，形成"政府出题、全球接题、本地解题"式的高教资源集聚模式。积极推进办学体制创新，充分运用市场机制优化资源配置，鼓励和支持社会力量举办高等教育，推进多元化办学。

（二）着力处理好打造新空间的三对重要空间关系

一是上海建设新型"全球城市"进程中的浙沪互动发展关系。建立深化浙沪合作常态化的专项合作交流机制。发挥浙江金融特色优势，在建设上海国际金融中心的过程中共建浙沪新金融策源地。紧抓环、线、湾等空间相连基础设施建设，强化互联优势，助推浙沪的科技、金融和产业的互动发展。

二是统筹杭甬联动极化发展与改革宁波计划单列体制关系。在区域经济一体化加速推进的大背景下，重新审视和探索宁波计划单列市的体制改革。积极构建杭州湾区经济协同发展机制，通过大港群联动大湾区，力争推动环杭州湾大湾区上升为国家战略。

三是杭州湾创新型城市群内各地区（区块）的关系。开展湾区"多规合一"规划编制，率先从规划制度层面明确湾区保护与发展的关系。依据"多规合一"，进一步明确湾区产业重点与布局。按照"飞地经济"的模式，开展跨区域合作。

（三）构建全局导向、创新导向和规则导向的治理机制

一是构建要素向杭州湾城市群集聚开发的机制。在杭州、宁波两大都市区内再选

择2~4个县，在符合规划和用途管制的前提下，允许农村集体经营性建设用地出让、租赁、入股，实行与国有土地同等入市、同权同价，并探索农村集体建设用地在若干县之间流转入市。将农村集体建设用地统一纳入城乡建设规划、土地利用规划和土地用途管制。

二是确保各类资本依法平等参与市场竞争、获取报酬。建立更加开放透明的市场准入管理模式，完善市场准入负面清单制度，消除影响民间投资各种障碍，保障民营经济依法平等参与市场竞争。按照市场化、国际化、法治化的要求，打造投资、创业和创新的全球科技创新营商环境最佳区域。

三是优化新兴产业发展环境。围绕做强我省八大万亿产业，研究出台逐步取消或完全放开制造业和服务业一些领域外商投资股比限制的政策措施，进一步拓宽经济结构战略性调整和产业优化升级的开放通道。加强政策改革创新，进一步完善战略性新兴产业政策体系，推动建立多渠道、多元化的投融资机制，营造促进战略性新兴产业发展壮大的生态环境，营造创业人才发展空间。

四是创新对产业的土地供给方式。改进产业用地和创新用地的供应模式，从用地总量和占比上为先进制造业划定用地空间，实行工业用地弹性年限出让。对批而未供、供而未用土地进行履约清理，放开产业用地的容积率限制，鼓励优质企业在不做分割出让的前提下提高用地容积率，对增容土地价款执行优惠政策。探索建立农保地的跨区域调配和利益分享机制，全力确保重大项目落地。

五是强化企业创新风险的分担力度。试行创新产品与服务远期约定政府购买制度。运用财政补助机制激励引导企业普遍建立研发准备金制度，鼓励规模以上企业每年从销售收入中提取3%~5%作为研发准备金，税前按实际支出额进行加计扣除，并按其新增研发投入的10%给予奖励。

六是构建包容审慎、多方参与的监管体制。确立促进创新和技术中立的监管原则，针对新经济不急于做规划和顶层设计，不急于实行负面清单管理，在出台监管规则时注重企业、个人、社会团体和监管当局共同参与。积极运用数据治理的方式，通过图片识别技术、先进算法、大数据分析等方法，提前发现问题、预判问题。对处于发展初期的新生业态更多运用信用监管、弹性监管和事中事后监管，对依托平台型企业产生出的新兴业态，探索合理界定政府、平台和新兴企业的责任，通过监管责任下沉到平台，实现协同治理和数据治理的高度整合。

以改革创新夯实高质量发展 [1]

2018 年上半年，全省开始大力推进大湾区、大花园、大通道和大都市区四大建设，全省经济运行呈现总体平稳、稳中有进态势。主要特征：一是经济运行保持稳中有进态势；二是产业结构继续向好，新兴产业增速较快；三是消费升级步伐加快，网络零售持续快速增长；四是出口结构进一步优化，占全国出口份额提高；五是投资增速趋稳回升，民间投资占比提高；六是经济发展的质量效益持续改善，好的势头更加明显。

当前，国际国内发展环境与宏观政策环境接连出现新的重大变化，需要引起高度重视。经济运行中问题主要表现在：一是宏观经济运行压力有所加大，二是中美经贸摩擦后续影响逐步扩大，三是企业生产经营压力加大导致企业家信心不足，四是投资增速回落影响可持续发展动力，五是区域性金融风险有所上升。建议：

1 本课题主执笔人是王东祥、朱李鸣，成文于 2018 年 7 月 3 日，原标题为《关于当前浙江经济形势分析与建议的函》。

一、积极稳妥地推进供给侧结构性改革，大力夯实高质量发展基础

建立在旧动能特别是依靠房地产拉动基础上的增长，必定会导致经济运行不稳定、下行压力更大、发展不可持续。必须积极稳妥地推进供给侧结构性改革，通过改革创新，扩大新动能增长的途径，大力夯实浙江经济高质量发展的基础。重点要发挥好独角兽企业聚集优势，高水平推进"凤凰行动"计划；结合我国证券市场的改革，立足杭州独角兽企业集聚优势，加快推进上市步伐；着力完善能够推动独角兽企业快速成长与发展的环境。钱塘江金融港湾建设要进一步提升科技金融分量，以杭州为核心创建国家创投试验区，集聚一批国际一流的创投机构和科技金融机构，并加强与城西科创大走廊的联动，促进科技创新成果转化。积极引进和集聚高端要素，着力打造重要功能性总部平台。目前，浙江有一半以上的上市公司分布在市县，上市公司国际化发

展与县域高端要素供给不足的矛盾越来越突出。可以借力我省大湾区、大都市区建设的有利契机，谋划建设浙江上市公司功能性总部集聚区，推动浙江上市公司研发总部、金融机构总部、大型投资机构总部和产业总部向杭州都市区和宁波都市区集聚，在长三角占领制高点。大力实施创新驱动战略。围绕加快吸纳转化国内外科技成果、发展战略性新兴产业的主攻方向，坚持政府引导、市场化运作，坚持分类指导、分层培育，坚持深化科技体制改革，进一步营造创新生态，激发创新主体活力。以省级立法形式落实好国家创新激励政策，强化对国内外各类创业人才的服务，充分调动科技人员积极性。用精准政策把大众创业、万众创新引导到新动能的培育壮大上去。突出杭州城西科创大走廊创新极核功能，提升发展高新园区，择优培育科技城，做精做亮"小专特"平台。充分发挥已有国际协同创新平台作用，推进省内科研机构与国际知名科研机构建立长期伙伴关系，探索和创新国际科技合作模式。推动高等学校、科研机构、工业企业、软件企业共建跨企业、跨领域网络协同创新设计中心。提升我省科技创新云服务平台的智能化水平，整合供需大数据资源，打造集多功能于一体的创新"产品包"。强化军民融合创新平台建设，深化与国防科技大学等军事院校的战略合作，联合组建若干个军民融合协同创新研究院，共同开展重大科技项目合作和协同创新。

二、鼓励和帮助龙头骨干企业做大做强，进一步激发民间投资活力

国际竞争越来越多地体现在大企业特别是跨国公司之间的竞争。要进一步发挥龙头骨干企业在转型升级中的主体作用。继续以"四换三名"工程为抓手，引导大企业走产业高端化的路子，发挥上市公司在行业并购重组中的龙头作用，支持大企业确立起在国内以至全球产业链和价值链治理上的领导地位；引导和支持中小企业从终端市场上退出来，发展由大企业领导的分工配套体系、外包体系和创新体系，以此带动中小企业转型升级，更好地融入国际分工体系。要把民间投资意愿和投资内容、投资结构、投资范围等都正确引向扩大新动能的增长方面。通过舆论引导和沟通协调，支持企业家确立正确的市场预期，提高新动能投资的积极性。要切实放开服务业、上游垄断产业管制；加快研究制定鼓励和引导民间资本投资市政基础设施、铁路和轨道交通、海洋经济、航空等领域的政策意见和实施细则，进一步深化落实促进民办教育、民办医疗、民办养老等领域发展的政策意见。

三、优化营商环境，进一步减轻企业负担

目前我省企业减负降成本需求与政策供给之间仍存在着不平衡不充分的矛盾，降

低税费、社保缴费、物流成本等方面的政策力度尚不到位。应该在深化"最多跑一次"改革中，进一步加大企业减税降费力度，深度清理和规范重点领域环节涉企收费，尽快弥补对"夹层企业"减负降本的政策空白，进一步减轻企业社保负担力度，努力降低企业物流成本。在深化"最多跑一次"改革和商事制度改革中，进一步降低制度性交易成本，同时积极帮助企业降低用能用地成本、融资成本和人工成本。各级政府领导要按照建立政企亲、清关系的要求，主动深入龙头骨干企业和困难企业，帮助企业克难攻坚，化解矛盾，共同谋划创新发展和高质量发展。鼓励企业在国际市场不景气的情况下，巩固和扩大国内市场，努力开拓"一带一路"沿线国家市场。积极搭建境外服务平台，帮助企业应对中美贸易摩擦带来的不利影响，为我省企业"走出去"提供全方位支持和保障。

四、构筑高质量开放平台，积极引进和利用国际高端要素

大力推进以产品贸易为主的国际化向高端要素为主的国际化转变，引领浙江经济向高端化和更高水平参与全球化发展。鼓励和支持大中型民营企业和上市公司"走出去"，积极开展与国际先进企业各类垂直、横向并购、股权投资和长期合作，面向全球吸纳和集聚高端人才、研发技术、品牌、营销网络和管理等要素，通过构建各类国际性高端合作平台和机制，走出一条吸纳高端国际要素带动新动能成长壮大和产业转型升级的路子。紧紧围绕"一带一路"倡议，支持企业开展以自主品牌、自主营销和自主研发为主的出口贸易，通过品牌、研发、管理等高端要素和高端价值链的出口，不断培育和壮大浙江与"一带一路"沿线国家之间的价值链分工体系。结合大湾区功能平台的布局建设，发挥高能级开放大平台在吸引集聚高质量外资中的作用。杭州重点加强大江东与临空经济示范区联动，系统集成跨境电商、综合保税、临空经济等先行先试做法，努力在创新贸易和投资方式、营造一流营商环境上率先突破，建设我省重要的具有自贸区功能的开放平台。宁波、舟山重点推进大宗商品跨境贸易人民币国际化示范区、国际农产品贸易中心和宁波临空经济示范区建设。义乌重点对标自由贸易区，发展龙头型、平台型、服务型企业，打造全球小商品贸易最便利的城市。支持杭州、宁波创建服务业扩大开放综合试点城市。放宽服务业市场准入，加快体制机制改革，推动配套支撑体系建设。在与香港、新加坡服务业合作基础上，重点在金融、科技、信息、医疗、健康、文化等领域加大探索；强化与香港、新加坡的科技对接、市场对接、资本对接、人才对接，不断扩大合作范围，进一步增强国际城市服务能级。充分利用国家进口战略调整、主动扩大进口的重大机遇；全面对接中国国际进口博览会，打造一批进口服务平台；培育一批进口龙头企业，发展一批进口总代理；探索建

立进口贸易便利化机制。

五、打好防范化解区域性金融风险攻坚战

把防控区域性金融风险放到全省经济工作的重要位置。采取切实有效措施，防范大中型企业，特别是上市公司因担保链、债务链、资金链断裂而造成的区域性金融风险。对高危地区和行业进行排查和设立预案，强化企业分类指导，加快"两链"特困企业市场出清，加大打击逃废债力度，建立健全化圈解链、化旧控新、逃债必究工作机制。要加快制定出台银行不良资产处置及行动方案，积极开展对大宗交易场所、网络金融平台进行风险排查；坚决治理各类金融乱象，下决心处置一些风险点，谨防点到点再连成面的集中性潜在风险，着力维护良好的区域金融环境。分类施策化解政府债务风险。对于市政基础设施等债务可以通过资产反哺化解风险。由于市政基础设施与周边土地开发密切相关，所形成债务可由地方国资平台公司通过区块整体开发与经营进行化解。对于不能通过资产反哺方式化解的债务，需合理安排投资节奏。非收费公路建设是地方隐性负债重要组成部分，要通过一般公共预算、政府性基金预算财政安排化解，少数地区可利用固定资产收益、码头经营性收益、加油站股权等进行偿还。加强和深化房地产调控。加强对房地产市场的预期引导和商品房预售价格管控，防止房地产泡沫进一步扩大，同时加大住宅土地供应，强化房地产市场秩序监管与质量监管，坚决杜绝违法违规行为。

积极应对"第五个景气"[1]

改革开放以来，中国经济经历了四个景气期，分别是"农村景气""企改景气""南巡景气""出口景气"。当前中国经济有一个更重要的现象也正在形成。这就是从扩张性结构失衡到收缩性结构均衡，再走向上升型结构均衡。所谓上升型结构均衡是指，由于居民收入占GDP比重逐渐提高，从而形成新的发展动能及优化经济结构。

[1] 本报告主执笔人卓勇良，成文于 2017 年 11 月 29 日，原标题为《积极应对第五个景气时期》。

消费景气是改革开放以来的第五个景气时期。具体表述是居民收入增长快于GDP增长，消费增长对GDP增长具有主要贡献份额，经济增长形成消费主导的格局。这里的关键在于，劳动生产率提高相对较快，足以抵御劳动成本的较快提高，促使企业在工资较快增长下仍具有较好财务状况。国民经济在分配向劳动倾斜的总体格局下，企业仍具有足够的扩大再生产能力，经济增长仍相对较快。

劳动相对价格变化是经济增长的一股重要推动因素。当收入增长持续慢于GDP时，消费占GDP比重亦随之降低，此时如出口较快增长，则国内经济增长并不因消费增长较慢而受影响，于是消费占GDP比重继续降低，经济增长由此形成出口和投资主导的格局。当收入增长持续快于GDP时，收入和消费占GDP比重开始上升，出口或将因国内成本较快上升而放慢，出口和投资的推动作用开始弱化，消费主导作用开始凸现。

劳动年龄人口持续减少是这一分析框架的基础变量。根据第六次全国人口普查，全国劳动年龄人口自 2014 年开始，进入总量逐年减少时期。2018 年减少 600 万人，此后减少量将逐年增加，至 2026 年预计将减少 1300 万人。2016 年至 2018 年，以我们的简易模型计算，劳动年龄人口总计减少 7900 万人，占当前劳动年龄人口 9.0%，由此将对经济社会发生巨大影响。

居民收入增长快于GDP增长是一个重要的结构优化变量。当劳动供给逐渐减少时，如劳动需求增长不变，则工资增长将持续相对较快，由此导致居民收入增长快于

GDP 增长。这一幕当前已真切发生，2011 年至 2016 年，全国人均 GDP 年均增长 7.3%，居民人均收入实际年均增长 8.0%，比人均 GDP 增长高 0.7 个百分点。这已导致收入和消费占 GDP 比重的持续提高，导致形成消费主导的经济增长格局。未来 10 年左右，人均收入增长或将持续快于人均 GDP 增长，逐渐使得收入占 GDP 比重，从 2016 年的 44.1%，达到 50% 以上；居民消费占 GDP 比重，从 2016 年的 38.0%，达到接近 50%，不过后者仍低于全球多数国家和地区的正常水平。

劳动生产率相对较快提高是这一分析的关键变量。因为这是保持足够的就业和工资增长的关键，也是保持足够的利润增长的关键，从而亦是在固定资产投资低增长下，经济增长仍能相对较快的关键。

中国经济存在着一个不可能三角，即弱市场、大政府和传统思想。这三个方面的任一方面，都对另一方面有不利影响。弱市场是一种不完善的市场，且不说降低要素效率，而其不规范运行将影响政府的正常运行，同时也将侵蚀政府肌体健康；同时弱市场因运行不完善，从而缺少对于传统思想积极健康的影响，使得传统思想更难以转型。大政府进一步影响市场经济的正常运行，亦影响传统思想转型。传统思想对于市场经济和大政府的不利影响，则毋庸置疑。这三个因素互为因果，互相增加其负面影响。

需要指出的是，中国经济自 1993 年十四届三中全会决定建立社会主义市场经济体制以来，一直存在着这一不可能三角。前期影响似乎较小，是因为改革、开放、人口和转型的红利较大，抵消和掩盖了这些不利影响。然而随着改革开放的多重红利逐渐弱化，同时与世界发达经济体差距逐渐缩小，以及经济增长逐渐减速，不利影响逐渐凸现。

创新对于未来的消费景气尤为关键。因为居民收入增长快于 GDP，以及占 GDP 比重提高的过程，也是资本的成本费用占比逐渐上升的过程。此时如果缺少多层面创新对于效率的提升，资本利润将逐渐减少，扩大再生产将逐渐放慢；这样又使得劳动需求增长放慢，居民收入增长缓慢，上升型的结构优化和经济增长就将停滞，消费景气将受到不利影响。

而前述不可能三角则将对创新具有逐渐增大的不利影响。弱市场降低要素配置效率，使得创新要素较难最大限度地发挥作用；大政府因不适当地介入和干预经济运行，泼掉脏水的同时很可能也伤及孩子；传统思想本身即与创新行为及其成果格格不入。

更严重的是对创新人才成长的不利影响。我们靠什么创新？除了依赖现在和将来成长起来的一大批神奇小子外，还能靠什么呢。这里说的创新，是将把国家和民族带向未来的重大创新。这样一大批创新人才，很可能需要若干代人努力才能培养出来。因为只有持续在无拘无束、自由自在环境中，才能培育成长起这样一大批人才。如果思想具有约束、行为受到羁绊、知识存在障碍，哪怕非常间接，也会影响一批最尖端高素质创新人才的脱颖而出。

　　提出问题的目的是解决问题。党的十九大提出的七大战略，其中前三大战略，科教兴国、人才强国和创新驱动战略，均直接事关创新大计。当前要积极贯彻落实十九大精神，解放思想，加快改革，积极解决创新驱动中的一系列问题，促进经济持续平稳增长。

新征程中信息经济的新作为 [1]

信息经济是以信息资源为基本要素，以信息技术为泛在手段，以信息设施为物质保障，通过提供信息产品和服务、推动信息流通和消费，来促进经济社会发展的新型经济形态。

1

本课题主执笔人刘亭等，成文于 2017 年 11 月 21 日，原标题为《关于新征程中浙江信息经济的新作为的函》。

一、我省信息经济发展的优势

（一）我省信息经济谋篇布局先人一步，发展成效显著

由信息技术研发、信息产业规模、信息基础设施、信息化应用等指标构成的测评显示，2014—2015 年我省信息经济发展总指数均居于全国第 4，与排名前三的北京、上海、广东和排名第 5 的江苏同处第一方阵。

（二）信息化应用优势突出，三大主体亮点纷呈

电子商务发展领跑全国，共计 45 个县（市、区）入围 2016 年全国"电商百佳县"排行榜；eWTP（世界电子贸易平台）的落地推广，移动支付总额及人均支付金额均居全国第 2；"互联网＋政务服务"特色彰显，2015—2016 年省级政府网上政务能力评分连续两年居全国第 1。2015 年我省信息化应用指数为 22.74，居全国首位。

（三）杭州成为信息经济发展主引擎，"滨余西"表现抢眼

从市域层面看，杭州信息经济发展一枝独秀，信息经济发展指数为 121.28，在 15 个国家中心城市中，杭州排名第 4，仅次于北京、上海、深圳，已形成具有较强竞争力和自我发展能力的互联网生态圈。从县域层面看，滨（江）余（杭）西（湖）三区为前三强。

（四）龙头企业实力强劲，引领带动作用明显

2016 年共计 11 家浙企上榜"中国互联网企业 100 强"，8 家企业入围中国软件业务百强企业名单。以阿里巴巴为代表的平台型企业，和以海康威视为代表的雁首型企业，已成为我省信息经济发展的坚强支柱。此外，以网易、华为、百度等为代表的非本土巨头先后入驻浙江，为我省信息经济发展注入了新动力。

二、我省信息经济发展的挑战

（一）我省信息经济发展面临"不进则退、慢进亦退"的严峻态势

在兄弟省市发展信息经济持续加码、竞争日益加剧的情况下，我省信息经济发展速度相对滞后。2015 年我省信息经济指数同比增幅为 30.05%，比同处第一梯队的江苏（增幅为 37.52%）低 7.47 个百分点，比全国（增幅为 51.09%）低 21.04 个百分点，仅居全国第 27。若延续此态势，我省赶超排名前三的北京、上海、广东分别需要 8 年、4 年、2 年，而被排名第 5 的江苏追赶仅需 1 年。

（二）信息产业规模偏小、比重偏低，消费互联网向产业互联网转型偏慢

2016 年我省规模以上电子信息制造业实现增加值 1599.9 亿元，规模仅为广东同期（7620.02 亿元）的 21%。我省软件业务收入 3602 亿元，规模仅为广东同期（8147.7 亿元）的 44.21%。消费互联网优势逐步消退，越来越多"非浙江原产"创新应用涌现。2015 年我省两化融合指数为 98.15，比广东低 0.69，同比增幅 13.78%，比广东（22.01%）低 8.23 个百分点，差距呈进一步扩大趋势。在全国人工智能创业公司分布中，北京、上海、深圳、广州以 42.9%、16.7%、15.5%、7.7% 的占比位列前四，我省则无缘进入第一梯队。

（三）网速偏慢成为现阶段一大短板，亟待"盯紧"采取超常措施解决

我省宽带家庭普及率全国领先，但信息网络宽带速率较为滞后，全国排名甚至一度下降至 2016 年四季度的第 16 位。受制于宽带接入"最后一公里"垄断等因素，我省信息网络宽带速率（16.80Mbit/s）距离上海（18.41Mbit/s）、北京（18.05Mbit/s）等直辖市仍有较大差距，甚至落后于河南（17.33Mbit/s）等中部地区省份，已成为现阶段制约我省信息经济健康发展的"一大短板"。

（四）研发不足成为长远发展最主要短板，"制高点"经济发展缺乏深厚源动力

从研发投入看，2015 年我省研发经费投入强度仅为 2.36，列全国第 6，分别比北京（6.01）、上海（3.73）、广东（2.47）低 3.65、1.37、0.11。更需注意的是，我省人均政府研发投入总额排名全国第 11，甚至落后于黑吉辽东北三省。从研发产出看，2015 年我省每百万人拥有信息经济专利数为 0.92 件，分别比北京（6.68）、上海（2.24）、广东（1.15）低 5.76、1.32、0.23 件。源头创新、颠覆性创新不足，必将成为制约我省信息经济领先发展的一大软肋。

三、关于我省信息经济发展的几点建议

（一）把握历史方位，旗帜鲜明地发展新实体经济

当前我省信息经济起步先行、进展良好，正处于创业成事的黄金发展期；但竞争激烈、态势严峻，同处于"慢进亦退"的拓展关键期。加快发展信息经济，既是赢取转型发展"攻关期"的"迫切要求"，也是浙江作为一个沿海"率先发展省份"，面向未来建设现代化经济体系的战略选择。牢固树立发展信息经济就是振兴实体经济的认识。信息技术研发及相关装备制造、基础设施建设及内容生产，毫无疑问都属于实体经济范畴。牢固树立发展信息经济更是发展新实体经济的认识。党的十九大报告强调"推动互联网、大数据、人工智能和实体经济深度融合"，就是我省首创并被主流媒体充分肯定的"新实体经济"。扩大信息及新一代信息技术在农业、工业、服务业领域的广泛增值应用，正是浙江发展信息经济的特色竞争优势所在。"咬定青山不放松，任尔东西南北风"，旗帜鲜明地将发展新实体经济作为浙江贯彻落实党的十九大精神的一大着力点，一以贯之地把发展信息经济作为我省经济发展的"一号工程"，以信息经济为主导，引领和支撑八大万亿产业及整个产业体系融合发展和高质量发展。

（二）推进改革开放，以创新引领支撑信息经济示范区建设

用活用足用好全国首个国家信息经济示范区先行先试权。探索创建"网管"试验区。营造开放包容、安全有序的网络环境。以"最多跑一次"改革为契机，打破部门信息孤岛，推动政务数据资源快速流动、充分共享和尽量开放。以科研、学术领域的开放为突破口，在确保安全可控的前提下，率先建立区域互联网开放机制，打破对外自然科学和专业知识领域网站的封禁。改革人才机制，激发人才活力。结合优化省域经济结构的取向，实行重点更为突出的信息科技人才政策，以识才的慧眼、爱才的诚意、用才的胆识、容才的雅量、聚才的良方，吸引信息经济领域国际顶尖专家、科技

领军人才和高水平创新团队，来浙江发展信息经济的大舞台上创新创业、成名成家。在尊重科技报国、产业报国情怀的同时，借鉴"交够国家的，留足集体（单位）的，剩下都是自己的"大包干思维，大胆推开信息科技人员分配制度改革试点，推动大专院校、科研院所、科技型企业和科技个体户等各类人才的"柔性兼职、灵活取酬"常态化，并能得到有关规章制度的切实保障。突出"企业办院"，多渠道建设科技创新平台。借鉴深圳倚重华为、腾讯等信息科技型公司创新驱动发展的经验，充分发挥阿里巴巴、海康威视等我省科技创新平台型、雁首型企业的带动作用，以之江实验室、阿里"达摩院"、西湖大学为先导，积极推开"企业办（研究）院"模式，大力促进科技与经济的紧密结合，推动前瞻性基础研究、引领性原创成果重大突破；突出关键共性、前沿引领、颠覆性技术创新，为建设"数字中国、智慧社会"和"数据强省、云上浙江"提供强有力支撑。

（三）坚持应用引领的优势，带动传统产业提质增效

依托庞大市场空间和先发应用优势，通过集成式迭代、传承式创新，推动商业模式改良和传统产业升级。拓展提升应用优势。将打造全球首个"eWTP实验区"作为服务国家"一带一路"战略、构建"网上丝绸之路"的"一号工程"，通过构建智能物流网络、完善跨境支付体系、拓宽世界电子贸易进出口双向通道等，加快完善跨境电商产业链和互联网生态圈，推动浙江电子商务"金名片"的影响力和辐射力向海外延伸。推动政府"重在民生"的经典应用。以满足"人民日益增长的美好生活需要"为着力点，在科教、健康、环保、交通、旅游、安全等关乎社会治理、民生服务的领域，打造若干个效益明显、带动性强、示范作用突出、在全国有影响的政府应用典型。如依托"城市数据大脑"等基础设施开发，加快"智慧城市"建设，有效缓解城市病，让老百姓安居乐业。以信息化应用带动传统产业转型升级。以"十万企业上云"行动计划为抓手，大力发展个性化定制、服务型制造、协同制造等新生产模式，促进传统产业迈向价值链中高端。以市场需求旺盛、发展前景广阔的互联网、大数据、人工智能等领域的新一代信息技术产业为重点，谋划建设一批以梦想小镇为样板的信息科技创新小镇、以云栖小镇、德清地理信息小镇为样板的信息服务业小镇、以智慧安防小镇为样板的信息制造业特色小镇，培育若干先进信息产业集群。

（四）政府有效作为，打造信息经济发展环境最优省

审时度势、顺势而为，更好地发挥政府在信息经济加快发展中的引领作用，提升服务水平。明确高端发展定位。抢抓杭州国家级互联网骨干直联点试点机遇，增设互联网国际出口专用通道，加快推进第五代移动通信（5G）商用实验网建设及互联网协议标准（IPv6）规模化应用，推动杭州成为全国首个 5G 商用城市。以跨境电商大数据交换中心为突破口，将杭州率先打造成国际贸易、金融、物流等大数据汇集、交易、挖掘、应用的国际枢纽城市。推动其他设区市主动对接杭州，因地制宜、因城施策，形成"一地一亮点、一城一名片"的差异化、特色化发展格局。切实加大研发投入。优化政府投资结构，集中政府有限财力，加大信息科研投入力度，确保省工业和信息化、战略性新兴产业、商务促进等专项资金和财政科技经费向信息经济科研创新倾斜。充分发挥政府投资的引导作用，带动市场多渠道融资、多元化投资。构建长效发展机制。将信息经济相关知识、政策纳入各级党校培训课程，联合省内主流媒体、高校、智库、协会开办培训班和宣贯会，提高企业家、领导干部对信息经济本质及战略作用的认识。完善考核体系，取消对"全社会固定资产投资""工业增加值"等传统指标的考核，加大对人力资源、科技成果转化等创新投资"以奖代补"力度，形成发展信息经济的正面激励效应。优化评价机制，建议政府相关部门吸收借鉴最新咨询成果，不断完善测评体系，支持开展第三方评价。健全推进机制，力戒"单打独斗""运动式""一阵风""一刀切"等弊端，推动信息经济持续健康发展。

加快发展数字经济的三个着力点 [1]

当前，数字经济发展及其对经济辐射带动作用正在呈现爆发增长态势，发展数字经济已成为世界各国作为经济增长新空间的共识。省委经济工作会议提出实施数字经济"一号工程"，全面推进经济数字化转型，积极争创国家数字经济示范省。数字经济是浙江聚焦聚力高质量、竞争力、现代化的加速器，是全面实施富民强省十大行动计划的重要抓手。

一、着力推进核心技术创新突破

浙江在新一代信息技术应用与产业发展特别是在数字经济商业模式创新上具有领先优势，但还存在不少短板。从总体上看，具有战略性、基础性和先导性的数字经济核心技术自主创新能力还不强。作为数字经济和国家信息安全重要支撑的集成电路芯片除在设计领域取得一定比较优势外，产业链尤其在晶圆制造环节整体规模小、影响力弱。新一代人工智能产业链三个关键环节上，在以硬件芯片为核心的基础层、通用技术及平台层的研发及产业化方面，与北京、广东、湖北相比，实力较强的创新创业公司不多。

要遵循习近平总书记的要求，下定决心、保持恒心、找准重心，加速推动信息领域核心技术突破。调动企业、高校院所、政府部门和社会各方力量，加快"之江实验室"、阿里"达摩院"等高端研发机构的建设发展，增强技术创新的源头供给。把握人工智能、虚拟现实、区块链、量子通信等新兴技术在数字经济发展中的巨大作用；把握对未来产生重大影响的趋势；努力创新突破一批基础性先导性技术。依托龙头企业、独角兽、重点园区和高校科研院所，在智慧安防、高端软件、生命健康、金融科技等优势领域创建一批国家产业创新中心、国家科技创新中心、国家制造业创新中心和产业创新综合体，不断提高科技公共服务能力。大力支持国家超重力离心模拟与实验大科学装置建设，争取布局一批新的大装置和大平台。支持企业攻克一批关键核心技术，开发一批战略产品。

二、着力增强发展新动能

浙江在消费互联网应用上走在全国前列，包括在全国处于领先地位的独角兽企业，也主要集中在消费互联网领域，但在信息产品制造业领域缺乏有国际竞争力的终端产品，硬件不"硬"，仍处于产业链和价值链的中间环节。区域发展不平衡，杭州数字经济一枝独秀，金华等地发展势头较好，但不少地区发展迟缓，即使在数字经济融合发展领域也缺乏动力。争创国家数字经济示范省，要进一步发挥优势，弥补短板。

一是加快发展数字经济新兴产业。充分发挥市场机制作用，积极布局、分步推进，共同推进实施大数据、新一代人工智能、5G网络等数字经济新增长点重大项目的引进、落地、实施。尤其要紧紧抓住人工智能和我国芯片产业发展机遇，加强城市大脑、人脑芯片、仿生计算机及计算机视觉和智能语音处理等人工智能技术突破和新产业培育；加强对CPU、存储器等核心高端芯片研发与产业化的支持，推动我省人工智能与集成电路领域加快发展。同时大力发展有良好基础的智能家居、智能汽车、智能安防、智能机器人、可穿戴设备等重点应用领域的智能产品。谋划和建设一批重大产业项目，形成千亿级的投资规模。

二是大力发展数字贸易。在积极发展新零售的同时，在聚焦"一带一路"统领构建全面开放新格局中，以探索建设"数字丝绸之路"，打造 eWTP 电子世界贸易平台为重点，加快发展以跨境电商、云服务、数字内容等为重点的数字贸易，积极参与数字贸易新规则、新标准的建立。

三是培育发展金融科技产业。发挥浙江在互联网金融特别是移动支付上的优势，结合钱塘江金融港湾建设，把加快培育发展金融科技产业作为发展新金融、抢占未来金融产业制高点的有力抓手，加强区块链技术的研发与协同应用，重点发展智能投顾、财富管理、供应链金融和大数据征信等领域。

三、着力提升实体经济竞争力

当前，浙江进入后工业化时代，面临着人口、土地等资源环境约束，经济发展综合成本持续上升，数字化转型是改变传统依赖低成本要素投入的实体经济发展方式的关键路径。在浙江实体经济数字化转型中还存在不少问题：骨干企业数字化转型还处在初级阶段，中小企业数字化转型的基础不够扎实，转型成本大；数字化网络化智能化制造模式应用不够；数字化转型的支撑和服务供给能力不足等。要加快互联网、大数据、人工智能与研发生产流通领域全要素、全产业链、全价值链连接，深度融合制造、农业、商业、物流、金融、医疗等行业发展。

一是深入实施工业互联网创新发展战略。系统推进工业互联网基础设施和数据资源管理体系建设，以阿里云、中控、新华三等骨干企业为依托，加快工业互联网技术创新，带动发展工业互联网平台；以工业互联网应用为导向，培育一批龙头试点示范企业，大力发展个性化定制、智能化生产和服务型制造，打造一批基于工业互联网双创平台；进一步提升工业信息工程公司供给侧的服务支撑能力，推进传统开发区（工业园区）数字化改造提升，培育工业互联网产业生态。

二是大力培育互联网＋服务业新业态。进一步促进服务业各领域的数字化提升，重点支持电子商务平台和龙头企业与专业市场、商业综合体等合作，加快推进线上线下融合，积极布局产销协同和定制模式。支持互联网企业和创业团队布局"健康云、旅游云、交通云、教育云"等云平台，形成一批服务业新模式、新业态。

三是大力推进农业智慧化。大力推广农业物联网和大数据应用，认定和支持建设一批农业物联网示范园区，打造集智能种养殖、智慧农资、网上直销、智慧配送、质量追溯于一体的"智慧农业"基地。

推进科创与金融加快融合 [1]

创新型经济发展离不开科创金融的支持，所谓科创金融，就是科技创新产业的发展能否得到金融的大力支持，如何得到金融的大力支持，其关键是技术资本、产业资本与金融资本的高度融合。经济要实现高质量发展，需要金融给予针对性的、持续的、有力的支持，发展科创金融是必由之路，能够更好地发挥金融服务实体经济的功能。

[1] 本报告主执笔人金雪军，成文于 2018 年 7 月 9 日，原标题为《高质量发展需要科创与金融的融合》。

一、科创企业与科创金融

科技创新与科创金融的发展相辅相成，科创企业的发展离不开金融的创新、保障和支持，否则科技创新发展成果无法落地并产业化应用，科创企业也无法实现发展和扩张。一般说来，企业的发展过程有种子期、初创期、成熟期和衰退期，即生命周期。科创企业在不同发展阶段中，对于不同融资来源的需求也有所差异。内源融资的需求在整个周期中呈现逐渐下降的趋势，而外部融资则是在种子期和初创期需求增加幅度较快，之后呈现缓慢下降趋势，从整体来看，科创企业对外部融资的需求更大，尤其是在企业发展的前期阶段，科研经费的大量投入会导致公司对于资金的大量需求，因此需要更多的外部融资以满足公司发展的需要。

迄今为止，银行依旧是国内金融体系最重要的构成部分，银行所提供的融资总量占到整个金融行业存量的 80% 以上。长期以来，银行选择贷款对象总是强调房地产的抵押与互保联保关系，还要考虑企业的销售收入和利润，在贷款期限上，也偏重于短期性，即使是较长时期的贷款也往往有"过桥"的要求，而科创企业往往有轻资产、周期性较长、不确定性较大等特点，如何使两者相容对称是个突出问题。面向科技企业的服务方式和专业审批权限等与客户实际需要之间有不小的距离，银行从事科创金融业务的风险和收益机制不匹配，科创企业通过银行实现融资存在难度。

二、科创金融推动创新型经济发展需要解决的问题

一是知识产权的市场化。它包括明确知识产权的权属（所有权、支配权、收益权），活跃知识产权的交易，完善知识产权的税收等。从现在的情况看，知识产权市场化过程中还需要进一步的完善。

二是复合型人才队伍的建设。科创产业具有很强的新技术、新产业特点，因此需要有一大批既懂金融又懂新技术新产业的复合型人才，只有这样才能真正发挥金融为创新型实体经济服务的目的。从现在的情况看，复合型人才的培养体系还有不足，需要加速推进。

三是债权与股权联动与转换机制的形成。不同金融资源有各自的特点、适合企业发展的不同需求，从美国硅谷的情况看，科技企业的债权与股权的联动与转换具有重要作用。从现在的情况看，债权与股权的联动与互换还尚未形成，还需吸引整合不同特点、不同风险偏好的金融机构参与到科创企业的发展中来。

四是全链条金融服务体系的完善。科创企业从种子期开始，到成长期、成熟期，需要从天使投资到IPO的各种金融服务，也需要一系列配套的中介服务体系。从现在的情况看，金融服务在科创中还未实现全链条产业一体化，还需要进一步推动这一体系的完善。

五是科创金融与金融科技的结合。如果说科创金融指金融如何支持科创产业的发展，那么金融科技就是指金融如何运用新技术提高金融运行效率，优化金融资源配置，在以信息技术为代表的新兴技术发展的时期，如何更多地利用大数据、云计算、区块链和人工智能等新技术提高金融业的整体服务水平，对接应用到更多科创企业的实际发展中来十分重要，从现在的情况看，大有发展空间。

六是资本市场的退出渠道的顺畅。这方面目前还存在多层次资本市场发展中的制约因素和相关制度不健全等问题，还需要从资本市场的制度建设和环境保障等方面完善风险资本的退出机制。

促进经济与民生的良性循环[1]

改革开放以来，浙江走出了一条"创业富民"和"藏富于民"的路子，"富裕浙江"一直为人称道，在国内外树立了三张品牌：一是经济增长快，二是民营经济强，三是浙江人富。浙江民生改善的成功经验在于：坚持富民优先，毫不动摇走富民强省之路；推进惠民工程，不断提高人民群众获得感；落实安民思想，推进平安浙江建设。

> [1] 本课题主执笔人姚先国等，成文于2017年12月25日，原标题为《关于率先实现经济发展与民生改善良性循环的函》。

浙江在民生改善方面走在全国前列，但与人民群众的期待相比，浙江仍然存在不适应问题。浙江应着眼未来，着力当下，率先解决发展不平衡不充分的问题，继续发挥示范引领作用。从浙江现实来看，以下问题值得重视：一是居民增收压力加大，二是城乡间、行业间收入差距仍然较大，三是劳动生产率偏低，四是劳资冲突有待进一步化解，五是民生领域结构性矛盾突出。建议：

一、着力消除二元结构，促进要素合理配置

2016年，浙江人均GDP达到12540美元，跨入高收入经济体12276美元的门槛。但是高收入经济体不等于发达经济体，是否存在二元结构是发展中经济与发达国家的根本区别。浙江作为沿海发达地区和市场化改革的先行地区，城乡发展一体化已经有了很好的基础，也有众多有利条件，但目前仍然存在城乡二元结构（包括二元户籍制度、二元教育体系、二元劳动就业结构、二元社会保障制度等），导致各种要素不能自由流动、有效配置，生活环境、公共服务、居民收入等差距大，发展不平衡问题突出。因此，必须在健全城乡发展一体化体制机制方面进行更加大胆的改革探索。

二、以创新转型推动经济发展，让民生之源充分涌流

一是创新转型促进新经济发展。要保持浙江劳动生产率的持续较快提升，需要科技创新的支持，从企业和政府两个层面共同发力。企业层面，除了提高研发投入，还要考虑投入领域、方向和结构的合理性，以及提高科技成果的转化率，在实用技术方面把效果显现出来。政府层面，要在政策上对企业的创新、研发投入给予支持，同时在引进外资时注意外资的结构，引进生产技术含量较高的企业。

二是在结构调整中提升劳动者收入。产业结构调整的过程就是提高全社会劳动生产率的过程，也是促进劳动者收入增长的过程。转型升级过程中既要尊重市场规律，产业渗进规律，推动产业从中低端为主向中高端迈进（产业内部加速向价值链中高端攀登，产业间加速向国际先进制造业和现代服务业转变），更要注意为结构调整扫清体制性障碍，充分发展金融、教育、信息、医疗等行业，降低准入门槛，增加就业比重。以产业结构升级促就业结构调整，在转型创新中实现劳动者收入提升。

三、优化收入分配结构，合理共享发展成果

一是破除"资本逻辑"的抵制。劳动力成本是一种积极成本，不可与其他物质要素成本等量齐观。劳动力成本具有激励功能，劳动报酬对企业而言是成本支出，对劳动者而言是激励手段；劳动力成本具有竞争功能，企业只有用高于市场平均的劳动报酬，才能吸引到高素质的人才；劳动力成本与购买力密切相关，劳动力成本上升才能带来工薪阶层的收入增长，工薪阶层又是拉动消费增长的主力军。降成本的趋势是"一升多降"，即人工成本上升应由物耗成本、财务成本、交易成本的下降来弥补，通过创新转型提高生产率才能实现劳资和谐，企业健康发展。

二是破除体制惯性的阻碍。长期以来我国采取的工资抑制体制和政策根深蒂固，尤其政府部门"低工资、高福利"格局使得分配关系严重扭曲，而事业单位以政府部门为参照，造成基本工资过低。劳动管理部门长期以来用两条红线作为收入宏观调控的圭臬，即企业工资总额增长不得超过国民收入增长，平均工资增长不得超过劳动生产率增长。每年都不得超过必然造成劳动报酬占比不断下降。这种重资本、轻劳动的旧观念以及以此为依据的调控制度应予改变。

三是发挥收入分配的激励功能。要避免工资性收入不足，用转移性收入弥补。保障和改善民生，既要尽力而为，又要量力而行。社会保障领域的某些项目偏离了"保基本"的原则，除了造成制度不可持续，也在收入再分配方面产生了逆向效果，造成"养懒汉"，弱化了激励功能。工资性收入是城乡居民收入的主体部分，目前劳动报酬

占 GDP 比重以及城镇居民工资性收入占总收入比重偏低是浙江省中等收入阶层难以壮大的重要原因。因此，要继续坚守底线思维，实现收入与经济的同步增长（在过去收入增长过低的情况下，收入增长甚至可以略高于经济增长），鼓励勤劳守法致富，扩大中等收入群体。在不同群体收入提升的过程中，要注意增强收入分配的正向激励功能，把"官阶式"工资改造为与岗位供求、人力资本水平贡献、绩效挂钩的竞争性工资，避免退休工资与在职工资的"倒挂"现象。

四是财产性收入应成为居民增收的新亮点。随着经济的发展，财产性收入对居民增收的作用也日益凸显。浙江省民间资本雄厚，但投资渠道狭窄，财产性收入对居民收入增长的贡献居四项收入之末，占财产性收入一半的房租收入近几年也在增速下降。究其原因，是金融、土地、房产等要素市场的不健全，抑制了居民财产性收入比重增加。因此，浙江要大力发展资本市场拓展投资增收渠道，使财富存量转化为生产性资本，同时也成为居民增收的重要来源。大量的闲置房产也应通过房产租赁市场盘活使用，成为财产性收入的来源。

四、推进资源合理配置，促进区域协调发展

过去在经济资源集聚的同时，公共资源也向大城市倾斜，依靠行政等级来配置医疗卫生教育等公共资源，造成人口大量涌入大城市，城乡发展失衡，收入差距扩大。而浙江省人多地少，随着城际轨道交通、市域铁路的高速发展以及移动互联网、智慧经济的崛起，将加快省域生产、生态、生活空间的重构，"1～2 小时生活圈"使空间距离对资源配置的障碍越来越小，城乡各区域发展水平趋同有了实现的可能性。

随着城乡空间功能结构的新一轮再造重组，杭州、宁波、温州、金华—义乌都市区将成为都市圈发展极核，发挥主体功能区作用，集聚金融等物质性生产要素。同时，不同地区有不同的相对优势，要强化相对优势，明确中心城市、小城镇、中心村在新型城乡空间结构中的功能定位，在城市化过程中实现区域合理分工。物质性生产要素向大城市集聚的同时，人力资本等其他高端要素要实现扩散和下移，将对环境要求较高的高科技产业布局到非中心城市，优化产业格局，形成非中心城市的新增长点，促进城乡产业发展和创业就业的互联互通。经济资源集聚与公共资源下沉形成互补，促进城乡均衡发展与城市间合理分工。与此同时，公共资源的均等化配置又能使更多人受惠。这是促进经济发展与民生改善良性循环的重要举措。

五、把"民生难"转化为经济增长点

一是促进教育优质均衡发展，率先实现教育现代化。在教育方面，要促进教育优质均衡发展，针对不同收入水平、不同偏好的人群，提供多样化的教育文化产品，满足其个性化的需求。同时，优化教师管理与激励机制，完善教师绩效工资制度，健全岗位绩效考核，有效发挥绩效工资分配的激励导向作用。在学前教育方面，统筹考虑城市化进程、新的人口政策和流动人口管理服务政策调整带来的人口变动影响，科学谋划学前教育机构布局，合理进行布点建设，重点发展普惠性幼儿园；建立由教育、卫生和体育等部门共同参与的幼儿健康水平检测和评估机制；鼓励有条件的地区，以家庭及社区为依托，探索开展幼儿早期保教服务。在基础教育方面，重点放在加强薄弱地区和薄弱学校建设上，持续推进公办学校义务教育标准化建设，不断抬升义务教育发展底部。在高等教育方面，合理布局、优化结构，促进各个高校合理定位、特色发展；进一步整合资源，加强重点高校建设。逐步争取10所左右本科高校在全国同类型高校中处于前列。

二是医疗服务市场化定价，改进和加强医疗救助。一方面，鼓励民间资本投资，通过医疗服务市场化定价，充分体现诊疗服务过程自身的价值和诊疗服务过程形成医疗技术积累的价值，由此激励高等级医院专注于医疗服务前沿技术，落实医院功能定位，为居民创造良好的医疗卫生环境；另一方面，调整医务人员的人力资本定价机制，充分体现高素质异质型人力资本提供"危重疑难"诊疗服务、提供各类培训指导、形成持续研究积累等各类活动的稳定回报，充分体现相对中低素质同质型人力资本与其承担诊疗服务数量相匹配的收入回报。

三是优化供给结构，完善房地产开发与消费的市场化机制。一方面，要推进保障性住房建设，首先采用"收入"和"面积"双标准确保保障对象的准确性，其次是明确住房社会保障标准。根据人民生活需求的层次性和社会经济发展的阶段性，划分不同的住房社会保障阶段目标。另一方面，商品房去库存既要在刺激消费上用力，也要在供给侧使劲。要合理控制房地产市场增量，优化供应结构，关注库存死角，提高资源配置效率，允许开发商在预售期间适当调整商品房房屋套型结构，提高住宅销售量，满足社会多层次的住房需求。同时，要避免政策"忽冷忽热"的局面，保持调控政策的总体稳定，避免投资和消费形势的迅速变化。在此基础上，促进政策直接干预等非市场调控手段的全面退出，着力构建完善的土地开发投资、住房消费与租赁以及房地产信贷与财税方面的制度体系，形成房地产开发与消费的市场化机制。

四是优化养老资源配置，推动养老服务供给侧结构性改革。经过多年建设，浙江省老年保障体系的多数项目已经建立，今后的重点是逐步完善。注意到人口老龄化、

高龄化和家庭小型化趋势加剧，老年照护服务体系建设宜放到更重要的位置。为此，要通过提高照护服务保障水平，增强有效需求；通过供给侧改革，改善供给结构；财政则由补供方为主转向补需方为主，培育有效的照护服务市场。

正确认识民间投资增速放缓 [1]

民间投资增长放缓是新旧动能转换中出现的阶段特征，民间投资正向有质有效发展。应保持定力，既要直面民间投资增速下滑问题，更应理性分析民间投资的结构性变化，精准施政。

[1] 本课题主执笔人王小玲、吴红梅，成文于 2017 年 2 月 16 日，原标题为《关于我们对省内民间投资增速放缓问题的认识及建议的函》。

一、我省民间投资结构变化释放出积极信号

（一）制造业对民间投资贡献率大幅提升，远高于房地产

我省民间投资主要集中在制造业和房地产两大领域。制造业是强省之本，2016 年我省制造业民间投资增长 3.9%，高于民间投资增速 1.8 个百分点，占全部民间投资 40%，拉动民间投资增长 1.5 个百分点，对民间投资增长的贡献率达到 73.1%。2011 年以来，制造业投资对民间投资增长贡献率总体上升（见表 1），成为拉动我省民间投资增长的主要动因。而占全部民间投资 36.2% 的房地产开发民间投资增长仅 1.9%，对民间投资增长的贡献率仅为 33.6%，虽然凸显了制造业投资的支撑作用，但相抵不了房地产降幅。

表 1　制造业民间投资对拉动民间投资增长的贡献情况

	2011 年	2012 年	2013 年	2014 年	2015 年	2016 年
制造业投资拉动民间投资增长百分点 1	7.2	7.8	5.5	5.5	3.7	1.5
制造业投资对民间投资增长贡献率 2	23.7%	34.1%	34.5%	27.0%	40.1%	73.1%

数据来源：2011~2015 年数据根据浙江各年统计年鉴匡算

注：1 是指当年制造业投资增加额与上一年度民间投资额的比值

　　2 是指当年制造业投资增加额与当年民间投资增加额的比值

（二）转型升级类民间投资增长较快，而产能过剩和"两高"行业投资有所下降

2016 年前三季度，我省民间资本对技术改造、装备制造、高新技术（制造业）产业、高技术服务业等转型升级类的投资分别增长 8.9%、13.1%、23.2%、20.8%，均高于民间投资增幅。2016 年全年民间工业投资中约 82% 为工业技改投资，体现出我省工业技术改造工作的突出成绩。而有色金属冶炼、化纤、造纸、非金属矿制品等产能过剩和"两高"行业投资同比分别下降 15.1%、19.4%、11%、8.6%。

（三）民间投资意愿虽总体不强，但高技术和新兴行业民间投资活跃

问卷调查显示，约有九成企业在未来三个月没有投资计划。但是，高技术和新兴行业民间投资表现活跃（见图 1），且创新投资势头较好，投资于新产业、新技术、新模式、新业态（简称"四新"）的企业比例位居前列（见图 2），已成为引领民企创新的重要力量。从实地调研看，在高新区的一些企业在智慧城市、环境监测、视频监控等领域，通过 PPP 模式、收购、上市等方式投资的热情很高，一些具有核心竞争力的传统企业通过研发进入新能源、新材料等领域以及实施机器换人等，也呈现出投资活力。

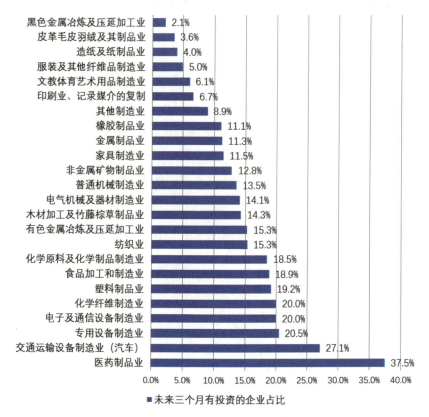

图 1　部分制造业行业民营投资意愿

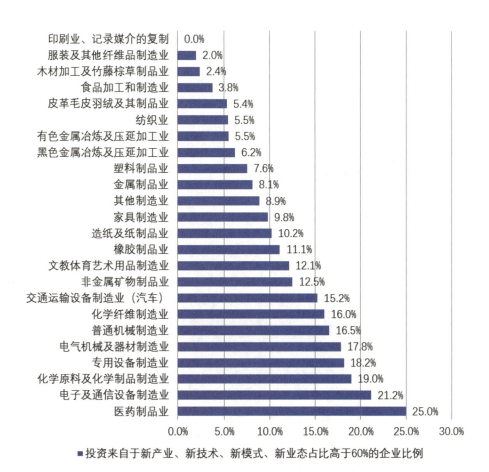

图 2 部分制造业行业民营投资新动能情况

（四）民间投资中权益性和研发类软性投资增速加快，但未能反映在传统固定资产统计数据中

我省民营企业越来越重视技术研发、人才引进、品牌收购等软性投资，以及并购等权益性投资。特别是海创园、高新区等园区，有的企业研发比例已高达百分之十几甚至二十，但研发投入反映不到固定资产投资统计数据中，导致在现有的固定资产投资排名中落后。另外，问卷调查显示，约有 27% 的企业有计划开展并购投资，32% 的企业计划投资技术成果开发与购买，36% 的企业计划投资人才资本，这些均未反映到固定资产投资统计体系。

（五）基础设施和社会事业领域开放效应显现

近年来我省积极推动民间资本进入基础设施和公共服务领域，民间投资积极性得到了较好调动。2016 年，基础设施民间投资 1644 亿元，增长 5.3%，增速高于全部民间投资 3.2 个百分点，占民间投资比重达到 10%；民间投资在卫生和社会、文化和体育娱乐等行业的增长率分别为 12.8%、19.9%，均高于民间投资增长水平。

二、当前制约民间投资的突出问题

（一）核心竞争力不足的传统企业，转型面临技术人才等制约

问卷显示，47.4% 的企业订单不足，57.2% 的企业因为市场需求不振致使未来一段时间没有投资计划。其根本原因在于不少传统企业在发展中并未利用创新建立起核心优势，"防寒能力"较弱，甚至在非理性扩张中出现了产能过剩，在经济下行压力下束手无策。调查表明，目前七成左右的民营企业投资来自"四新"的占比低于 20%，销售收入和利润来自于"四新"经济的占比低于 20%，半数企业没有涉足技术前沿、应用广泛、替代传统应用、市场潜力大的新产业领域，民营企业投资发展新动能的态势尚未普遍形成。尤其是服装、木材、食品等传统加工制造产业的投资新动能的表现较差，发展后劲不足。同时，问卷显示 85% 的企业具有创新求变的意识，然而 39% 的企业并不知道如何培育"四新"经济，58% 的企业在提升传统产业过程中遇到了技术、人才难题。调研发现，有的传统企业有意愿对接科研机构的新技术，但中小微企业由于实力单薄难以对接到优质的大型科研机构，公共服务平台缺乏引导和支持，最终导致企业创新有心无门。

（二）轻资产创新型中小微企业受到传统融资和用地条件等的制约

38.9% 的企业表示支持创新的金融体系不健全，传统的融资贷款需要土地厂房设备等抵押物，而对于初创企业或轻资产创新型企业，由于缺乏抵押物，造成融资难。在一些"厂房经济"已经被"研发经济"替代的高新园区，一些研发类创新型企业遭遇土地要素瓶颈。

（三）有限责任公司要承担无限责任，企业家"投资胆略"被禁锢

民营企业家的产权还未被充分尊重，束缚了企业家天生的开拓精神。调研中有企业家反映，在以企业优质资产作为贷款抵押物的同时，近两年还被银行要求抵押出私人房产，变相承担有限责任公司负责人不该承担的"无限责任"。其中固然有银行控制

借贷风险的考虑，但此类与现代企业制度背道而驰、侵犯企业家私人财产的"潜规则"增添了企业家的投资顾虑，也影响了他们的投资信心。

（四）垄断行业虽然放开，但门槛难以跨越，"隐形门"依然存在

调研企业表示，虽然近两年逐渐取消了国企主导的垄断行业准入限制，但仍存在隐形门槛。例如，在进入电力领域时，大型国有电力企业在资产、硬件等方面都有极大优势，一般的民营企业难以对等竞争。此外，民营企业在竞标时往往遭到不公正条款，比如某些招标要求竞标企业必须有经验案例，但对于之前从来没开放过的领域，民营企业不可能有案例积累。现在推行的 PPP 模式，由于准入门槛高、地方保护主义，以及投资回报率低等，对民企吸引力也有限。

（五）政策知晓度低，落地不够

调研中有约一半的企业表示对近年来国家和省出台的促进民间投资政策不太了解或不了解，政策知晓度还不理想。不少企业反映政策太原则，缺乏实施细则和操作办法，导致政策难以落地。近六成企业认为已出台的各类配套政策在激发民间投资方面效果一般，吸引力不足。问卷显示，52.1% 的企业认为用工成本增加影响了企业盈利增长，68.4% 的企业呼吁减轻企业税费负担。不少民营企业已经碰到成本"地板"，更大力度的"减负"措施亟待出台。

三、相关建议

（一）切实营造公平合理的营商环境，增强企业家投资信心

一是组织开展金融服务专项检查，重点排查"企私捆绑""以存转贷""收顾问费"等行为，进一步清理不合理收费，降低企业融资成本。二是进一步降低民间投资进入原垄断行业的门槛，真正拿出一批前景良好、收益可观的项目开展 PPP 示范。三是制定并完善有关民间投资权益保护的政策和地方法规，对损害民企合法权益的行为要加大力度进行监督和查处。四是加大宣传力度，不断注入"正能量"，进一步改善投资环境，提高服务水平，切实增强企业家投资信心。

（二）鼓励创新投资，突出创新导向

鼓励企业加大研发人员投入、技术成果购买、品牌收购、股份购买、金融投资等资产性投资，针对现有固定资产统计口径不能完全反映民间投资的现状，建议探索全口径投资统计办法，增加对上述资产性投资的统计，明确创新导向，推动地方政府将工作重心转移到有利于民资对全创新链的投资上来。

（三）加快建立基于大数据的企业征信体系，改进用地管理办法，支持中小微轻资产企业创新投资

激发中小企业投资潜能是引导我省民营投资健康发展的重要环节。针对中小微企业特别是创新型轻资产企业资产抵押融资难等的问题，建议借助大数据和云计算等手段，依托我省发达的电子商务和互联网经济，加快建立中小微企业大数据征信体系；对优质中小微企业，特别是创新型轻资产企业，综合考虑固定资产、知识产权成果、团队成员背景和经历、业内专家推荐情况等因素，加大信贷扶持。制定工业用地向创新型产业用地转化的管理办法，保障高新技术企业和优质服务业企业有较充分的研发和运营空间。

（四）制定"一张清单两个目录"，进一步放开民间投资领域

建立《浙江省民间投资市场准入负面清单》，明确进一步放开的领域，消除基础设施、公用事业、医疗、养老、教育等领域市场壁垒。加大对健康产业、生态农业、现代服务业等领域民间资本的引导，促进一二三产融合发展。发挥省产业转型升级基金和战略性新兴产业基金的作用，对列入目录的重大新建项目和技改项目给予重点支持，引导民间投资加大对传统产业的技术改造投资和战略性新兴产业的投资。

（五）加快推进制造业创新中心建设，打通民间投资动能转化梗阻

针对传统产业领域的企业核心优势不足、创新能力不强的问题，尽快启动一批支撑信息技术、新材料、新能源汽车、高端装备制造等一批重点制造业领域创新中心建设，为战略性新兴产业发展和传统产业转型升级提供创新支持。针对中小微企业技术、人才支撑能力不足的问题，重点支持在县（市）一级建设一批面向中小微企业的技术转移、人才交流、质量认证、试验检测、信息服务等公共服务平台。

（六）建立系统的政策宣讲、执行、监督和评估体系，提高企业的政策获得感

针对政策不落地和政策知晓度低的现状，建议在充分听取企业意见的基础上，加快制定民间投资相关政策的实施细则，在加大媒体宣传的同时，要组织相关部门深入企业进行政策宣讲，同时对民间投资相关政策执行落实情况进行专项督查和评估，确保各项政策措施落到实处、企业得到实惠。

消费变革下的促进之道 [1]

消费稳，则经济稳。消费兴，则产业兴。消费好，则人民生活好。当前我省消费在保持高水平、快速增长的同时，消费结构、形式、生态和内容正发生重大变革：从影响看，消费对经济拉动的基础性作用比以往更加突出；从结构看，消费已从生存温饱型向小康发展型加快转变；从区域看，农村消费呈现出持续快于城市消费的增长态势；从人群看，青年和老年人群需求正成为引领消费升级的重要因素；从方式看，网络消费已日益成为人民群众的主要消费方式。

[1] 本课题主执笔人杨树荫、潘毅刚，成文于 2017 年 12 月 25 日，原标题为《关于促进我省消费发展的若干建议的函》。

消费模式快速变革之下，我省消费发展也暴露出不平衡不充分的矛盾，突出表现为最终消费率偏低和"两个不同步"，即：最终消费率低于发达国家水平、低于全国平均水平；城镇消费增长与城市化推进不同步，消费支出水平与收入增长领先态势不同步。表明我省消费发展总量上仍不充分，有消费受投资出口驱动模式挤出的原因，更为重要的原因是结构性的，即社会生产供给结构优化相对滞后于居民消费结构的品质、品牌、安全、健康升级要求，跟不上人民群众生活水平日益提高要求，跟不上人口结构变化和消费结构升级步伐，跟不上广大消费者对绿色安全便捷消费环境的极大渴望。存在的主要问题：一是高质量消费得不到满足，二是消费环境难令人放心，三是消费设施平台支撑明显不够，四是消费政策迭代响应跟不上变化。

留住消费，就是留住市场、留住繁荣、留住经济的可持续发展。必须转变忽视消费发展的观念，更加重视发挥好消费的导向性、基础性作用，加快发展方式、结构和动力三大转变，实现经济发展从投资出口驱动向消费出口投资均衡拉动转型。差距就是进步空间，不平衡就要调结构，不充分就要补短板。建议要以充分满足人民群众需求为导向，不断增强扩大消费对经济增长的基础性作用、对生产的引领性作用，完善促进消费的体制机制，突出服务消费和中高端消费供给、消费设施环境改善，补齐消费产品服务生产短板，提高消费层次和水平，打造国内消费的经济中心、国际消费的

重要高地，让人民群众有钱消费、安心消费、放心消费、有地方消费。

一、健全让群众有钱消费、安心消费的制度保障体系

收入和财税政策方面，建议实施新一轮浙江收入七年倍增计划。落实《浙江省激发重点群体活力带动城乡居民增收的实施方案》，以创新带动创业就业；进一步改变向资本集中，向垄断行业集中的不公平不合理分配结构；放大政府消费对居民消费促进作用，通过进一步减税、减费和提高劳动所得和资产所得等途径，提高中等收入阶层比重，增强居民消费能力。

社保政策方面，争取中央试点支持，探索组建省社保基金理事会，划转省属企业国有资本充实省社保基金，丰富提高社会保障体系的层次和水平。

行业政策方面，加强网络支付、消费金融、养老金融等方面的金融创新，做大互联网消费金融，鼓励支持成立一批专业领域消费金融公司。探索建立向消费者倾斜的消费救济制度，建立跨省域网上救济机构；通过实行举证责任倒置、设立简易司法程序等方面保护消费群体权益，降低消费者维权成本。

住房保障政策方面，进一步建立完善"宜租则租、宜买则买"的住房保障供应体系；鼓励农业人口转移市民化，加大城市住房保障力度；发展住房租赁市场特别是长期租赁。降低居民在住房消费支出上的比重，抑制居民杠杆率攀升对消费的挤出。

此外，鼓励支持企业错峰休假，建议在国家《职工带薪年休假条例》基础上制定适合单位性质的实施办法；对机关事业单位人员实行制度性年休，保障职工有相应的消费时间。

二、加强产品质量安全管理让群众放心消费

尽快出台实施《浙江省社会信用条例》，加强企业和个人信用监督。适应网络消费发展趋势，提高电商平台准入标准，结合全面实施统一社会信用代码制度，构建面向信息消费的企业信用体系；着力解决网上虚假信息诈骗、倒卖个人信息等突出问题。针对人民群众关心的问题精准施策，着力解决"择校热""大班额"等突出问题，解决好婴幼儿照护和儿童早期教育服务问题。加强服务性领域人员专业化和规范化培训，倡导做爱岗敬业、富有爱心和人文关怀的从业人员，重点加强护理看护、教育培训、家政服务、养老保健等服务行业规范化管理，全面提高服务质量。发挥中介组织在知识产权保护、消费维权、标准制定等方面的公平调节作用。推行严格的商品消费和服务性消费质量监督管理，鼓励经营企业采用规范管理，加快推进质量诚信体系建设，

完善质量守信联合激励和失信联合惩戒制度。督促地方政府加大综合性执法，加强商品质量、食品安全、市场秩序和信息安全等方面的综合监管和治理。

三、优化供给结构满足多层次消费意愿

以开放促进供给。没有激烈竞争，就没有质优价美的产品和服务。要重点加快健康医疗、教育文化、休闲娱乐等新兴消费服务领域开放，在杭州、宁波等主要消费城市加快试点探索国际通行的负面清单制度，鼓励外商投资消费服务领域。以杭州、宁波跨境电子商务试验区和义乌国际贸易综合改革试验为依托，鼓励跨境电商、市场采购贸易、外贸综合服务企业等外贸新业态综合发展，扩大中高端消费品进口，以开放倒逼制造业转型升级。

以品牌优化供给。研究出台《浙江品牌发展战略规划》，鼓励企业家追求精益求精、以质取胜，打造更多名优精品。重点围绕智能终端、信息服务、文化创意、影视娱乐、旅游休闲、体育健康服务、养老与家庭服务、教育服务等潜在需求的巨大热点，形成一批满足新需求、紧跟时代潮流的优质产品和服务，培育一批品牌意识强、服务质量好、信誉度高的企业。建议在每两年一次的全球浙商大会上评选表彰一批消费者信赖的制造企业和领军型连锁型服务型企业。

以创新引领供给。促进消费领域互动融合和创新发展，合理运用公共资源鼓励新产品消费，支持符合技术发展趋势和消费升级要求的新产品和新服务消费。结合消费发展新趋势，促进新型电子产品、智能家电、节能环保汽车、环保家居建材等绿色循环商品的消费。鼓励发展交通出行、房屋住宿、专业技能、生活服务等领域分享经济，休闲娱乐、旅游购物、医疗保健等领域体验经济，以及其他各类服务新形态。

以市场扩大供给。研究出台浙江省绿色住宅、新能源汽车、智能家电、节能环保、信息服务、医疗健康等各类产品的鼓励性消费政策，以市场升级支持产能升级。合理配置医疗卫生教育文化等公共资源，鼓励社会资本进入养老、医疗和教育文化等领域。加大财政投入力度，鼓励政府部门向社会力量购买优质服务，重点支持兴办面向失能半失能、失智、高龄老年人的医养结合型养老机构；支持社会力量举办养老服务机构。积极拓展养老服务采购来源"白名单"，完善社会化养老服务补贴制度，加快补贴模式从建设期补贴向经营期补贴、从补机构到补个人的转变。鼓励有条件的地区发展养老产业园区，兴办标准化、可复制的专科连锁医院。

四、改善设施环境支撑让群众有地方消费

以轨道交通和通航建设为抓手促进消费网络建设。顺应县域经济向都市区经济转变趋势，加强杭州、宁波、温州和金华—义乌四大都市区内外交通互联互通；完善以空港、海港为枢纽，以通用航空为补充的综合立体的现代化交通体系，构建覆盖全域、联通大湾区大花园大都市区的1小时快速交通圈。借鉴德国斯图加特经验，加快郊县轻轨轴线的规划和建设，构建和完善"城际高铁—郊县轻轨—市区地铁"的多层次轨道交通体系，形成都市区和乡村连结的消费网络。

把杭甬建设成世界知名的国际消费中心。依托杭州、宁波等中心城市，创新体制机制和政策体系，打造与巴黎、伦敦等媲美的国际消费中心，力争到2020年，国际一线品牌的引进率达到90%以上。加快提升城市国际化现代化环境，进一步扩大144小时过境免签政策适用国家范围和跨区域出入境便利口岸范围，增加直航国家。推行在城市中心区实现免费wifi覆盖，方便消费者随时定位显示位置、寻找目标商户、即时获取促销信息、使用移动支付、实现车位引导和反向寻车服务。在主要商业街区，通过建设相互连通的地下和空中廊道，人流可以便捷地穿梭于不同消费场所。提升商业机构人员的英语水平，规范公共场所外语标识，建立多语种服务呼叫中心，探索建立国际惯例的快捷消费纠纷、紧急医疗等救助机制。为国内外消费者提供免费宣传资料、旅游咨询等服务。

打造一批具有全球影响力和美誉度的标志性商圈。借鉴巴黎香榭丽舍大街等国际经验，选择杭州武林商圈、钱江新城等一批基础较好商圈，引入新业态、新品牌、新商业模式，拓展新型消费产业和各类生活性服务业发展空间；在全省打造一批集特色消费、展览、演艺、娱乐活动功能为一体，并融合国际时尚、东方韵味和历史人文的核心商圈。支持温州和义乌等地打造高档商品进口消费示范区，加快舟山依托自由贸易区建设，建设舟山自由贸易港。进一步降低中高端消费进口税负，加快海南等地免税政策的复制推广，扩大国际游客退税试点地区并进一步简化退税程序；创建奢侈品进口贸易和转口贸易集聚区，实现"买全球、卖全球"的商业贸易和消费功能。依托特色小镇，在丽水、衢州、湖州、绍兴等地区打造一批集购物、娱乐、休闲和观光等为一体的区域性消费中心。

在广大农村地区的人口主要集散地规划建设一批农村新型商业中心。继续实施"小县大城"战略，推动农村人口"内聚外迁"，通过新建或改建等方式在全省重点中心村镇建设集便民服务、电子商务、百货超市、农用物资、农贸市场、物流配送、市场监管等诸多功能于一体的农村新型商业中心，为广大农村居民打造"一站式"的消费服务平台。继续深入推广农业领域"电商换市"，支持绿色农产品开展直供直销，积极推进绿色农业品牌产品专销柜、放心店和专业市场建设，增强市场服务功能。

正视发展差距 再创竞争优势 [1]

近年来，浙江经济运行平稳，在宏观经济下行压力加大的背景下，主要经济指标仍然优于粤苏两省，表现出极强的发展韧性和张力，取得的成效实属不易。但也要看到，近年来浙江经济发展的一些特色优势逐渐减弱，在经济运行提质增效方面仍有提升空间。

1

本课题主执笔人徐志宏、阎逸、夏谊、马欣雅、舒蛟靖、林忠伟，成文于 2018 年 12 月 20 日，原标题为《关于正视发展差距再创竞争优势的函》。

一、浙江经济发展存在的不足之处

（一）经济总量规模差距拉大，人均地区生产总值优势减弱

2008~2017 年，广东、江苏 GDP 年均增速分别是 10.43% 和 12.0%，均高于浙江（10.28%）；两省经济总量规模分别从浙江的 1.71 倍和 1.44 倍，扩大至 1.74 倍和 1.66 倍

图 1　2008~2017 年浙粤苏三省经济总量及增速对比（单位：万亿元）

（见图 1）。2008 年广东、江苏的人均 GDP 分别是 37638 元和 40014 元，均低于浙江（41405 元），但自 2009 年江苏人均 GDP 反超浙江后，2017 年江苏人均 GDP 比浙江多 15132 元；广东人均 GDP 增长速度从 2013 年开始快于浙江，近五年的年均增速（9.21%）比浙江（7.55%）高 1.66 个百分点，差距逐渐缩小。

（二）产业转型升级相对缓慢，主导支柱产业不够突出

2008~2017 年江苏规上工业增加值从浙江的 1.47 倍上升至 2.43 倍。从工业产业结构演进来看，广东最早确立以电子信息、装备制造为主的产业结构，纺织业从 1987 年第 1 位已滑落到 2017 年的第 16 位；江苏也紧随其后逐渐转入电子信息、化工、装备制造为主的产业结构，2003 年计算机、通信和其他电子设备制造业跃居本省第一大产业，纺织业排名逐渐下滑，而浙江纺织业到 2015 年才退居第 2 位。2017 年广东、江苏的计算机、通信和其他电子设备制造业均为本省第一大产业，该产业在浙江仅位列第 7 位。此外，广东、江苏以数字经济为代表的主导产业发展迅猛，2017 年广东规模以上电子信息制造业产值为 36076.9 亿元，是浙江（8315.6 亿元）的 4.3 倍；广东、江苏的软件和信息服务业收入分别为 9317.5 亿元和 9230 亿元，均是浙江（4252.2 亿元）两倍以上。（见图 2）

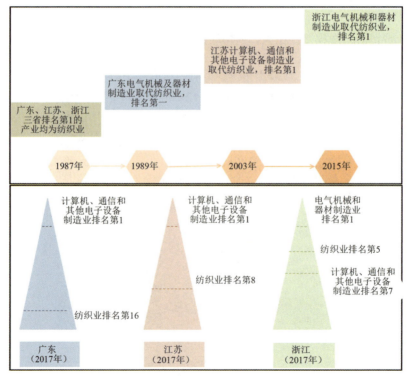

图 2　浙粤苏三省产业结构调整演进对比

（三）科研投入强度相比略低，自主创新能力亟待提高

2008~2017 年，广东、江苏 R&D 经费年均增速分别是 18.67% 和 16.29%，高出浙江（15.56%）3.11 个百分点和 0.73 个百分点（见图 3）。近三年，广东的高新技术企业增长 19000 家，浙江仅增长 3750 家。从创新成果市场化水平来看，2017 年广东、江苏技术交易成交额分别是浙江的 2.76 倍和 2.53 倍，而 2004 年时该项指标粤苏浙三省曾处于同一起跑线，目前广东和江苏在全国排名中分别位列第 3 位和第 5 位，浙江仅在第 11 位。（见图 4）广东（3.49 万亿元）和江苏（2.86 万亿元）的新产品销售收入也均高于浙江（2.12 万亿元）。

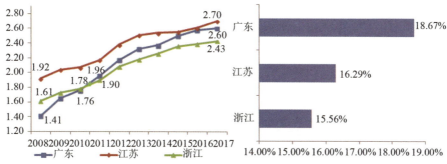

图 3   2008-2017 年浙粤苏三省 R&D 投入强度及规模年均增速（单位：%）

图 4   2015~2017 年浙粤苏三省技术合同成交额及年均增速（单位：亿元）

（四）民营经济优势有所减弱，强县经济优势相对弱化

2008~2017 年，广东（13.7%）和江苏（13.69%）民营经济增加值的年均增速超过浙江（11.1%）。广东进入中国民营企业 500 强的企业增加 43 家，江苏减少 15 家，而浙江减少 82 家（见图 5）；且 2018 年的排行榜中营业收入在 3000 亿元以上的企业，广东和江苏分别有 3 家和 2 家，浙江企业却无一席之地。同时，江苏强县经济发展较快，百强县（区）数量从 21 个增加到 44 个，跃居全国第一；广东百强县（区）数量从 3

个增加到 16 个；而浙江百强县（区）数量从 31 个增加到 32 个，位居全国第二，优势相对减弱。

	2008	2009	2010	2011	2012	2013	2014	2015	2016	2017	2018
浙江	175	161	171	180	135	139	138	134	134	120	93
江苏	101	109	110	130	105	93	96	94	94	82	86
广东	17	11	17	13	27	21	54	50	50	50	50

图 5　2008~2017 年浙粤苏三省入围中国民营企业 500 强的总量及占比（单位：家）

（五）利用外资能力有待提高，扩大对外开放仍有空间

2017 年广东、江苏的外商直接投资项目数量分别是 15528 个和 3950 个，均多于浙江（3030 个）。广东、江苏实际外资使用分别是 229.48 亿美元和 251 亿美元，浙江仅为 179 亿美元。2017 年广东（6.82 万亿元）和江苏（2.46 万亿元）出口总额高于浙江（1.94 万亿元），

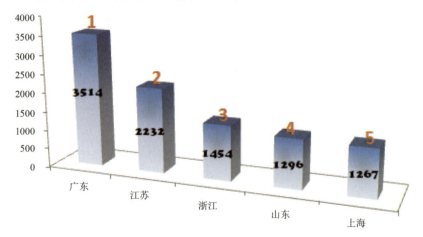

图 6　2017 年对"一带一路"国家进出口额排名前五的省份对比（单位：亿美元）

两省的净出口贡献度分别为 3.25% 和 7.14%，浙江为 2.99%。此外，浙江参与 "一带一路" 建设参与度位列广东、江苏之后，2017 年广东和江苏与 "一带一路" 国家的进出口总额占全国比重分别是 24.4% 和 15.5%，高于浙江（10.1%）14.3 和 5.4 个百分点。（见图 6）

二、浙江高质量发展之路任重道远

（一）深入接轨上海，主动融入长三角

1. 携手沪苏，共建杭州湾大湾区。粤港澳大湾区纳入国家战略以来，广东携手港澳，围绕经贸、科教、金融、旅游和重大基础设施建设等深度合作，融合粤港澳三地优势，共同打造国际一流湾区和世界级城市群。长三角一体化上升为国家战略，为浙江湾区经济的发展带来了更大发展机遇。借鉴粤港澳大湾区发展经验，以上海建设全球城市为契机，充分发挥港口、开放、产业等组合优势，突出舟山群岛新区等重要平台作用，深化与长三角区域的开放合作，共同谋划新产业、新空间，培育发展新动能，携手沪苏共建杭州湾大湾区。

2. 加快谋划接轨上海的空间发展布局。江苏南通以打造 "三港三城三基地" 为重点，通过全市域对接服务上海，努力建设成为上海北翼连接内外的开放通道。按照全省域全方位接轨上海的要求，加快谋划承接上海城市的功能外溢和产业转移的空间布局。如嘉兴市在全面接轨上海示范区建设中，进一步优化空间布局，打造上海南翼开放大通道。宁波、舟山等地与上海要唱好 "双港记"，打造国际 "港航" 枢纽，向长三角城市提供海上丝路指数、专业航运保险等优质港航服务。义乌要加强与内陆港与深水港的对接，打造成上海港在内陆地区的区域分拨配送中心和内陆货源集港中心等。

3. 找准经济合作方向，加强区域产业联动。江苏盐城全面实施 "融入长三角，接轨大上海" 战略，所辖的大丰区、东台市、射阳县等地均与上海签订了战略合作协议，加强与上海之间的产业联动。借鉴盐城经验，浙江各地特别是湖州、嘉兴等地，应立足资源禀赋、区位环境、历史文化、产业集聚等特色，充分发挥数字经济、跨境电商、民营经济等特色优势，通过龙头带动、产业联动、科技推动等方式，吸纳上海、江苏等的项目、资金、技术、信息外溢。鼓励省级以上开发区、高新区、服务业集聚区等与上海、江苏等地的高端产业平台对接合作，重点引进在沪的国家级和上海市级平台的品牌、管理、招商等资源；探索开展跨区域开发区托管、设立 "园中园" 等多种合作模式。

（二）统筹开放平台建设，发挥政策叠加效应

1. 加快推进浙江自贸区扩区扩容。广东统筹自贸区建设布局，通过广州南沙、深

圳前海、珠海横琴三大片区联动发展，探索对港澳的深度开放，实现开放效应的最大化。借鉴广东自贸区经验，加快推进浙江自贸区的扩区扩容，建议将杭州、宁波、义乌等地纳入自贸区范围，扩大自由贸易商品范围，推进杭州空港、宁波舟山港、义乌陆港和跨境电商、大宗商品、国际商贸的互补发展，通过"一区多片"联动发展，打造高能级综合开放平台。抓住浙沪合作开发洋山港的机遇，积极争取以舟山自贸区和上海自贸区联动发展为着力点，与上海合作建设自由贸易港，合力打造亚太重要国际门户、全球大宗国际商品贸易和资源配置中心。

2. 大力推进开发区整合提升。广东要求珠三角核心城市制定劳动密集型产业转出目标，省财政每年安排5亿元资金专门奖励向粤西北地区产业转移，对腾出的空间开展"三旧"改造，通过建中外合作园区等形式，重点发展先进制造业、高技术制造业和先进服务业。江苏通过昆山浦东软件园等载体，大规模引进技术含量高、附加值高的新投资项目，另一方面紧盯与苏北共建产业园区，腾出空间安排新投资项目。为加快推进浙江开发区转型升级，结合广东、江苏两地经验，以园区为载体，一方面积极推进与发达国家或地区合建产业园区、科技城等，吸引附加值高的产业项目发展；另一方面，向省内外欠发达地区输出服务，设立"飞地"园区，降低企业在外发展风险，推进企业把低附加环节转移出去。

3. 加快复制推广自贸区政策。广东自贸试验区挂牌以来，积极推动在投资、贸易、金融等领域先行先试，已累计形成385项改革创新经验，已在全省范围复制推广四批共102项改革创新经验。江苏主动接轨、推广落实上海自贸区的经验，如苏州全面梳理上海自贸区80项改革政策和21项已成熟定型的创新制度，江阴则梳理出投资、贸易、金融、行政体制等四大类50多条对接政策落实到当地的发展中。一方面，浙江可将浙江自贸区、跨境电商综试区、义乌国际贸易综合改革试点等制度创新成果，及时向全省其他地方推广；另一方面，全面梳理上海自贸区试点经验，积极推进在全省复制推广。

（三）加快创新驱动步伐，促进高质量发展

1. 以杭州、宁波温州国家自主创新示范区为核心，打造区域协同创新格局。广东拥有深圳和珠三角两个国家自主创新示范区，通过抓住深圳、广州这两个龙头，联合珠三角7市的国家高新技术产业开发区，基本形成"1＋1＋7"一体化区域协同创新格局。建议浙江以杭州、宁波温州国家自主创新示范区为核心，依托全省各地高新技术开发区，通过扩区、托管、共建等方式，对各类创新平台进行整合提升，推动全省创新载体一体化发展，充分利用自主创新示范区的各类政策，推进创新要素逐步向全省各地辐射，形成一体化协同创新格局。同时，浙江可围绕杭州、宁波温州国家自主创新示范区如何创建问题，进一步开展相关研究，探讨发展战略。

2. 以科创大走廊建设重点，发挥高能极创新平台的辐射带动作用。广州、深圳科技创新走廊通过"一廊联动加十核驱动加多节点支撑"，沿广深轴线形成高度发达的创新经济带，仅东莞松山湖南部片区，未来就有望集聚约 8 万名以研发为主的高端人才，对珠三角地区的创新发展形成强大的辐射带动作用。建议在杭州城西科创大走廊、G60 科创走廊、宁波甬江科创大走廊沿线地区，以大学城、科学城、高新区、之江实验室等为核心载体，选择一批高新技术特色小镇、产业园区、孵化器、创新基地等作为支撑，形成"三廊联动加多核驱动加多节点支撑"的发展模式，打造各类创新资源和创新人才集聚地，辐射带动周边地区创新发展。

3. 以技术创新为核心动力，加快传统产业转型升级。广东积极通过创新促进产业转型，如东莞连续三年推动实施"机器换人"计划，推进传统制造业基本实现自动化改造；出台"打造智能制造全生态链"等转型升级规划和政策，构建起智能制造产业链；引进华为等创新龙头企业在松山湖创建研发创新特色小镇－欧洲小镇带动科技创新，被视为广东制造业通过创新促进转型升级的一个缩影。借鉴东莞经验，充分发挥浙江数字经济的优势，推动互联网、大数据、人工智能和实体经济深度融合；深化"机器换人"计划实施和工业互联网建设，重点围绕浙江八大万亿产业，进一步加大行业智能化改造共性技术和服务供给，推动传统产业转型升级。

（四）不断增进人民福祉，持续改善社会民生

1. 着力破解民生难题。广东、江苏在高等教育、居家养老和医药卫生体制改革等民生难点方面先行先试，积累了很多好的经验做法。借鉴广东、江苏经验，浙江在国内外高水平院校机构的引进、提高居家养老信息化服务水平、深化医疗付费方式和制度改革、薄弱领域公立专科医院建设等方面进一步深化提升。

2. 着力推进百姓增收。广东在环保等方面达标的基础上，部分地区有针对性地保留和引进一批劳动密集型企业，带动当地百姓就近就业增收。江苏保障高校毕业生、去产能企业分流职工、低收入农户等重点群体充分就业。培育一批农村服务型中介，帮助低收入农户经营创收。要持续保持和扩大浙江富民的优势，应在发挥劳动密集型企业对百姓增收的带动作用、以重点群体的高质量就业推动持续增收，着力提高低收入农户的创业增收能力等方面进一步深化提升。

3. 着力加强惠民服务。广东、江苏等地在民生类数据的联通共享、城市公共服务互惠互享、对各类突发事件和群体性事件的法律服务等惠民服务方面力度很大。如广东创新数据共享模式，联通社保、计生等国家、省、市、区专线系统，提升对百姓日常事项办理便利度。江苏推进全省交通一卡通全覆盖，并向全国主要城市延伸拓展，巩固提升省内和跨省异地就医联网结算水平，特别注重将社区卫生服务中心等基层医疗机构纳入划卡范围内，充分保障广大异地人员的就医需求。还在县市级层面专门成立由司法行政机关行政干警、律师、公证、人民调解、法律援助等专业人员共同组成法律服务队，第一时间参与突发事件和群体性事件的处置。以上经验值得浙江借鉴。

（五）加大对党员干部关心鼓励，激励干净干事的热情

1. 既要保证党员干部廉洁干净，更要激励党员干部大胆干事。探索建立干部函询采信机制，对没有证据证明存在违规违纪问题的，予以采信了结，消除干部顾虑。建立健全干部澄清保护机制，以典型案例通报等形式，及时为受到不实举报干部澄清正名、鼓劲撑腰。同时，通过政治上激励、工作上支持、待遇上保障、心理上关怀等关心关爱举措，增强干部的荣誉感、归属感、获得感，激发广大党员干部奋发作为的积极性。

2. 既要重视基层督查，更要加强基层指导。江苏建立统筹协调机制，加强对督查检查考核工作的计划管理和监督实施，并且严控总量、计划管理，督查检查考核要更多采取合并、组团等方式进行，既要给基层单位减压，更多的是给予指导。要增强中长期政绩考核的比重，特别是把涉及转型升级、化解风险、改革创新和群众普遍关注的问题列入考核，引导干部联系群众干实事"眼睛向下做内功"；同时加强对基层工作的指导，切实做到基层督查"减负提质"。

3. 既要认真问责追责，更要做好容错纠错。广东出台《关于贯彻"三个区分开来"治理为官不为的意见》，详细列明容错纠错适用条件和情形，对敢于担当、踏实做事、不谋私利的干部，政治上重点培养，工作上撑腰壮胆。在工作一线敢闯敢试、敢作敢为的党员干部，难免会出现失误或差错。一些干部不是不想办事，而是不敢担责办事。进一步细化容错机制的适用情形和认定标准，切实转变干部队伍中存在的"口号上目标最大化，作风上承担责任风险最小化"的倾向。

发掘浙江"第四桶金"

浙江经济转型具有市场转变和动能转换两个方面。从市场需求言，大致已从出口主导，向"国内消费主导＋国际市场深耕"转变；从发展动能言，正在从"廉价劳动＋引进技术"，向"高素质劳动＋知识生产"转变。前者是客观存在，后者是主动应对，可归纳称为"发掘浙江第四桶金"。

1 本报告主执笔人卓勇良，成文于2017年3月8日，原标题为《发掘浙江第四桶金》。

一、浙江经济第三桶金正在终结

当前，商品出口持续增长的第三阶段已经终结。全球商品出口2011至2015年年均增长2.7%，大幅低于2000至2011年的6.9%。据WTO数据，2016年全球商品出口增长回落约1.2%。2011至2016年，按美元计算，全国商品出口年均增长仅2.0%，浙江仅4.4%，均比前回落约20个百分点左右。

浙江经济当前从市场需求看，正迎来第四阶段的新时期。其主要内涵是正在升级换代的国内消费以及国际市场深耕，即浙江第四桶金的基本面。2011年以来，居民收入增长快于GDP，消费需求增长相对坚实。同时提升产业链和价值链将是出口贸易基调，如全球2015年药物出口，欧盟28国占比高达63.9%，仅瑞士一家即达12.2%，中国仅占2.5%。

与此同时，支撑前三个阶段的浙江经济原有发展宝典，"草根企业家＋中西部农民工＋引进技术装备＋政府推动"，正在严重弱化。经济体制改革缺少大的进展，企业家精神或有弱化。劳动年龄人口每年减少300多万，2019年预计将达900万。引进技术装备性价比和效率边际递减。至于政府推动，随着与发达国家差距缩小等因素，区域经济促进作用正在弱化。

二、发掘第四桶金关键是知识生产

浙江经济动能转换迫在眉睫。浙江发展的市场转换已是客观存在，能否发掘好第四桶金，取决于我们的主观意志，包括发展思路、政策选择等。

浙江经济长期增长，主要并不是依赖自主知识产权的增长。就知识生产言，浙江经济乃至中国经济均为弱项，具有巨大发展空间，而这正是发掘第四桶金的巨大机遇。当下无论浙江还是全国，总体言，越是好的企业，引进比重越高。

为什么说发掘浙江第四桶金关键是知识生产？一是所谓高级劳动，本身即是知识水平较高劳动。二是在劳动短缺及工资较快增长下，唯有加快技术进步才能较好应对。三是在产能过剩和需求不足下，唯有提高产品技术，提高产品档次及品质，才能出奇制胜。四是在资源环境制约下，唯有提升知识应用才能缓解困窘。

所有这些，不仅需要知识，更需要知识生产，急迫需要知识生产力的增强。长期言，知识生产更是探索未来，促进社会发展，以及提高生活品质的一种基本存在方式。

美国为首的发达经济体，或可说已形成了知识生产主导的发展格局。美国1997至2015年私营生产和服务，电脑制造、信息服务、专业技术服务业、金融业和医疗健康业的增加值合计，对GDP增长的贡献份额达31.5%，这一数据比1947至1985年，大幅上升10.5个百分点。这5个行业，不仅以知识为支撑，更是不断生产新的知识。如美国私营医疗健康业，主要是门诊和医院，新知识层出不穷，1947年增加值占全美GDP的1.5%，2015年提高到7.2%，对全美GDP增长贡献份额7.3%。

浙江发掘以知识生产为支撑的第四桶金的时机已经具备。一方面在资源环境制约日渐严重下，这是唯一选项；另一方面，随着浙江人均GDP不断接近美国，那种以"舶来知识"为主的技术进步，边际递减，逐渐走向尽头。《华尔街日报》2017年1月6日报道，白宫科技顾问会议的报告称，联邦政府必须加强对半导体产业的保护，将之纳入国家安全的重点工作，评估中国半导体业扩张战略可能造成的安全威胁。由此认为，今后高端芯片进口及其工艺技术引进难度或将加大。

还有最为重要的一个现实可能。浙江已积累相对雄厚的经济基础，能有一定财力发展原本认为比较奢侈的知识生产。

三、积极培育知识生产力

知识生产力是浙江制胜未来的唯一法器。人是第一生产力，人才是第一生产力的支撑，也是知识生产力的主体。

人才培育的一个关键是全覆盖。我们现在更缺少的是能把国家民族带向未来的一大批超一流尖端人才。人才构成是典型金字塔型，倘缺少宽大基座，就不可能有一大批超一流尖端人才。所以人才培育，应是有教无类全覆盖。家境好的孩子固然成才概率较高，但个别最尖端人才，完全有可能出自寒门。积极撤除影响人才成长的各种门槛，别在无意中扼杀掉未来的人才。

人才培育具有隔代特点。我们现在的努力，要到一代人甚至更长时间后才能见效，人才培育是一项必须从娃娃抓起的大工程。宁可少上一些项目，也要把钱投向促进孩子们的健康成长上。确立功成不必在我，建功必须有我的价值准则。

对于培育能把国家民族带向未来的一大批超一流人才，必须有三个条件。一是应有尽有，即但凡人才成长所必须的环境条件，缺一不可。二是无拘无束，不应给孩子的成长划定禁区，应使孩子们能无羁绊地成长。三是自由自在，充分尊重孩子们的愿望和爱好，让思想和行动在广阔的空间，信马由缰，开心驰骋。包括爱因斯坦等一大批杰出人物的成长，几乎无不如此，我们促进知识生产力增强的方针政策应包含这些内容。

对上面这些说法，或有人不以为然。他们会说，困难磨砺人的成长，既无可能也无必要"应有尽有"。又有人会说，人的成长总是有拘束和羁绊，不以规矩不成方圆。甚至有人会说，教育就是灌输。世上所有问题都是相对的，如能在既有约束下做得更好一点，人才成长道路就将更为宽广。世上优秀人才脱颖而出都是概率问题，如能在既有情况下提供更好环境条件，超一流人才形成概率就将大大提高。世上所有孩子天生都有接受美好事物的超强能力，如违背孩子们天性，强硬实施填鸭式教育，结果适得其反。

浙江经济正处于重大转型关键时刻。以先进的知识生产力替代落后的传统生产方式，以较多的知识享用替代相当部分物质享用，是我们必定要走的一条道路。

打造全球智慧应用新高地 [1]

2015 年杭州市信息经济发展指数仅次于北京、上海、深圳等一线城市，居 15 个国家中心城市第四位。虽为非一线城市的国家中心城市之首，但与一线城市相比，仍有巨大差距：一是产业特色优势突出，但量级不够大；二是创新实力较强，但层级不够高；三是居民信息化应用领先，但优势正逐渐消解；四是互联网普及度高，但速率亟待提升。

[1] 本报告主执笔人刘亭，成文于 2017 年 10 月 13 日，原标题为《扬长补短 进一步做大做强杭州信息经济——基于 2016 年度信息经济测评结果的咨询建议》。

一、突出应用领先优势，打造全球智慧应用新高地

一是抢抓智慧应用机遇。推动杭州"信息经济、智慧应用"一号工程在"智慧应用"上更好做文章、见成效。实质性推动"城市数据大脑"建设，打造城市治理大数据应用的全国性甚至全球性标杆，为智慧应用全面推广积累经验、提供范本。二是培育应用新优势。推动杭州基于互联网的应用开发和商业模式创新，积极运用互联网技术在交通、医疗、教育、养老等领域创新运营模式，促进车联网、智慧健康、在线教育等新业态、新模式培育和发展。三是促进应用优势向生产端延伸。加快提升传统产业信息化改造，依托杭州云服务商、云平台集聚优势，推动传统企业发展个性定制、柔性制造、网络众包、在线设计等新兴制造模式，提升传统制造信息化、智能化水平。

二、突出先行区域优势，拓展发展空间

一是拓展滨江信息经济发展空间，释放发展潜力。当前，滨江区信息经济发展态势良好，但受区域空间制约、龙头企业迁移等因素影响，信息经济发展有被赶超的可能。建议适时适度扩大滨江区行政区划，为信息经济发展留足空间。二是以城西科创

大走廊为纽带，联动发展余杭、西湖、临安，带动激发周边县域信息经济发展活力和潜力。三是鼓励萧山、拱墅、江干等信息经济发展势头较好、潜力较大的地区，以产业支撑配套、人才合作交流、资源共享利用等形式，共同谋划建设若干产业合作带、产城融合区等区域发展载体。

三、突出龙头企业优势，壮大信息产业

一是进一步发挥信息经济龙头企业辐射带动作用，对信息经济发展中涌现的平台型和雁首式企业，积极鼓励其保持科技创新和市场竞争优势。对其扩大对周边或中小企业带动作用的实际举措，给予必要的政策扶持和财政激励，以期不断拓展带动范围、创新带动方式、提升带动层次，包括促进企业间旨在优化资源配置的兼并和重组。二是加快培育信息经济企业群。加快信息经济大企业、大集团培育，力争培育出更多本土信息经济的"独角兽"企业；进一步加强对中小企业发展支持力度，增强扶持政策的针对性和灵活性，培育一批各具特色的中小企业。推动企业协同发展，开展"中小企业上云"专项行动，形成龙头企业与中小企业的有效互动、有机融合的良好生态。

四、以重大平台建设为重点，打造创新策源地

一是以杭州国家自主创新示范区建设为契机，在信息经济理论研究、技术创新等领域，加快建设一批国家级重大平台、科技创新基地，谋划争取一批国家级重大科技专项、重大科技攻关项目，建设一批研发创新平台。二是以之江实验室建设为载体，围绕人工智能、量子通信、虚拟现实和区块链等前沿关键技术开展重点攻克、专项突破，抢占新一代信息技术发展主导权。三是以浙江大学、西湖大学、湖畔大学等为支撑，加强信息经济高端人才培育引进，强化创新人才支撑。

五、以"云网端"协调为重点，健全信息基础设施体系

一是加快杭州云计算中心建设，建立支撑全省政务、商务、大众消费需求的公有云平台、专有云平台体系，将杭州打造全球有重要影响力的云计算中心。二是加快提升网络先进性。用好用足杭州国家级互联网骨干直联点试点优势，推进新型互联网交换中心建设。加快推进第五代移动通信（5G）商用实验网建设，不断提升网络容量和服务能力。三是加快推进物联网普及应用。在杭州城市部件、制造企业、农业设施、社区家庭等广泛部署自动感知终端，推进物联网率先普及应用，将杭州打造成为物联网普及应用先行区。

厘清信息经济的认识误区[1]

历史和实践都证明，认识上的偏差和误区，必将导致目标上的混乱、行动上的扭曲。为推进信息经济的健康发展，有效促进全省经济的转型升级，有必要结合世界信息化发展的最新趋势和我省的实际，进一步全面准确地把握信息经济的内涵，大力发挥我省在信息技术"增值应用"方面的比较优势，进一步保持和扩大我省信息经济发展的领先势头，早日建成国家级示范区。

> [1] 本报告主执笔人刘亭，成文于 2017 年 5 月 4 日，原标题为《信息经济的认识误区及相关建议》。

认识误区一：对信息经济重要性认识不足，把信息经济和实体经济割裂开来、对立起来

信息经济已成为继农耕经济、工业经济之后的第三种新经济形态，信息生产力已成为放大全部生产力的"乘数型"生产力。信息化带动工业化，信息经济与传统实体经济深度融合，催生了大量的新服务、新业态、新模式，形成了引领经济社会转型发展的新动能。但是，全社会对信息经济的战略地位和作用的认识仍显不足，少数人还存有偏差。一是以传统的工业化思维看待信息经济的崛起。不但认识上缺乏"互联网思维"，行动上也排斥"互联网＋"，至今仍未能充分认识到发展信息经济是我省经济转型发展的主引擎、创新发展的主攻方向；还仅仅将信息技术的应用，局限于提高工作效率、降低交易成本等工具层面。二是把信息经济等同于纯粹的虚拟经济，认为和传统实体经济是此消彼长的关系。这种思维容易导致以传统制造业为主的企业或信息化水平相对落后的地区，认为发展信息经济与自身关系不大，从而影响到我省经济的转型升级。

建议：一是党委、政府进一步加强战略引领和"顶层设计"。各级政府领导特别是一把手讲话以及重要媒体的宣传报道，要从加快新旧动能转换的高度，进一步突出我省信息经济的"首位度"，形成"信息经济看浙江，浙江经济靠信（息）经（济）"的

主旋律。酌情优化政府考核体系，形成对各设区市、县市区发展信息经济的正面引导效应。二是强化"虚实相融、新旧转换"的跨界融合和转型发展思维。从一定意义上讲，"互联网＋"实体经济的"新实体经济"，正是浙江实体经济转型升级的唯一正确方向。要从新实体经济角度，正确把握信息经济和实体经济的内在统一关系、坚定发展信息经济就是振兴实体经济的理念。要在全社会鼓励通过信息的生产、服务、流通和消费，以及信息技术在农业、工业、服务业领域的广泛增值应用，大力发展以虚带实、以实促虚、虚实融合型的信息经济。

认识误区二：对信息经济的本质性内涵认识不足，混淆信息经济与数字经济等各类衍生概念的关系

随着新一代信息技术涌现及其与经济发展的全方位、多层次融合，人们对于信息经济的理解也在不断深化，出现了"数字经济""网络经济""智能经济"等多个概念。但其本质一脉相承，都应属于信息经济的范畴，区别仅在于多概念。由于信息经济发展的阶段不同，各自从专业技术等特定属性来强调信息经济在特定阶段的某一特征。但是，部分地方对信息经济的理解，还往往停留在口号或字面上，对其本质属性还认识不清、把握不准。一是对信息经济及衍生概念的认识流于字面。表面化地望文生义、顾名思义，既虚无了信息经济的演变脉络，又窄化了信息经济作为一种新型经济形态或系统的本质涵义，简单地将数字经济、网络经济、智能经济，视为异质于信息经济的全新事物。二是对信息经济的发展重点存在着一定的盲目性。未能精准把握信息经济在不同发展阶段的侧重点和特色，脱离本地实际选择发展路径。

建议：一是在浙江卫视、浙江日报、浙江发布等主流媒体，加大"概念扫盲"的宣传教育。联合各类高校、智库、协会开办信息经济培训班和宣贯会，正本清源、拨乱反正，提高企业和民众等主体对信息经济的本质认识，厘清信息经济与数字经济、网络经济、智能经济等各类概念之间的联系和区别，准确把握信息经济的发展内涵。二是引导全省信息经济梯度化和特色化发展。各地要紧紧把握信息经济发展所处阶段，各有侧重、因地制宜地推动本地信息经济发展，从而形成科学合理的区域布局，加快建设我省国家信息经济示范区。

认识误区三：对信息经济系统性认识不足，认为抓信息经济就是抓信息产业

信息经济是一种以信息技术研发为动力，以信息产业发展为载体，以信息基础设

施为支撑，以信息化增值应用为核心导向的新型经济形态。信息的技术、产业、设施和信息化增值应用等，构成一个系统的四个方面，缺一不可；既互促共进，又各有带动。但是，部分地方对信息经济认识有失偏颇，甚至误读了信息经济发展的核心所在。一是将电子信息制造业、信息通信业和软件服务业等狭义的信息产业，直接等同于信息经济。没有清醒地意识到，信息化增值应用才是发展信息经济的核心；信息经济中虚实融合部分，才是发展信息经济的主体力量。二是对技术创新还缺乏足够重视。部分地方发展理念短视化，认为信息技术创新投入大、见效慢、回报周期长，是"国家队"的事，恰恰忽略了信息技术应用开发对区域经济发展的巨大拉动力，因而普遍存在着"重信息基础设施建设、轻信息应用技术研发"的倾向。

建议：一是要进一步突出我省应用领先的商业模式发展优势。将发展信息化增值应用放在我省推进信息经济发展的核心位置，深入认识人工智能等新一代引领型应用信息技术的渗透和带动作用，加快其与农业、工业、服务业的深度融合和示范应用。同时，积极引导以企业为主体大力推进应用技术创新。二是推进实体经济的智能化改造。以杭州和宁波为重点，选择物联网、人工智能、高端芯片设计等领域，探索建立市场化揭榜攻关机制，有选择地突破紧迫性高、带动性强的关键技术，主攻智能制造，引领全省产业经济向智能经济迈进。

认识误区四：对信息经济开放性认识不足，存在关起门来搞信息经济的封闭思维

信息经济是全球化的最前沿阵地，已成为国家、地区之间高水平竞争的主要领域。人工智能、虚拟现实、无人驾驶等各类新技术，以及网约车、共享单车和慕课（在线教育）等新模式层出不穷，亟须建立全球化的开放视野，通过技术、信息、产品、人才等流动，实现资源最优配置。但是，部分地方对此的认识，还停留在传统工业化背景下的市场分割时代。一是未以全球化高度关注信息经济发展趋势。对智能制造、人工智能等新技术和新应用，缺乏足够重视和支持，这将有可能对我省信息经济的领先优势构成隐患。二是过分追求数据资源的"独占性"。强调数据的"为我所有"，忽视了数据共享带来的价值。作为率先打造数据开放平台的省份，浙江率先上线浙江政务服务网"数据开放"专题网站，涵盖全省范围内经济建设等8大领域、39个省级机构数据，走在了全国前列。但是在设区市层面，仅有杭州推出了数据开放专题。

建议：一是以全球化视野谋划信息经济未来发展战略。以杭州打造具有全球影响力的"互联网＋"创新创业中心为主阵地，积极参与国际分工和协同，加快技术、资本、人才等高端要素集聚，推动关键应用技术的创新。协调推进信息经济的"引进来"

和"走出去"，在大力吸引国内外信息经济先进科研机构、企业在我省设立研发中心的同时，引导支持省内龙头企业积极参与国际竞争，提高浙江作为新经济领军者的国际话语权。二是深化数据开放共享。加大力度抓好《浙江省公共数据和电子政务管理办法》（省政府令第354号）落实，以"最多跑一次"改革为突破口和切入点，以浙江政务服务网为载体，各地区加大数据开放力度，打破行业垄断、部门利益的阻碍，引导建立"不求所有，但求所用"的数据开放意识，支持市场主体利用全省信息资源开展业务创新，创造吸引人才创业创新的"数据环境"。

认识误区五：对信息经济创新性认识不足，监管思路和制度设计落后于新业态发展速度。

信息经济创新经济业态和模式，对各级政府的监管思路、制度设计、职能转变等，提出了全新要求。亟待建立包容、开放、有序的市场环境，充分激发企业作为市场主体的活力和创造力，助推信息经济发展。但是部分地方对经济基础变化带来的上层建筑挑战缺乏应对，甚至浑然不觉。一是习惯于拿"老套路"管"新事物"。不是"一棍子打死"，就是"削足适履""强按牛头喝水""让新经济适应旧规则"，导致第三方支付、共享出行等新业态的市场空间被明显挤压。二是未充分发挥企业作为技术创新和应用变革主体的作用。部分地方对开发信息化增值应用项目，仍沿用传统政务信息化建设项目思路，实行"立项、招投标、实施、运行、维护"传统模式，显然无法满足管理创新，特别是民生服务迭代的需求，后期更新和运维问题尤其突出。

建议：一是坚持审慎监管原则。在共享单车等新业态发展早期给予有弹性的创新空间。对新业态发展加强信息监测，探索构建以社会信用为核心的规范发展体系，引导行业自律。政府着重在健全信息资源共享、个人信息安全保护、市场主体公平竞争等关键点上加强监管，保障新业态的持续健康发展。进一步健全信息经济统计调查制度，强化信息经济统计、监测、分析和预警工作。鼓励各类智库加强信息经济测评咨询，为信息经济发展建言献策。二是营造宽松便捷和简明高效的市场准入环境。完善研发、金融、物流、会展、知识产权、产品检测认证、商务、法律等各类信息经济服务中介的市场服务链，激发企业主体创新活力，把政府职能转到主要为市场主体服务、创造公平有序的良好发展环境上来。进一步引导好阿里巴巴等平台型企业和海康威视等雁首型企业的辐射作用和示范作用，提供信息经济全链路的创新创业服务，带动中小企业发展。

突破共享经济发展的"瓶颈"[1]

目前，我省共享经济发展遭遇"瓶颈"，主要表现在：统计监测底数不清、生产领域渗透不足、新兴业态监管较难、垄断趋势存在隐忧。为此，要结合我省经济、社会和政府的数字化转型，一手抓规范共享经济发展，对新业态采取"管标准、管合规、管信用"的新型监管模式，一手抓补链延伸，加快共享经济向制造业等领域延伸。

> **1** 本报告主执笔人舒蛟靖、许垚、王井，成文于2018年4月23日，原标题为《关于加快突破我省共享经济发展"瓶颈"的几点建议》。

一、加快建立完善共享经济统计体系

结合政府数字化转型，促进统计部门充分运用大数据等信息技术手段，创新统计调查方法，推动部门统计信息共享，多渠道收集相关数据并建立数据库，建立反映共享经济的统计调查指标和评价指标，科学准确评估共享经济在经济发展、改善民生、促进就业和增加居民收入、扩大国内消费等方面的贡献。

二、推动共享经济在全国率先立法

我省可以在全国率先开展地方性立法，对共享经济的边界、平台责任的认定、平台与劳动者的关系、政府监管的创新、平台滥用市场支配地位的规制等内容进行界定。结合我省需求加快建立共享经济重点领域标准体系和行业规范。开展共享经济平台诚信体系建设，大力推动守信联合激励和失信联合惩戒，依法严厉打击泄露用户个人信息、损害消费者权益等行为。

三、以共享经济示范点建设为抓手构建一批示范平台

要注重两类示范平台的构建：一是对传统产业转型升级有积极影响的共享经济平台。在服装生产、小商品制造、物流运输、装备制造等行业树立起标杆典型，充分发挥示范带动作用，鼓励传统企业参与其中。二是对创业孵化有积极影响的共享经济平台，对个人创业帮助较大、影响力较强的平台挂牌认定为"网络众创空间"，享受众创空间专项财政支持或税收减免等政策。当前我省要以建设共享示范点为抓手，积极争创国家级共享经济示范点，研究启动省级共享经济示范点工作，鼓励有条件的地区先行创建一批具有影响力的省级共享经济示范平台，形成特色鲜明、配套完善的共享经济产业示范基地。

四、培育一批重点"制造业＋共享"示范企业

共享经济模式在制造业领域的深入渗透、全面融合以及再次创新，是重构我省供给侧生产结构的重要途径，是推动浙江制造转型升级、激发经济增长潜力的重要动能。一些大型国企开展高端智能设备共享，如沈阳机床厂"i5"智能机床共享，用户可以根据加工零部件的品种、数量、加工时间等进行付费，只需要每小时支付10元的服务费，就可以使用一台售价20万元的机床设备。可以考虑从产业基金中专门切出一部分用于设立省级共享经济发展引导基金，我省可以针对11大传统制造业领域，以高端制造领域为重点，依托产业集聚区、创业园区、特色小镇等发展载体，培育一批示范企业。

五、加强面向未来的政策研究和规划引领

鼓励智库开展共享经济理论与实践研究，提前谋划和布局我省面向未来的制度改革与设计。研究建立健全共享经济专家咨询制度。将共享经济纳入经济社会发展的总体规划和信息经济、信息化等专项规划，加强顶层设计和系统部署。

积极推进新旧动能快速转换

2017 年以来，浙江省坚持稳中求进的总基调，持续深入打好经济转型升级系列组合拳，深入推进供给侧结构性改革，经济运行保持去年的良好态势，继续稳中向好。一是以新产业、新产品、新业态和新商业模式为代表的新经济持续扩张，二是服务业增长强劲带动制造业高端化发展，三是民间投资扭转了持续下滑的局面，四是企业家信心提振市场预期出现向好变化。

1

本课题主执笔人王东祥、金祥荣，成文于 2017 年 7 月 6 日，原标题为《关于当前浙江经济形势分析与建议的函》。

观察近年来浙江经济转型升级的走势，以及上半年主要经济指标所反映的变化。我们认为，这些变化极可能是具有趋势性和中长期意义的累积性的积极变化，应进一步强化这些积极变化及其背后的积极因素。同时，也要高度重视我省经济进入新旧动能深度转换期所面临的困难和问题，包括经济分化带来的困难严重，区域潜在风险加重，创新难创新贵的问题比较普遍，旧动能改造提升任务艰巨等。

做好下半年全省经济工作，要以解决阻碍我省经济发展中的突出问题为导向，以促转型、防风险为主线，继续打好转型升级系列组合拳，深入推进供给侧结构性改革，把培育和壮大新的增长动能放到突出位置，积极推进新旧动能的快速转换。重点抓好以下五方面的工作：

一、以知识产权保护为主要内容，大力完善区域创新环境

把创新驱动战略放到首位战略，以加快建设创新型强省为目标，深化创新资源配置的市场化改革；加强知识产权保护；努力建设大企业领导的区域创新体系。着力于解决创新资源配置信号扭曲、错配问题；准确界定和处理好政府与市场的关系，政府要营造良好的创新环境，并关注基础研究以及市场失灵的创新问题；要靠税收等经济手段引导和支持企业的市场化创新，充分发挥市场在创新资源配置中的主导作用。大

力营造知识产权保护的全社会意识和氛围，大力加强地方知识产权立法工作，提高执法力度和执法效率，加强省内外的联合执法，完善知识产权维权、法律援助中心建设工作，要对仿冒等商标、专利侵权行为实现零容忍。强力推进最多跑一次的改革，大大降低企业创新的制度性成本，尽快解决企业创新难、创新贵的问题，并争取在年内取得显著成效。确立和巩固大企业在区域、行业创新体系中的领导地位，鼓励和支持大企业开展引领未来的重大创新；鼓励和支持大企业专注于核心产品及其核心技术的自主创新；激活小微企业主要在新经济领域的创新活力；鼓励和支持小微企业做好大企业的配套创新，培育一大批区域、行业创新分工体系中的隐形冠军。

二、以产业链和价值链升级为着力点，大力改造和提升旧动能

着力于解决新动能扩张与旧动能收缩之间的失衡问题，坚持培育壮大新动能与改造提升旧动能结合并举，以推进传统行业产业链和价值链升级为工作重点，大力改造和提升旧动能。研究出台有效政策，鼓励和支持中小企业从大企业主导的终端市场同类竞争中主动退出来，发展生产外包。鼓励和支持中小企业立足现有基础，充分发挥优势，转换或发展新的产业链，尤其要支持中小企业拓展新经济，实现产业链的升级转换。针对有比较优势的传统产业和企业，聚焦产业链和价值链短板，鼓励和支持企业采用新技术、新设备、新材料，进行设备产品更新换代、智能制造、绿色制造和制造业服务化等技术改造；提升品牌质量、产品附加价值和全要素生产率（TFP），大力推进技术、产品、业态和商业模式等创新。推进"两山"理论和政策的落地，坚决引导和支持一些对生态环境影响较大的传统产业实行产业改造、转移和淘汰。

三、以积极吸纳国际高端要素为突破口，大力创新开放型经济模式

创新浙江经济的开放模式，大力推进以产品贸易为主的国际化向高端要素为主的国际化转变，努力提高开放型经济水平，引领浙江经济向高端化和更高水平参与全球化发展。鼓励和支持大中型民营企业和上市公司"走出去"，积极开展与国际先进企业的各类垂直、横向并购、股权投资和长期合作，面向全球吸纳高端人才、集聚研发技术、品牌、营销网络和管理等要素，通过构建各类国际性高端合作平台和机制，走出一条吸纳高端国际要素带动新动能成长壮大和产业转型升级的路子。紧紧围绕"一带一路"国家战略，针对沿线国家目标市场的实际情况，转变出口贸易增长方式；支持企业开展自主品牌、自主营销和自主研发为主的出口贸易，通过品牌、研发管理等高端要素和高端价值链的出口，提高浙江企业在"一带一路"沿线国家的市场规模和竞争能力；同时，在

"一带一路"沿线国家积极发展生产外包体系，培育和壮大浙江与"一带一路"沿线国家之间的价值链分工体系。大力推进省内港口资源的深度整合，加快建设中国（浙江）自由贸易试验区和义甬舟开放大通道，把宁波舟山建设成"一带一路"的战略枢纽。

四、以防范金融风险为重点，大力构建区域风险防控体系

要把防控区域金融风险放到全省经济工作的重要位置。采取切实有效措施，防范旧动能比重高的地区和行业出现因企业担保链、债务链、资金链断裂而造成的区域金融风险。对高危地区和行业进行排查和设立预案，强化企业分类指导，加快"两链"特困企业市场出清，加大打击逃废债力度，建立健全化圈解链、化旧控新、逃债必究的工作机制。加快制定出台银行不良资产处置及行动方案，积极开展对大宗交易场所、网络金融平台进行风险排查；坚决治理各类金融乱象，下决心处置一些风险点，谨防点到点再连成面的集中性潜在风险，着力维护良好的区域金融环境。加强和深化房地产调控，提高区域监控能力，防范房地产泡沫风险。

五、以确保社会和谐稳定为出发点，持续做好民生改善工作

认真办好民生实事，加快补齐民生短板，是既能扩大有效投资，又能积极扩大内需的重要举措。要以确保社会和谐稳定为出发点，持续做好民生改善工作，坚决兜牢基本民生底线。落实和健全城镇企业职工工资正常增长机制，深入开展"浙江无欠薪"行动。大力推进农业供给侧结构性改革，加快推进农村一二三产业融合发展，多渠道促进农民增收。切实做好高校毕业生就业、创业工作，认真做好去产能行业和僵尸企业职工分流安置工作。尤其要关注和做好某些地区、行业出现的集中性企业经营困难、职工失业等帮扶安置工作。认真落实各主体平安责任制，加强和深化立体化社会治安防控体系建设；认真抓好安全生产、防灾减灾、社会矛盾化解等社会治安平安工作。

力推信息网络宽带大提速 [1]

2016 年我省信息经济发展水平位居全国第 4，全年信息经济核心产业增加值占 GDP 比重为 8.4%。但令人意外的是，具有基础性、战略性地位的信息网络宽带速率仅列全国第 12 位，远远落后上海、北京、江苏等省市，甚至低于辽宁、河北等省份，与我省作为全国信息经济强省、国家唯一的信息经济示范区的地位严重不匹配，成为制约我省信息经济健康发展的明显"短板"。

众所周知，信息网络是新时期我国经济社会发展的战略性公共基础设施，对国家的经济社会发展发展有巨大牵引和拉动作用。高速率网络的地位和作用，堪比高速公路之于区域经济，因而业界形象称之为"信息高速公路"。若通俗作比，数字信息相当于车辆，光纤相当于车辆通行的高速道路，带宽即单位时间内能够通过的信息量，相当于单位时间通过的车流量。在信息高速公路上，数字信息"行驶"速度越快，单位时间内信息传输及交换量就更大、效率也更高，对应用户的下载速率则更快。当前，我省信息经济发展迅速，电子商务、大数据与云计算、移动互联网、物联网等产业高度发达，集聚了以阿里巴巴、海康威视、网易等为代表的众多大型、新型互联网企业，数据源众多，数据流量巨大，对互联网通信的质量、容量、效率都提出极高要求，亟须以高速信息网络为代表的信息基础设施提供强有力的支撑。

从某种程度上讲，相对于上海、北京、江苏等领先省市信息高速公路的水平，我省信息网络恐尚处于"信息一级公路"水平，通行能力差了一个层次。尤其是考虑到信息生产力的乘数效应，由此衍生的对经济增长能力和潜力的差异性影响，更是不容小觑。若不尽快采取超常措施，将极大制约省委、省政府对信息经济强省、云上浙江、数据强省等重大战略部署的有效落实。为此，必须采取果断措施，进一步提升我省信息高速公路建设水平，大幅度提升网络宽带速率。

[1] 本报告主执笔人刘亭，成文于 2017 年 7 月 12 日，原标题为《关于力推全省信息网络宽带大提速的建议》。

（一）进一步提高战略认知

各地、各部门要立足"信息网络是信息经济先行官"的战略高度，充分认识提升我省宽带速率的重要性和紧迫性，把补齐信息网络短板纳入经济社会优先发展的范畴。进一步加强组织领导，建议由省信息化工作领导小组统一协调，整合经信、通信等行业主管部门、运营商、社会等各方力量，尽快谋划实施全省信息网络宽带大提速工程，举全省之力，抓纲带目、精准施策、持续发力，实现我省信息高速公路赶超发展、跨越发展。各运营商和铁塔公司，要加大与总公司的对接力度，争取更有利的政策和资源。

（二）加快建设全光网省

推进"宽带浙江"优化工程，加大资金争取和投入力度，按照"中央资金引导、地方协调支撑、企业为主推进"的原则，全面开展"城市补强、农村除盲、海岛补点"工程，继续加快打造光纤化、宽带化接入网络。积极推进电信普遍服务补偿机制试点工作，争取中央财政补助资金，重点用于保障农村宽带建设和运行维护费用补偿。加强我省农村及偏远地区信息通信设施建设，争取尽早跻身"全光网省"行列。

（三）用足国家试点优势

抢抓杭州国家级互联网骨干直联点开通机遇，放大国家信息经济示范区建设优势，加快实施省内网络互联互通优化提升工程，推动网络对等互联，提高网间互联效率和质量。在此基础上，加快推动杭州建设国家互联网交换中心试点工作，与基础电信运营企业和互联网企业实现全面互联，提供种类丰富的转接服务，解决网间互访流量长途绕转和拥塞问题。

（四）提升行业监管水平

完善政策扶持，深入落实我省通信设施建设和保护规定，开放各类公共设施，为宽带网络设施的建设通行创造便利条件。加强行业监管，借鉴北京等地经验做法，由经信、住建、通管等主管部门，研究制定"提速降费""光纤入户不得设限"等具体细则和强制性处罚方案，采用强监管真处罚方式，打破宽带接入"最后一公里"垄断。加强对"提速降费"各项举措落实情况的监督检查，促进基础电信运营企业全业务竞争，鼓励基础电信运营企业与民营企业加强合作，通过市场竞争，推动宽带速率的持续提升及资费水平的持续下降。

激发民间投资活力 [1]

2018 年前三季度，全省民间投资同比增长 17.2%，占投资总额的 64.4%，同比提高 5.7 个百分点。喜中有忧的是，民间投资增速较快主要得益于价格因素的推升和房地产投资增长较快。下一阶段民间投资面临严峻考验，影响民间投资下滑主要因素有：一是国内外经济增长的不确定性，二是不少民营企业的投资回报率下降，三是民间投资的资金来源受限，四是基建突击投资造成民资挤出效应，五是民营企业负担依旧较重。建议：

[1] 本报告主执笔人舒蛟靖、林忠伟，成文于 2018 年 10 月 23 日，原标题为《关于促进民间投资的几点建议》。

一、营造良好政策环境，增强民企投资信心

一是进一步提振民营企业发展信心。 通过召开企业家座谈会，加快制定出台高质量的引导民间投资政策等方式，积极引导广大民营企业紧紧抓住数字经济一号工程、"四大建设"、亚运会等带来的各种历史性机遇，全方位提振民营企业信心，最大限度地激活民间投资热情。

二是加强经济形势的正面宣传引导。 如相关部门应向社会及时说明因统计口径调整等引起的统计数字变化，针对有较大波动的统计数值，要及时做好原因分析，防止被社会媒体错误解读，影响企业家心理预期。

三是加强对民营企业合法权益的保护。 完善有关民营企业权益保护的政策和地方法规，对损害民企合法权益的行为要加大力度进行监督和查处，对典型案例进行重点查处，扩大社会影响力。

四是提高企业的政策获得感。 建立针对民营企业的政策落实跟踪反馈机制，充分征求民营企业意见，细化落实更符合民营企业特点和需求的政策措施，同时对民间投资相关政策执行情况进行专项督查和评估，确保各项政策落到实处、企业得到实惠。

五是以"亲""清"为导向构建新型政商关系。 结合"最多跑一次"改革和政府"两

强三提高"建设，大力减少诸如资格审查、中介评估、工程验收等事项中的办事环节，缩短审批期限，降低收费标准。

二、结合经济转型升级，提升民间投资回报率

一是鼓励并支持企业改善成本管理。通过专家授课、先进企业示范、财政奖补等方式，积极引导企业通过先进管理技术优化供应链管理、组建产业联盟向供应链上游拓展延伸等方法，主动有效地应对原材料价格上涨，提高投资回报率。

二是引导民营企业加大技改投入提高产品附加值。借鉴广东、重庆等地的企业研发准备金制度，有效引导民营企业从制度上建立"研发有计划、投入有保障"的研发投入体系，通过推行重大新产品研发成本补助、首台技术装备补助、创新产品和服务远期约定采购及风险补偿等措施，引导激励民营企业加大创新投入。

三是突出民间投资的创新导向。充分发挥之江实验室、高新园区、特色小镇等科技创新平台载体作用，加快创新基础设施和公共服务平台建设；推动地方政府将工作重心转移到帮助民资对全创新链的投资上来，鼓励企业加大研发人员投入、技术成果购买、品牌收购、股份购买、金融投资等资产性投资。

四是结合经济数字化转型提高民营企业生产效率。支持直接为民营企业服务的公共服务云平台、工业大数据平台、工业互联网平台、工业云平台、工业物联网基础平台建设；为民营企业提供生产设备管理、生产管控、工艺改进、能耗优化等服务，提升民营企业生产效率。

三、加大金融创新力度，破解民企融资难题

一是引导金融机构找准金融服务切入点。建立政企银社联动机制，引导银行加大对拥有自主知识产权、核心技术的创新型企业贷款；加大对节能环保、新一代信息技术、高端装备制造、新能源等战略性新兴产业的金融支持，减轻民营企业在创新过程中的融资压力。

二是加快建立中小微企业大数据征信体系。结合经济数字化转型，对优质中小微民营企业，特别是创新型轻资产民营企业，综合考虑固定资产、知识产权成果、团队成员背景和经历、业内专家推荐情况等因素，加大信贷扶持。

三是促进民营企业投融资方式创新。鼓励金融机构和民营制造企业共同发起设立融资租赁公司，降低民营企业融资成本、拓宽融资渠道；支持民营企业牵头与证券公司、投资机构设立并购基金或产业基金。

四是加强政银合作试点经验总结推广。总结推广绍兴市针对小微企业建立"小微培育库"、开发"小微信用宝"、发放"小微成长卡"、建立风险补偿共担机制等创新做法，缓解我省小微企业融资难问题。

四、形成政府与民间的投资合力，引导民企参与重大战略

一是进一步降低民间投资进入原垄断行业的门槛。进一步向民营企业开放民用机场、轨道交通、基础电信运营、医疗、养老、教育等领域；支持民营企业设立总部和功能性机构，确保各类资本在竞争性领域依法平等进入。

二是支持民营企业参与乡村振兴战略。通过公建民营、民建公助、购买服务、PPP等方式，引导民营企业积极投身"千村精品、万村景区"工程，参与农村人居环境综合整治行动，投资"四好农村路"等基础设施建设和管理。

三是推进混合所有制改革。鼓励民营企业参与国有控股的省属国企定向增发或产权转让。鼓励国企与民企建立基于产业链的协作体系，并依托产业集群建设提高中小企业配套率。

四是引导民间资本加大对教育、医疗和养老等民生项目投资。借鉴广东经验，放开社会办医疗机构乙类大型医用设备配置，个体诊所设置不受规划布局限制。引导民间资本参与改造一批居家养老服务网点和社区综合服务设施。积极推广公建民营、公私合营、民办公助等办学模式，引导民间资本投资教育。

五、深挖减负政策潜力，持续减轻民企负担

一是加快推进我省减负政策的制定实施。结合今年以来企业经营过程中反映比较强烈的各类成本问题，有针对性地出台我省新的减负政策，进一步细化降低企业要素成本、物流成本、社保成本、融资成本的政策举措，使企业更有获得感。省级有关部门抓紧建立实体经济企业成本评估指数，加强对实体经济企业生产经营成本的监测督查。

二是加强对进出口民营企业的帮扶。探索降低中美贸易摩擦、新兴市场危机等导致的企业成本。省财政统筹相关政策资金，对进出口银行开展政策性优惠利率贷款给予奖补。

三是降低社保征管改革给民营企业带来的负担。按照"总体上不增加企业负担"的要求，确保社保征管等改革不给企业增加新的负担，同时加强宣传，稳定社会预期。推动有条件的市开展用人单位失业保险浮动费率试点，进一步降低企业承担的"五险一金"费率。

浙江宏观税负分析比较 [1]

一、我省广义口径的宏观税负高于全国

宏观税负是指政府的税及非税等各项收入占 GDP 比重，用以了解衡量机构及个人税费负担的总体水平。由于财税数据口径繁杂、公布分散，为了分析准确，笔者采取了一种确保数据不致重复遗漏的方式进行分析计算。

按照学界公认的广义口径的方法分析，按不剔除土地出让金计算，2017 年我省宏观税负为 42.4%，比 2016 年上升 6.2 个百分点，比全国平均水平高 5.8 个百分点。与 2013 年的 38.1% 相比，我省宏观税负上升了 4.3 个百分点。如剔除国有土地出让收入，2017 年我省宏观税负为 31.3%，比全国同口径水平高 0.7 个百分点，比 2016 年上升 2.1 个百分点。

2013~2017 年我省包含土地出让金收入的广义政府收入，年均增速为 13.9%，比同期 GDP 年均名义增速的 8.2%，高 5.7 个百分点。由于缺少其他年份的土地出让金数据，无法计算不含土地出让金的政府收入年均增速。

2017 年全国包括土地出让金收入，广义口径的宏观税负为 36.6%，已不能说是一个较低水平。如果不包括土地出让金收入，全国宏观税负为 30.4%，虽比大致同口径的 OECD 国家的平均水平高 2.6 个百分点，但已高于同年包括美国的 OECD 的 9 个国家。

二、我省狭义口径的宏观税负扶摇直上

广义口径的宏观税负，由于数据获取困难、分析时序较短，难以看出长期增长状况。同时由于包含多种不同性质的收入，一些人会有不同看法。这里进一步采用国税和地税组织的各项收入数据，进行狭义口径的宏观税负分析，一方面数据准确，另一方面从分析企业负担角度而言，也更有说服力。

1 本报告主执笔人卓勇良，成文于 2018 年 11 月 14 日，原标题为《我省宏观税负情况的分析及建议》。

2017 年国地税从浙江组织到的税及非税收入合计为 14327.0 亿元，比上年增长 15.4%。同年按此分析，狭义宏观税负为 27.7%，比上年上升 0.6 个百分点。2008 至 2017 年，GDP 名义增长 10.3%，同期国地税组织的各项收入合计年均增长 11.8%，比 GDP 名义增速高 1.5 个百分点；狭义宏观税负从 24.5% 上升至 27.7%，上升 3.2 个百分点。同期如关税没有较大减少，则狭义宏观税负上升幅度要更高一些。

尤其是在浙江工业企业非常困难的 2015 年，不包含关税的狭义宏观税负 25.2%，比 2014 年上升 1.2 个百分点。这显然表明，在企业最困难时，不但未实施减轻企业负担的举措，且实际税费负担反而上升。

进一步以浙江统计年鉴公布的全省财政总收入数据分析，结论比较惊人。1978 至 1996 年，全省财政总收入占 GDP 比重，即可以理解为狭义宏观税负的一个数据，从 22.2% 降至最低的 7.0%。这使得公共财政困难，全省基础设施落后。从 1996 年以来，这一数据扶摇直上，至 2017 年达到 19.9%，比 1996 年上升了 12.9 个百分点，正在逼近改革开放前的水平。这期间虽然全省基础设施和公共服务大幅改善，但企业负担大幅上升也是不争的事实。

三、我省宏观税负或已高于 OECD 国家平均水平

如果套用日本统计局提供的 OECD 国家的宏观税负口径，大致就是国地税组织的各项收入合计，再加上社保基金的口径。2015 年 OECD 的 35 个国家的宏观税负平均为 34.0%，而浙江早在 2015 年按这一口径计算就达到了 34.2%。2017 年按这一口径的浙江宏观税负，或已比 OECD 国家 2015 年平均宏观税负高 2.6 个百分点。

四、财政支出占 GDP 比重持续上升

政府收入占 GDP 比重上升不仅表明机构和个人的税费负担加重，还表明政府对于具体经济活动介入深度的上升，而这显然不符合关于市场在资源配置中起决定性作用的要求。

2017 年浙江含出口退税的政府各项支出合计，高达 2.3 万亿元，占 GDP 比重高达 44.6%，表明政府深度参与具体经济活动。如不含出口退税，政府各项支出合计亦高达 2.1 万亿元，占 GDP 比重的 40.3%。

2017 年与 2013 年相比，含出口退税的政府各项支出占 GDP 比重，比 2013 年的 32.2% 大幅上升 12.4 个百分点；不含出口退税的政府各项支出占 GDP，2017 年比 2013 年的 27.6% 大幅上升 12.7 个百分点。无论是否包含出口退税，政府支出占 GDP 的上升

幅度之大是相同的。

五、若干建议

一是进一步深入展开浙江宏观税负研究。笔者因数据获取渠道有限，以及财税专业知识有限，错误难免。鉴于这方面研究的重要性，希望能有更准确、更权威的结论；同时也希望能观察到更多细节，以发现更多问题。

二是宏观税负或许不应再继续上升。如果本文引用的公开渠道的数据真实可靠，则可以认为，浙江宏观税负比重已相当高，不能再任其攀升。而这在具体的财税操作中，意味着税费增长速度不能再高于GDP名义增长速度。如果再继续这一状况，不仅不符合习近平总书记在民营企业座谈会上提出的"减轻企业税费负担"的要求，且将严重损害企业利益，严重影响我省后续发展。

三是减轻企业税费负担或有一定空间。比较典型的如社保费，至少从已知的2013年以来，每年结余400亿至600亿元。假如数据是准确的，则5年累计结余已高达2809.9亿元。希望有关部门作进一步的深入分析。

四是提高数据发布的及时性、全面性和规范性。在分析过程中，深感数据搜集的困难。建议按照政府信息发布要求和国家财政部信息发布规范，加强浙江财政税收信息和数据的公布，同时希望有关部门能补齐历史资料和缺失数据，以利于相关智库展开系统、全面和深入的研究，增强政府决策的科学性。

促进经济稳健运行 [1]

今年以来，面对错综复杂的外部环境，省委、省政府沉着应对、举措有力，实现经济稳中有进，成绩来之不易。明年国际国内发展环境不确定因素仍然很多，我省经济运行稳中有变，下行压力加大。为此，建议：

[1] 本报告主执笔人马欣雅、舒蛟靖，成文于2018年11月26日，原标题为《促进明年经济稳健运行的若干建议》。

一、切实保障民营企业合法权益

对《浙江省企业权益保护规定》进行执法检查。对损害民企合法权益的行为严格查处。对涉及民营企业的案件做到"送必达、执必果"，完善行政执法与刑事司法衔接信息共享平台，加快案件处理进程，规定有财产可供执行案件在法定期限内执行完毕。畅通民营企业投诉渠道，建立全省统一协调、高效运作的受理民营企业投诉、举报和维权工作体系。

二、抓住有利时机促进企业质量提升

实施质量提升精准帮扶，组织技术专家服务队深入民营企业，免费提供节能降耗、质量管理、标准、计量管理评价等服务。结合"亩均论英雄"改革，根据企业效益实施增容土地价款的差别化优惠政策。支持直接为民营企业服务的工业大数据平台、工业互联网平台、工业云平台、工业物联网基础平台建设；对民营企业公有云资源使用及网络费用给予整体优惠，并通过财政服务券补助方式降低企业数字化成本。

三、推动惠企政策落地见效

对各条线上认定标准不一致的政策，进行具体界定，明确统一标准，并通过政务服务网和"浙里办"统一发布。健全企业家参与涉企政策制定机制，出台重大经济政策时，通过各种渠道向全社会特别是企业家征集意见。深化落实领导干部联系帮扶企业制度，为企业排忧解难，对重点企业实现"一企一策"援助。

四、进一步降低企业负担

进一步降低企业用电用气成本，清理规范电网企业在输配电价之外的收费项目，探索实施"并联审批"办电新模式，减少办电环节和时间，降低接电成本；适度下调天然气管网的管输价格。对优质小微民营企业，特别是创新型轻资产民营企业加大信贷扶持，建立金融机构绩效考核与小微信贷投放挂钩的激励机制，探索实施小微企业还贷周转金支持计划。

五、引导民企参与重大发展战略

鼓励民企积极参与乡村振兴战略，开展多元化农业投资，参与农村人居环境综合整治行动，与农户建立股份合作等紧密利益联结机制。引导鼓励民间资本采取混合所有制、设立基金、组建联合体等多种方式，参与投资规模较大的PPP项目。推动"非禁即入"普遍落实，消除在招投标过程中对不同所有制企业设置的各类不合理限制和壁垒。

六、进一步增强消费的基础性作用

结合实体零售商转型升级趋势，着力增加智能、时尚、健康、绿色商品等品种，创新快闪店、无人超市等智慧新销售体验。积极引入一批有国际影响力文化艺术和时尚活动品牌，提升中国国际动漫节、中国义乌文化产品交易博览会等文化展会国际化程度和影响力。加强消费金融创新，做大互联网消费金融，鼓励支持成立一批专业领域消费金融公司。

七、降低贸易摩擦对企业的影响

减免外贸进出口企业货代服务费、报关代理费等多项费用，建立"阳光物流"直营店，将进口货物入关时间缩短至24小时以内。对出口的首台套、首版次、首批次产品加大应用示范支持力度，根据专项资金比例给予奖励。建设国际营销网络和跨境外贸服务体系，推进杭州、宁波跨境电子商务综合试验区建设，积极探索跨境电商"网购保税＋线下自提"等新模式。重点开拓"一带一路"沿线市场。对受国际经济形势影响较严重的企业，给予"稳就业"支持，对不裁员、少裁员企业，提高失业保险稳岗补贴标准。

八、强化高水平科创平台建设

依托之江实验室、西湖大学等高水平科研机构，加快优势领域省重点实验室建设，实现省重点实验室设区市全覆盖。抓住长三角一体化上升为国家战略的机遇，主动对接上海，探索创建浙江"大湾区"全面创新改革试验区，推动技术、产业、金融和商业模式创新跨界融合，积极争取国家重大科技基础设施项目。

九、促进科技创新成果转化

完善科技成果评价机制，支持高等院校、科研机构等设立集技术创新、工程验证、用户体验、协同工作、综合评估等综合一体的"创新验证中心"，呈现创新成果转化的可视化场景，提升我省科技成果转化平台效能，完善创业孵化全流程服务。大力鼓励民营大中型企业建立高新技术研发机构。建立健全科技成果转化促进联盟，以股权、期权方式加大科研成果转化对科技人员的奖励。

十、加强科技创新人才支撑

主动对接上海，推动 G60 科创走廊沿线各地人才规划接轨、人才工程互认、人才资源共享等，建立人才柔性流动机制和一体化便利化的人才服务机制。实施精准引才创新团队，加大各高校与国内外名校的对接，加大专业技能人才培养，支持企业创建博士工作站、技能大师站等；优化企业技能人才自主评价，加强省百强民营企业开展企业主体系列职称评审。

十一、着力营造一流营商环境

践行"最多跑一次"改革理念，扎实推进一般企业投资项目开工前审批"最多100天"和"标准地"等改革。探索建立"一带一路"国别合作促进中心，为企业提供政策法规、国别指南、项目信息、办事指引、风险预警等综合服务，加快建立健全外资投诉处理机制。推行境外投资者商事登记就地受理及远程办理，实现市场准入内外资标准一致。探索建设全球报关服务系统，推进港口数字化转型，建设人工智能转译系统，搭建合乎国际标准与各所在国法律及标准的第三方智能服务平台，为各国贸易商提供一站式服务解决方案。

十二、积极化解企业债务风险

建立企业债务风险防控联动机制，加强重点企业资金链、担保链动态监测和排摸工作，防范发生系统性风险。鼓励通过市场化债转股缓解企业资金压力，开展"股权＋债权""投资＋贷款＋保险"的投贷结合业务。鼓励保险资产管理公司探索设立专项产品，参与化解上市公司股票质押流动性风险。深化国企民企"双向混改"，帮助上市企业克服融资困难，形成优势互补，促进协同发展。

十三、全面加强金融风险防控

强化各级政府金融风险防控的主体责任，加大对金融风险的研判，完善政策应对储备和危机预案。结合我省"天罗地网"监测防控系统建设，将P2P网贷平台的所有交易合同和标的信息进行实时电子化存证，形成综合监测预警体系。从严控制"类金融"企业注册登记，建立非法集资活动早期干预和处置退出机制，把风险化解在萌芽状态。

十四、防范地方政府债务风险

建立地方全链条风险防控体系，聚焦项目与融资决策、资金最终用途和实际还款资金来源，在决策环节考察项目投资概算及概算调整环节，是否制定资金平衡方案；在使用环节，跟踪资金流向，确定最终用途；在偿还环节，倒查还本付息资金来源，分析其合规性。建立联合监管、协同监管的机制；建立全省债券数据信息共享机制，强化对融资平台发行债券等各类融资行为的监管，消除监管套利新生隐性债务的空间。

谨防经济失速风险上升[1]

2018 年 1 至 5 月，浙江经济总体上延续稳中向好的运行态势，但也必须注意到，今年国内外宏观经济环境错综复杂，经济运行的不确定因素增加，当前我省经济主要指标出现下滑，导致经济失速的风险隐患值得高度警惕。主要风险点有：有效投资增长乏力、消费增速持续放缓、出口和对外投资面临严峻挑战、部分企业生产经营困难、金融风险隐患不容忽视、能耗总量控制压力加大。为此，建议：

1

本报告主执笔人舒蛟靖、马欣雅、林忠伟，成文于 2018 年 6 月 29 日，原标题为《居安思危，谨防浙江经济失速风险上升》。

一、千方百计抓好重大项目的资金、土地、组织等保障

一是加快破解项目落地难的问题。开展跟踪督导、专项服务，下气力破解土地供应、资金需求等重点难点问题，加快推进"多规合一"，防止出现因规划冲突导致项目用地报批难，加强批而未供土地动态监管，加大闲置土地处置力度；积极协调金融机构加大对重大落地项目信贷支持，鼓励和支持民间资金参与重大落地项目建设，帮助项目实现早开工、早建好、早见效。

二是完善重大项目建设的组织保障。督促各地各部门对列入省"4＋1"重大项目建设的在建项目，逐个梳理分析，对项目投资进度慢的项目，实行一对一协调服务。深入实施省市县长项目工程，落实按月编制推进全省重大项目谋划盯引清单，推动各地加大工作力度，促进全省谋划盯引工作均衡持续发展。

三是积极向上争取资金支持重大项目。认真研究国家货币政策转向宽松的应对方法，在调查研究的基础上建立一批重大项目储备库，积极争取国家财政资金。

二、积极拓展国内消费市场

一是加强对国内消费市场的研判拓展。建立健全开拓国内市场监测评价体系，及时掌握浙江产品市场供求变化等情况。积极探索"政府引导、企业主体、协会商会参与"的市场联动拓展机制，省级有关部门要切实加强对全省拓展市场工作的协调指导和监督检查，制定实施市场拓展方案及配套政策，大力培育商贸流通企业和营销中介组织，鼓励和支持行业协会、商会成为市场拓展活动的主办者、承接者。

二是加大浙货营销和保障力度。鼓励行业龙头企业牵头建立营销联盟，吸纳中小企业进入并逐步发展成行业性营销平台。结合国内友城和对口帮扶等合作机制，探索浙货直通车渠道。健全浙货质量保证和售后服务体系。

三、持续优化营商环境

一是积极搭建境外服务平台。探索与重点国家共建"一带一路"国别合作促进中心，依托海外华侨华人社团组织、驻外使馆等力量，搭建境外综合服务平台，为我省企业"走出去"提供全方位支持和保障。

二是促进各种所有制经济融合发展。鼓励民营龙头骨干企业与外资跨国企业建立技术战略联盟，广泛开展技术合作和项目研发。促进中小企业与高新技术外资企业形成有机的产业配套，融入全球高端产业体系。探索推进国企、民企的混合所有制改革。

三是填补"夹层企业"的政策空白。考虑将市场占有率、企业贡献率等作为鼓励实体企业发展、制定优惠政策的指标之一。对符合我省产业导向的企业放宽研发费占销售额的比例、放宽研发人员占全部职工人员的比例等要求。

四、持续推进扩大开放

进一步发挥浙江的区位优势，在投资便利化和贸易自由化等方面切实推出一批含金量高的制度。充分发挥宁波的战略枢纽作用，争取将宁波纳入浙江自贸区"一区多片"布局；积极创建国家"一带一路"建设综合试验区和16＋1经贸合作示范区，深入推进义甬舟、义新欧和网上丝绸之路建设，加快争创自由贸易港。创新深化海外版"最多跑一次"改革，进一步提高对"走出去"企业的服务水平，帮助浙商对接海外创新研发团队，提供法务、会计、金融、公关等精准服务。

五、加强金融风险防范

一是强化各级政府金融风险防控的主体责任。要求各地加大对金融风险的研判，结合国家宏观调控政策变动的趋势，完善政策应对储备和危机预案。

二是加强地方政府债务管理。建立全链条风险防控体系，适度调整各地政府债务结构，提高债务资金的使用效益。针对各地基础设施领域的融资需求，建立与预期收入对应的债务保障机制和与之配套的债务周转机制。

三是完善金融风险监测办法。借鉴广东经验将金融监管中心从机构下沉至业务和产品，简化金融产品结构，优化政府监管。建立省政府企业信息直报点机制，积极防范类似盾安集团的危机事件再次发生。

六、优化落实能源"双控"目标

一是落实资源要素差别化配置政策。完善"亩产论英雄"机制，制定实施差别化能源管控办法，加快推进"标准地"建设试点推广工作，促进资源要素利用更加集约高效，倒逼高能耗、低产出的企业淘汰。

二是创新绿色发展引导机制。结合"大花园"建设，建立与完善多维度的绿色发展激励约束机制，将生态环境治理约束、企业进入门槛约束、产业转型升级约束、社会消费行为约束以及绿色发展评价约束有机结合，形成多方约束合力与激励相融的体制机制，营造绿色发展法治环境，促成企业动能转换、追求绿色发展。

有效保护核心技术知识产权 [1]

发展数字经济关键是掌握核心技术，实现核心技术、关键技术的自主可控，最终目标是促进工业制造业转型升级，迈向更高端。而如何对核心技术提供更有效的知识产权保护，是促进核心技术创新的关键之所在。当前，我省核心技术知识产权保护方面存在的突出问题：一是专利审查及授权周期过长，二是缺少高效的综合性知识产权公共服务平台，三是知识产权保护力度不够、协作机制不够健全、人才资源未能充分整合。建议：

[1] 本报告主执笔人王坤，成文于 2018 年 12 月 19 日，原标题为《数字经济背景下促进我省核心技术知识产权保护的建议》。

（一）以浙江省知识产权保护中心的建立为契机，形成核心技术知识产权快速授权、管理、运营、维权等一体化的保护机制

解决快速授权是强化核心技术知识产权保护的起点和基础。2017 年初，浙江省启动了知识产权保护中心申报筹备工作。2018 年 2 月，浙江省政府正式向国家知识产权局提请设立中国（浙江）知识产权保护中心。2018 年 4 月，国家知识产权局批复同意建设中国（浙江）知识产权保护中心。可以利用这个契机，集快速预审、快速审查、快速确权、快速维权于一体，建立审查确权、行政执法、维权援助、仲裁调解、司法衔接的知识产权快速协同保护机制，促进核心技术的快速确权与保护。

（二）以浙江优势产业、特色产业领域的核心技术专利业务为基点，逐步向其他领域扩展

知识产权涉及著作权、商标权、专利权、商业秘密等多项内容，结合我省的实际情况，目前仍然应当以专利权为核心，以浙江优势产业、特色产业中的核心技术为服务领域，逐渐探索由核心技术专利权向著作权及商标权，尤其是商标权领域的扩展，有序推进专利、商标、版权"三合一"。服务产业领域也应逐步向其他高新技术产业领域辐射，全面覆盖传统产业、战略性新兴产业、高新技术产业等多项业务领域。同时，逐步突破地域限制，受理范围从以往市镇等产业集聚区扩展到全省。

（三）处理好核心技术知识产权保护过程中公权力干预与市场自主调节的关系，发挥整体协同效应

核心技术的知识产权保护主要分为三个方面：一是快速预审确权，该项业务为国家知识产权局职能的延伸；二是知识产权纠纷解决机制，包括知识产权行政执法、仲裁、调解和诉讼，是知识产权快速协同保护机制的有机部分；三是综合服务体系，包括知识产权管理咨询、信息检索、产业专利导航、分析预警、高价值知识产权培育运营，等等。其中，预审确权本质上为行政职能，以实现公益为目标，以管理为主，具有唯一性，不存在竞争。在纠纷解决机制方面，则需要建立跨部门执法协作体系，形成多途径保护知识产权的合力，协同化解各类知识产权纠纷。而知识产权综合服务体系，从根本上讲遵循的是市场机制，存在着多个知识产权服务主体，提供有偿服务，存在市场竞争。三个方面，职能不同，运作机制不同，但最终目标都是服从服务于我省核心技术创新的大局。但在实际操作过程中，需要进行一定程度上的切割，防止混为一体，避免模糊公权力干预与市场自主调节之间的边界。

（四）完善知识产权服务信息资源研发、共享方面的平台建设

知识产权服务平台是促进核心技术创新、实现核心技术转化的重要阵地。在这个方面，可以从以下几个方面进行努力：一是完善知识产权数据深度加工、智能检索、对比分析、智能组合分析、自动估价、隐性知识挖掘、知识推送等技术；二是建设完善知识产权信息资源共享平台，面向企业提供基础性知识产权信息服务；三是研究知识产权运营服务，制定运营服务流程，建立知识产权运营服务平台，面向科技园区、产业、区域开展知识产权运营示范；四是研究知识产权服务质量评估规范和技术，建立一套面向质量提升与流程管控的服务体系。

（五）做好知识产权服务的人才培养与资源整合

鉴于知识产权的技术性、无形性以及保护范围的不确定性，做好知识产权服务需要各方面人才。一是需要培养一批知识产权保护、导航运营等专业人才，重点培养一批技术、法律、财务、运营等方面的专业人才队伍，为知识产权综合保护提供专业支撑；二是制定人才遴选机制，建立包括技术专家、法律专家、财务专家在内的人才库，为知识产权案件的行政调解和查处、司法保护提供专家咨询；三是建立知识产权人才运用机制，实现知识产权申请、保护、管理、交易、电子商务、创新设计、专家咨询等一站式服务。

加快推进科技创新平台建设 [1]

浙江省提出创新驱动发展战略以后，各地高度重视科技创新平台建设，经过这几年的培育建设和"补短板"工作，各类科技创新平台已呈现良好发展态势：一是国家和省级高新园区扩容提质，二是科技城孵化转化功能加快培育，三是"小专特"平台建设加快推进，四是杭州城西科创大走廊起步建设。但是仍然存在一些问题：如平台数量少规模小，对区域经济带动力欠强；缺乏特色优势，管理体制和运作机制效能不高；平台的开放合作水平亟待提高等。建议：

[1] 本课题主执笔人王东祥、朱李鸣，成文于 2017 年 1 月 4 日，原标题为《关于加快我省科技创新平台建设的对策建议的函》。

一、突出杭州城西科创大走廊创新极核功能

一是强化引领服务全省的功能。应进一步突出其综合性创新源平台作用，以浙江大学等名校、香港大学浙江科技研究院等名所，阿里巴巴等龙头企业为载体，集聚高端创新要素，提供原始和集成创新；引导国内外名校名院向走廊集聚，以提供更多的创新成果服务全省，科技创新成果的转化落地则应遵循市场规律，允许投资主体在全省的高新园区、集聚区内自由选择。

二是进一步优化管理体制机制。建立省推进杭州城西科创大走廊建设联席会议制度，在联席会议框架内完善省市县联动、多部门参与的统分结合、迭代推进、综合集成的工作机制；在落实好现有"三统三分"的基础上，进一步寻求走廊管委会实体化运作，先期可通过设立市、区、县混合参股的投融资平台公司，统一负责走廊的规划、开发、建设和管理。

三是进一步加大开放合作力度。积极支持以浙江大学为首建立全国一流的科教协同创新示范区，吸引国际知名科研机构来大走廊共建创新载体，将走廊建设成杭州国际化发展示范区；加快浙江工程师学院、西湖大学、湖畔大学建设；加大力度争取网

络大数据国家实验室，支持新建工程实验室、重点实验室、企业技术中心、重点企业研究院等国家级和省级重大创新载体。走廊建设中要与上海具有全球影响力的科创中心建立良好的互动合作关系，使之成为全省引进国际化人才和高端要素的主平台。

二、提升发展高新园区择优培育科技城

一是着力提升高新园区在科技成果产业化中的基地作用。更加突出集聚培育创新型企业和国家高新技术产业基地的目标，按照明确的主导产业定位，进一步加大选资引智力度，重点引进国内外行业龙头企业，带动发展创新型中小企业。支持高新园区市场化运作，探索建立以资产为纽带的平台运营模式。努力推动实现"三个一"，即："一园一上市平台公司"，鼓励省属国企参与高新园区开发建设，研究借鉴张江高科、常州高新、天津海泰投资等园区类上市公司经验，改造现有园区平台公司，争取推动其在境内外资本市场上市融资。"一园一基金"，建立产业引导基金（创投引导基金、风险担保基金），发挥对科技成果转化、科技型小微企业创业扶持作用，加大与国际领先创投基金的合作，进一步放大杠杆效应。"一园一孵化器"，支持高新园区建设功能完善的孵化器；鼓励优秀孵化器公司兼并托管众创空间和孵化器，培育更多类似于东部软件园的孵化器上市公司。

二是强化科技城成果孵化转化功能。科技城积极引进科研机构，加强与高等院校合作，强化"政产学研金介用"合作，打造高新园区升级版。引导宁波科技城重点聚焦新材料、智能制造；嘉兴科技城重点聚焦光伏、核电、互联网；金华科技城重点聚焦新能源、新能源汽车；温州浙南科技城重点聚焦激光和光电产业；舟山海洋科学城重点聚焦海洋装备制造产业。建设科技城应进一步集聚与发挥大院名所作用，发挥好清华长三角研究院、浙江中科院应用技术研究院、中科院宁波材料所、宁波航天、浙江大学国际联合学院的辐射带动力，通过"预孵化器＋孵化器＋加速器＋产业园"的模式，实现科技成果的消化吸收再创新，落地转化为当地新产业新经济。

三、择优做精"小专特"平台

依托省级企业研究院、科技型企业、科创型特色小镇、科技企业孵化器、重点实验室和各级众创空间，进一步立足特色、精专深挖，在省七大万亿级产业、文化产业和具有比较优势的传统产业领域培育小而专、小而特、小而强的科创平台。大力支持省内外上市公司企业、国际一流创业投资公司、著名高校科研院所创建专业化的科创平台；支持大型骨干企业、专业机构、名校强所牵头组建产业共性技术研发基地，推进重大科技成果产业化应用。建议在全省重点扶持 100 个小专特平台，集成省内资金融通、人才引进、资本市场挂牌、基金投放、税收鼓励等政策包，对争创国家级科技企业孵化器、众创空间和"双创基地"等平台予以重点扶持。

四、强化省科技大市场与钱塘江金融港湾的支撑作用

一是积极推进科技大市场进入各类科创平台。大力发展线上线下良性互动的科技大市场，设立成果转化引导基金，开展科技成果竞价拍卖，促进科技成果交易转化；在科创平台中充分利用政府项目资源优势，搭建创业投资机构与企业信息共享平台；鼓励在科创平台中试点推广嘉兴市"政产学研金介用"协作模式、长兴县科技镇长团模式，拓展"创新券"在科创平台中的使用范围，增强便利性和支持力度。

二是提升钱塘江金融港湾对科创平台支撑力。钱塘江金融港湾建设要与杭州城西科创大走廊、高新园区、科技城等科创平台加强联动，重点集聚国际一流创业投资基金，培育出硅谷银行式的科技金融机构。城西科创大走廊、高新园区、科技城、小专特平台应加强与省级产业引导基金合作力度，联合发起设立各类专业化创业投资基金，通过委托投资、匹配投资、定向投资等方式，加强精准化"孵化"。大力支持国有企业、民营企业、保险公司、大学、基金等在科创平台参与设立创业投资基金。进一步做强浙江股权交易中心；支持科创平台中小微科技企业在省股权中心挂牌，在境内外主板、创业板等上市。发挥如"国际人才板"在引才引智、科技项目投融资、人才资本联动、国际技术转移等方面的有效功能。

五、进一步营造创新生态，激发创新主体活力

一是以省级立法形式落实好国家创新激励政策。 进一步加大对科技成果转化中科技人员及科创企业合法权益的保护，加大科技成果产权对科研人员的长期激励，加大对知识产权侵权行为的惩治力度；抓紧甄别纠正一批社会反映强烈的产权纠纷案件。借鉴广东省经验，加快制定《浙江省自主创新促进条例》。受行业、企业等委托利用社会资金开展技术攻关、提供科技服务的科研项目，高等学校、科学技术研究开发机构可以按照委托合同自主支配经费。

二是建立分类指导的科创平台绩效评价与考核机制。 进行分类分层考核，根据不同类型与层级特点建立个性化的绩效评价与考核机制；将创新服务能力与绩效作为评价与考核的重点。

三是强化对国内外各类创业人才的服务。 在城西科创大走廊、国家级高新技术产业开发区、舟山群岛新区、浙江自由贸易试验区等创建省人才特区，积极争取国家级人才特区试点；争取试点实施海外高层次人才技术移民制度；浙江外国留学生毕业后直接留浙就业；探索将永久居留权政策覆盖到"省千人计划"、省重点创新创业团队中的高端研发人才和总部高管人才。解决他们普遍关心的"国民待遇"问题。省市县联动加大投入重点解决好基础性人才的安居问题；推动科创平台所在市县向引进平台工作的应届硕博士毕业生提供有竞争力的租房补贴；允许各类平台发展的紧缺人才不落户就能申请租房补贴；提高青年人才在省级各类人才工程项目中的比例等。

舍浙其谁：CEPC-SPPC 大科学装置 [1]

CEPC—SPPC 是中国科学院高能物理研究所（以下简称"中科院高能所"）提出拟建的面向未来的大科学装置，建成后将是世界上最大的加速器。积极争取 CEPC-SPPC 大科学装置落地我省，补齐缺乏大科学装置和国家实验室的短板，创建"硅谷"级国际基础科学研究中心和科学城，为"两个高水平"建设提供科技支撑。

[1]
本报告由战略发展部、决策咨询研究中心联合执笔，成文于 2019 年 4 月 8 日，原标题为《关于争取 CEPC—SPPC 大科学装置落地浙江的建议》。

一、争取 CEPC-SPPC 大科学装置落地浙江的意义

（一）提升科技创新能力，提高浙江全球影响力

CEPC-SPPC 大科学装置作为世界上最大的加速器，将有助于催生世界一流科研成果，同时也有助于推进与国外科研机构保持密切的交流合作，打造开放型科创平台。CEPC-SPPC 项目如落地浙江，浙江将成为世界基础物理中心、中国的硅谷，配套建设的国际科学城将成为物理学界的会议中心，如同博鳌之于海南，天眼之于贵州，将成为浙江新的世界名片，有力提升国际知名度和美誉度。

（二）助推长三角协同创新，共建国际创新带

CEPC-SPPC 项目作为最为复杂的大科学装置，是基础科学领域的航空母舰，亟须长三角协同建设 CEPC-SPPC 项目，共同支持基于大科学装置的研究开发工作。CEPC-SPPC 项目落地浙江，将会成为浙江科技创新一个新的基点，与长三角其他大科学装置、上海张江、安徽合肥综合性国家科学中心，及长三角其他创新资源等形成集聚效应，推进全球有影响力的科创中心建设，形成具有世界级先进产业集群的长三角城市群，助推长三角新一轮经济腾飞。

（三）引领高精尖产业快速发展，提升工业制造水平

CEPC 项目之前全球最大的加速器——欧洲大型强子对撞机（LHC），衍生产生了互联网及相关庞大的数据处理产业。CEPC-SPPC 项目作为超越 LHC 的大型粒子对撞机项目，对数据处理、分析和应用的要求更高，将驱动数字经济相关产业的高质量发展。CEPC-SPPC 项目建设阶段即需要研制大量的非标准设备，将带动当地精密机械、微波、真空、自动控制、超导、数据获取与处理、计算机与网络通讯等高精尖产业快速发展，大幅提高核心技术和关键设备国产化水平。

（四）促进高端人才聚集，打造国际人才高地

大科学装置具有"磁场"作用，吸引活跃在世界前沿领域的顶尖科学家加盟。如欧洲 LHC 每年能够吸引来自 100 多个国家的 1 万多名科学家长期居住。大科学装置还具有"孵化器"的作用，根据相关统计，每 2.9 年就有一项诺贝尔物理学奖与加速器实验装置相关，参与北京正负电子对撞机建设的两位骨干，后来成为我国载人航天应用系统的总指挥和总工程师。因而 CEPC-SPPC 有望成为培养院士、长江学者等多层次人才的摇篮。

二、CEPC-SPPC 大科学装置落地浙江布局长三角的优势

（一）经济实力支撑

长三角作为我国经济最开放、资本和人力资源最活跃的地区之一，以 2.1% 的国土面积创造了超过全国 20% 的 GDP，工业体系完备，产业基础坚实，能有效支撑 CEPC-SPPC 项目的建设与运行所需的巨大投入。

（二）科创实力保障

长三角地区是我国科技综合实力最强的区域之一，拥有国家大科学装置 13 个、国家重点实验室 74 个、国际合作联合实验室 12 家，已初步形成强大的科技基础设施群。沪苏浙三地常年位居我国区域创新能力前五强。高科技企业集聚，创新氛围浓厚。CEPC-SPPC 项目作为基础研究领域的航空母舰，落地浙江，布局长三角，更能发挥其创新引擎的辐射带动作用。

（三）开放资源丰富

长三角地区是我国对外开放起步最早、国际化程度最高的区域之一，拥有丰富的

OUR SPEECH

对外合作交流经验。CEPC-SPPC 项目作为举世瞩目的国际型项目，站址位于杭州市和湖州市交界处，地处长三角中心区域，距离杭州 75km、上海 130km、南京 220km，附近有上海浦东、杭州萧山等 7 处机场，对外交流方便，具有链接全球高端资源、开展对外协同创新的区位优势。

（四）生态优势突出

CEPC-SPPC 项目浙江候选站址——杭湖站址水量充沛、生态环境优良、交通便利、地形地质条件优越。站址附近有 500kV 和 1000kV 变电站，受电条件优越，是一个世界级大科学装置的优良站址。

三、几点建议

（一）加强前期工作的统筹推进

成立由省主要领导任组长，相关部门和单位组成的前期工作协调小组，负责 CEPC-SPPC 项目的前期推进工作。加强与中科院以及国家发改委、科技部等单位的沟通联系，及时了解 CEPC-SPPC 项目立项和推进的进展情况。统筹推进项目报批、选址布局、建设用地、规划调整等前期工作，落实项目所需公用基础配套条件。

（二）面向长三角，放大向上争取项目落地浙江的综合优势

将杭湖站址作为 CEPC-SPPC 项目长三角地区推荐站址，由浙江省牵头，争取长三角其他兄弟省市支持该项目布局长三角，落地浙江。举办长三角大科学装置建设与应用合作论坛，共同前瞻谋划未来大科学装置的发展战略。推动建立区域协同推进机制，鼓励长三角区域的高校、科研机构及企业等用户深入参与大科学装置的研究开发工作，推进形成科技创新联盟。

（三）将 CEPC 项目列入省大科学计划培育项目

将 CEPC 项目列入申报国际大科学计划和大科学工程培育项目，设立重大科技专项，开展前期专项研究工作。深入开展"一带一路"国际科技合作等活动，通过支持之江实验室、西湖大学、清华长三角研究院等建设，构建国际科技合作大平台，积累国际科技合作经验和人才。强化低温、超导、微波、精密仪器、控制、电子、芯片、真空、数字技术、土建等多个领域的产业转化功能，促进科技产业协同发展。

破解经济发展中的四个问题 [1]

一、关于进一步发挥民营经济优势的问题

目前，民营经济创造了全省 56% 的税收、65% 的生产总值、77% 的外贸出口、80% 的就业岗位，成为浙江 40 年改革开放的先行者、转型升级的主力军和经济社会的稳定器，是我省发展的最大特色和优势所在。随着中国特色社会主义进入新时代，社会主要矛盾变化对经济发展提出了新要求，我省民营经济先发优势弱化、内外竞争加大，五年来民间投资占固定资产投资比重均低于全国平均水平，近两年已经跌破 60%，被广东超越，远低于江苏。建议：

[1] 本报告主执笔人阎逸、夏谊、姚海滨、舒蛟靖、程偲奇、林忠伟，成文于 2018 年 6 月 13 日，原标题为《关于当前经济发展值得关注的四个问题的函》。

（一）**鼓励民营企业"下乡"，参与乡村振兴战略**。促进民营企业把信息、技术、文化等先进要素注入三农发展。通过工商资本带来的创新理念、信息资源、先进文化，促进文创产业、教研基地、影视基地、医养结合等一些新业态在乡村蓬勃兴起。鼓励民营企业投资农业优势产业，推动现代农业与二三产业融合发展、农业多功能拓展以及新型农业业态的项目。支持民营企业参与美丽乡村建设。通过公建民营、民建公助、购买服务、PPP 等方式，引导民营企业积极投身"千村精品、万村景区"工程，参与农村人居环境综合整治行动，投资"四好农村路"等基础设施建设和管理。

（二）**支持民营企业"出海"，推动全面对外开放**。支持民营企业优化国际资源要素配置。以本土跨国公司为重点，鼓励民营企业通过跨国并购等方式，吸纳高端要素，鼓励有条件的企业构建全球化产业链。融入"一带一路"建设，以境外产业合作园为平台，加快我省部分传统产业的国际梯度转移。引导民营企业培育外贸竞争新优势。巩固软件和信息技术外包的规模优势，大力发展基于云计算和大数据的高端业务流程外包。

（三）**促进民营企业"抱团"，融入我省"四大建设"**。结合大湾区建设，促进民营

企业跨区域合作创新。依托大企业的研究院，建立健全共性技术研究与分享机制，扶持有实力的企业建立面向中小企业的技术创新中试平台。结合"大花园"建设，鼓励民营企业参与绿色发展。深入实施山海协作工程升级版，积极培育大健康、旅游、文化、节能环保、绿色金融等产业。结合"大通道"建设，支持民营企业参与PPP项目。消除对民营企业的各种隐性壁垒，建立相互协调的分工机制，保障民营企业权益。结合"大都市区"建设，推动民营企业开展产能合作。以骨干企业为龙头，通过产能合作和兼并重组，带动都市区内其他企业加快发展。

（四）引导民营企业"融合"，促进"跨界创新"发展。促进制造业与服务业融合发展。利用物联网、大数据等互联网技术，推进制造链、服务链与价值链快速联动。促进数字经济与实体经济融合发展。开展关键共性技术攻关、标准制定和公共服务平台建设，推动技术、人才等共享。促进各种所有制经济融合发展。促进民营龙头骨干企业与外资跨国企业建立技术战略联盟，建设双边互动的科技企业孵化器，广泛开展技术合作和项目研发。

二、关于破解经济转型升级的难题

近年来，浙江以创新驱动为引领的经济转型升级系列组合拳，创造了令人瞩目的成绩。与部分兄弟省市相比，我省经济转型升级总体上有喜有忧，主要体现在以下几点：各类平台种类齐全，高能级平台数量偏少；产业结构逐渐优化，高技术产业规模仍然偏小；创新成果数量持续增加，创新投入和创新成果市场化水平仍然偏低；参与全球产业链布局整合能力不断增强，关键技术的回流效应有待加强。建议：

（一）推进创新平台提质扩容。加强各类平台的整合提升。以高能级平台为重点，对全省范围内的各类开发区进行梳理和实质性整合，继续支持高新技术特色小镇建设。探索创建"大湾区"全面创新改革试验区。积极创建浙江"大湾区"全面创新改革试验区，推动技术、产业、金融和商业模式融合创新，力争成为上海全球创新中心的重要组成部分。

（二）加快推动制造业产业升级迭代。强化前沿技术研究储备和产业转化。在信息网络、生命科学、干细胞与再生医学、纳米科技、石墨烯材料、区块链等前沿科技发力，形成一批国际前沿技术中心，为下一轮科技产业转化储备技术资源。以产业创新综合体建设推动产业转型升级。利用现有的专业市场，集中相关公共资源和政策资源，瞄准技术创新、业态创新等关键环节，为广大企业提供精准的产业公共服务。

（三）强化创新投入与创新成果应用产业化。充分发挥财政资金对重要领域创新投入的引导作用。探索设立未来产业发展专项资金，引导人工智能、区块链等领域的企业在创新能力提升、产业链关键环节培育和引进、产业化项目建设等方面的创新投入。进一步扩大科技大市场的试点。再建设一批市县科技大市场，鼓励和引导国际技术转移机构入驻科技大市场，或在浙江设立分支机构。推进科技成果产权制度改革和转化。把"扩大高校院所自主权和收益权下放"的举措落到实处，完善科技成果转移转化平台。

（四）放大外来投资和跨国并购的回流效应。开通关键技术海外并购整合"绿色通道"。重点扶持垄断性关键技术的并购，提供"一对一"精准信息、政策服务，并给予财税支持。建设浙商海外技术性并购信息服务平台。整合政府有关部门、金融机构、行业协会、海外浙商组织等多方力量，健全国际技术并购与合作的统计分析机制，培育浙江主要技术来源国的驻外机构。加强与捷克等国家的产业合作。结合"一带一路"捷克站建设，选择机械制造、电子工业、汽车、水晶、制鞋等重点行业开展合作，吸引捷克企业来浙投资创业。

三、关于拓展国内消费市场的问题

2017年我国社会消费品零售总额达36.6万亿元，比上年增长10.2%，基本与美国持平，最终消费支出对GDP的贡献率达58.8%。预计到2020年我国社会消费品零售总额约48万亿元左右，将是美国的1.2倍，成为全球最大的消费市场。在国际贸易摩擦不断、市场竞争错综复杂的情况下，我省必须抢抓机遇，深入拓展国内消费市场。建议：

（一）提升"浙江制造"的市场竞争力。支持重点消费产品创新研究。引导制造业尤其是浙江传统轻工产业的"大规模制造＋传统市场"的模式，向"个性化制造＋线下体验线上采购的（O2O）"模式转变。积极寻求进口替代路径。加强对我国进口商品情况的研判分析，确定一批市场前景好、有一定产业基础、成长性较高的进口替代的行业目录和产品清单。

（二）推进特色农产品产销对接。实施多元化的营销模式。推广"基地整合＋营销＋流量＋交易＋供应链服务＋口碑营销"的闭环供给模式，积极培养忠实客户群。提升浙农产品的质量保证。探索运用区块链等先进技术的农产品供应链监测模式，强化农业投入品和农产品质量安全追溯，健全食品安全监管体制。

（三）扩大优质消费服务供给。支持商业模式融合创新。鼓励企业通过共享、直销、团购、租赁、定制等新型消费模式和移动互联、视频直播等新兴营销方式开拓国内市场。培育一批领军型连锁型服务型企业。深化对生活性服务业品牌连锁企业的培育，支持有条件的服务业企业跨业融合发展和集团化经营。推进新零售模式领先发展。支持阿里巴巴"新零售之城"的全国布局，促进线上与线下、商品和服务、行业跨界深度融合。捕捉各地各行消费者的深度需求，结合实体零售商转型升级趋势，创新快闪店、无人超市等智慧新销售体验。

（四）加大浙货营销和保障力度。推进浙货公共营销平台建设。鼓励行业龙头企业牵头建立营销联盟，吸纳中小企业进入并逐步发展成行业性营销平台。推进专业市场转型提升。推动新商业形态相融发展，建成线上线下融合化、业态结构多元化、交易手段电子化、服务功能复合化的现代新型专业市场。健全浙货质量保证和售后服务体系。深化"放心消费在浙江"官网建设，及时发布相关监测和分析数据，推行企业信用评价体系。

四、关于重视城市"隐形贫困人口"的问题

当前，我省部分城市出现一些外表光鲜，但无存款甚至负债、经济负担较重的"隐形贫困人口"。"隐形贫困人口"不少是综合素质较高的新知识分子群体，是未来推动我省经济转型升级的重要力量，这一现象值得关注。

（一）加强对"隐形贫困人口"的关注。开展"隐形贫困人口"调查研究。研究"隐形贫困人口"的生存状态以及对经济社会发展的影响，提出系统性的应对举措。建立"隐形贫困人口"大数据监测平台。通过整合就业、住房、交通、医疗等领域的大数据信息，及时了解和掌握"隐形贫困人口"的实际需求和诉求。研究制定"助力青年人才健康成长计划"。对新就业大学生和各行业白领，研究在住房供给、消费引导、社保缴纳、社会救助等方面应对举措，防止"隐形贫困人口"现象扩大。

（二）减轻"隐形贫困人口"的经济压力。加强对"隐形贫困人口"的住房供给。完善公共住房体系，大幅度提高保障房人才房比例。鼓励高校为毕业生提供增值服务，针对毕业后暂时还未找到工作的毕业生，提供短期住宿服务，并保留食堂饭卡等。鼓励通过共享方式降低生活成本。积极发展分享经济，鼓励青年人共享一技之长取得一定回报。加强对"隐形贫困人口"的金融支持，探索建立新就业人员贷款平台，实行无息或低息贷款政策和"偿还自动匹配收入"的还款机制。

（三）防止"隐形贫困人口"显性化。建立多元化的公益救助体系。对于寻求创业资助、遭受意外伤害或患重病的青年，提供资金帮扶、服务帮扶、能力型帮扶、就业培训、心理辅导等。构建与新就业形态相适应的社会保障体系。规范零工从业者的最低工资、加班费、赔偿金等劳动保障。引导部分青年到基层就业。引导部分人才前往农村基层和内陆地区创业就业，鼓励大学毕业生到中小城市和农村创业就业。

（四）加强对"隐形贫困人口"的人文关怀。各级党团组织要主动加强对在职员工的关心。要探寻新入职青年生活和工作中的"痛点"，尽力解决他们的实际困难和问题。建立健全社会心理服务体系，鼓励用人单位制订并实施员工心理援助计划，为员工提供有针对性的健康宣传、心理评估、咨询辅导等服务。

亟须加快发展人工智能 [1]

浙江省人工智能产业实力较强，在关键控制芯片、传感器和终端设备制造、物联网系统集成、大数据、云计算等人工智能相关产业均有一定优势，特别是智能应用方面走在前列，初步形成了人工智能发展的优良生态。当前，人工智能已上升到国家战略层面，我省要抢抓机遇，加快顶层设计、系统谋划，加快发展人工智能。建议：

[1] 本报告主执笔人刘亭，成文于2017年11月13日，原标题为《浙江亟需加快发展人工智能》。

一、提高思想认识，制定实施人工智能发展战略

牢牢把握人工智能发展大势，制定实施高层级、长远性、全局性的人工智能发展战略。

一是提高思想认识。推动全省充分把握发展人工智能的战略意义，把加快新一代人工智能发展作为推动和深化供给侧结构性改革的新动能，作为建设"创新强省"的重要支撑、实现"两个高水平"建设目标的重要引擎。

二是制定实施人工智能发展战略。立足我省信息经济发展优势，以推动全省率先建成数字浙江、智慧社会为目标，以打造人工智能强省为追求，完善发展人工智能的顶层设计。通过战略谋划、系统布局，用足用好人工智能发展的重大战略机遇，将我省信息经济的既有优势，转化为人工智能的战略优势，构筑起我省人工智能发展的先发和续进优势。

二、坚持"四位一体"，全面推进人工智能优先发展

坚持基础研究、研发攻关、产业培育和应用推广"四位一体"，以提升科技创新能力为主攻方向，以加快人工智能与经济社会各领域深度融合为主线，以技术突破推动

应用推广和产业升级，以应用示范推动技术优化和产业壮大。

一是着力突破基础理论研究瓶颈。聚焦人工智能重大科学前沿问题，超前布局可能引发人工智能范式变革的基础研究，着力突破人工智能基础理论、关键共性技术、具体应用技术等基础研究瓶颈。

二是构建完善人工智能科技创新体系。坚持创新引领，引导我省人工智能研发实力较强的大学实验室、企业实验室等研究基地，依托自身优势条件，集中攻关新一代人工智能产业化、服务化关键技术。

三是加快完善人工智能产业链条。以布局产业链中高端为导向，推动重点领域智能产品创新，积极培育人工智能新兴业态，着力打造智能软硬件、智能机器人、人工智能基础材料等产业基地。

四是全面提升人工智能应用水平。坚持应用导向，突出企业主体，加快人工智能创新成果商业化应用，推动我省率先形成人工智能新兴应用竞争优势。推动人工智能与各行业融合创新，在制造、物流、金融、商务、家居等行业和领域，开展人工智能应用试点示范，推动人工智能规模化应用。

三、健全发展载体，推进人工智能加快落地实施

根据人工智能基础研究、研发攻关、产业培育和应用推广的不同特点，完善发展载体、健全工作抓手，推进主体培育、平台建设、项目谋划等统筹协调。

一是健全人工智能企业梯队建设。加快培育人工智能龙头骨干企业，推动阿里巴巴等企业持续完善人工智能布局、加快构筑人工智能领先优势；鼓励支持招引企业将人工智能业务更多布局在浙江，鼓励我省信息经济重点企业向人工智能企业转型升级。培育一批人工智能创新型中小企业，做精做专人工智能业务。

二是健全人工智能发展平台建设。促进政产学研协同互动，切实发挥好阿里巴巴等龙头企业，以及浙江大学等知名科研院所的作用，将之江实验室、阿里达摩院建设成为高能级的人工智能重大创新平台。按照建设一流学科目标，支持浙大建成全球知名的人工智能理论研究平台，支持浙工大、杭电等高校提升人工智能相关学科建设水平和层次。面向人工智能产业生态链发展，建设一批大数据、云计算、专业服务平台；谋划建设一批人工智能产业创新服务综合体。以国家经济技术开发区、省级开发区、省级特色小镇等为载体，以杭州滨江高新区、杭州城西科创大走廊、宁波智能经济产业园为核心，加快打造杭州、宁波两大百亿级人工智能产业基地。

三是谋划实施一批人工智能重大项目。强化项目引领，打造涵盖从人工智能核心技术到智能应用的重大高端项目群。突出人工智能理论和应用重大项目，加强研发攻

关基础上的产品应用和产业培育项目布局和储备。

四、完善服务支撑，建立健全人工智能发展保障体系

在人才、资金、政策等方面形成整体联动、协调配套，构建人工智能产业发展的服务保障体系。

一是落实人才新政。全面落实"浙江省人工智能人才 12 条政策"，在实施中提升政策灵活性，注重"因人施策""因材施策"。不断加大各类人才专项计划对人工智能领域的倾斜力度。

二是加强资金保障。建立财政引导、市场主体的资金支持机制，积极争取国家财政资金支持，加大各级财政资金对人工智能发展扶持；建立天使投资、风险投资、创业投资基金及资本市场融资等多种融资渠道，积极引导社会资本更多投向人工智能领域。

三是完善政策体系。按照"最多跑一次"改革要求，深化投融资领域改革，进一步优化有利于人工智能创新创业的营商环境。制定实施人工智能学科建设、科技专项、创新平台、产业项目等专项支持政策。制定人工智能服务政府采购政策，以政府率先示范应用，加快人工智能应用市场培育和推广。

构建军民融合创新体系[1]

当前，我省已拥有军民融合产业基地 20 多个，涉军企事业单位 300 多家，国家重点实验室 5 个，形成杭州、宁波、德清等多个科研生产基地，民营企业申请"军工四证"资质的数量以每年 20% 以上的速度增长。但是，由于国家在我省布局的军工集团与科研院所较少，军民融合创新的人才和技术储备不足，民营企业与军工单位之间的创新要素交流渠道较窄，政府支持军民融合创新的服务体系有待进一步完善，需要加快补齐科技创新的第一短板。

1 本报告主执笔人舒蛟靖、阎逸、姚海滨，成文于 2017 年 3 月 20 日，原标题为《构建具有浙江特色的军民融合创新体系》。

一、完善军民融合创新服务保障

（一）加快公共服务体系建设，优化军民融合创新供需的对接服务

可借鉴广东省成立军民融合发展服务中心的做法，开展军民融合发展各项服务工作。鼓励、规范和分类引导技术需求对接、科技评估、孵化器、科技投融资和管理咨询等军民融合创新中介组织发展，确保市场在"民参军"资源配置中起决定性作用，努力促进需求和供给的有效对接。

（二）结合"最多跑一次"改革，提升军民融合创新服务效率

结合"四单一网"建设，优化"军工四证"办理审批手续，探索建立军工资质统一受理机制，在各市县有关部门设立军工资质受理办公室，统一组织协调办理。可借鉴深圳市某区开设"军民融合综合服务窗口"的做法，对企业开展军工生产资质认证、信息查询、国防专利转让等"一条龙"服务。

（三）发挥民间资本优势，为军民融合创新提供全方位金融支持

适时设立军民融合创新引导基金，吸引民营企业投资军民融合创新项目。在国有军工企业推进资产证券化的过程中，科学引导我省民营企业入股，推进混合所有制改革。针对创新过程中的风险分担问题，引入风险投资机构，分担高新技术企业创业和创新的风险。

（四）加强知识产权运营服务，促进军民融合创新

建立知识产权战略创新，完善产权的归属政策，建立知识产权信息共享平台，建立和完善转移有效知识产权运营的政策措施。积极争取与国家知识产权运营公共服务平台军民融合（西安）试点平台建立合作关系，为企业参与军民融合创新提供一站式的知识产权服务。推动国防专利解密与普通专利跟进保护无缝衔接，在网上技术市场发布解密的国防专利，完善普通专利参与军品研发生产机制，促进知识产权"军转民、民参军"。

（五）引进培育一批专门人才，强化军民融合创新的智力保障

从全省相关产业领域的军工单位、科研院所、高校、军民融合企业，选取行业内知名的管理、技术和产业等方面专家，组成军民融合专家库，参与政府军民融合有关决策咨询、规划编制、政策制定和项目评审等工作。在我省有关高校增设相关紧缺专业，扩增国防生数量，探索建立军地人才共育共用、共享互补的机制。在职业院校中增设军民融合装备制造和维修等相关专业，培育一批追求精益求精的优质"军匠"。重点选取创新活力较强的民营企业主要负责人到省内外知名军工院校、军民融合产业园等地开展交流培训。把军工领域的科技创业创新领军人才和团队纳入到我省高层次人才引进计划。鼓励相关企事业单位积极接纳军队转业干部，特别是军队科研单位转业的技术干部，并建立以能力贡献为导向的人才激励机制。

二、强化军民融合创新平台建设

（一）发挥浙江大学的核心带动作用，在城西科创大走廊形成军民融合创新带

紧密结合城西科创大走廊建设，发挥浙江大学科研能力强、军工参与度高这一核心优势，在浙大科技园和西湖科技园等地设立军民融合高新技术创业中心、军民融合高新技术产业园，并延伸到未来科技城和青山湖科技城等创新载体，推动军民融合技术服务咨询、重大科技项目合作和创新，形成军民融合创新带。如：结合波音飞机项

目在我省的落地，发挥浙江大学航空航天专业优势和西子航空等企业优势，争取参与航空核心技术研发，积极开发航空新材料，带动我省航空高端装备产业发展。

（二）发挥各地产业发展既有优势，打造各具特色的军民融合创新平台

通过军民融合创新助推供给侧结构性改革，鼓励宁波新材料科技城、金华国际科技城、温州浙南科技城和舟山海洋科学城等科技创新平台；促进军工科研体系与民营企业、创业团队开展全方位对接，推动全要素、全链条、全过程协同创新，生产出满足消费升级的民用新产品。如：加快把舟山海洋科学城打造成具有海洋特色的军民融合产业创新示范基地，加强与中国船舶工业集团公司等的合作，重点围绕船舶与海洋工程科技服务产业等进行协同创新，促进舟山船舶产业的转型升级。鼓励我省军民融合产业基地和相关特色小镇加强主导产业的创新能力建设，如：西湖云栖小镇、桐庐智慧安防小镇、江北动力小镇、德清地理信息小镇、海盐核电小镇等。

（三）发挥我省信息经济发展优势，打造"互联网＋军民融合"创新平台

可借鉴上海张江打造的飞天众智平台，利用互联网来加强军民融合创新引导和服务，将军工、航天、高校、科研院所、企业等汇聚在一起。加强与国家军民融合公共服务平台、全军武器装备采购信息网等网络平台的信息对接和资源共享。结合我省电子商务优势，在各类"众创"空间中支持军民融合方面的创造和创意。

三、加强军民融合创新合作交流

（一）加强与军队科研体系的对接，促进军民融合协同创新

加强与国家国防科技工业局等国家部委的对接，争取进一步增加与我省共建高校的数量，支持我省高校发展军工相关专业。深化与国防科技大学等军事院校的战略合作，联合组建若干个军民融合协同创新研究院，共同开展重大科技项目合作和协同创新。深化与中国电子科技集团公司的战略合作，着力培育若干家类似"海康威视"的创新型龙头企业。

（二）积极鼓励民营企业"走出去"，寻求军民融合创新合作机遇

加强与十二大军工集团等军工央企的沟通合作，定期向其动态推送我省《"民参军"技术与产品推荐目录》，积极争取相关科研院所与我省民营企业共同开展军民两用兼容技术的研发，结合我省"标准化＋"建设，共同商建相关的行业标准。加强与全国工商联科技装备业商会的对接，为民营企业参加军民融合创新合作增加渠道。

（三）发挥企业创新主体作用，着力培育一批军民融合创新研究院

由省级有关部门牵线，促成有关省级重点企业研究院与军工科研院所合作。可借鉴四川省国防科技工业办公室、电子科技大学、四川长虹联合成立"电子信息军民融合创新实验室"经验，开展相关技术的研究和产业化应用。如：加强由宁波国家高新区（新材料科技城）管委会、兵科院宁波分院、中科院材料所三方共建的宁波新材料联合研究院建设，围绕新材料研发加强军民融合创新，打造全国领先的新材料协同创新中心。

（四）利用遍布全国的浙商网络，加强与省外优质军工企业的合作

充分发挥我省民营经济实力雄厚、制造业发达的优势，通过政府或者行业协会加强对接，与四川、陕西、重庆等集聚大量军工资源的省市加强合作交流，促进其航空航天、电子军工、核工业、兵器等国家级研究机构和门类齐全的军工行业，与我省信息经济、高端装备制造等相关度高的主导产业加强对接，吸纳先进技术，实现技术、人才与资金、市场的优势互补。同时，结合"浙商回归"工程，积极引进拥有军民融合先进技术和创新资源的企业，回乡创业。

（五）建立面向全球的重大技术发现和挖掘机制，提高军民融合创新能力

树立开放式创新理念，深度参与"一带一路"倡议，结合培育浙江本土民营跨国公司，充分利用民营企业跨国并购带来的前沿技术和创新资源，鼓励相关企业利用国际前沿技术开展军品的科技研发，特别是收购具有军工研发能力的国外企业；支持民营企业参与国际军购军贸同时，鼓励其将先进技术转移复制到省内，带动相关产业转型升级。

解困局 抢先机 促转型 [1]

"美国优先"和美中贸易战导致国际经贸形势动荡，国际投资格局调整，全球经济深层次结构性矛盾凸显。以"美国优先"为代表的全球贸易保护主义抬头，且具有长期性和严峻性。发展中国家经济增长势头减弱、发达国家经济增长预期下调，全球经济增长面临下行风险。全球金融市场动荡加剧，黑天鹅事件概率增加。经济下行压力加大，可能面临金融危机以来最大挑战。一是企业家信心不足，明年稳增长压力巨大；二是中美贸易战的影响将加快释放，出口面临严峻挑战；三是房地产市场拐点已现，消费增速持续放缓；四是受市场环境等多重因素影响，有效投资增长乏力；五是金融风险出现了新的特点，化解风险需要政银企协同施策。

[1] 本课题执笔人王东祥、朱李鸣、阎逸，成文于 2018 年 11 月 12 日，原标题为《关于明年全省经济工作思路与建议的函》。

2019 年是高水平全面建成小康社会的冲刺之年，是改革开放进入下一个 40 年的开局之年，是"十四五"规划的谋划启动之年，做好全年经济工作至关重要。按照坚定清醒解困局、主动改革抢先机、稳中求进促转型的总要求，把稳预期作为稳就业、稳金融、稳外贸、稳外资、稳投资的牛鼻子，把优化营商环境、强化民营经济作为突破口，增强企业家信心和经济发展内生活力，着力在推进经济转型升级、深化改革开放、防范金融风险、保障改善民生等方面取得新突破，推动经济发展质量变革、效率变革、动力变革，提高全要素生产率，奋力推进"两个高水平"建设。

一、聚焦新旧动能转换，打好转型升级攻坚战

（一）以供给侧结构性改革为主线，加快推进产业转型升级

大力支持新兴产业发展，加快出台支持人工智能、柔性电子、集成电路、数字创意、新能源汽车等行业发展的专项政策；抓住行业洗牌的机会，着力培育一批具有全

球影响力的行业领军企业。加强对传统产业的改造提升，支持企业开展数字化、网络化、智能化、绿色化技术改造；对主营业务收入达到一定规模以上的工业企业采取技术改造事后奖补政策。大力实施乡村振兴战略，鼓励工商资本注入农村经济，并注意保护农村投资者的合法权益。大力推进全域土地整治和农村"三块地"改革，促进农用地高质量流转和规模经营，盘活农村宅基地和集体建设用地，使整治区域成为土地流转先行区、产业振兴示范区、农民长效增收机制实验区。

（二）深化科技体制改革，激发高端创新要素活力

补齐重大科技项目短板，采取超常规手段力争在国家科技创新重点领域取得若干突破性成果，加强重大科技设施布局。大力发展创业投资、风险投资。借助上海证券交易所设立科创板和我省大湾区打造全球新经济重要策源地的机遇，深化创业投资领域双向开放，争取投贷联动和天使投资人个人所得税政策，支持符合条件的民间资本发起设立民营科技银行，打造国内领先、具有较强国际影响力的创业投资集聚高地。加强招才引智，着力突破激励科研人员创业创新的制度瓶颈；完善科研人员的收入分配制度，增加科研人员在收入分配中的比重，取消绩效支出占间接费用比例限制，不与单位绩效工资基数挂钩。

（三）抢抓国家稳投资系列政策措施机遇，加强项目谋划与项目储备

围绕长江三角洲一体化、"一带一路"建设、长江经济带发展等国家战略以及我省"四大"建设，超前谋划一批补短板、惠民生、增后劲的重大项目，争取纳入国家重大项目库。鼓励实施 XOD＋PPP 等投融资创新模式，引导社会资本以交通、城镇、生态等基础设施为导向进行片区综合开发，将土地以及未来新增财政收入等与社会投资者进行置换或捆绑实现项目自平衡，平滑政府财政支出。放宽民间资本准入，加快研究制订鼓励和引导民间资本投资市政基础设施、铁路和轨道交通、海洋经济、航空等领域的政策意见和实施细则。

（四）通过消费提质升级，助推经济高质量发展

完善促进消费体制机制。谋划降低我省服务消费的市场准入门槛，完善促进实物消费结构升级的政策体系。尽快出台"浙江省放心消费城市评价标准"，让各地放心消费建设工作有标可依。大力发展新消费模式，结合我省在移动支付领域的技术、资本和平台优势，创新发展专业技能、生活服务等领域分享经济，休闲娱乐、旅游购物、医疗保健等领域体验经济等各类服务新形态。积极引入一批有国际影响力的文化艺术和时尚活动品牌，加强与国际展览业协会（UFI）、国际展览与项目协会（IAEE）等合作，提升中

国国际动漫节、中国义乌文化产品交易博览会等文化展会的国际化程度和影响力。

二、加快优化营商环境，强化民营经济活力和优势

（一）推进"精兵简政放权"，着力打造国际化、市场化、法治化营商环境

深化最多跑一次改革，推进政府数字化转型，加快推进执法监管平台、公共信用平台、经济运行监测分析平台等重大项目建设，积极争创政府治理数字化转型示范省。大力推进人才、金融、科技、土地以及资源能源等领域的要素市场化改革，清理废除妨碍统一市场和公平竞争的各种规定和做法。抓住新一轮对外开放的机遇，打造国际化的营商环境，提高招商选资和利用外资的水平，重点推动金融、科技、信息、医疗健康、文化等领域的开放与合作。

（二）将明年设为"优化营商环境，强化民营经济"主题年，全力提振企业家信心，进一步强化民营经济的活力和优势

在认真落实中央近期密集出台相关政策措施的基础上，结合浙江实际，抓紧出台力度更大的政策措施，打造"人无我有、人有我优"的民营经济发展政策高地。要进一步降低税负，全面落实税收优惠政策，对地方权限内的税费，在国家规定的幅度内降到最低水平；进一步扩大增值税抵扣范围，如将制造业企业的贷款利息等纳入增值税抵扣范围；消除房地产等领域的重复征税；尽快清偿地方政府和国有企业对民营企业的负债；加快出口退税、光伏产业补贴等政策落地；进一步下调企业社会保险费率的缴存比例。要落实国家有关政策，有效鼓励引导金融机构把更多信贷资金投向民营企业尤其是中小微企业。要抓好企业帮扶"白名单"制度，抓紧开展对仍有较大发展潜力的民营企业"一对一"帮扶服务，同时鼓励有实力的行业龙头企业，实施本行业上下游的兼并重组，加快僵尸企业市场出清。

（三）以国际视野培育更多具有全球竞争力的一流企业

鼓励和支持大中型民营企业和上市公司"走出去"整合全球资源，促进产地多元化与本土价值链提升。紧紧围绕"一带一路"倡议，通过品牌、研发管理等高端要素和高端价值链的出口，在境外设立加工组装基地，合理布局境外产业链，实现曲线出口。鼓励实力雄厚的国有资本入股遇到阶段性困难的民营企业，帮助民营企业共克时艰，共享收益。推动国有企业混合所有制改革，允许和支持民营资本控股国有企业，加快盘活优质国有资产。

（四）研究应对中美贸易战的对策措施

加快研究出台对出口较大企业专项支持政策，对出口企业参加"一带一路"国家展会费用、出口信用保险费用和应对摩擦诉讼费用予以支持补助。对于受中美贸易战冲击较大、遇到暂时困难的民营企业，要加强帮扶与引导。依托中国（浙江）自由贸易试验区、义乌国际贸易综合改革试点、中国（杭州、宁波）跨境电商综试区、中东欧博览会等开放平台，探索建立贸易便利化机制，扩大进口和出口。

三、坚决打赢攻坚战，全力防范金融风险

加强政银企合作，切实解决民营企业流动性困境与融资难题。要成立专项纾困基金，增加区域内产业龙头、就业大户、新兴产业等重点民营企业流动性。加快破解上市公司股权质押平仓风险，扎实推进 P2P 网络借贷风险处置，有序化解地方政府隐形债务。加大对民营企业发债的政策激励，对承销民营企业债券的金融机构加大财政奖励力度，发挥政策性担保公司作用，为民营企业发债提供增信。

四、坚持保障和改善民生，维护经济社会和谐稳定

（一）加大稳就业力度，努力确保收入增速快于 GDP 增速

积极支持留学人员回国创业、专业技术人员离岗创业。允许经营困难的企业与职工开展集体协商，通过适当调整薪酬、内部转岗、在岗培训等措施，保留职工的就业岗位。切实帮扶离校未就业大学生、就业困难人员等重点人群就业；全面推进"浙江无欠薪"行动。加强对失业人员的救助，防止因救助不到位而使他们的生活陷入困境。积极推动科研人员、技能人才、新型职业农民等重点群体增收。

（二）积极鼓励社会资本进入民生领域

进一步落实促进民办教育、民办医疗、民办养老等领域发展的政策意见。切实保护民营企业参与 PPP 项目的相关权益，简化手续、制定政策，拓展民间资本投入的渠道。建立社会化风险分担机制，探索公建民营、购买服务、委托管理、合资合作等多种民间资本参与方式，改进和完善相应的金融服务。

（三）着力破解百姓关注的民生难题

进一步深化医疗制度和医疗保障制度改革，通过对优质医疗机构横向并购、联营

连锁、扩建，鼓励民办优质医院等途径，让更多群众分享优质医疗服务。着力补齐学前教育短板，加大学前教育投入和师资培养力度。着力解决"养老难"的问题。鼓励和引进社会资本进入养老领域，补齐养老服务人才短板，建立健全以居家为基础、社区为依托、机构为补充、医养相结合的养老服务体系。加快智慧交通建设，积极规划公共停车场，着力解决好大城市"行车停车难"的问题。按照建立多主体供应、多渠道保障、租购并举住房制度的要求，加快建立完善新时代城镇住房制度方案，切实抓好平安建设和安全生产各项工作。

五、强化求真务实和担当有为，坚决克服形式主义和浮夸作风

（一）深化"大学习、大调研、大抓落实"活动

各级领导干部要集中精力，围绕坚定清晰解困境、主动改革抢先机、稳中求进促转型；直面改革难点、矛盾焦点、民生痛点，带头走进困难地区、困难企业、困难家庭、开展深入调研，推进改革创新，千方百计帮助企业和群众排忧解难，团结带领全省人民克难攻坚、全力以赴做好明年经济工作。

（二）激励干部敢担当能干事

积极推行领导干部任期目标责任制，增强中长期政绩考核的比重，特别是把涉及转型升级、化解风险、改革创新和群众普遍关注的问题列入考核；减少各种检查和业绩考核的频次，引导干部联系群众干实事"眼睛向下做内功"。进一步完善落实容错纠错机制，明确容错的牵头部门和执行部门，建立谁有问责职能谁就有容错义务的机制，谨慎启动"问责"，加强"容错免责"。

关注经济发展的五个问题[1]

一、持续扩大和提升有效投资

五年来，全省固定资产投资额年均增长 16%，2016 年达 29571 亿元，投资结构不断优化，基础设施投资年均增长 22.8%，服务业投资年均增长 18.0%，浙商回归五年累计到位资金 11844 亿元。同时也要看到存在的问题：扩大有效投资后劲不足、投资效益呈下降趋势、工业投资占比相对偏低、民资和外资增速放缓。建议：

[1] 本报告主执笔人阎逸、夏谊、姚海滨、舒蛟靖、马欣雅、吴超，成文于 2017 年 7 月 28 日，原标题为《关于我省经济发展值得关注的几个问题的函》。

（一）保障各项有效投资落实到位

进一步营造扩大有效投资的良好环境，强化有效投资的各类要素资源保障。加强有效投资的督查落实。重点检查投资资金、土地等有否到位等问题，确保各项政策措施落到实处。保障有效投资的土地供应。在新增土地指标难度加大的情况下，积极盘活存量土地保障重大投资项目落地，深入推进"三改一拆"、腾笼换鸟，提高土地的集约高效利用水平。

（二）进一步重视和加强软投入

软投入主要包括技术、服务、制度等投资。根据高新技术企业"轻资产、重研发"的产业特质，围绕研发、技改、人才、孵化器和公共技术服务平台投资等创新要素加大软投入。加大公共管理服务软投入。以"最多跑一次"改革推动政府数据开放、共享，增强投资综合服务管理能力。建立健全软投入统计方法制度。

（三）加快传统产业技改升级

以产业集聚区和产业园区为载体，加快建设一批传统产业创新服务综合体，健全技术转移、质量认证、试验检测、信息服务等综合性公共服务。加强对传统产业改造提升的要素保障。在省产业转型升级基金下设传统产业改造提升专项子基金，对传统产业重大技改项目、技术设备更新等给予重点支持。推进"腾笼换鸟""高进低退"。鼓励企业实现"零地技改"。将战略性新兴产业发展支持政策向传统产业改造提升项目延伸。

（四）调动民资外资的积极性

在进一步减少投资审批事项基础上，把改革的重点放到提高投资的审批效率上来。明确 PPP 的适用范围、项目发起、实施操作、监督管理、争议解决、退出机制等，完善投资、金融、国有资产管理等配套政策。组织开展金融服务专项检查，进一步清理不合理收费，降低企业融资成本。结合义甬舟开放大通道等建设，推动外资向浙中浙西腹地辐射延伸、梯度转移。鼓励外资企业"本地化"发展，支持中小企业与先进外资企业形成有机的产业配套。鼓励"并购＋反哺"引资模式，将境外并购项目回归纳入浙商回归支持范围。

二、加快提升工业的产业层次和技术含量

2016 年我省 R&D 支出 80% 以上为工业企业支出，信息经济核心产业制造业、高端装备产业等新兴产业增加值增速较快，规模以上工业企业利润总额增长 16.1%，比全国高 7.6 个百分点。但总体上工业产业层次和技术含量仍然偏低：高技术产业规模偏小、创新成果市场化水平落后、工业劳动生产率偏低。建议：

（一）加快推动工业产业创新

深化创新资源配置市场化改革。推动高校和科研院所将高端科技创新资源和要素向创新型企业集聚，推进企业创新。大力实施产业开放式创新。建立面向全球的重大技术发现和挖掘机制，围绕重点工业产业和长远发展需求，引进国际研究机构、优势技术等各类创新资源。提升工业创新设计能力。推进工业设计产业基地建设，培育和促进第三方工业设计机构发展，建设工业设计云平台；积极发展网络威客、零工经济、众包设计、众筹设计、工业网络协同设计等工业设计新模式。

（二）加速推进科技成果应用产业化

加快科技成果转化基地建设。做精做优一批小专特创新平台，以"一区一院"或"几区一院"模式创建共性技术产业研究院，支持高水平企业研究院建设。推进科技成果转化的产权制度改革，扩大高校院所自主权和收益权下放落到实处。完善科技成果

转移转化平台。推进"互联网＋"科技大市场建设，打造网上网下功能互补、全国一流的科技成果交易中心。探索科技成果异地孵化模式。支持企业建立异地孵化器，实现尖端科技"省外研发，省内孵化"。支持各地市跨地区建立异地孵化器，加强省内创新资源的共享。

（三）提升工业产业的组织化水平

主动引导高技术产业发展。借鉴深圳等城市发展未来产业的经验，加快在人工智能、柔性电子、量子通讯、集成电路、数字创意等前沿领域出台专项支持计划。加快"两化"深度融合发展。推进新一代信息技术与制造技术融合发展，大力培育发展智慧产业，推动工业制造向关键材料和器件等价值链高端攀升。加快传统装备的智能化改造，促进有关行业由大规模标准化生产向柔性化、个性化定制等服务型制造转变。加大对"百年老厂"的培育力度。

（四）加强工业人才培育

加大重点科技人才和团队的引育。加快建设中国科技大学浙江研究生院，进一步引进国内外相关知名高校来浙办学。探索建立国内外高技术企业库和人才库。提升企业家的创新意识和能力。借鉴山东等省份经验，制定《企业家培训计划纲要》，将企业家培训与工业产业升级、重点产业链条培育和重点领域科技创新紧密结合。大力培育优质工匠。大力弘扬精益求精的工匠精神，探索建立新时期的技工分级制度，适度拉开工资待遇。

三、重视防范和化解地方政府债务风险

地方政府债务既有积极意义，也会造成一定风险。近年来，省委省政府对防范地方政府债务风险高度重视，出台了一系列文件，但仍需关注以下几个方面问题：地方债务规模不断扩大，长期债务负担依然沉重；债务责任主体下沉，区域性风险不容忽视；债务基础投资比重较大，资金使用效益亟待提高。建议：

（一）探索多元化市场融资渠道

加大力度探索设立基础设施投资基金。参照我省交通基础设施投资基金模式，探索设立农林水利等投资基金；以公募加私募的组织形式，最大限度撬动外资与民间资本，政府不一定要控股。公益性项目与经营性项目捆绑融资。支持外资企业参与政府基础设施建设。支持外资以特许经营方式参与各类基础设施建设，同等享受相关税收优惠，同时也推进交通、水利等相关行业的开放和市场化竞争，减轻对财

政的依赖性。试点 PPP ＋资产证券化模式，盘活存量项目资产。

（二）积极争取政策性资金支持

争取国家各项财政性资金。积极申请中央预算内基建投资、国家铁路发展、公路交通、公共卫生、水利等专项资金，减轻地方政府财政压力。合理运用国际金融机构贷款。借助咨询机构等中介，努力争取世界银行、亚洲开发银行、国际金融公司等国际金融机构贷款。吸引更多的港澳资金并带动国际资本，采用合资、参股、转让等形式参与我省重大基础设施项目。

（三）加强地方政府债务管理

适度调增预算范围内专项债规模，建立与预期收入对应的债务保障机制和与之配套的债务周转机制。同时，借鉴福建经验，加快发行土地储备专项债券，拓宽地方政府土地储备融资渠道。加强地方政府性债务大数据动态闭合管理。健全财政支出绩效评价体系。建立区域间地方政府债务调控"双挂钩"机制。将各地债务风险预警结果以及债务管理绩效评价结果与新增债券资金分配挂钩，对被风险预警和风险提示的市县按一定比例扣减，扣减的额度可分配至风险较小、债券管理规范、资金使用效益好的市县地区。

四、加快改进耕地占补平衡工作

我省实施耕地占补平衡政策 20 年多来，取得了积极成效。然而，随着时间的推移，这项政策的弊端逐步显现出来，影响到我省耕地粮食安全和经济社会发展。针对耕地"占优补劣"现象长期存在、部分新补充耕地存在生态隐患、垦造耕地后备资源匮乏等问题，建议：

（一）强化耕地占补平衡质量监管

防范和打击永久性耕地自由买卖和占用耕地造房等违法违规行为。组织开展二次评估垦造耕地适宜性和生态安全，对已不适合继续耕种的垦造地进行全面生态恢复。探索轮作休耕制度，在重金属污染区、生态退化地区、地下水漏斗区等安排一定面积的农田休耕。

（二）加强优质农田的垦造和提升

重视农业围海造地，经过若干年逐步改造为良田，支持部分沿海城镇的农保田向海边转移，既可解决农保田占补平衡，又可以防止台风对沿海居民的生命财产造成更大损失。结合"五水共治"，推进农田水利、土地整治、中低产田改造和高标准基本农田建设，增加旱涝保收的优质良田。鼓励将农村"三改一拆"腾出的耕地流转给种粮大户。

（三）改进调整耕地占补平衡政策

耕地占补平衡政策的初衷是确保粮食潜在产能，要加快速推进耕地占补平衡制度改革，建议向中央详细汇报浙江耕地平衡存在的困难和面临的问题，以求上级对浙江适度调减"农保田"数量的理解和支持，缓解各地"耕地占补造假"冲动，为我省新一轮发展创造更大空间。

五、进一步加快浙沪合作开发洋山深水港区

浙沪合作开发大小洋山，是新时期浙江和上海推进国家长江经济带和"一带一路"倡议的重要平台，目前双方在推动新一轮合作开发的不少问题上仍未达成共识，从而影响了整体开发进度。建议：

（一）顺时应势，支持上海尽快完成小洋山南侧的开发建设

在浙沪两地的共同努力下，小洋山经过十多年的开发建设，已完成南侧一、二、三期工程，四期工程也即将于 10 月完工启用。在前期开发建设过程中，上海市与舟山市已就不少互惠条件达成了默契，可以说上海方面已经掌握了实际主动权。基于以上事实，建议我省宜顺应时势，被动同意上海和舟山方面达成的合作开发方案，并加快落地推进。

（二）主动研究，通盘考虑推进洋山深水港区新一轮合作开发

大小洋山天然一体，有得天独厚的深水港区优势。江苏省南通市的洋口港位于长江口北翼，是一座离岸型深水港，与上海直线距离 110 公里，其利用古长江入海口水道通向黄海国际航路，地理位置和港口条件同样具有竞争力。江苏正在积极谋求与上海进行大手笔的合作，打造上海航运中心组合港。我省在小洋山开发建设中事实上已大力支持上海，建议结合全面接轨上海战略，突出产业和基础设施全面接轨，主动提出小洋山北侧、大洋山区块和舟山北上大通道的合作开发建设方案。谋划时要想得"细而全"，既从战略上通盘考虑，又在战术上细化落实，使舟山与省里同心同德，促使上海主动支持浙江提出的开发方案。

稳中求进　精准施策 [1]

上半年浙江经济运行保持了稳中有进、稳中向好的态势，为全年保持经济稳定增长打实了良好基础。下半年国际国内经济发展环境稳中有变，影响国际国内经济运行的不确定性增加，经济发展面临较大的回落压力。从浙江实际出发，抓住主要矛盾采取有针对性的措施，防止经济增速过快下滑。

[1] 本报告主执笔人舒蛟靖、王东祥、林忠伟，成文于2018年8月10日，原标题为《稳中求进 精准施策 推进经济高质量发展——省咨询委学习"7月31日中央政治局会议精神"专家座谈会综述》。

一、稳定经济发展预期，不断增强信心

"信心比黄金更重要，办法总比困难多"。如何提高企业家和干部、群众对经济发展的信心，稳定发展预期，是当前经济工作的关键。建议按照中央政治局会议精神，结合浙江实际，认真分析六个"稳"在浙江的现状和发展趋势，并提出相应对策。要适时召开各类企业家座谈会，共同分析研究经济发展的新变化、新问题和新挑战，指导企业理清下一步发展方向。创造更加宽松的发展环境，出台针对性措施，提高企业家参与改革发展的自觉性。结合机构改革，对各级干部多给予政治上的激励、工作上的支持、精神上的鼓励，调动工作积极性。当前，要大力精减一些会议、文件，让干部把更多的精力，用于"沉下去"解决事关企业和百姓切身利益的实际问题，千万不能出现浮夸和虚假作风。

二、保障投资稳定增长，夯实发展之基

上半年，我省新开工项目投资个数下降56%，总额下降42.5%，影响项目投资下降14.2个百分点，其中制造业投资下降44.6%。针对有效投资增长乏力的问题，要组织各部门协同配合，千方百计抓好在建项目的落地和推进，着力破解土地、资金等重

点难点问题；结合大湾区、大花园、大通道、大都市区建设，把生态环境和交通、信息、防灾等基础设施作为"稳投资"的重点；要按照新时代新举措的新要求，抓紧谋划新一批重大项目，积极争取国家财政资金和信贷资金的支持，为明后年发展打下扎实基础。

三、加强稳定外资工作，高水平对外开放

通过"稳、留、引"三管齐下，打开外资工作新局面。"稳"，是积极推进自贸区扩权扩区，全力争创自由贸易港，营造与国际通行规则相衔接的投资环境，稳住现有企业。"留"，是加快制定外资集聚先行区（嘉兴、湖州）实施方案，主动帮助外资企业解决投资和经营方面的问题，加大外商投资纠纷投诉调解力度，维护外资企业合法权益。"引"，是坚持"以商引商"，利用遍布全球的浙商群体优势，并发挥各类外事机构和贸易协会、"海外交流协会""留学生联合会"等民间组织的作用，不断加大重点外资企业上下游配套项目的招引和培育力度，形成完整的产业链。

四、大力拓展内需市场，发挥浙江人脉优势

未来中国的发展应该是在稳定出口的前提下，转向创新和内需驱动的增长模式。充分发挥全国各地浙江同乡会的人脉、资金、信息等优势，在全国主要消费市场增设"浙商市场浙货营销中心"。举办省外浙商市场采购浙货对接会，形成省内外商品市场的贸易互动，打造一个涵盖更广、内外联动、优势互补的升级版浙江市场。房地产市场仍是扩大内需的重点领域，要坚持因城、因地施策，"放、控"结合，促进供求平衡，通过税收、金融、土地等综合手段调控市场投资预期，真正落实地方政府负责制。

五、依靠民营企业主力军，扩大发展优势

民营经济是我省发展的最大特色和优势所在，是浙江精神的生动体现，是实现高质量发展的主力军。要结合"大学习大调研大抓落实"行动，把"大调研"的重点放在加大力度优化民营经济发展环境上。要结合政府数字化转型，以服务企业作为"最多跑一次"改革的重点，深化行政审批制度改革。各级党政领导要敢于与企业家结交"真朋友"，主动深入困难企业，多谈心、多出主意、多解决一些实际问题，形成"困难时期见真情"的良好氛围。作为一个民营经济大省，要通过首先让企业家满意，最终达到让广大人民群众满意的目标。

六、加强金融风险防范，确保社会稳定

　　压实各级政府"稳金融"的主体责任，结合重点企业风险排摸，把防范化解金融风险和服务实体经济更好地结合起来，确保社会稳定。当前我省部分地区不良贷款率仍居高不下，违约风险与"两链"风险并存，部分民营企业债券存在兑付压力，面临高负债、资金链紧绷风险，同时非法集资和互联网金融风险等也需要密切关注。各级政府必须精准掌控各类风险点，主动制定具体的防范预案，做到心中有数、稳妥处置，确保一方平安。

增强新动能 "四把抓" [1]

2017 年以来，我省以"八八战略"为指引，坚持稳中求进的工作总基调，以推进供给侧结构性改革为主线，全力推进经济转型升级，浙江经济运行总体呈现高开、稳走、向好态势，呈现出的主要特征有：主要经济指标稳中向好，整体走势好于全国；供给侧结构性改革持续显效，新动能发展势头强劲；社会保障继续加强，民生改善稳步提升；发展不平衡不充分的问题值得关注。

[1] 本课题主执笔人王东祥、阎逸、姚海滨、舒蛟靖、马欣雅，成文于 2017 年 11 月 24 日，原标题为《关于明年经济工作重点和政策建议的函》。

当前全球经济复苏的步伐加快，75% 的国家和地区经济出现了恢复性增长，由国际金融危机导致的经济低速增长的长周期基本结束，世界经济进入大发展大变革大调整时期，新经济、新业态、新模式加快发展。国内经济运行环境继续趋稳向好，全面深化改革的效益进一步显现。建议 2018 年全省 GDP 增速目标设定在 7.5% 左右或者 7.5% 以上，并进一步优化主要经济指标，增加创新发展、投资质量、投资结构、生态环境和满足人民美好生活等方面的要求，集中精力抓创新驱动、抓改革开放、抓转型升级、抓民生改善。

一、按照建设现代化经济体系的要求，深化供给侧结构性改革

（一）推进传统产业转型升级

把提高供给体系质量作为主攻方向，打好工业化和信息化发展组合拳。一方面在打破"坛坛罐罐"上持续加力，推进"腾笼换鸟"；抓好淘汰落后产能，坚决而妥善地处置僵尸企业，推进"高进低退"，鼓励企业实现"零地技改"。另一方面要加强对传统产业的改造提升，促进"凤凰涅槃"；在省产业转型升级基金下设传统产业改造提升

专项子基金，对传统产业重大技改项目、技术设备更新等给予重点支持，鼓励传统龙头企业向新兴领域拓展。

（二）加快发展一批重量级新兴产业

依托产业集聚区、高新园区、中外合作产业园和特色小镇等平台，进一步发挥龙头骨干企业的引领作用，促进产业向链式化、集群化、高端化、特色化发展；特别是要加快信息化和工业化深度融合国家示范区建设，进一步巩固和扩大信息经济发展优势。瞄准世界科技前沿，立足现有产业基础和创新优势，组织实施一批重大科技基础研究专项、重大科技攻关专项。探索设立未来产业发展专项资金，用于支持产业核心技术攻关、创新能力提升、产业链关键环节培育和引进、重点企业发展、产业化项目建设等。

（三）扩大有效投资，提高投资效益

进一步营造扩大有效投资的良好环境，消除影响民间投资的各种障碍，保障民营经济依法平等参与市场竞争。深入推进落实投融资体制改革，推广零土地技改项目承诺备案制。在新增土地指标难度加大的情况下，积极盘活批而未供、供而未用等存量土地。针对民营企业"融资难""融资贵"等突出问题，重点排查"企私捆绑""以存转贷""收顾问费"等行为，加强对实体经济的金融服务。深入推进企业减负工作，建立涉企收费目录清单制度，打造减轻企业负担综合服务平台，充分征求民营企业意见，细化落实更符合民营企业特点和需求的政策措施。

二、协同推进产业创新、制度创新和金融创新，进一步强化发展新动能

（一）推动"最多跑一次"改革向制度创新延伸拓展

全面实施市场准入负面清单制度，为产业创新发展营造良好的环境；进一步优化科技管理体制机制，推进科技领域信息孤岛的数据共享，释放产业创新活力。加大法规规章"立改废"工作力度，促进标准化与科技研发协同，通过技术专利化、专利标准化实现创新成果的市场化。以信息产业、高端装备制造业等我省重点产业为重点，在创新基地建设、重大项目建设中明确先进标准的输出要求。针对某些地方出现的政府官员"不担当、不作为、不落实"和"新官不理旧政"等问题开展重点督查，同时完善试错机制，宽容失败，褒优惩劣。

（二）创建"大湾区"全面创新改革试验区

以杭州湾经济区为重点，积极创建浙江"大湾区"全面创新改革试验区，推动技术、产业、金融和商业模式创新跨界融合，成为上海全球创新中心的重要组成部分。以"大湾区"建设，提升区域经济空间组织效率，促进杭州、宁波两大都市区成为我省集聚创新、人才、资金、信息等高端要素的主平台，带动全省融入全球现代经济体系。围绕"大湾区"全面创新改革试验区建设，整合湾区内各城市的成熟和成功经验及政策，积极争取国家级人才特区、海外高层次人才技术移民制度等试点实施；引进与培养一批国际一流科学家、科技领军人才和高层次创新团队，集聚高端创新资源、高端要素和高端产业。

（三）强化金融创新对产业创新的支撑作用

大力推进以企业上市和并购重组为核心的"凤凰行动"计划，积极推动和培育企业上市，增强对上市公司并购重组的服务能力，争取更多省外资金、项目、渠道等资源参与浙江省并购重组工作，积极邀请国外投行、专业投资机构带领境外企业和项目来浙江省对接。建立钱塘江金融港湾与城西科创大走廊之间的联动发展机制，支持天使投资机构和创业投资机构与创业孵化平台开展合作，为科研机构科技成果转化和产业化提供资金、平台与业务等组合支持。加快推进以商业银行为主的科技金融专营机构和投资功能子公司建设，支持银行与创业投资、产业投资基金组成投贷联动战略联盟，实现贷款、投资联动。

三、适应转型升级和对外开放的新形势，加快形成全面开放新格局

（一）通过开放合作积极吸纳国际高端要素

鼓励和支持大中型民营企业和上市公司"走出去"，面向全球吸纳和集聚高端要素，带动新动能成长壮大和产业转型升级。转变出口贸易增长方式，支持企业开展自主品牌、自主营销和自主研发为主的出口贸易，提高竞争力和市场份额。抓住国家举办中国国际进口博览会的机遇，加快建设一批进口平台，积极扩大先进设备和优质中间产品的进口，以进口促进出口。支持义乌发展境外集中采购、市场集中销售的小额小批日用消费品进口贸易模式，争取进口商品"全牌照"口岸。

（二）加快义甬舟开放大通道建设

以"一带一路"统领我省新一轮对外开放，积极创建宁波"一带一路"建设综合

试验区。将义甬舟开放大通道建设和浙江自由贸易试验区建设结合起来，加快构建我省更高层级的开放大平台；建立舟山与杭州、宁波、义乌等海陆联动机制，探索推进杭州空港、宁波舟山港、义乌陆港和跨境电商、大宗商品以及国际商贸的互补发展。推进舟山江海联运服务中心、中国（宁波）跨境电子商务综合试验区、义乌国际贸易综合改革试点等国家级改革试点扩围，优先在义甬舟开放大通道沿线地区覆盖推广。促进宁波舟山港与义乌陆港的实质性一体化，尽量降低企业的制度交易成本。

（三）探索浙沪合作共建自由贸易港

加强与上海市的合作，充分发挥浦东新区和舟山群岛新区的优势，积极打造上海自贸区和浙江自贸区的升级版，探索浙沪合作共同建设自由贸易港。启动阶段，可以依托两个自贸区，以洋山保税港区和梅山保税港区为重点进行探索。顺时应势，支持上海尽快完成小洋山南侧的开发建设，通盘考虑推进洋山深水港区新一轮合作开发。在此基础上，进一步就浙沪合作共建自由贸易港进行协商，达成优势互补、合作共赢的最佳方案。

四、实施乡村振兴战略，统筹推进"美丽经济""美丽乡村"和"大花园"建设

（一）争创全国实施乡村振兴战略试验区和示范省

在中农办和农业部的直接指导下，积极争创实施乡村振兴战略试验区和示范省。践行绿水青山就是金山银山的理念，并按照产业兴旺、生态宜居、乡风文明、治理有效、生活富裕的总体要求，研究制定一套可量化的指标体系和可操作的考核办法。

（二）以"美丽经济"为引领培育农村发展新动能

进一步发展美丽经济，推进农村一二三产业深度融合；支持有条件的乡村建设集循环农业、创意农业、农事体验于一体的田园综合体，突出江南田园特色，打好产业融合基础，强化综合协调和文化为魂。完善"三权到人（户），权跟人（户）走"机制，扎实推进德清农业供给侧结构性改革集成示范试点；进一步完善农村"两权"抵押贷款试点、德清和义乌土地制度改革试点，让市场机制在城乡资源的要素配置中起决定性作用。

（三）按照"大花园"的目标打造"美丽乡村"建设升级版

推进"千村 3A 级景区、万村 A 级景区"的"新千万工程"，以村落景区化建设为

抓手，建设具有诗画江南韵味的美丽城乡目标定位，打造浙江美丽乡村建设的升级版。科学编制新农村建设规划，细化区域内生产、生活、生态各区块的功能定位，促进浙江的美丽乡村从局部美向全域美转变。注重将传统村落融入"大花园"和全域旅游体系，统筹推进传统村落的系统保护和可持续发展。

五、坚持保障和改善民生，维护社会和谐稳定

（一）着力破解百姓关注的民生难题

坚持把教育、健康、养老放在优先发展战略地位，教育要重点补齐学前教育和高等教育两头的短板，加大学前教育投入和师资培养力度，深化教育领域综合改革和高考制度改革。高水平建设健康浙江，进一步深化医疗制度和医疗保障制度改革，促进生育政策和相关经济社会政策配套衔接，加强妇幼保健工作，健全儿童医疗服务体系。积极应对人口老龄化，探索通过政府购买服务的模式降低老年人的费用支出，推进城乡居家养老服务体系建设。

（二）促进城乡低收入人群持续增收

深化山海劳务协作，拓展山海协作实训基地；进一步加强"衢州保姆""云和师傅"等培训服务。做到扶贫工作力量不削弱，"第一书记"、帮扶干部等继续坚守扶贫前线，使脱贫户人均收入增幅高于全省平均水平，形成脱贫致富的长效机制。建立扶贫保险，加强产业扶贫，完善普惠金融，消除脱贫者返贫风险。鼓励自由职业、远程就业、分时段就业等新型就业，消除新型就业者参加失业、生育、工伤等社会保险的制度障碍。

（三）积极鼓励社会资本进入民生领域

切实保护民营企业参与PPP项目的相关权益，坚持权利、机会、规则平等，废除对民营企业各种不合理规定，消除各种隐性壁垒。结合"最多跑一次"改革，简化手续、制定政策，拓展民间资本投入的渠道。

（四）提升社会治理现代化水平

推进"平安中国示范区"建设，深化"互联网＋社会治理"，建立健全网上治理体系，探索构建一整套完善的互联网领域的法律规则。运用信息技术手段创新社会管理，进一步提高社会治理的科学性、准确性和效率。

促进高质量发展三题 [1]

一、优化惠企政策落地机制，全力稳企业防风险

在与家乡的企业家交流中，大家普遍感受到营商环境发生的积极变化，特别是"最多跑一次"改革深入人心。但也有民营企业反映，一些政策落实还不够到位。主要有：政企信息不对称，政策配套保障不健全，实施细则不到位。建议：

[1] 本报告主执笔人舒蛟靖、马欣雅、林忠伟，成文于2019年2月25日，原标题为《以调整结构为主线 促进高质量发展——省咨询委春节返乡调研报告》。

（一）进一步加大政策宣传力度。加强上门宣传，结合"三服务"活动，梳理我省一系列支持民营企业的"政策服务清单"，送到企业家手里，当面答疑解惑，打通政策落地的"最后一公里"。探索面向基层设立"企业首席服务员"，定向为相关企业传递信息、解读政策。加强网上宣传，结合"最多跑一次"改革，总结推广温州建立产业政策奖励兑现系统、开启惠企直通车的做法，让企业在网上就可以申请享受优惠政策，实现服务全天候。依托政务服务网和"浙里办"APP开设"民营企业支持政策"专栏，方便企业查询政策。加强及时宣传，建立政策宣传"零时差"制度，对新出台的政策，各类媒体都要同步发布，各地、各部门政务服务大厅同时张贴。重要政策通过短信平台发给企业家，做到全覆盖。

（二）进一步提高政策可操作性。政策要更实，对国家相关的原则性指导意见，不能简单照抄，政策文件要多出"干货"，及时出台细则，并明确政策兑现时间。互动要更多，深入调查研究，"零距离"问计于基层和企业。对于企业反映的问题及时予以修正。力度要更大，如针对民营企业融资难的问题，要结合信用浙江建设，进一步完善政府融资担保体系、信用补偿机制、转贷资金基金等制度。

（三）进一步健全政策保障体系。强化省市县协同，在制定需要较大财政经费的政策时，要明确资金来源，确定省级承担比例，对部分财力紧张的市县，考虑适当予以

转移支付。注重政策前后衔接，把握好政府干预市场的力度和节奏，尽量避免政策突变甚至完全转向，加强形势的预判，提前向企业发布政策可能调整的信息，给予缓冲期，让企业有时间调整生产经营活动。创新政策"精准督查"机制，建立健全电子督查系统，通过在线收集企业反馈的问题进行实时督查，及时纠正政策落实不到位等问题。学习国务院办公厅《关于民营企业反映政策不落实典型案例的通报》等文件，对我省各地惠企政策不落实的情况进行通报。完善政策落实奖惩办法，提高基层落实政策的积极性。

二、优化农村劳动力结构，鼓励青年返乡创业就业

近年来，随着我省乡村振兴、小城镇建设等战略举措实施，部分地区出现了农村劳动力回流的现象，一些大学毕业生也选择返乡就业。据返乡人员反映，由于家乡施展才华的空间不大，教育医疗文化等公共服务水平较低，随时有可能重回城市。主要有：青年返乡创业的政策支持存在结构偏差，农村产业结构对青年返乡创业就业的吸引力不足，公共服务供给难以满足返乡青年对美好生活的需求。建议：

（一）健全促进青年返乡创业政策体系。搭建城乡一体化创业就业平台，借鉴推广桐庐"农民之家"农村创业服务社的模式，直接面向农户和返乡创业者实现信息资源和项目对接，完善创业孵化平台功能。设立返乡下乡人员创业"绿色通道"，为返乡下乡创业群体提供精准高效的政策咨询、证照办理等服务；加强返乡创业金融配套支持，成立"农民工返乡创业投资基金"，通过政府投资和吸引社会资本，推行"政策性贷款＋商业性贷款"组合模式，降低农民工创业融资成本。加快完善返乡创业信用评价机制，探索扩大抵押物范围，深化土地经营权抵押担保权能探索工作。建立"乡村振兴合伙人"机制，面向企业家、创业者、金融投资者、专家学者等各类人才招募"乡村振兴合伙人"，通过合同约定享有乡村项目开发等优先权，吸引城市的高端人才通过投资、技术服务、入股等方式返乡参与乡村振兴。建立返乡人才动态跟踪和指导机制，结合产业发展规划对创新创业企业给予科学指导和必要的后续优惠政策支持。

（二）加快农村产业转型升级。引导农村一二三产业融合发展，大力发展美丽经济，通过休闲旅游、产销直供、消费体验和个人定制等，拓展更多适合返乡青年的创业机会和就业岗位。积极培育新型农业经营主体，鼓励返乡人员领办创办农业服务企业、产业协会等新型服务主体，广泛开展农技推广、农资配送、品牌打造、产品营销，吸引更多现代农业发展所需的青年人才回流。加强对返乡青年的职业培训，如基本职业技能培训计划、新型职业农民素质提升计划和电子商务、乡村旅游等相关产业发展专项培训计划等。

（三）提升农村公共服务供给水平。调整财政对农村公共服务投入结构，按照财权事权对等原则，加大对吸纳返乡劳动力较多地区的转移支付力度，按实有人数进行分配、转移和保障。建立公共服务供给社会评价体系，如以农民满意度作为评价指标，整治面子工程和资金浪费，提高医疗卫生、义务教育等切实关系民生的公共服务投入水平。在青年返乡较多的地区探索农村未来社区建设试点，结合当地实际，考虑从智慧物流、智慧交通、智慧社会管理等方面入手，为返乡青年提供同城市社区一样的智慧公共服务。丰富农村文化生活，依托农村文化礼堂积极开展文化活动，建立青年自媒体平台和青年文娱活动团体。

三、优化农民收支结构，促进农民收入持续增长

在省委、省政府的高度重视下，浙江农民收入水平领跑全国34年，但也有一些影响农民持续增收的问题。主要有：农副产品价格偏低，农民生产积极性不高；收入结构不合理，特别是工资性收入增长较慢；与经营主体利益分享模式单一，农民难以享受长效的产业增值收益；农民生活日常的支出增多、负担加重。建议：

（一）以农业调结构促进农民增收。引导农民种植优良品种，结合农业供给侧结构性改革，出台"优粮优产"鼓励政策，同时对优质稻生产实行专种专收专储专用，实现"优粮优价"。稳定粮食最低收购价，适度增加补贴力度，健全稻田生态补偿机制，提高补偿标准。加快区域农产品公用品牌建设。推广"丽水山耕"创建经验，鼓励各级政府从品牌管理机构设置、产品质量、农产品安全等方面全力构筑标准化管理模式，提升农产品的溢价能力。因地制宜发展农业适度规模经营，如浙西丘陵地区的土地相对破碎，可扶持土地经营规模30~50亩的小型家庭农场和专业大户，平时依靠家庭劳力，忙时雇佣少量农民，实现适度规模经营。推进小农户衔接现代农业，加快培育新型农业经营主体和社会化服务主体，完善农业社会化服务机制，推动农业服务业态和服务模式创新，构建起市场牵主体、主体带基地、基地联农户的产业化运行机制，将小农引入和融入现代农业发展轨道。

（二）持续调整优化农民的收入结构。探索农民财产性收入的有效实现方式，加快推进"全域土地综合整治"，总结推广嘉善县等先行地区经验，在集中统一流转、统一经营和承包经营权退出机制方面进行新的探索，让土地流转、入股、退出、转让成为增加农民财产性收入的重要渠道。发挥村集体经济对农户增收的带动作用，结合"千企结千村、消灭薄弱村"专项行动，借力工商资本成立开发经营公司，通过资源变股权、资金变股金等市场化手段壮大集体经济。贯彻落实《浙江省农村集体资产管理条例》，鼓励通过公开招标、租赁等方式，公开发包集体办公用房、会堂、学校、厂房、

仓库等资产，增加资产收入，同时规定每年分红比例，让农户分享更多的产业增值收益。增强农民的经营增收能力，结合农民素质提升工程，将服务技能、农产品销售和网络营销等纳入培训内容。培育一批农村服务型中介，帮助农户经营美丽乡村。如：帮助农家乐开设"微信、微博、微店"，开展故事营销、口碑营销、新闻营销和节庆营销，促进农家乐错位发展。选拔一批敢闯敢干的村"第一书记"和农村工作指导员，引进一批"美丽经济"战略型企业家和新型职业经理人，共同帮助农户经营好美丽经济。加强对吸纳农民就业企业的支持，在税费减免、用地保障、金融支持、技术指导等方面加大支持力度，提升企业的盈利能力，针对农产品加工等企业，鼓励政府、企事业单位加大采购力度。

（三）**构建农户长效增收保障机制**。建立健全就业援助机制，结合"千村精品、万村景区"工程建设和农村人均环境提升行动，开发绿化养护、治安巡逻、环境保洁、社区服务等公益性岗位，优先安排年龄较大的农户劳动力就业。建立经营效益到户机制，将经营主体带动农户数量和成效作为相关财政扶持项目的重要参考依据，如：政府产业基金要将项目建成后对当地农户的长效带动作为投资考核的指标之一。建立美丽经济发展与农户培训联动机制，将当地农户相关技能培训作为外来资本投入的补充条件，如：针对养老养生项目，鼓励工商资本对当地农户进行老年照料、护理等方面的培训。探索资产收益扶持政策，财政资金投入设施农业、水利、乡村旅游等项目形成的资产及经营性物业，具备条件的可折股量化给低收入村和农户，尤其是丧失劳动能力的低收入农户，资产可由村集体、合作社或其他经营主体统一经营，并通过合理的收益分配机制，及时发放给农户。

（四）**努力减轻农民的各项负担**。积极探索农村环境卫生保洁长效方式，鼓励社会力量参与，将农村人居环境整治与发展乡村休闲旅游等有机结合，将部分区域的村容整洁作为工商资本投资农村乡村旅游、民宿等美丽经济发展的内容之一。加大财政对农村公共服务的投入，如在小城镇环境综合整治、"大棚房"清理整治基础上，把小城镇和农村垃圾回收、日常保洁、村容村貌维护等费用列入财政补助范围。加强对低收入农户的兜底帮扶，如对不同教育阶段入学和就学期间无基本生活资金来源的农村低收入家庭子女，实行"一人一档"信息动态管理，通过多种方式保障低收入困难家庭子女的学习、生活费用。对三年内脱贫的农户进行回访，及时解决新出现的问题，防止返贫。聚焦解决因病致贫问题，根据财力提升，进一步提高农村医保报销比例。

实体经济激活力

SHITI JINGJI
JIHUOLI

标准化引领供给侧结构性改革 [1]

标准是提升质量的有力抓手。近几年我省紧紧围绕浙江省转型升级组合拳，全面实施"标准化＋"行动，即"标准化＋五水共治""标准化＋四边三化""标准化＋三改一拆""标准化＋浙江制造""标准化＋美丽乡村""标准化＋社会服务"六大行动，引领浙江全面发展。可以说，浙江的标准化工作走在前列，勇立潮头，被国务院批准为全国首个国家级标准化综合改革试点省。下一步要重点围绕切实发挥标准化在打好

[1] 本报告主执笔人宋明顺，成文于 2017 年 3 月 13 日，原标题为《聚力标准引领 唱响浙江制造 助推供给侧结构性改革——建言国家级标准化综合改革试点省建设》。

转型升级组合拳和推动社会全面协调可持续发展中的引领作用，构建新型"浙江标准"体系，涉及"浙江制造""浙江环境""浙江民生""浙江服务""浙江建设""浙江农业""浙江治理"7 大领域，为全国提供更高水平的"标准引领发展"的浙江实践和浙江经验。

一、与国家认监委合作，开展认证改革试点省建设

标准最有效的执行方式是认证，这是世界公认的标准化最佳模式。制定标准而不实施标准，或实施标准不到位，或缺乏标准实施效果的有效评估，则制定再多的标准，也难以起到很好效果。"浙江制造"之所以有效，其实质是通过认证的方式开展"标准化＋浙江制造"行动。

认证是第二方（用户）或第三方（独立的中介机构）或权威机构（政府）依据合格评定程序对第一方（标准实施主体）执行标准的效果进行评价和不间断的监督活动。要使《工作方案》中构建的新型"浙江标准"7 大体系结出硕果，应推广和复制"浙江制造"认证模式，通过认证的方式实施"标准化＋"行动，并在"标准化＋五水共治""标准化＋三改一拆""标准化＋四边三化""标准化＋公共服务均等化"等对浙江

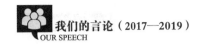

全面发展起关键作用的领域开展认证。

认证的国家管理机构是国家认证认可监督管理委员会（简称：国家认监委），是与国家标准化管理委员会（简称：国家标准委）同级的国家行政机构，"浙江制造"认证得到了国家认监委的大力支持。所以，要全面推行认证的方式实施"标准化＋"行动，通过与国家认监委签署合作备忘录的方式，力争全国第一个国家认证综合改革试点省落户浙江，使国家标准化综合改革试点与国家认证综合改革试点比翼双飞，保证"标准引领浙江发展"落地、开花、结果。

二、以先进浙江标准，引领"浙江制造"

"浙江制造"认证应稳步求进，做实做强。把"浙江制造"打造成亮丽的金名片，关键要牵住标准这个牛鼻子，发挥好先进标准的引领作用。引领"浙江制造"的先进标准主要有两类，一是对标德国，对标欧美日，以我省的优势产品为索引，与这些先进国家、地区的先进标准开展比对，以此修订、制定先进的"浙江制造"标准；二是自主创新标准，以我省在国际领先的产品或技术为基础，制定国际先进的"浙江制造"标准，我省电子商务、视频监控设备、网络数据终端、互联网等技术处于国际先进地位，应把这些领域的"浙江制造"标准打造成事实上的国际标准。"浙江制造"做不做得硬？做不做得强？关键在于"浙江制造"标准的先进性，必须确保"浙江制造"标准达到全国领先、国际先进的水平才能纳入"浙江制造"认证的范畴。品牌的属性之一就是"少数性"或"稀有性"，若不严把标准关，或降低标准一哄而上，或搞大干快上，把"浙江制造"认证搞成了一种贴牌活动，而不是创牌活动，那样就违背了"浙江制造"认证的"初心"，将失去意义。

三、广泛宣传推介，唱响"浙江制造"

花大力气宣传"浙江制造"品牌，唱响"浙江制造"认证。品牌打造的三要素：质量、营销和财务。质量是核心，营销是手段，财务是保障（不能过度或泛多元化经营）。质量卓越，但必须让消费者认知，因此宣传推介活动就十分重要。"浙江制造"认证是政府打造的区域品牌，应将其纳入公益广告的范畴进行国内外的宣传推介，在地铁、车站、公路、机场做"浙江制造"认证公益广告（深圳市委市政府采用这种方式宣传推介"深圳质量"和"深圳标准"值得借鉴）；在全国各主流媒体，尤其是央视等各大电视台做宣传"浙江制造"认证的公益广告；甚至也可以在国外各大媒体和主要场所宣传"浙江制造"，如在纽约时代广场等，使"浙江制造"唱响全国，影响世界，使"品字标"家喻户晓。建立"浙江制造"品牌网,在天猫、淘宝等著名电商网站,开发网上"浙江制造"品牌产品专卖店;定期举行"浙江制造"品牌发布会,用品牌运营的方式来打造"浙江制造"品牌。

四、创新标准组织形式,深推"标准化+"行动

"标准化+"涉及经济社会发展的方方面面,《工作方案》中的标准体系涉及7大领域,这些领域里的"标准化+"行动,需要具有标准化专业知识的人员及基层组织指导和服务,以弥补标准化服务供给的短板。所以,应在工业园区、特色小镇、美丽乡村建设乡镇、公共服务社区、生态功能区等实施"标准化+"的区域,建立标准服务和指导的基层组织,这些基层组织可以冠名"标准事务所""标准工作室""标准工作坊"等名称,这些基层标准组织视性质,可由政府设立,或以PPP模式设立,让这些标准服务指导的基层组织遍及"标准化+"行动各个区域,成为标准引领全面发展的主力军,并成为国家标准化综合改革试点工作的组织创新。

五、加强党政干部培训,普及标准质量知识

由于标准质量是技术性、专业性强的工作,对许多部门、地方党政领导干部来说是一项新事务,不甚了解、不熟悉,虽然也重视但时常会感到无从下手,推动起来有些力不从心,本该由党委、政府主抓的工作,只能由质监部门实施,这显然力度不够。浙江省重大战略都离不开标准质量,"四换三名、三强一制造"直接与标准质量有关,这也体现了我省在供给侧结构性改革围绕"提升质量"这个中心的政策举措走在了全国前列。这些战略性、全局性的工作,应是各地方党委、政府的主要工作,因此加强党政领导干部的培训显得尤为重要。中国计量大学一年承办十多期兄弟省、市组织的党政领导干部标准化质量培训班,效果非常好。浙江省永康市是全国质量示范城市中县级标杆城市,成为全国学习的典范,而在开展质量示范城市建设工作中最大的亮点就是与中国计量大学合作成立了浙江永康质量学校,面向全市各级领导、企业家、技术工人举办标准质量培训,永康市的标准质量人才培养培训模式,多次在全国交流推广。既然提升质量是供给侧结构性改革的中心工作,对党政领导干部开展有组织、有系统、有计划的标准质量知识培训不仅十分必要,而且十分紧迫。

提高制造业的全要素生产率[1]

改革开放以来，浙江制造业快速发展，成为经济增长的主要支柱，但在经济发展进入新常态之后，浙江制造业呈现增速下滑、效益下降的趋势。研究显示，2006~2015年10年间浙江制造业全要素生产率平均增长8.5%，主要受技术进步提升（平均7.6%）的影响，而技术效率水平仅以平均0.8%的速度增长，这反映出浙江制造业通过技术进步实现生产效率的提高比较显著，而通过要素资源配置实现生产效率的提高不够明显。

[1] 本报告主执笔人陈畴镛，成文于2017年12月8日，原标题为《提高全要素生产率 再创浙江制造新优势——基于2006~2015年浙江制造业全要素生产率分析的咨询建议》。

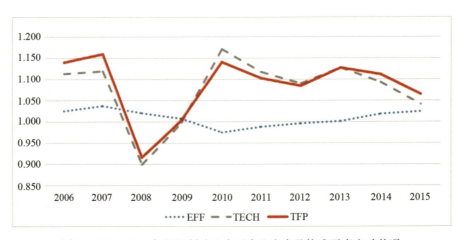

图1　2006~2015年浙江制造业全要素生产率及构成要素变动状况

同期，浙江制造业的全要素生产年均8.5%的增长率，低于工业增加值年均10.5%的增长率，也低于资本投入年均10.09%的增长率（如图1所示）。分行业看，高端装备制造、电子信息制造等新兴主导产业的全要素生产率增长率明显高于其他行业，如交通运输设备制造业增长24%，通信设备、计算机及其他电子设备制造业增长

13.6%；而且技术进步水平快速提升和技术效率都明显增强。

提高全要素生产率是浙江制造业质量提升、效率优化、结构调整、动能转换的主攻方向，对浙江加快供给侧结构性改革、建设现代化经济体系具有重要的引领作用。针对浙江制造业全要素生产率分析中反映的趋势与问题，建议如下：

一、以增强要素配置效率为重点，提高全要素生产率

一是坚定不移打好转型升级系列组合拳，形成便捷高效的要素交易机制，降低要素成本，促进人才、资本、土地、技术、管理等资源要素向关键领域和重点产业集聚，培育发展一批具有质量高、效率优、创新强的产业集群和企业群体，着力培育若干世界级先进制造业集群、一批具有国际竞争力影响力的龙头企业和细分市场的"隐形冠军"。二是以"智能制造"为主攻方向推进企业要素资源优化，推动互联网、大数据、人工智能和制造业深度融合，以工业互联网和"企业上云"为载体，催生大规模个性定制、网络协同制造、服务型制造等新模式；提高制造企业的技术结构、产品结构和劳动生产率。三是加快企业组织创新增强要素配置效率，大力推进以企业上市和并购重组为核心的"凤凰计划"，鼓励企业优化治理结构，从家族企业向股份制企业转型，加快股改上市，不断提升制造业规模化组织化程度和管理水平。

二、以高端化品牌化绿色化为导向，强化制造业结构调整

一是强化产业高端化，进一步做大做强高端装备制造、网络通信设备等支柱产业，同时加强对集成电路制造、智能汽车、智能机器人、绿色新能源、新材料、生物医药产业等新兴产业的扶持，努力使其成为浙江制造业的新增长点。二是强化产业品牌化，在传统优势制造行业，要加大产品创新力度，通过质量、创新、品牌和"工匠精神"协同发力，增强高质量产品供给能力。三是强化产业绿色化，加大落后产能淘汰力度，化解过剩产能，促进增效减耗和节能减排，实现生产要素向效率更高的产业、行业和企业集中。

三、加快市场化改革，激发民营企业创新创业活力

一是以"最多跑一次"改革推动深化商事制度改革，进一步加大简政放权力度，从服务、政策、制度、环境多方面优化政府供给，激发民营企业投资活力。二是支持更多浙江民营企业进入通信、石油能源、金融、交通等领域，加快打破行政性垄断和

行业垄断，在发展混合所有制经济中增强竞争力，通过资本注入、并购重组等方式壮大浙江产业资源。三是加快企业投融资方式创新，鼓励金融机构和民营制造企业共同发起设立融资租赁公司，降低民营企业融资成本、拓宽融资渠道；支持民营企业牵头与证券公司、投资机构设立并购基金或产业基金；鼓励地方政府建立政银担、政银保等不同类型的创新创业金融风险补偿机制。

四、激励实体企业，加大对研发创新和技术改造的投入

一是发挥政府投入的撬动功能引导企业加大投入，借鉴广东、重庆等地的企业研发准备金制度，有效引导企业从制度上建立起"研发有计划、投入有保障"的研发投入体系；通过推行重大新产品研发成本补助、首台技术装备补助、创新产品和服务远期约定采购及风险补偿等措施，引导激励企业加大创新投入。二是优化创新环境激发企业加大投入，采取"放开、减负、解难、引导"等多种措施提高企业家创新意愿；完善产权保护制度，强化知识产权创造、保护、运用；推广专利权质押等知识产权融资模式，提升知识产权价值。三是完善科技服务体系支撑企业加大投入，加快建成一批产业创新服务综合体、制造业创新中心，为企业提供研发设计、科技成果产业化、人力资源、市场推广等服务，降低企业创新成本。

破解民营企业参与 PPP 的隐性壁垒 [1]

近年来，各级政府及其相关部门先后出台了一系列鼓励民营企业参与 PPP 的法规政策，2016 年在我省 PPP 项目中标的各类投资主体中，民营企业占比约为 38%，明显高于全国平均水平的 26%。但作为民营经济最为发达的省份，我省民营企业在参与 PPP 方面还有较大的发展空间。但在实际操作中，民营企业在参与 PPP 的隐性壁垒仍然存在，主要有：一是一些地方政府对民营企业在观念上存在明显偏见，在实践中存在歧视行为；二是国有企业和民营企业之间存在不平等竞争，对民营企业产生"挤出效应"；三是民营企业参与 PPP 的门槛高，各种成本大；四是许多民营企业担心政府承诺不能兑现，未来权益难以得到保障。为此，建议：

[1] 本报告主执笔人王俊豪，成文于 2017 年 4 月 12 日，原标题为《我省民营企业参与 PPP 面临的隐性壁垒与对策建议》。

一、转变观念，鼓励民营企业积极参与 PPP 项目

我省是民营经济最为发达的省份，民间投资占全社会固定资产投资的 50% 以上。但近年来，我省民间投资增速不快，民营企业中标的 PPP 项目总金额占比为全社会的 38% 左右。特别是在 PPP 实施过程中，一些地方政府对民营企业在观念上存在的偏见及其行为后果、国有企业与民营企业的不平等竞争，已对民营企业产生"挤出效应"。而根据省商务厅统计，2016 年民营企业跨国并购额占全省的 99%，这意味着许多民营企业更愿意去海外投资。如果不从根本上扭转这种态势，这将成为我省未来经济发展的重大拖累。为此，我省各级政府要转变观念，充分发挥民营企业投资的重要作用，鼓励民营企业积极争取 PPP 项目。

对此，省政府已做出重要部署，在"杭绍台"铁路 PPP 项目中，省政府决定采用由民营企业绝对控股（民企在项目资本金中占 51% 的比例）的 PPP 项目方案。这对鼓

励我省民营企业参与 PPP，进入原来由国有企业垄断经营的行业，具有重大的现实意义和示范效应。

二、营造良好的制度环境，切实保护民营企业参与 PPP 的相关权益

民营企业是否参与 PPP 项目，很重要的一点是取决于信心，这种信心既来自对经济发展前景的信心，也来自于政府对私人财产法律保障的力度。民营企业参与 PPP 面临的一系列障碍和一些民营企业的呼声，反映了一些地方政府存在不履约、频频发生违约行为等现象，民营企业的产权得不到有效保护，从而影响民营企业投资 PPP 项目的信心。

要切实保护民营企业参与 PPP 的相关权益，首先要认真落实 2016 年 11 月出台的《中共中央国务院关于完善产权保护制度依法保护产权的意见》，依法保护产权是"市场在资源配置中起决定性作用"的制度基础，经济主体财产权的有效保障和实现是经济社会持续健康发展的基础。同时，在推进 PPP 项目过程中，要坚持权利、机会、规则平等，废除对民营企业各种不合理规定，消除各种隐性壁垒，保证民营企业依法平等使用生产要素、公开公平公正参与竞争、同等受到法律保护、共同履行社会责任。为民营企业参与 PPP 营造良好的制度环境。

三、采取切实有效举措，降低民营企业参与 PPP 的各种成本

按照国务院两个"36 条"和一个"39 条"以及省政府的相关要求，逐步建立市场准入负面清单制度，去除不合理的进入门槛，降低民营企业参与 PPP 的进入成本。

民营企业参与 PPP 需要和多个政府部门打交道，每个政府部门又各自有一套规章制度和行政管理程序，因此，民营企业要承担大量的制度性交易成本。地方政府要尽可能为民营企业降低这类成本。对此，我省一些地方政府已作了积极探索。例如，丽水市对 PPP 项目实行联审机制，由丽水市财政局、发改委等六个政府部门建立联审机制，整合多方力量，快速协调解决 PPP 项目推进过程中的实际问题。该市还成立了 PPP 项目前期审批代办服务中心，承担社会投资者全程无偿审批代办服务。这些地方政府的举措大大降低了民营企业的制度性交易成本，值得总结推广。

民营企业参与 PPP 需要搜索、发现大量 PPP 项目信息，从而产生相当的信息成本。为此，要加强和规范 PPP 项目信息公开工作，分别在 PPP 项目识别、准备、采购、执行和移交阶段公开相关信息，推动 PPP 市场公平竞争、规范发展，降低民营企

业的信息成本。

融资难融资贵导致民营企业参与 PPP 的融资成本高。对此,我省财政已出资 100 亿元设立了省基础设施投资(含 PPP)基金作为引导基金。为加强对民营企业的支持力度,建议在 PPP 引导基金中划出一定比例专门用于支持民营企业承担的 PPP 项目。并通过发挥政策性银行的作用,为 PPP 项目提供中长期贷款等政策措施帮助民营企业融资,以减少民营企业参与 PPP 的融资成本。

四、强化政府自身诚信建设,带动社会信用体系建设

诚信和依法行政是政府行政的基本要求。针对民营企业反映在推行 PPP 过程中一些地方政府失约的问题,要按照《国务院关于加强政务诚信建设的指导意见》和省政府提出的加快建设法治政府的总体要求,地方各级政府要认真履行与民营企业签订的 PPP 合同,不得以政府换届、领导人更替等理由违约毁约,因违约毁约侵犯民营企业合法权益的,要承担法律和经济责任,并对民营企业因此而受到的财产损失依法予以补偿。

为此,建议强化地方各级政府有关部门责任,建立 PPP 失信违约记录,明确 PPP 项目政府方责任人及其在项目筹备、招标投标、政府采购、融资、实施等阶段的诚信职责,建立项目责任回溯机制,将项目守信履约情况与实施成效纳入项目政府方责任人信用记录。充分发挥政府在社会信用体系建设中的表率作用,进一步提升政府公信力。

提升金融服务实体经济"质效"[1]

金融活，经济活；金融稳，经济稳。在中央经济工作会议上，习近平总书记一针见血地指出"金融和实体经济失衡"是当前中国经济三大失衡问题之一；李克强总理也强调，当前金融服务实体经济的主要问题，不在于资金供给不足，而是资金没有有效流入实体经济。

1

本报告主执笔人杨小苹，成文于 2017 年 5 月 8 日，原标题为《关于进一步提升金融服务实体经济质效的几点建议》。

从浙江情况看，近两年我省宏观经济金融"三背离"现象隐现。2016 年浙江贷款产出效率 56.8%，比 2012 年下降 2.48 个百分点；新建商品房价格上涨 13.8%，而 CPI 仅上涨 1.9%；金融业总资产持续扩大，但每单位 GDP 需要的资本由 2012 年的 6.64 上升到 2015 年的 7.77，这表明当前货币投放和金融业的发展未能同步带动资本产出效率的提升，资金脱实向虚一定程度上存在，我省金融服务实体经济质效仍有较大提升空间。

以银行业信贷投放为例。2017 年以来，浙江银行业运行总体平稳，部分指标继续向好，与经济基本面大体吻合，呈现"稳中有优、优中有新、新中有进"的基本态势。但与此同时，信贷投放与经济增长在总体匹配情况下还存在一些结构性问题不容忽视，突出表现为信贷仍向住房消费和政府背景公司集中，制造业贷款增长形势严峻，信贷投放"两强一弱"格局明显。

（一）住户中长期消费贷款增长强劲

2017 年 3 月末，浙江住户中长期消费贷款同比增长 37.8%，高于 2016 年同期 12.3 个百分点。主要是 2016 年下半年以来房地产市场升温与限价政策叠加，刺激刚需购房诉求释放所致。从占比看，一季度新增居民中长期消费贷款占全部新增规模比重虽分别较 2016 年四季度当季、三季度当季大幅下降，但比重仍然高达 40.4%。

（二）政府背景类贷款增长强劲

一季度，非金融企业及机关团体贷款增加 1193.9 亿元。其中，中长期贷款增加 1651.2 亿元，占全部新增规模的 67.6%，占比较 2016 年末提高 36.7 个百分点。这与目前基础设施投资投放节奏加快等因素有关。一季度，浙江水利、环境和公共设施管理业新增 825.4 亿元，占全部新增贷款的 33.5%。

（三）制造业贷款增长疲软

2017 年一季度全省新增贷款中，制造业贷款较年初减少 74.5 亿元，较 2016 年同期（−58.7 亿元）同比多减 15.8 亿元。

整体看，制造业贷款持续下滑是近年来全国特别是沿海省份的普遍现象，其中既包含着银行业调整信贷结构、倒逼企业转型和防范信贷风险等主动作为，也反映出经济转型步伐不够快、有效需求不足等经济层面问题。2017 年 3 月末，浙江省制造业贷款余额 2.14 万亿元，占全省各项贷款的 25.4%，较年初下降 0.86 个百分点。浙江制造业贷款下降，在很大程度上是由不良贷款加快处置，政府债务集中置换、有效信贷需求不足以及直接融资、类信贷业务的替代效应等因素引发的，具有一定的客观必然性，但金融机构在自身服务能力、模式乃至导向等方面存在短板，也需要深刻反思。特别需要引起重视的是，在新旧动能切换过程中，制造业在很长时间内将仍然是浙江经济发展的主要支柱，仍是就业、税收以及经济金融持续增长的主要领域。如何打通资金输血实体经济的"任督二脉"，更具针对性、有效性地提供金融支持和产品助力传统产业企业改造升级，是今后一段时间必须要面对和回答的重大问题。

从现实看，促进资金流入实体经济、提升服务实体经济能力，是一项庞大的金融系统工程，牵涉面宽、涉及利益主体较多，择其要者，以下三项工作亟待推进：

（一）进一步发展完善产业体系，为资金回归实体经济领域"筑巢引凤"

从产业层面看，浙江曾经的辉煌依靠制造业，未来的发展依然需要依靠制造业，未来浙江的根本出路是要成为一个制造业强省。建议进一步加大供给侧改革推进力度，大力发展高新技术产业、高端装备制造业等符合产业发展方向的先进制造业以及以研发为重点的生产性服务业，积极推动以政府为主体的自主创新向以企业为主体的自主创新体系转变，强化提升科技创新水平，尽早实现从"浙江制造"到"浙江智造"和"浙江质造"的双重跨越。

（二）进一步优化提升金融服务水平，为制造业强省建设提供金融保障

一方面，引导金融机构找准金融服务切入点，围绕落实《中国制造 2025 浙江行动纲要》，创新体制机制、金融产品和服务模式，加大对节能环保、新一代信息技术、高端装备制造、新能源等战略性新兴产业的金融支持，着力做好重点领域金融服务。另一方面，采取有效政策措施，激发金融机构对接浙江传统制造业改造升级的积极性，对于重点改造对象，加大技术改造、收购兼并等方面金融支持。

（三）进一步构筑完善政策保障体系，为资金营造良好金融生态

一方面，建议尽快构建一个由政府、金融业及其他利益主体共同注资的金融担保机构，助力金融机构"化圈解链"，最大限度缓解"担保链"问题给我省信贷投放带来的不利影响。同时，建议进一步完善社会信用体系，化解实体企业的逃废债难题，缓解银行惧贷、畏贷情绪。建议各级政府部门加大整肃社会信用秩序的力度，有效整合监管资源、堵塞监管漏洞。公安、司法等部门协助银行加大对逃废债企业的曝光和打击力度，提高企业或债务人违法逃债成本，增强对金融违法的震慑力。

多管齐下实施"凤凰计划"[1]

浙江是经济大省，也是上市公司大省，境内上市公司数量居全国第二。截至 2017 年 11 月 14 日，我省境内上市公司 406 家，占全国上市总数的 11.85%，并呈现出五个特点：一是从总体看，近年来企业上市提速增量明显加快；二是从构成看，在深交所上市比重占据独特地位；三是从全国看，中小板、创业板上市公司数量仍有差距；四是从省内看，上市公司地区分布不够平衡；五是从行业看，中小板、创业板分布较为分散。

浙江金融改革和资本市场起步早、发展快、力度大，上市工作一直领跑全国，近期又出台了全省《推进企业上市和并购重组"凤凰行动"计划（2017—2020）》。为增强"凤凰计划"实施效果，结合深圳考察，建议：

[1] 本报告主执笔人王小玲、吴红梅、应瑛、张丽珍，成文于 2017 年 11 月 23 日，原标题为《推进"凤凰计划"实施的几点思考——赴深圳考察有关情况及建议》。

一、聚焦产业结构优化升级实施"凤凰计划"

今天的上市融资结构，就是明天的产业结构，直接影响浙江未来的区域经济核心竞争力。"凤凰计划"要在全国乃至全球产业结构优化升级的大背景下推动实施，不仅要注重上市企业数量，还要注重上市企业质量，更不能为上市而上市。要把优化产业结构作为"凤凰计划"实施的重要切入点，进一步突出产业发展重点，着重面向符合国家发展战略、产业带动性强（产业规模大、产业链长）、投资强度高（资本密集型、技术密集型）、在我省能形成产业集群优势（集群优势、产业链优势）的新兴产业梯队，开展上市培育辅导。加大对八大万亿产业的培育力度，做大做强浙江特色产业、优势产业，加快形成以信息经济为主导、高端制造业和现代服务业为主体的现代产业结构。通过优化上市企业结构，促进土地、资金、人才、科技等资源要素，向关键领域和重点产业集聚，培养一大批具有长远发展竞争力的优质上市公司群体。

二、注重"两手抓"实施"凤凰计划"

（一）一手抓存量

推动我省上市公司做强做优主业。一是引导上市公司注重主业发展，优化激励机制，鼓励通过再融资、实施并购重组等方式，不断巩固和提升上市公司行业地位与影响力；二是引导上市公司通过买壳重组、资产置换等方式，"腾笼换鸟"转换主业，有效利用资本运作，实现产业优化升级；三是鼓励上市公司剥离非主业（辅业）实施资本运作，通过资产置换或增发换股等方式，既能让原有上市主体更加专注于主业，提升专业发展能力，又能让辅业争取上市融资，形成新的专业化发展子公司。

为鼓励上市公司发展，建议对完成现金再融资的上市公司（含新三板、区域性股权交易中心），根据净融资额给予 1%~2% 的奖励，其中按一定比例奖励给公司高管团队；对上市公司实施资产注入的，按注入资产的评估值，给予 0.5%~1% 的奖励，并按一定比例奖励给公司高管团队。

（二）一手抓增量

坚持把企业上市梯队培育作为战略性重点来抓，建立上市后备企业信息库和拟上市企业台账，实行科学规划、动态管理，精心培育拟上市企业，落实推动企业上市扶持政策。

一是对具备一定利润规模（3000 万元净利润为基线）的省内未上市企业，择优筛选一批符合产业政策、主业突出、成长性好、发展潜力大的企业，纳入拟上市公司资源库进行培育。指定专人负责联系，一企一策、专项指导，引导企业结合自身发展战略，在主板、中小板、创业板上市和新三板、区域性股权交易中心挂牌。对具备一定规模的生态农业龙头企业给予扶持，积极创造条件推动上市。

二是加快推进国有资本上市。鼓励我省有条件的国有资本企业整体上市，暂时不具备条件的可推进子公司上市，或通过买壳上市。特别是要全面梳理全省国资掌控的上市公司壳资源，充分配置现有壳资源，尽早实现国资改革两个"75%"的既定目标。同时，鼓励未上市公司国资把非主业资产实现上市，鼓励上市公司把非主业资产与其他国资上市公司或民营上市实施资产置换或换股合并，不断提升国有资产的证券化比例。

三是鼓励辖区内资本并购非辖区上市公司。建议对浙江总部控制的非辖区上市公司，视同辖区内上市公司，一并享受各项优惠政策，通过筑巢引凤，增强浙商资本的掌控力。

三、全面提升实施"凤凰计划"的服务能力

强化学习，组织政府有关部门及（拟）上市企业，深入开展上市业务培训，建议邀请证券监管机构和上交所、深交所专家授课，在全省开展不同层次、不同对象的上市业务培训。通过学习培训，在政府有关部门打造一支熟悉资本市场、掌握法律法规的上市工作促进队伍，为企业提供高水准的专业服务；企业管理人员通过培训，不断规范公司运作，提升（拟）上市公司的治理水平，增强企业竞争力。完善省市县三级联动，推进上市服务体系。进一步健全部门参与、条块结合、上下联动的企业上市协调机制，建立企业上市全过程服务机制，帮助企业及时解决上市中的实际困难。以"最多跑一次"简化审批流程，为（拟）上市企业开辟"绿色通道"，提供点对点、个性化的精准服务。打造常态化路演平台，建议在浙江股权交易中心设立"路演"中心，为企业对接资本市场提供投融资路演服务，促进金融、产业深度融合，助推我省更多企业成功上市、做大做强。

制造业转型升级的"华鹰模式" [1]

传统制造业只有牢牢瞄准国内外市场需求，结合自身特点，转型升级，走不断创新之路，才能在未来我省工业经济重心的转移中抓住机遇，找到新的增长点。

1 本报告主执笔人夏阿国，成文于2018年1月15日，原标题为《制造业转型升级势在必行——浙江华鹰控股集团有限公司剖析》。

一、认清形势，小艇转大艇

浙江华鹰控股集团成立于1985年，是一家专业生产赛艇、皮划艇等水上运动器材公司，是全球最大的专业赛艇制造企业。该公司销售占全球赛艇市场15%~20%的份额，稳坐全球第一位的交椅。但是赛艇是奥运会项目，全球市场容量不大，只有2亿美元左右，虽然该公司市场占有量很高，但产值销售量不高，平均每年只有1300万美元左右。想要再扩大抢占市场确有难度。而全球游艇市场销售额每年达400亿美元左右，中国出口数额不到4亿美元，占1%，所以市场空间很大。赛艇是用高端复合材料制作，该公司拥有丰富的高端复合材料运用技术，特别在复合材料改性技术、共混技术及碳纤维运用技术上积累了丰富的经验。而游艇船体用的也是复合材料，用现有的技术转型到游艇产品是完全可行的。经过反复调研论证，2010年该公司毅然决定在杭州富阳东洲工业功能区再投资2.55亿元，新建游艇制造项目，形成年产300艘的生产能力。

二、招商拓市，畅通外销渠道

有了生产能力就得开拓市场，寻找销路，与全球最大的游艇销售公司美国MarineMax建立战略合作关系，迅速建立全球销售网络，现在在美国、澳洲、欧洲、新加坡等国都建立了销售网络，市场遍布全球。光美国市场每年订单就达60多艘，销售额3000万美元，每年还以40%的速度在加快增长。通过几年来不断地市场开拓，2015

至 2017 年公司游艇出口排名全国第一名。

三、注重研发，创立自主品牌

在省政府相关部门的大力支持下，2011 年该公司成立了华鹰船艇研究院，次年该研究院被认定为省级重点船舶研究院，也是浙江唯一一家以游艇研发、设计、建造的研究院。经过几年的努力，建立了一支国际化的研发团队。要突破国外游艇设计的垄断，实现模块化游艇设计制造技术，已具备年研发 1~2 款游艇设计能力；产品研发已覆盖巡航系列、水翼艇系列、公务艇系列、运动系列及高速艇系列。每年投入研发费用 1000 万 ~1500 万元；成功研发 Aquila38 英尺双体游艇和 Aquila48 英尺、44 英尺、36 英尺全新系列双体游艇；产品畅销欧、美、亚市场，并屡次获得国际大奖。

企业在全球注册自有品牌"Aquia"游艇，并连续五年成功参加全球最大最新技术游艇展示会——美国迈阿密游艇展。公司展示的"Aquila"游艇是唯一一家中国自主研发、自主品牌游艇，打破了中高端游艇制造由国外制造商垄断的格局。

四、引才引智，抢占创新高地

公司千方百计引进全球游艇界领军人物，被游艇业界称为"双体游艇船之父"的莱克斯先生聘为企业的策划和技术总指导；同时请来欧洲著名的设计师组成研发团队，专门从事创新设计，公司支付每位高端专家 50 万美元年薪。通过他们带来的新的理念和资源，实现了引进和培养的目标，进而让全公司最终实现了技术力量基本国产化的目标。

在产品定位上公司首先找准一种很有发展前途的"双体船"作为切入点攻关，接着又研发了一种很有动感，又前所未有的双体动力游艇产品。经过几年努力，研发成果初见成效并形成产业：A38、A36、A44、A48 游艇均通过国际 IMCI 机构 CE 认证。A48 双体混合动力游艇获得浙江省工业设计大赛产品类银奖和中国企业产品创新设计奖银奖；A48 游艇被美国权威游艇杂志评选为"永远改变了游艇行业"的全球最好游艇之一，同时被评为全球有史以来影响游艇产业发展的 90 款游艇之一；A44 游艇被美国业界主流媒体 (AIM Media) 评为年度最佳游艇，也是唯一获奖的双体动力游艇；双体动力游艇产品 2015 年被省政府认定为"浙江省首台套"产品。2017 年 10 月又成功研制国际先进、国内首创的收放式水翼游艇，节能效果达 20% 以上。

五、施展宏图，谋划智能制造

该公司已成功从制造"小艇"转型到制造"大艇"。目前企业努力创建国际知名游艇品牌，着手计划建设智能制造量产游艇工厂，从产品设计能力和服务能力、开拓商业领域、船舶制造能力和人力资源储备等四个方面加以提升：船型三维设计占比90%以上，船艇加工数字化占比达60%以上；运用互联网和大数据等技术打造可视化游艇工厂；引进自动化程度高的设备，如机器喷涂、自动切割设备，及微波扫描检测设备等；建立研发设计、生产管理、销售服务一体化软硬平台，及时反馈信息达到设计、建造、运营和维护一体化的效果，实现每72小时完成1艘游艇制造。预计到2026年年产游艇300艘，产值20亿元，跻身全球游艇制造业前十位。

中国船舶产业发展正朝着层次性和结构性转变，华鹰公司率先紧跟市场需求，从双体动力游艇细分市场入手，创造国际知名品牌，提升产品价值，从无到占有一席之地。

再创民企创新发展优势

浙江是民营经济大省，民营企业是浙江经济社会发展的主力军和生力军，民营企业家是浙江最宝贵的资源，民营企业强则浙江经济强。民营企业要率先强起来，必须加快民营企业创新发展，加快推动民营企业实现"质量变革、效率变革、动力变革，提高全要素生产率"，努力培育一批具有全球竞争力的世界一流企业。

1
本课题主执笔人程惠芳等，成文于 2017 年 12 月 12 日，原标题为《关于新时代再创浙江民营企业创新发展优势的函》。

一、浙江民营企业进入发展新阶段

（一）企业规模和发展水平进入新阶段

根据国家统计局数据，浙江民营企业数量从 2010 年 54.4 万家增加到 2015 年 116.2 万家，2015 年浙江民营企业数量居全国第二位。在中国民营企业 500 强排行榜中，浙江民营企业上榜数量一直居全国首位，大中型民营企业和民营经济发展水平居全国前列的地位相对稳定。

（二）企业技术创新进入新阶段

浙江民营企业技术创新发生明显变化，从原来以引进国内外技术进行消化吸收为主向自主研究开发技术转变，从模仿创新和技术改造为主向原始技术创新和自主技术创新转变。省级企业研究院从 2009 年 13 家增加到 2016 年 627 家，浙江民营企业特别是规模以上的工业企业创新投入水平居全国前列。

（三）企业产品创新进入新阶段

互联网和大数据技术的广泛应用，市场供求信息传递速度加快，市场需求快速变化，新产品生命周期缩短，企业进入加快产品创新阶段，浙江企业新产品产出能力持续增强。浙江规模以上工业企业新产品销售收入从 2000 年 509 亿元增加到 2015 年 18839 亿元，2015 年规模以上工业企业新产品销售收入居全国第三位。

（四）企业管理创新进入新阶段

浙江企业管理创新发展可以从上市公司快速发展中反映出来，从家族私人企业转变成上市公众企业需要一系列的管理创新。浙江上市公司快速发展，企业股权与债权融资均衡发展，企业融资结构不断优化，推动浙江企业管理创新加快发展，截至 2017 年 11 月底浙江上市公司数量在全国居第二位，反映出浙江企业管理创新水平居全国前列。

（五）民营企业创新水平进入新阶段

2000 年以来，浙江省研究开发经费支出持续较快增长，研究开发经费支出额从 33.3 亿元增加到 2015 年的 1011 亿元，居全国第五位。科技活动人员总数从 1.2559 万人增长到 48.9591 万人，居全国第三位。专利授权数量从 20.7495 万项增加到 2015 年 23.4983 万项，居全国第三位。高技术产业总产值从 528 亿元增加到 6700 亿元，在全国排名从第六位上升到第四位。

二、浙江民营企业创新发展面临新问题与新挑战

（一）民营企业创新发展很不平衡

企业创新发展分为三大类：一类是创新投入产出、营业收入和利润规模协同增长，创新成效显著，发展成为具有自主创新能力的创新型企业，如海康威视、大华股份、吉利集团、同花顺等。目前这类创新型企业总量和规模都还比较小，需要加大支持力度，加快推动具有自主创新能力企业发展。

第二类是创新投入和营业收入保持增长，但是盈利能力下降。一批行业龙头制造企业营业收入保持增长，但是利润增长没有与营业收入保持同步增长，盈利水平明显下降。这些传统制造企业迫切需要加快"质量变革、效率变革、动力变革，提高全要素生产率"，才能够实现可持续稳定发展。

第三类是创新投入、营业收入和利润都出现明显下降。如果不能够及时加快创新转型发展，实现新旧动能转换，一些传统制造龙头企业有可能在未来 5 到 10 年退出市场。

（二）大中型民营企业增长速度减缓，民营企业优势有所减弱

2010 年以来，浙江民营企业在 500 强排行榜中数量出现明显下降趋势，浙江从 2008 年 185 家下降到 2016 年 120 家，总数下降了 65 家。浙江部分企业在民营企业 500 强榜单中的排名明显后退。2008 年民营企业 500 强榜单的前 30 强企业中有 7 家浙江民营企业，到 2016 年这 7 家民营企业中只有海亮集团有限公司还在前 20 名单中。

（三）大型高技术领军企业发展相对缓慢

浙江大中型高新技术企业不仅数量比较少，而且高新技术企业单体规模与广东、北京、江苏等省市差距扩大。在信息技术、医药、电子通讯、计算机软件、航空航天等高新技术领域，浙江缺乏 300 亿以上营业收入的高技术产业企业。而广东千亿以上营业收入的高技术企业有 3 家：华为、TCL 集团和美的；广东有一大批营业收入 100 亿到 700 亿以上的计算机、通信和其他电子设备制造业企业。

（四）民营企业创新人才队伍结构不合理

浙江民营企业创新人才队伍结构仍然不太合理，第一代企业家中农民企业家多，科技企业家少。虽然第一代企业家进入代际传承重要阶段，接班的年轻人对金融业、文化产业和服务业感兴趣比较多，但科技型企业领军人才仍然比较少。浙江传统制造企业员工学历水平明显低于江苏、广东，本科以上员工比例则明显低于全国平均水平。

（五）营商环境不尽如人意

对民营企业创新发展约束因素调查显示，排在第二位的是创新资金缺乏，排第三位的是创新信息缺乏、创新方向不明，排在第四位的是创新政策支持力度不够和创新周期太长。

三、新时代再创民营企业创新发展优势的建议

（一）深化创新体制机制改革，再创民营企业创新活力新优势

深化创新体制机制改革，深化"最多跑一次"改革，在"着力营造依法保护企业合法权益的法治环境、促进民营企业与国有企业公平竞争诚信经营的市场环境"和营造企业创新竞争环境方面走在全国前列。依法保护企业自主经营权，各级政府、部门及其工作人员不得干预企业合法的生产经营活动；强化民营企业的创新主体地位，发挥市场在企业创新要素配置中的决定性作用，收入分配由企业自主决定，创新成果价

值和创新财富由市场机制调节。积极引导创新要素向企业流动和集聚，加快推动国家有关公平竞争的政策更好落地实施，坚定民营企业做强做大信心，稳定民营企业发展预期，再创民营企业创新活力新优势，加快发展一批有国际影响力的世界一流的创新型民营企业。

（二）激发和保护企业家精神，再创民营企业家队伍新优势

进一步弘扬优秀企业家精神，调动广大企业家积极性、主动性、创造性，更好发挥民营企业家作用。完善企业家激励机制，鼓励民营企业家持续加强技术创新、产品创新、管理创新、组织创新和文化创新，将创新创业作为终身追求。增强法律对企业家和创新者的知识产权保护和创新财富保护，树立和宣传创新企业家先进典型。各级政府要把加快优秀创新型企业家队伍建设、强化年轻一代科技创新型企业家的培育、加强对企业国际化人才培训列入党政主要领导的考核指标；建立顺畅反映企业生产经营真实情况的渠道，建立多种信息沟通途径，充分听取企业家的真实心声。加快培养造就一批能够把科学精神和企业家精神相结合的创新型企业家队伍，再创浙江民营企业家队伍新优势。

（三）增强自主技术创新能力，加快形成民营企业数字经济发展新优势

自主技术创新能力是民营企业强起来的重要技术支撑，支持民营企业加快省级和国家级企业研究院建设。加快建设一批互联网、大数据、人工智能和实体经济深度融合的示范企业，加强对民营企业人工智能核心产业的技术创新支持。努力在智能制造、智能医疗、智慧城市、智能农业、智能物流等领域取得突破性发展，力争民营企业的生产经营数字化、网络化、智能化取得明显进展，新产品、新技术、新模式、新业态不断形成新的增长点，加快提升民营企业智能化发展新优势，通过智能化发展提高民营企业质量和效益。

（四）加强对民营企业创新金融支持，再创民营企业创新经费增长新优势

省、市、县政府建立研究开发准备金制度，运用财政补助机制引导企业普遍建立研究开发准备金制度，对企业自主技术创新经费投入给予一定政府配套经费支持。加强创新创业投资引导基金、科技成果转化引导基金、创新人才基金建设。推广专利权质押等知识产权融资模式，鼓励保险公司为科技型中小企业知识产权融资提供保证保险服务；支持"互联网＋知识产权＋金融"发展模式，为创新型企业、创新创业团队提供更加高效便利的知识产权金融服务。持续优化民营科技型中小企业直接融资机制，积极支持创新型民营企业上市，稳步扩大创新创业公司债券试点规模。支持政府性融

资担保机构为科技型中小企业发债提供担保；鼓励地方各级人民政府建立技术创新风险补偿机制，再创民营企业创新经费增长新优势。

（五）开展"质量强企"行动计划，再创民营企业质量竞争新优势

加快建立健全质量激励制度，支持企业著名品牌建设，加快培育具有一流质量标准和产品核心竞争力的著名品牌样板企业。开展全面质量管理提升行动计划，强化企业家"以质取胜"的战略意识，促进企业加强质量创新管理，鼓励企业把产品和服务做精做细，以工匠精神保证质量、效用和信誉。吸收企业家、技术专家和经济管理专家参与"三名工程"的规划、计划、质量标准、技术标准等工作和有关政策制定工作，再创民营企业质量竞争新优势。

（六）改善企业营商环境，再创浙江营商便利化新优势

完善和深化商事制度改革，努力改善企业营商环境，提供更加高效便捷的工商登记服务，扩大在线服务内容，允许企业在线处理商业纠纷和知识产权纠纷。切实降低企业税费，最大幅度降低企业运营成本。加快完善办理施工许可证的制度和流程。建立支持中小微企业发展的信息互通互联机制。提高政府政策和办事流程的透明度，促进公平、高效和透明竞争规则的完善；提高政府治理能力现代化，建立政府和企业反腐内控的长效机制和体制，再创浙江营商环境和营商便利化新优势。

"产融结合"护航经济平稳发展 [1]

经济的繁荣离不开企业的繁荣，企业的繁荣更离不开金融的支持。近年来浙江经济"稳中能进"，金融业功不可没，特别是"产融结合"的创新发展，为全省经济平稳健康发展发挥了重要作用。主要体现在三个方面：一是促进龙头骨干企业成为经济发展的"定海神针"，包括力推龙头骨干企业对接多层次资本市场，帮助龙头骨干企业改善负债结构，发挥上市公司的创新优势，探索国有资产混合所有制改革新途径等；二是创新面向中小微企业的金融服务，包括率先推动私募股权基金大发展，创新民间投融资管理，加大并购重组力度，带动大众创业万众创新等；三是为产融结合提供优质的制度供给，包括规划建设"钱塘江金融港湾"战略平台，以特色小镇为载体搭建科技创新与金融资本的桥梁，培育建设一批新型金融要素交易市场等。

1 本报告主执笔人包纯田、马欣雅、阎逸，成文于 2017 年 6 月 7 日，原标题为《浙江经济"稳中求进"金融业功不可没》。

"金融活，经济活；金融稳，经济稳"。浙江要"走在前列、勇立潮头"，必须把金融产业放到更加重要的战略位置。新的发展阶段，新的战略任务和目标，需要用新的理念和新的工具、方法来保障。推进更高层次上的产融有机融合，促进金融更好地服务实体经济，必须坚定不移走市场化、专业化和国际化路子。企业始终是主体，产业始终是根基，市场始终是环境。产业永远是产融互动的基础与依托。当前国际国内经济金融形势复杂，要准确把握浙江经济金融新方位，增强金融服务地方经济发展的主动性，提高服务实体经济的精准性，并加强自身风险防控。

一、进一步培育和壮大上市公司

在深入了解上市企业发展过程中在体制机制、政策方面的需求和拟上市企业在上市过程中遇到的相关问题的基础上，出台新一轮支持企业进入资本市场的扶持政策，并对重点企业进行跟踪服务和帮扶推动，如针对实施股改到上市挂牌期间企业经济负担加重的实际，财政激励政策的"关口"适当前移。促进上市公司在并购重组推动产业转型升级和企业"走出去"方面发挥引领作用，借鉴国外成熟市场的经验，在机制、产品、服务、管理上大胆创新，在并购重组实现形式、支付手段等方面创新，增强对上市公司并购重组的服务能力。将境外并购项目回归纳入浙商回归支持范围。加强与中央部门、央企、金融机构、国内外知名中介机构的联系，争取更多省外资金、项目、渠道等资源参与浙江省并购重组工作；邀请国外投行、专业投资机构带领境外企业和项目来浙江省对接。

二、推进各级金融控股公司积极开展产融对接

充分发挥各级金融控股公司在统筹、协同各类金融资源和要素交易方面的优势，通过统筹银行贷款、信托计划、资管计划、保险产品，以及政府产业引导基金、私募股权基金、互联网金融产品等多种形式，多方募集社会资金，投入支持实体经济，将资金与当地优质资产和项目实现对接，促进地方经济转型发展。一方面省属国企的金控平台，要围绕集团主营业务打造直投产业链、培育新兴产业，另一方面对各级政府控股的金控平台，要建立健全产融对接考核机制，积极引导各类金融资源进行产业投资，特别是要为资产规模小、担保能力不足的新兴行业提供资本支持。

三、促进金融与高新技术产业融合发展

促进金融与高新技术产业深度融合，建立钱塘江金融港湾与城西科创大走廊之间的联动发展机制；支持天使投资机构和创业投资机构与创业孵化平台开展合作，为科研机构科技成果转化和产业化提供资金、平台与业务等组合支持。引进硅谷银行等国外先进银行，争取成立具有一级法人资质的地方性科技银行。加快推进以商业银行为主的科技金融专营机构和投资功能子公司建设。支持银行与创业投资、产业投资基金组成投贷联动战略联盟，实现贷款、投资联动。建立财政科技经费与创业投资协同支持科技项目的机制，实行科技金融创投联动补助，鼓励科技企业、科技项目积极引入社会资本。推进组合金融服务模式创新，鼓励银行针对科技成果转化和产业化项目与担保、融资租赁、保险、股权投资等机构合作，推出组合融资产品。

四、强化各级政府的金融风险防控责任和能力

加强各级政府责任意识，地方金融风险由地方政府负责。加强对企业债券、政府性融资平台、法人金融机构以及跨市场交叉性金融业务等信用风险防范，强化风险监测预警。依托大数据战略重点实验室浙大基地，积极探索大数据下的金融生态变革，打破信息壁垒，建立跨行业的金融大数据联防联控机制。推动信贷及准信贷资产证券化，搭建银行与资本市场的连接通道，使存量资产、资本市场、货币市场相互融合，提高金融资产处置效率，维护地区金融稳定。

加大企业减负政策力度 [1]

为了解当前我省企业减负政策效应的实际情况，省咨询委专题调研组先后赴杭州、台州、嘉兴、衢州、绍兴、温州等地，深入企业一线，与企业负责人、财务人员等进行了详细交流。调研发现，企业减负降成本需求与政策供给之间存在着不平衡不充分的矛盾，降低税费、社保缴费、物流成本等政策力度尚不到位，优化实体经济发展环境仍有空间。

[1] 本报告主执笔人舒蛟靖、马欣雅、姚海滨，成文于 2017 年 12 月 13 日，原标题为《关于进一步加大我省企业减负政策力度的几点建议——"减轻企业负担、优化实体经济发展环境"调研之一》。

一、企业减负政策"力度不到位"的主要表现

（一）降低税费政策力度不到位

一是税费减免力度较小。台州某小微企业反映，虽然企业已享受到所得税 20% 的政策优惠，但所缴税费基本上与利润持平甚至高于利润，减税的幅度跟不上企业盈利下降的幅度。从全省来看，2016 年规上工业企业税金仍占利润 63.7%（见图 1），企业的纳税痛苦感较高。涉企税费种类较多、部分税费不合理等问题依然存在，省发改委和经济信息中心的调研报告显示，某食品企业仍需要缴纳 18 大类共 300 多项费用。二是"营改增"尚不完善。抵扣链条还没有完全打通，增值税进项抵扣不充分，税负沉淀为企业的实际负担。如衢州某农副产品企业反映，其原材料大多来自农户，没有进项税发票。三是企业还存在重复缴费现象。如衢州某食品企业需按照用水量单独核算缴纳排污费，同时仍另外缴纳排污费，并且企业每隔几年还需购买排污指标，给企业带来较大负担。四是对"夹层企业"政策供给不足。目前各地对龙头企业或高新技术企业都出台了激励性的政策，对小微企业也出台了一些扶持政策，但对中间的"夹层企业"缺少实质性的优惠政策。台州某医药企业反映，作为地区人均效益、人均利润、人均贡献最高的企业

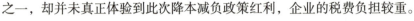

之一，却并未真正体验到此次降本减负政策红利，企业的税费负担较重。

图1 2014~2016年浙江省规上工业企业利润和税金对比图

（二）降低社保缴费政策力度不到位

虽然我省下调了企业社保缴费费率，但下调幅度低于广东、江苏，调整后我省企业要缴纳的"五险"社保费率仍占工资总额的27.5%，高出广东近5个百分点（见图2）。同时，不少企业是按最低缴费基数缴纳社保，随着最低缴费基数的上调，抵冲了费率下降的效果，企业实际缴纳社保费用仍然在上升。如杭州市企业2017年度比2016年度给员工缴纳社保的最低费用每月增加近100元（见图3）。台州某食品企业反映，"当前企业承担的社保缴费负担丝毫不亚于税费负担"，社保缴费比重已占到利润的25%左右。

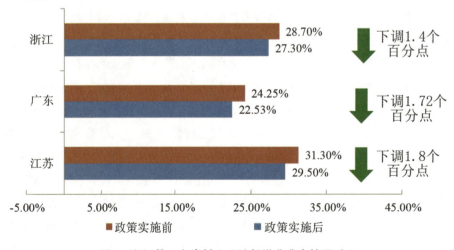

图2 浙江等三省降低企业社保缴费费率情况对比

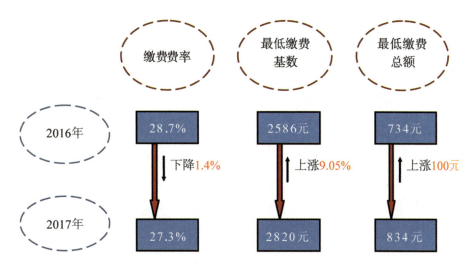

图 3　杭州市 2016 年度与 2017 年度企业社保缴纳情况对比

（三）降低物流成本政策力度不到位

虽然我省出台降成本政策，加快建设智慧物流体系，但目前商贸物流企业拥有标准化托盘和货架的企业比重不到 50%，导致上下游企业标准不衔接，降成本政策效应难以显现，物流成本仍然处于高位。如省商务厅调研报告显示，某医药企业所销售的某药品毛利率仅为 3.50%，而物流费率已达 4.21%。此外，我省对办理并适用高速公路货车非现金支付卡的货运车辆实行"车辆通行费按现行标准优惠 3%"的政策，而广东力度更大，实行"通行费八五折优惠"。

二、进一步加大企业减负政策力度的几点建议

（一）加大企业减税降费力度

一是深度清理规范重点领域环节涉企收费。在清理整顿中，对符合规定但重复交叉的项目要予以合并，征收标准过高的要降低标准，加强对涉企经营服务收费目录清单管理，加大对停止收费项目落实督查力度，建立企业减负长效机制，防止乱收费问题反弹；对中介服务机构收费进行全面梳理清理。二是加大"营改增"政策推进力度，全面打通企业抵扣链条，加强对不同行业营改增进项税抵扣的重点辅导。不断完善"互联网＋营改增"信息管理系统，按照行业分类搭建营改增专项管理云平台，帮助不同企业顺利实现"营改增"的平稳过渡。三是尽快弥补对"夹层企业"减负降本的政策空白。考虑将市场占有率、企业贡献率等作为鼓励实体企业发展、制定优惠政策的指

标之一。对符合我省产业导向的企业放宽研发费占销售额的比例、放宽研发人员占全部职工人员的比例等要求，使具有一定研发和创新能力的"夹层企业"能享受到低税率的优惠。

（二）加大减轻企业社保负担力度

一是研究制定社保缴费基数和费率变动联动机制，统筹考量企业社保缴费负担。根据国务院印发《划转部分国有资本充实社保基金实施方案》的有关精神，积极推进我省国资划转社保工作，进一步充实社保基金，为减轻企业社保负担腾出空间。二是推动有条件的市开展用人单位失业保险浮动费率试点，在确保失业保险基金收支平衡的前提下，对一定时期内不减员或者少减员的用人单位，可以适当下浮费率。三是对缴纳保险费、转岗培训和技能提升培训等进行补贴，如对认定的困难企业且裁员率低于一定水平的，可按照上年应缴失业保险费总额的一定比例予以补贴。

（三）加大降低企业物流成本力度

一是加大对民营物流企业在"财政、税收、融资、土地、基建、税费减免"等方面的支持力度；建立农产品电商配送车辆信息系统，通过车辆统一标识和诚信记录等方式，免除农产品配送车辆空车的过路过桥费。二是规范公路收费管理，如山东省在全面取消二级公路收费项目的基础上，逐步取消了一级公路收费，进一步放开公路运输市场价格，完善主要由市场决定公路运价的机制。三是出台促进跨境电商物流便利化专项政策，进一步完善货物通关有关政策和制度设计，实现电子口岸结汇、退税系统与电商平台、物流等系统的有效对接，减少跨境电子商务配套物流企业不必要的制度成本。

将企业减负政策落实到位 [1]

一、企业减负政策"落实不到位"的主要表现

（一）宣传不到位，减负政策获知难

虽然各级政府出台了众多惠企政策，但企业知晓度不高，未能享受到一些税收优惠、财政奖励、补贴及融资等政策。如杭州市对 1000 多家服务业企业调查显示，企业对人才公寓、大学生公寓等人才房政策知晓度很低，实际享受的更少（见图 1）。调研组在某县级行政服务中心也未发现企业减负政策相关的宣传信息，工作人员针对类似"大学生创业"等企业优惠政策也表示不熟悉、不清楚。

1

本报告主执笔人马欣雅、舒蛟靖、姚海滨，成文于 2017 年 12 月 14 日，原标题为《关于进一步落实我省企业减负政策的几点建议——"减轻企业负担、优化实体经济营商环境"调研之二》。

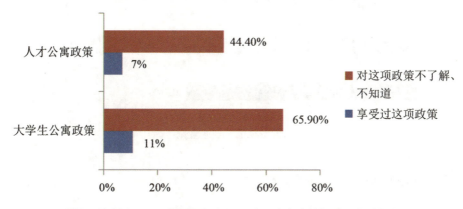

图 1　杭州市 1000 多家服务业企业对人才房政策知晓及享受情况

（二）服务不到位，减负政策办理难

台州某企业反映，现在是"门好进、脸好看、事不办"，政企关系"看似近了，实

际远了"。某行政服务中心负责人表示，部门舍不得把素质强、业务精的同志派到前台，大部分窗口是下属单位人员或是临时工，业务水平参差不齐，对很多政策的学习和解读不够，很大程度上影响了企业政策咨询的体验度和办事效率。此外，部分政策申请程序复杂，如嘉兴某企业反映在申请享受人才补贴等政策时，由于对办理程序不熟悉，为享受政策往往还要跑好多次。有些事情干脆通过"黄牛"（中介）办理更加省事，这也变相增加了企业的制度性交易成本。

（三）细则不到位，减负政策落地难

如在企业融资方面，由于缺乏针对性强的实施细则，金融机构落实减负政策时"新瓶装旧酒"，客户准入门槛并未实质性下降。与江苏等省相比，我省规上工业企业财务费用率[1]偏高（见图2）。小微企业融资成本更高，台州某企业反映，银行对小微企业贷款附加条件较多，不但贷款利率要上浮30个百分点左右，还要求追加房屋等其他财产作为抵押物；如果抵押物较少，在支付正常利息的同时还要承担10%的担保费用。还有企业家反映，部分金融机构还要求企业经营者的个人财产用于"加保"。民间借贷由于附加条件少、审批快且灵活，成为小微企业重要的融资渠道，浙江省民间借贷监测利率显示，2012~2016年民间借贷利率虽有下降，但仍是同期贷款基准利率的3.5~4倍（见图3）。

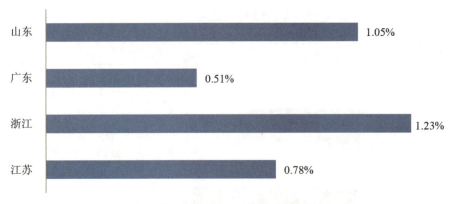

图2 浙江等四省份规上工业企业财务费用率对比

（四）执法不到位，减负政策兑现难

如在产权保护方面，由于诉讼周期长、举证难，以及法院判决后的执行难、赔偿低等问题导致企业超高的创新成本。杭州某科技型企业反映，利润空间较高的新产品被

---

[1] 财务费用率是指财务费用与主营业务收入的百分比。财务费用是指企业在生产经营过程中发生的筹集资金产生的费用，主要包括利息收入支出、汇兑损失、手续费和其他费用。

仿冒问题突出，并且由于判决后执法效率低、执法难等问题，事后向法院起诉的比例很低。导致企业只愿从事短期的、浅层次的研发创新，新产品的生命周期一般只有 4~5 个月，绍兴柯桥纺织品的创新生命周期甚至只有半个月，这类创新很容易被模仿，缺少市场竞争力。

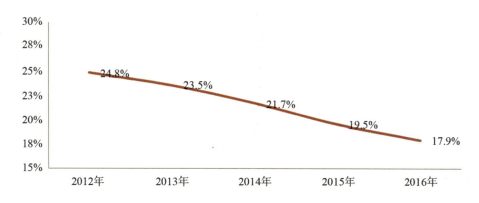

图3 浙江民间借贷利率走势

二、进一步加强企业减负政策落实的几点建议

（一）加强政策宣传，让企业及时了解减负政策

一是借鉴天津市经验，开发降本减负政策信息推送平台，依托政务服务网站开设"降本减负政策一点通"专栏，形成平台流程图、服务清单示意图，方便企业政策咨询做到一键直通、高效便捷。二是推进降本减负政策梳理归类。建立省市县三级联动的政策体系，采用"政策包＋政策服务清单模式"，在我省出台一系列降本减负"政策包"基础上，按照政策实施对象和各部门工作权责等进行分类梳理，形成"政策服务清单"，方便不同类型企业对应查找。

（二）提升服务效能，让企业方便享受减负政策

一是着力降低企业制度性交易成本，结合"最多跑一次"改革，进一步推进行政审批机关职能归并，实质性推进"两集中、两到位"，确保将部门审批事项和权限集中到行政服务中心窗口办理。建立健全干部容错机制和正面激励考核机制，激发政府部门干部勇于担责、为企业办事的积极性。二是推进"最多跑一次"改革向行政审批中介服务机构延伸。创新优化中介服务机制，实行一次性告知、限时办结、收费公开、职业公示、报告复审等制度，制订中介服务事项清单，实行动态管理，做好与行政审

批事项衔接，完善中介服务市场准入和退出机制，建立信用评价和奖惩机制。

（三）提高可操作性，让企业感受得到减负效果

一是组织开展金融服务专项检查，重点排查"企私捆绑""以存转贷""收顾问费"等不合理收费，禁止以任何方式增加企业贷款成本。二是健全融资风险补偿与风险分担机制，通过设立知识产权质押融资风险补偿基金、加快建设中小微企业信息信用平台，提高小微企业信息透明度，完善小微企业贷款风险补偿和信用担保代偿补偿机制等方式，有效降低企业融资成本。三是加快发展普惠金融。探索把政府数据平台与阿里数据平台进行有效对接，打造更可靠的企业信用评价体系，为企业提供更快捷、更低成本的融资服务。四是完善政府融资担保体系、信用补偿机制、转贷资金基金等制度，提高扶持力度，避免一味将小微企业融资问题推给银行。

（四）完善产权保护，让企业稳定获得减负红利。

一是以"打造知识产权生态最优省"为目标，着力解决知识产权侵权成本低、维权成本高问题。充分利用与国家知识产权局建立合作会商工作机制的有利条件，结合数字经济发展新形势，开展打击知识产权侵权专项行动，遏制互联网领域假冒侵权违法犯罪行为。加快建立侵权惩罚性赔偿制度，在优势产业聚集地区创新知识产权保护机制，拓宽快捷、低成本的维权渠道。二是推动知识产权管理体制改革。推进知识产权执法重心下移，充实基层知识产权执法力量，改善基层知识产权执法工作条件，提高执法力度和执法效率。总结推广杭州、新昌、长兴等地开展的（专利、商标、版权）"三合一"综合管理改革试点经验，加快将专利行政执法纳入综合行政执法领域。三是积极处理社会反映强烈的侵害企业家产权纠纷，推动涉产权冤错案件甄别纠正工作尽快取得突破，帮助受侵害者挽回损失。加强对小微企业的法律援助，提高企业纠纷案件的执行效率，避免因执行时间过长影响申请执行的企业正常生产经营甚至导致资金链断裂等情况发生。合法合理处置"职业打假人"恶意投诉举报等行为，加强典型案例的正面宣传，切实减少企业陷入不必要的法律纠纷或"赢了官司，垮了企业"的现象发生。

加强企业减负政策供给[1]

当前，企业减负降本需求与政策供给之间存在着不平衡不充分的矛盾，对企业公共服务、原材料、房租、土地利用、高端要素获取等方面减负政策供给尚不到位，进一步优化实体经济营商环境仍有空间。建议：

[1] 本报告主执笔人马欣雅、舒蛟靖、姚海滨，成文于2018年1月25日，原标题为《关于进一步增加我省企业减负政策供给的几点建议——"减轻企业负担、优化实体经济营商环境"调研之三》。

一、进一步改进企业公共服务供给

一是推进降本减负需要的各项"硬"设施建设，如高起点提升信息基础设施，积极推进第五代移动通信（5G）和超宽带关键技术研究，超前布局下一代互联网，全面向互联网协议第六版（IPv6）演进升级，加快建设全光网省。

二是进一步优化企业降本减负的"软"环境。加强各领域重大改革试点、重大战略、重大项目的联动和集成，用改革的办法清除企业减负的"绊脚石"。建立健全企业资产类的环保投入奖补制度，通过税收优惠、创新补贴、人力资源培训等措施，刺激企业进行环保技术创新，减少企业技术创新成本，提高企业环保技术创新成功率。

三是鼓励发展第三方的方案解决供应商，以共享经济思维方式，降低企业成本。借助大数据，推进物流资源共享，包括车辆运力、货源信息、仓储空间等，降低企业物流成本。

二、努力帮助企业控制原材料成本

一是完善我省价格监测分析预警机制，推进市场价格指数体系建设，及时准确掌握原材料及其他重要商品价格波动，建立健全价格专家咨询库，提升价格分析研判水平，及时预警市场价格苗头性、趋势性问题。

二是鼓励并支持企业改善成本管理，通过专家授课、先进企业示范、财政奖补等方式，积极引导企业采用多种方式组合，主动有效地应对原材料价格上涨。

三是完善市场价格监管机制，加强对各类原材料非理性价格上涨的监管，抑制和分散涨价因素，控制流通环节利润过高，严防违法和不正当涨价行为，及时曝光和制裁价格垄断行为。

三、积极应对企业房租、土地成本上涨

一是建立房地产价格跟踪机制，加强对重点城市的监测，当价格出现异常波动等情况时，及时采取警示函、约谈等监督措施，及时预调微调，确保房地产价格控制在合理区间。

二是借鉴深圳市经验，采取临时干预措施应对租金上涨过快现象，由各市发布租金指导价，根据指导价确定合理租金，引导租金定价合理。

三是探索工业用地的租赁办法，依据不同产业灵活采取弹性出让年限、只租不让、先租后让、租让结合、分期供应等多种方式供应土地，推进标准化厂房建设，降低企业初始用地成本，推进低效存量工业用地再利用，缓解工业用地供需矛盾。

四是提高企业的组织化程度、系统化结合，充分利用各市县的开发区平台引导企业抱团合作，推动产业链上下游配套、大中小企业协同、跨行业跨界融合互补发展。在园区发展规划上适当向小微企业倾斜，鼓励产业链上下游配套企业入园，以"园中园""准园区"等方式解决小微企业发展中存在的土地空间制约、升级难等突出问题。

五是推广杭州市建设临时租赁房的思路，利用闲置的公共用房、学校、企业厂房、集体宿舍、市场等建筑改建为外来务工人员租赁房，引导社会投资主体将城镇中的"烂尾楼"、闲置厂房、事业单位改制后腾出的办公用房等改造为企业员工租赁住房，降低企业员工租房成本。

四、着力降低企业获取高端要素的成本

一是充分利用杭州城西科创大走廊、钱塘江金融港湾等高能级平台，集聚科研、人才、金融等高端要素。

二是利用浙江自由贸易试验区等政策优势，努力降低上市公司等龙头企业集聚国际高端要素的成本。将境外并购项目回归纳入浙商回归支持范围，鼓励通过并购、重组、参股等多种方式高水平嫁接国外高端产业、高端要素，全面参与国际分工合作和资源全球化配置。

三是通过税收减免、人才经费奖励等方式激励企业充分挖掘现有人才的潜能，为企业高层次人才队伍建设做深"人才蓄水池"。帮助企业低成本柔性引才，依托大数据、云计算等信息技术，建立"新型灵活就业云人才库"，为各类企业主体与灵活就业者提供全国甚至全球范围的精准对接、远程匹配。

五、建立动态监测机制，及时了解企业对减负政策的诉求

一是建议由有关部门牵头，组织专家研究编制实体经济企业运行成本指数，及时了解和把握新情况下企业运行成本的变动情况，形成动态监测指标体系，并分析引发企业成本变动的主要原因，为完善降本减负政策提供科学依据。

二是及时收集企业的发展诉求，建立政策实施反馈机制和企业降本减负投诉平台，构建全面、完善、反应迅速的企业成本诉求信息管理系统，建立查漏补缺和回应诉求的快速反应机制。

三是建立省级企业信息直报点机制，在全省范围内选择具有代表性的企业作为长期、稳定的跟踪调查对象，并不定期地对入选企业进行优化调整，及时掌握企业发展过程中遇到的新情况新问题。

让企业"换羽再生"[1]

一、从化工小厂到制药巨人再到亏损边缘

海正药业诞生于 1956 年，前身是一家生产樟脑丸的化工小厂，自 20 世纪 70 年代进入制药领域；1998 年实现了企业首次改制，注册资本 9.66 亿元，2000 年发行 A 股上市，属于国有控股上市公司，主要从事化学原料药和制剂的研发、生产和销售业务，并已形成了化学药、生物药、大健康三大业务群，营销网络覆盖全球

> [1] 本报告主执笔人杨小苹，成文于 2018 年 7 月 4 日，原标题为《关于加快推进海正药业体制机制改革的几点建议》。

70 多个国家和地区，销售规模超 100 亿元，位居国内工业制造 500 强之列。

早年间，海正药业实力强大，曾与恒瑞等知名药企齐名，并凭借"国有的'帽子'、民营的机制"和制药国际化战略取得较为快速的发展，一度成为中国最大的抗生素、抗肿瘤药物生产基地之一和医药企业国际化的全国标杆性企业；"海正模式"也因此闻名业界并受到温家宝总理的充分肯定。但自 2012 年开始，海正药业开始进入拐点，当年公司净利润从此前的 5.04 亿元下降至 3.01 亿元。特别是 2016 年以来，归属于上市公司股东的净利润出现暴跌。据海正药业财报显示，2015 年、2016 年、2017 年，扣除非经常性损益后海正药业实现净利润分别为 –13906 万元、–28334 万元、–1769.9 万元。目前，海正药业市值只有 150 多亿元，远逊于 2710 亿元的恒瑞医药，业绩差距悬殊。

二、海正药业最大症结在于体制机制改革的滞后

一是两大国有股东"抢儿子"，企业沦为"夹心饼"。海正药业是一家国有实质性控股的上市企业。目前浙江海正集团有限公司（椒江区国资占 40% 股份）持股 33.22%，浙江省国际贸易集团有限公司（省属国有企业）持股 8.96%。但在企业改制等重大决策上，两大股东各持己见，互不相让，导致企业错失良机，发展举步维艰。

二是决策缓慢、程序冗长，企业在创新竞争中受束缚。在现有产权体制下，企业较重大事项均需逐级向相关股东和政府部门层层申请、汇报，决策缓慢，效率低下，导致海正药业在高度专业化与市场化的行业竞争中处于相对不利地位。很多战略方案、国际合作项目等因体制问题而推进缓慢或搁置，许多由海正率先提出和布局的想法与思路，却因不能真正落地实施而被同行企业捷足先登。

三是经营班子未持有上市公司股份，经营决策话语权缺失。海正也曾借国内深化体制机制改革之东风，多次开展了股权改革的探索，但都未获得成功，至今海正没有人在上市公司持股，也未实施股权激励。而与海正药业同时期上市的恒瑞医药，目前核心团队已实施了三轮股权激励（股价打 5 折），实际控制人间接持股 21.69%。20 世纪 90 年代与海正药业发展路径相似的石药集团，通过联想控股作为战略投资者的引入和转让退出，也实现了"核心管理团队控股"，实际控制人高管直接＋间接持股达到 30.6%；团队持股 31.62%。目前，两家企业受益于体制机制优势，发展势头良好，已将海正远远甩在后头。

四是员工激励方式不够合理，人才流失问题突出。到目前为止，海正没有一名员工在上市公司持股，老员工在集团的持股也没法流通；在当今"薪酬＋股权"的模式下，员工激励方式与范围矛盾凸显，严重阻碍员工激励约束长效机制的发挥，2004 年集团改制效果大打折扣。受到激励机制不合理以及高薪低收（高达 45% 的个税）等因素影响，近三年公司员工流失率高达 30%，其中已有 30 多位高管及高级技术骨干流向民营上市公司，摇身一变为"千万富翁"，严重动摇在职员工"军心"。海正亟待理顺相关激励和约束关系，推动研发团队和销售团队从"挣工资"向"挣股票"转变。

三、几点建议

一是加大政府指导协调力度。海正药业曾是我国"内学海正、外学印度"的全国医药企业的典型标杆，建议由省政府领导出面进行协调，或组成工作组进驻海正，帮助海正抓住浙江"凤凰行动"的有利机遇，对现行体制机制进行全面梳理与改革，把这面标杆旗帜在浙江大地上重树起来。

二是改革现行国有控股经营体制。建议在国家全面深化国有企业改革及国家新一轮机构调整大背景下，大力支持海正药业所有制改革。借鉴恒瑞医药、石药集团实施管理层 MBO，国有转民营，给企业更多的经营自主权。通过员工持股，形成良好的激励机制，稳定员工、激发潜力，促进公司更快更好地发展。

三是支持和推进生物药等优势业务板块重组。生物药是海正的优势业务和新的增长点，从 2003 年开始布局的单抗药物，经过十几年的研究开发，现有 1 个品种上市，

7个品种分别处于临床一二期研究中，预计今年再报产1个，跻身国内生物药行业第一方阵。许多产业基金非常看好这块业务，但生物药是一个高投入、高产出、大风险的产业，特别是临床研究和硬件设施投资大、审批时间长，把关很严，持续巨额现金投入给海正带来了巨大的资金压力。最近，香港出台鼓励大陆生物药企业去香港上市融资的新政策，允许未有盈利的生物科技公司上市，这对海正生物产业来说是个千载难逢的机遇。如果海正生物药能在香港和上海交易所上市，此举不影响台州当地的营收和税收贡献，重组的唯一目的就是加快海正单抗类生物药的上市步伐。建议省政府开个口子，同意以"海正生物制药有限公司"为主体进行单抗类生物药资产的内部重组。对重组过程中涉及的土地、房产分割、独立办证过户、无形资产转让等，给予支持和相关的税收优惠。

社保征收新政下的企业减负 [1]

根据《国税地税征管体制改革意见》，2019 年 1 月 1 日起，社保费缴纳将由税务部门统一征收，这项新政将有力推进我国社保征收的规范化。我省民营中小企业量大面广，由于合规上缴缺口较大，将会对其用工成本、员工收入等带来较大影响，主要表现在：一是不少企业用工成本大幅增加，一些企业生产经营将陷入困

[1] 本报告主执笔人舒蛟靖、林忠伟、夏谊，成文于 2018 年 9 月 19 日，原标题为《社保征收新政对我省企业的影响及建议》。

境；二是部分企业员工实际收入不升反降，可能导致一些企业员工队伍出现不稳；三是企业税务风险与劳资管理风险上升，部分企业考虑提前裁员减负。建议：

一、落实中央精神，确保总体上不增加企业负担

一是加强政策宣传，"劲可鼓而不可泄"，面对中美贸易争端、国内外需求不振等错综复杂的国内外经济形势，各地党员干部要主动深入企业，积极宣讲习近平新时代中国特色社会主义思想和国务院有关会议精神，消除企业顾虑，坚定发展信心。同时，积极帮助企业解决一些实际困难，如：结合政府数字化转型，开发降本减负政策信息推送平台，依托政务服务网站开设"降本减负政策一点通"专栏，方便企业政策咨询做到一键直通。

二是出台实施意见，稳定企业职工心理预期，如：对符合我省产业发展导向的企业，不强制要求补缴过往应缴而未缴的社保。研究相关政策，降低企业职工因社保足额征缴而导致的实发工资下滑幅度。对于在原居住地参加城乡居民基本养老保险和城乡居民基本医疗保险的员工，允许其不再重复参加所在地企业的社保，等等。

三是深度清理规范重点领域环节涉企收费，对符合规定但重复交叉的项目要予以合并，征收标准过高的要降低标准，加强对涉企经营服务收费目录清单管理，加大对取消停止收费项目落实督查力度，建立企业减负长效机制，防止乱收费或集中征收的

问题反弹。

四是帮助重点产业、重点企业控制原材料成本，对八大万亿产业和"凤凰行动"计划等重点扶持企业受原材料价格上涨冲击的情况，以财政补贴等方式进行帮扶，并引导企业通过采用先进管理技术、加大技改力度、组建产业联盟向供应链上游拓展延伸、利用期货市场套期保值等方法，积极应对。

五是对符合我省产业发展导向的企业放宽研发费占销售额的比例、放宽研发人员占全部职工人员的比例等要求，使具有一定研发和创新能力的"夹层企业"能享受到低税率的优惠。

六是探索将工资、社保纳入增值税抵扣范围，使企业增加的用工成本与减少的增值税相冲抵，以激励企业如实申报个税和社保。

二、加强政策设计，进一步降低企业社保支出

一是研究制定社保缴费基数和费率变动联动机制，统筹考量企业社保缴费负担。认真落实国务院《划转部分国有资本充实社保基金实施方案》的有关精神，推进我省国资划转社保工作。

二是推动有条件的市开展用人单位失业保险浮动费率试点，在确保失业保险基金收支平衡的前提下，对一定时期内不减员或者少减员的用人单位，可以适当下浮费率。

三是对缴纳保险费、转岗培训和技能提升培训等进行补贴，如对认定的困难企业且裁员率低于一定水平的，可按照上年应缴失业保险费总额的一定比例予以补贴。

四是做好外资各类奖补政策与社保政策的整合衔接，如整合鼓励外资企业创新投入政策和社保政策，针对研发投入高、创新活力强的外资企业，给予一定比例的社保缴纳返还或阶段性降低相关企业的缴费比例。

五是发挥小微企业园的积极作用，为企业提供法务服务、财务管理、社保申报缴纳等运营服务。

三、提高服务水平，保障社保新政顺利实施

一是加快"互联网＋社保"建设，将社保相关的各项事务全部纳入网上办理。

二是完善我省居民社保省内迁移的政策，推进全省各地的社保制度衔接，创新大数据管理方式，不断丰富社保"一卡通"内涵，全面开通社保卡异地就医结算、退休待遇发放等功能，提高员工的参保意愿。

三是增强税务部门柔性执法、人性化执法，对于部分企业的实际困难能够给予一定的缓冲期。

四、加快转型升级，鼓励发展新型灵活就业模式

一是针对灵活就业人员实行弹性的社保政策，及时研究制定适合新型灵活就业者的社保制度。采取多种手段，适当降低缴费比例，建立更加便捷的缴费方式及续保、转接、补缴等方法。

二是完善灵活就业者的基本社会保障。目前灵活就业者只能参加"五险"中的养老保险和医疗保险两种，要加快研究灵活就业者参加失业、生育、工伤等社会保险的制度设计。

三是积极探索灵活就业者的补充性保障。借鉴发达国家经验，支持社会组织成立第三方的自由职业者社保中心，为灵活就业者特别是一些高层次的自雇型灵活就业者提供分级分档或可量身定制的退休计划、社保套餐。

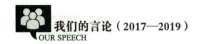
"稳企业"：推进高质量发展 [1]

2019 年以来，浙江坚持稳中求进工作总基调，突出稳企业、增动能、保平安，全力打好高质量发展组合拳，随着各项改革措施和减税降负政策落地，企业发展活力得到释放，当前经济运行的总体态势好于去年四季度，实现平稳开局。但受国内外宏观经济形势错综复杂等多方面因素影响，我省经济在新旧发展动力转换的

1

本报告主执笔人马欣雅、舒蛟靖，成文于 2019 年 3 月 25 日，原标题为《落实"两会"精神 加快推进高质量发展》。

"衔接期"存在一些值得关注的问题：一是经济运行有回暖迹象，但部分指标分化明显；二是投资增速高于全国，但企业投资仍然谨慎；三是惠企政策提振信心，但政策落地亟待加强。建议：

刚刚结束的全国"两会"部署了减税降费、解决融资难融资贵、加大财政扶持等支持中小企业发展的系列重大举措，进一步释放出鼓励民营企业加快发展的强烈信号，省"两会"也明确了以"稳企业"为重点的经济工作任务，浙江经济开局良好。全省上下务必要抓住当前有利时机，大力推进经济高质量发展。

一、以不折不扣贯彻落实中央决策部署为重点，把各项政策措施抓实抓好

习总书记强调，"有了好的决策、好的蓝图，关键在落实。"党的路线方针确定之后，干部就是关键因素。要强化狠抓落实的责任意识，把抓落实作为衡量管理各级干部是否讲政治、是否有责任感、是否有执行力的重要标志。以深化"最多跑一次"改革为统领，各级领导要宣传党的路线方针，检查政策落实情况，分工帮扶困难企业，切实增强企业获得感。总结推广温州建立产业政策奖励兑现系统、开启惠企直通车的做法，使企业在网上就可以申请享受优惠政策。结合国家小微企业普惠性减税、增值税税率下调、减轻企业社保负担等政策，进一步明确我省的操作细则、政策兑现时间。

深入调查研究，"零距离"问计于基层和企业，对于企业反映的问题及时予以修正。加强形势的预判，注重政策前后衔接，尽量避免政策突变，维护企业正常生产经营秩序。

二、以提升竞争力为重点，促进高端要素向优质企业流动

按照大型企业做优做强、中小型企业整合提升、不符合产业发展要求的企业淘汰出清的原则，将有限的要素资源集中到优质企业，推进企业集约发展、规模发展。将推进企业"科创板上市"作为"凤凰行动"的新抓手，在"凤凰行动""雄鹰计划"已摸排出的重点企业清单基础上，选择科技含量高、发展潜力大的企业作为科创板后备企业，加快上市业务培训和精准金融服务。高水平推进"万亩千亿"新产业平台建设，结合"放水养鱼""种草引马"的发展理念，高水准优化营商环境、完善服务功能，吸引各类优秀人才创新创业，进而集聚高端产业，使之真正成为我省全面优化调整生产力空间布局，加快实现新旧动能转换的核心平台。发挥上市公司在行业并购重组中的龙头作用，确立大企业在国内以至全球产业链和价值链治理的领导地位，着力培育本土"跨国公司"，形成由大企业领导的分工配套体系、外包体系和创新体系，以此带动中小企业转型升级，更好地融入国际产业分工体系。

三、以优化投资结构为重点，加快补齐重点发展领域"短板"

围绕长三角一体化等国家战略和我省"四大"建设，谋划一批补短板、惠民生、增后劲的重大项目，争取纳入国家"十四五"发展重大项目库。结合我省新型城市化进程，鼓励实施 XOD ＋ PPP 等投融资模式，引导社会资本以交通、城镇、生态等基础设施为导向进行城市片区综合开发。加快以高速信息网络为代表的"新基建"投资，全面开展"城市补强、农村除盲、海岛补点"工程，加大制造业技术改造和设备更新；加快 5G 商用步伐，加强人工智能、工业互联网、物联网等新型基础设施投资建设。放宽民间资本准入，加快研究制订鼓励和引导民间资本投资"新基建"等领域的政策意见和实施细则。加大对教育、养老、健康等民生领域的"补短板"投入。在符合绿色发展理念的前提下，加大对 26 个加快发展县的交通、农田、水利等基础设施投资支持力度，引导财政扶持资金投向改革创新的新领域和关键性环节与龙头性工程。

加强民营企业人才政策供给 [1]

在当前经济全球化、社会信息化、文化多元化的趋势下，民营企业的转型发展对人才的供给提出了新要求：一是对新技术和新兴产业的高层次人才需求明显上升；二是急需国际化人才推动企业"走出去"的步伐。近年来，我省各地相继出台了系列人才新政，激发了人才活力，但仍然存在民企人才政策缺乏鲜明导向，民企

1

本报告主执笔人胡青、徐志宏、夏谊，成文于 2017 年 9 月 20 日，原标题为《进一步强化民营企业人才工作的建议》。

高层次人才团队建设缺乏有力的政策供给，人才生活服务缺乏健全的保障机制等问题。为此提出以下几点建议：

一、发挥市场资源配置作用，进一步拓宽民企引才聚才渠道

一是加快引进、培育包括高端猎头公司、中介组织在内的行业针对性强、服务目标明确、专业化程度高的引才机构，精准对接民企对于新兴产业高层次人才的具体需求。通过设立专项奖励等方式，激发专业引才机构吸引海归人才、高端人才、行业紧缺人才的积极性。

二是深化校企合作、政企合作。通过建立紧密的产学研用合作平台，引导高端人才与民企建立长期合作关系，推动民企人才培养、项目研发和成果转化水平；通过建立政企合作引才基地、研发飞地、民企博士后工作站等，强化民企在引才中的主体地位，提升平台引才效能。

三是加大以才引才力度。鼓励行业领军人才及其核心团队成员发挥自身的人脉优势和专业技术优势，发挥桥梁纽带作用，为民企推荐、吸引优秀人才和项目，进一步拓宽民企引才渠道。通过建设企业大学、搭建高层次人才互动平台等方式，促进高层次人才之间以及与本土优秀企业家之间的交流与合作，实现引进人才与本土民企人才共生共长、互补互促。

四是通过税收减免、人才经费奖励等方式激励民企充分挖掘现有人才的潜能，畅通企业内部人才供给的渠道，为民企高层次人才队伍建设做深人才"蓄水池"。

二、深化民企人才政策研究，进一步突出政策的导向性

一是突出产业导向。围绕民企转型升级需求，聚焦重点新兴产业，推行多样化、差异化的人才政策；通过设立民企人才创业创新政府引导基金等方式，带动社会资本、金融资本投入民企人才发展新领域，促进人才链、创新链、产业链、资本链的有机衔接和良性互动。

二是在民企中建立健全人才项目的试错容错机制。对于有潜力但未能如期完成的项目应适当延长考评期，健全后续资助机制；对于失败的项目要建立健全退出机制，通过项目人才按产业需求重新组合，延续人才待遇等方式，营造惜才留才的良好氛围。

三是满足人才对社会荣誉、职业发展前景等方面的高层次需求。除了物质激励之外，还需给予民企人才个人和人才团队政治荣誉、精神激励与人文关怀，切实增强民企人才的获得感和对地区文化的认同感；通过宣传优秀民企人才事迹，弘扬爱国报国精神，促进人才个人价值的实现与社会经济发展的有机统一。

三、创新民企人才奖评机制，进一步增强选才的灵活性

一是探索建立政府、第三方组织及企业多方联动的人才评价机制，在评价指标的设置上，应根据市场需求、行业特征，加大人才品德、能力、贡献、业绩等指标的权重，通过企业推荐、第三方组织评审、政府认定等方式，进一步将人才评价的话语权放归用人主体。

二是要进一步破除学历、论文、身份等限制，开通民企人才职称评定的"绿色通道"，让民企中的研发、专业技术、经营管理等人才以及现行人才目录难以界定的"偏才""专才"都有机会获得相应的人才奖励、项目资助。

三是在开展享受国务院特殊津贴专家、百千万人才工程等人选推荐工作中，应向民企适当倾斜，确保民企人才占有一定比例。

四、改进民企人才服务方式，进一步优化人才工作生活环境

一是明确人才服务的权力清单和责任清单。落实"最多跑一次"改革的相关要求，通过开发政企互动平台、"一站式"的企业人才服务平台等方式，促进人才服务工作的

数据化、信息化、在线化。

二是充分发挥民企体制机制灵活的优势，对于行业紧缺人才、高端人才、高技能人才打造个性化套餐式的服务，如对人才实行股权、期权奖励等；对民企已有的人才政策落实情况加大督查力度，确保人才工作生活优惠政策切实落地。

三是打造国际化的人才社区。围绕国际化城市的建设目标，杭州、宁波等中心城市应加快推进国际化的医疗、教育、社保、交通等公共服务体系的建设，方便外籍高端人才来浙工作生活。

四是提供更加完善的教育、住房等配套服务。对高层次、行业紧缺人才子女就学要加大政策优惠力度，进一步缓解民企人才子女的就学压力；在住房上，住建、园区等部门要加强关于民企人才住房政策研究，建议根据地区实际加大住房补贴力度、探索政府与民企合作开发、优质房定向租赁等多种方式解决人才住房难的问题，提升人才生活质量，使民企人才能全身心地投入创业创新工作中。

如何保持工业发展的"韧劲"[1]

2018 年以来，我省以高质量发展组合拳为抓手，兴实体、强实体，工业生产保持较快增长，2018 年 1 至 8 月规模以上工业增加值增长 8.0%，比全国平均高 1.5 个百分点，充分显示了我省工业的韧劲，为全省经济稳定发展奠定了坚实的基础。同时也要看到，受国内外各种因素的影响，工业高质量发展面临不小压力，需

[1] 本报告主执笔人舒蛟靖、林忠伟，成文于 2018 年 10 月 8 日，原标题为《当前影响我省工业高质量发展的问题及对策》。

要引起关注：一是从市场角度看，国际国内市场均面临较大挑战；二是从发展动能看，新兴产业的引领和支撑作用有待加强；三是从产业层面看，部分重点行业存在较大压力；四是从经营成本看，部分企业受困于原材料价格上涨；五是从企业类型看，小微工业企业面临较多困难；六是从发展预期看，部分企业家对政策变化较为担忧。建议：

一、增强民营企业发展信心

一是坚定支持工业经济发展。根据习总书记关于"党中央毫不动摇支持民营经济发展"的最新讲话精神，建议省委、省政府通过召开企业家座谈会、加快制定出台高质量的减负降本政策，坚定支持民营工业企业发展。

二是持续减轻工业企业负担。积极贯彻落实国家新近出台的企业减负政策，结合我省实际，帮助企业降低总体成本。深度清理规范重点领域环节涉企收费，防止乱收费问题反弹。

三是加强正面宣传力度。如相关部门应及时向社会说明因统计口径调整等情况引起的统计数字变化，针对有较大波动的统计数值，要及时做好原因分析，防止被媒体错误解读，影响企业家心理预期。

四是进一步完善政务服务。打好一般企业投资项目开工前审批"最多跑一次""最多 100 天"的改革硬仗。总结推广台州黄岩区工业企业服务直通车做法，打造互通式

服务机制、一站式服务体系、妈妈式服务模式，及时解决工业企业面临的发展难题。

二、提高工业企业应对国内外市场风险的能力

一是结合政府数字化转型，为企业建立信息直报通道。有关部门要建立帮扶台账和联络员制度，精准为广大中小企业提供热点领域、重点行业、关键产品的国际国内需求情况信息；对阿根廷、土耳其等高风险市场及时发布预警信息，指导企业准确研判市场形势并制定商业预案以降低市场风险。

二是结合深化义乌国际综合贸易改革试点，积极引导企业逐步摆脱代理包销的出口方式。鼓励企业通过并购、自建等方式，在国外拓展品牌、营销网络、研发等机构，实现价值链的延伸。对出口美国的商品，可转经香港、新加坡、马来西亚等地规避关税。

三是完善价格监测分析预警机制。推进市场价格指数体系建设，及时准确掌握原材料及其他重要商品价格波动，建立健全价格专家咨询库，提升价格分析研判水平，及时预警市场价格苗头性、趋势性问题。引导企业通过采用先进管理技术、加大技改力度、组建产业联盟向供应链上游拓展延伸、利用期货市场套期保值等方法，积极应对原材料价格上涨。

三、加快培育壮大工业发展新动能

一是推动工业数字化转型。加快工业互联网建设，推广智能化生产、网络化协同、个性化定制、服务化延伸等新模式，促进"两化"深度融合发展，大力培育发展智慧产业，推动工业制造向关键材料和器件等价值链高端攀升。支持直接为制造企业服务的公共服务云平台、工业大数据平台、工业互联网平台、工业云平台、工业物联网基础平台建设，积极发展网络威客、零工经济、众包设计、众筹设计、工业网络协同设计等工业设计新模式。

二是强化前沿技术研究储备和产业转化。依托浙江大学、之江实验室等，在信息网络、生命科学、纳米科技、区块链等前沿科技发力，出台专项支持计划，培育新兴行业独角兽企业，为下一轮科技产业转化储备技术资源。

三是落实资源要素差别化配置政策。完善"亩产论英雄"机制，制定实施差别化能源管控办法，结合"标准地"建设试点推广，倒逼高能耗、低产出的企业转型升级。

四是优化工业布局。结合"大湾区""大都市区"建设，突破行政区划限制，重点集成环杭州湾区区位优势、港口优势和创新优势，统筹生产力和创新要素布局，充分发挥国家自主创新示范区的服务和政策便利，打造长三角南翼高新技术和战略性新兴

产业创新高地。

四、加强对重点产业发展的引导

一是推进制造业向产业链高端迈进。结合机械工业调结构促转型增效益、重点产业培育示范、"三名"企业培育等工作，引导全省汽车、光伏等行业加强核心技术研发，如战略性汽车产业（氢燃料电池汽车）、高端光伏产业（薄膜发电）等，防止高端产业低端化。

二是引导部分行业企业加强与日本和非洲国家等的合作。把握中日关系改善新机遇，加强与日本在节能环保、新能源汽车、智能汽车等高端制造领域的合作。结合中非合作最新成果，合理引导我省汽车行业企业在非洲谋划建设汽车产业基地，鼓励有条件的企业可以建立完整的销售、配件供应、维修、汽车保险、金融等服务产业链条。

三是完善支持时尚制造业发展的政策。针对当前消费个性化、多样化等特点，引导时尚制造业企业积极运用互联网、大数据等技术对接市场需求。支持高校、行业协会和龙头企业等组成时尚制造业产学研用联盟。

五、加快小微工业企业转型升级

一是引导小微工业企业开展数字化改造。如采取服务券补助方式，对小微工业企业"上云用云"费用按标准予以奖补。积极培育一批技术和商业模式领先的行业性、功能性工业互联网平台服务商，为小微工业企业提供高效服务。

二是积极推进小微企业工业园建设和老旧工业点改造。总结推广台州小微企业工业园建设改造经验，不断优化生产配套服务、生活配套服务、政策咨询服务、人才科技服务等功能，为小微企业提供生产安全、配套齐全、服务高效的发展平台。探索针对不同类型的小微企业园给予特殊的社保政策，对符合条件的入住企业给予阶段性降费。

三是加强小微工业企业融资服务。健全融资风险补偿与风险分担机制，通过设立知识产权质押融资风险补偿基金、加快建设小微企业信息信用平台建设，提高小微企业信息透明度，完善小微企业贷款风险补偿和信用担保代偿补偿机制等方式，降低企业融资成本。扩大小微企业直接融资，加大对经营效益好、偿债能力强的小微企业直接或集合发行企业债券的支持力度。建立小微企业差别化监管机制，提高对小微企业贷款的不良率容忍度。

着力发展先进制造业 [1]

全球金融危机爆发以来，美国突出实施复兴制造业战略（亦称"再制造业化"），其规模与声势前所未有。这既是应对金融危机的重要举措，也是对过去多年产业服务化、金融化思潮的重大调整。主要从三方面推进：政府着力支持发展先进制造业；大规模开采和廉价供应非常规油气资源；引导制造业跨国公司回归和再投资。

1

本报告主执笔人周必健，成文于 2017 年 12 月 4 日，原标题为《从美国战略行动看浙江发展先进制造业之紧要》。

美国政府明确了支持发展先进制造业和先进制造技术的重点领域。包括：清洁能源产业，新能源汽车，生物制造和生物信息学，3D 制造和自动化，先进的传感、测量和过程控制技术，先进材料的设计、合成与加工，可视化、信息学和数字制造技术，纳米制造，可持续制造，柔性电子制造，累计制造，先进制造和测试设备，工业机器人，先进成型和合成制造等。

为切实保障复兴制造业和发展先进制造业，2010 年以来美国国会出台了几部重要法案。即《美国复兴和再投资法案》《制造业促进法案》《美国竞争授权法案》（被认为是美国 21 世纪发展创新经济的重要里程碑），《美国发明法案》《国家制造业战略法案》《美国制造业竞争法案》等。

美国政府支持发展先进制造业，主要采用间接干预手段。美国政府部门强调，应当避免产业政策，但必须有创新政策；不是有选择地培育产业或公司，而是创造支持先进制造业创新的条件。创新政策致力于实现以下目标：美国提供最好的商业环境；确保人才资源和强大的新技术在本国开发；完善有利科技型企业快速发展的基础设施。

美国发展先进制造业的战略思维、突破路径、重点领域和主要措施，给我们带来诸多启示。从浙江实际出发，着力形成先进制造业的发展优势。

一、坚持"八八战略"，深入建设先进制造业基地

2002 年 12 月 2 日，习近平同志在省经贸委调研时作了重要讲话。他强调指出："工业发展是经济发展的主要支撑，也是一产、三产和城市化的基础。""我完全同意把建设先进制造业基地作我省今后五年乃至更长时期发展经济的全局任务、主要方向、发展工业的重要手段和重要着力点。这一思路，完全可以叫响，如果我们不成为先进制造业基地，那么舍我其谁呢？"

2003 年 6 月 24 日，在省委、省政府召开的全省工业大会上，习近平同志作了《坚持走新型工业化道路，加快我省先进制造业基地建设》的主报告。他强调指出："没有强大的制造业的支撑，我省经济就不可能长期保持快速发展，更不可能提前基本实现现代化。建设先进制造业基地，是推动浙江经济更快更好发展的潜力所在、希望所在。"

建设先进制造业基地，这是在全国最早确立的发展先进制造业战略，具有高度的前瞻性和先行性。这一战略确定，切合了浙江制造业发达的特色优势，体现了浙江现代化建设的发展主线，把握了经济全球化和国际制造业的发展主流，突出了发展先进生产力的关键点。十多年来的战略实施取得了丰硕成果，浙江正扎实地从制造大省向制造强省迈进。

处在新时代，面临新工业革命和全球产业变革，面临制造业重新成为国际竞争焦点，面临国家实施建设制造强国战略，我们必须不辱使命，以"舍我其谁"的战略定心和不懈努力，深入建设先进制造业基地。

二、坚持走新型工业化道路，加快发展先进制造业

坚持走具有时代特征和浙江特色的新型工业化道路，实施好建设先进制造业基地的战略任务。重点走好以下四条新路子：

一是走好信息化带动工业化的新路子。全面推进制造业信息化，积极培育"互联网＋制造业"新模式，促使生产经营方式根本性变革。牢牢把握智能制造主攻方向，大力实施智能制造工程，提高制造业数字化、网络化、智能化水平。

二是走好创新驱动为导向的新路子。充分利用人才第一资源，不断激活企业家的创新精神，着力发挥企业的创新主体作用。大力开发应用先进制造技术和先进制造模式；加快推动低层次产业向高技术含量、高附加值、高成长性的产业升级。

三是走好绿色发展的新路子。坚持"绿水青山就是金山银山"的发展理念，注重实施绿色制造工程，加快形成资源节约型、环境友好型的产业结构和生产方式。

四是走好制造与服务协同发展的新路子。努力发展现代服务业，推动生产型制造

向服务型制造转变，提高经济运行效率；以大规模的流通带动大规模的生产，以现代化的流通带动现代化的生产。

三、坚持体制创新，优化先进制造业发展环境

加大经济体制改革力度，为发展先进制造业提供切实保障。坚决破除各方面的体制机制弊端，真正使市场在资源配置中起决定性作用，激发新的经济活力。进一步削减政府过多的资源配置权和对微观经济的干预权，不断完善市场规制和市场环境。推进国有企业改革，拓展民营经济发展空间。深化教育和科技体制改革，为制造业提供更好的创新资源。支持发展以制造业为主体的实体经济，坚决抑制社会资本"脱实向虚"。按照供给侧结构性改革的要求，进一步推动政策、资金、技术、人才等要素汇聚到发展先进制造业中去。树立放水养鱼意识，有效降低制造企业成本。

大力振兴中医药产业 [1]

中医药已有 3500 年以上的历史，为中华民族的繁衍昌盛和人类健康作出了不可磨灭的贡献。浙江是中医药大省，历代名医辈出，流派纷呈，学术繁荣，涌现出了钱塘、越医、永嘉等著名流派，以"浙八味"为代表的浙产道地药材享誉海内外，胡庆余堂更是全球华人品牌。

本报告主执笔人陈意、舒蛟靖、姚海滨、阎逸，成文于 2017 年 6 月 14 日，原标题为《关于推动我省中医药振兴发展的建议》。

目前，浙江中医药总体发展水平已走在全国前列：拥有公立中医院 96 家，民营中医院 80 家，实现县县有中医院；中医总门诊人次、出院人次和国家级中医药重点学科、重点专科数量均位列全国前三名，国家三级中医医院数量位居全国第一；4 家中药制药企业入围全国中成药工业主营业务收入 50 强，3 家入围全国中药饮片工业主营业务收入 30 强；百令胶囊、康莱特注射液单品种销售超过 10 亿元，浙贝母占全国总量 90%，杭白菊占近 50%，铁皮石斛、西红花、灵芝等浙产特色药材在全国占优势地位。

虽然浙江中医药工作取得长足发展，但也面临一些新情况、新问题。一是中西医并重落实不到位，中医院和西医院在规模、用地、设备等方面存在明显差距；二是中医药人才短缺，基层中医药人才匮乏，名中医后继乏人，团队尚未形成；三是道地浙产中药材品种少，龙头企业少。为此，建议：

一、大力发展中医药健康服务业

发展中医药健康旅游。推进中医药与旅游深度融合，尽快推出浙东、浙南、浙西、浙北、浙中中医药特色旅游路线，开发中医药观光、文化体验、养生体验、特色医疗、疗养康复、美容保健、购物等旅游产品。

发展中医药养生服务。普及情志调摄、饮食调养、生活起居、运动健体、穴位按摩等中医养生方法，引导城乡居民应用中医药养生保健知识，开发以经络理论为指导的中医养生保健器械和以中药材为原料的保健食品、药膳产品，创建中医药养生小镇和中医药养生基地。

发展中医药养老服务。全省 60 岁以上老年人占户籍人口 20% 以上，其中失能、半失能老年人占老年人口 7.5% 左右，要大力推进中医药医养结合，支持公立中医院通过特许经营等方式，与民政部门合作，新建、托管、协作举办非营利性医养结合机构。

发展中医药文化产业。目前浙江省在全国率先编制《中医药与健康》小学教材并纳入课程体系，对小学生了解中国传统文化，提升健康素养等具有重要作用；应将中医药文化知识纳入初中、高中课程，编制中医药初中和高中教材。同时，要全面梳理丹溪学派、钱塘流派、永嘉医派等历代浙江中医学术流派理论，继承并加以推广。

支持杨继洲针灸康养城建设。2022 年是"针圣"杨继洲诞辰 500 周年，衢江是杨继洲故里，衢江区已成功获得 2017 年首届世界针灸康养大会举办权和世界针灸康养大会常设会址，并在积极筹建中医针灸传承创新试验区和杨继洲针灸康养城。建议省政府在 2022 年组织召开杨继洲诞辰 500 周年纪念大会，将中医针灸传承创新试验区项目列入省重大建设项目，将杨继洲针灸康养城纳入浙江省特色小镇名单。

大力发展以中医药为特色的康养小镇。按照养生理念，依托自然禀赋，以有利于自然资源存量增加和资源生产率提高为前提，发展中医药产业为特色的健康养生小镇。桐庐健康小镇要以"桐君"国药文化为依托，充分利用区域内优良的生态环境和健康产业基础，发展健康养生养老、健康旅游、中医药保健、健康管理等健康服务业，打造"宜居、宜业、宜养、宜游"的"四宜小镇"。仙居神仙氧吧小镇等特色小镇要积极挖掘本地中医药特色，引进国内外高端资源，整合医疗机构、养生保健机构、养生保健产品生产企业等资源，打造特色品牌。

二、提升中医药服务能力

加强中医药人才队伍建设。人才是中医药发展的第一资源，与兄弟省份相比，高层次人才数量存在一定差距。省委省政府应加强中医药人才工作，定期开展省级名中医评选和表彰，实施中医药传承和创新人才工程，打造一批省国医名师，培养一批中医药领军人才和骨干人才；要加强院校培养，重视师承教育，重视基层中医药人才培养；要大力发挥浙江省名中医研究院作用，整合优质资源，做好人才"传、帮、带"。

加强公立中医院建设。目前县级中医院与县级人民医院相比，规模仅为 1/3 左右，医疗用房仅为 1/7，中西医并重未得到很好落实，存在"一条腿粗、一条腿细"现象。要坚持中西医并重工作方针，加强县级中医院规范化、规模化建设，使县级中医院与同级别人民医院规模相当。

加强中医药科技创新。这几年，我省中医药科研工作取得较好成绩，但中医药科研工作碎片化、零散化问题较为突出。加强省中医药研究院能力建设，使其科研实力跻身全国前列；开展对肿瘤、肾病、风湿免疫性疾病、血液病等重大疑难疾病中西医协同联合攻关；推动重大中药新药创制。

鼓励社会办中医。支持经营规范、信誉良好、服务优质、特色鲜明的中医门诊部发展，打造连锁机构和知名品牌；在医疗保险等方面应与公立医疗机构同等对待。

三、做大做强中药产业

开展中药资源普查。浙江省中药材野生资源流失严重，省内 2000 多种中药材资源中，已有 100 多种中药植物成为濒危资源。中医药管理部门要组织开展中药资源普查，摸清家底。

引导农民科学种植。我省中药材种植效益基本稳定在 0.8 万~1 万元 / 亩，有效促进了山区农民增收和当地经济发展。要加强中药材规范化、规模化种植，指导农民合理科学使用农药、化肥，推行生态化、清洁化生产。

巩固"浙八味"传统优势。开展"浙八味"优质药材道地性成因研究，申报注册"浙八味"区域性地理标志证明商标，强化品牌产品保护，不断扩大"浙八味"品牌的影响力。

新推浙产道地药材。道地药材是优质中药材的代名词，中医药管理部门会同有关部门，以中医长期应用疗效为依据，遴选浙产道地药材品种，明确道地药材生产区域。

四、打造浙江特色的民族医药发掘、保护、传承、创新示范工程

以"集约化发展"实现民族医药资源的可持续利用。建立"民族医药资源可持续发展和利用系统"和"民族医药资源保护工程中心"，开展相关基础研究。

以"整体品牌"建设提高民族医药核心竞争力。增加民族医药产品的科技含量，努力达到国际药品质量标准，提供质量可靠的优质产品，突出民族药特色，把独有的民族医药文化内涵融入其中。

以"组织管理现代化"促进民族医药集约化。建立现代市场经济体系的运行机制和组织管理体制，满足产业现代化发展的需要，特别是要通过深化管理体制改革，改变现行体制制约。

力促企业创新发展[1]

企业已经成为浙江技术创新的主体，2017 年浙江企业研发经费支出、研发人员占全社会的比例分别达到 91.5%、91.7%。科技部《中国区域创新能力评价报告 2018》显示，浙江企业创新能力排名第 3 位，但潜力指标排名第 21 位，还存在一些制约企业创新的关键问题：一是领军型创新企业培育进程较为缓慢，二是产业结构调整偏慢影响企业创新的层次和水平，三是中小企业创新缺乏有力的政策支持，四是对企业创新所需的高端要素供给不足。建议：

1 本报告主执笔人马欣雅、舒蛟靖，成文于 2019 年 1 月 31 日，原标题为《进一步促进浙江企业创新发展的几点建议》。

一、进一步加强领军型创新企业的培育力度

加大"国高"创建力度。加强顶层设计，面向未来制定"国高"培育目标，建设省地联动的培育库，运用大数据手段，对入库企业作好统计分析、异常监测和在线调研，力争"国高"数量年均增速不低于全国，进一步缩小与粤苏等地的差距。

培育国家重点产业和关键领域的创新骨干企业。聚焦国家核心技术攻关，探索利用"揭榜挂帅"的机制，引导企业参与和突破关键领域的核心技术，形成核心技术攻关的长期投入制度，完善核心技术攻关的基础条件保障，构建由国家实验室、国家技术创新中心、产业创新中心、产业创新服务综合体等构成的技术攻关集群。

强化培育技术型"独角兽"企业。精准对接省内数字技术、人工智能、生命科学、金融科技等相关优势产业，通过实施"独角兽培育发展工程"，将各区域范围内的科技企业通过"创业企业—瞪羚企业—独角兽企业"的发展链条，培育成为掌握核心技术、有竞争力的独角兽企业。

二、以产业结构调整提升企业创新活力

深入实施数字经济一号工程。加快培育以大数据、云计算、集成电路、物联网等为重点的数字经济产业集群，并加强相关产业的服务配套，围绕产业搭建创新交流平台，帮助企业了解行业的国内外动态，推动企业创新发展。

将数据资源加快转变为创新要素优势。发挥我省在电商、视频安防、健康医疗等领域的长期积累，厚植数据基础，根据用户数据画像，推动企业产品创新、服务创新。借鉴英国强制科技巨头共享数据地图的经验，建立数据信托，将来自物联网和传感器的实施数据与初创企业共享，方便小企业获得创新信息。

引导开展前沿科技领域联合攻关。结合之江实验室、西湖大学、阿里达摩院等重量级研发机构建设，积极争取一批创新型重大产业项目在浙江落地应用，鼓励企业推进核心部件和关键技术共同研发攻关。借鉴瑞士发放专项券经验，针对当前我省"卡脖子"的高新技术领域发放专项创新券，适当扩大支持范围、提高支持额度。可由多家企业利用单一创新券组成联合券，解决企业创新的共性问题。

加快推进产业结构调整步伐。加快淘汰落后产能，建立"压减"与"新增"引导对接机制，完善产业结构调整负面清单，鼓励支持资源要素盘活再利用，打造产业结构调整盘活信息服务平台。

三、扩大企业创新支持政策的惠及面

实施大中小企业创新融通发展行动计划，培育优质企业集团，强化产业链创新的上下游支撑，引导中小企业专注于细分领域，加强主业创新，创新政策实施向中间产品、前端技术转移，培育一批小巨人企业和单项冠军企业。

加强对非科技型中小企业的创新支持。建立健全各类园区对企业的遴选机制，将更多具有创新精神的非科技型中小企业纳入其中，并根据非科技型中小企业的创新需求拓展产品创新、服务创新、模式创新等服务模式；探索更多提高传统行业企业创新能力的服务项目，引导非科技型中小企业重视流程再造、模仿创新和反求工程，提高柔性，满足多样化的客户需求。

四、加强对企业创新高端要素的供给

加强人才引育。对标深圳高层次海外留学人才计划，大力推广"引荐制"，广泛招引技能型、管理型、投资型和外籍人才。鼓励高校与企业共同培养高层次创新人才，

把产业化成效作为考核标准，培养"产业博士生"。

完善金融支持。积极争取国家投贷联动试点，鼓励各市县设立专利权质押融资风险补偿基金，促进专利质押融资和专利保险业务开展，面向创新创业做活间接融资。发挥钱塘江金融港湾金融资源集聚效应，鼓励创办专业的科技金融机构，扩大对科技型中小企业的服务范围，壮大科技保险、科技担保等服务领域。依托基金小镇吸引领先的创投基金机构总部落户，谋划建设国家创业投资试验区，营造包容审慎的创投基金监管环境。

构建全球协作竞争的开放创新平台。建立自主创新示范区和自贸试验区的"双自联动"机制，构建科技创新和金融服务、高技术产业和贸易物流对接、研发成果转化等一系列联动平台，将自贸区已探索实现的投资便利化、贸易便利化等措施扩大到自创区建设中，将自创区促进创新发展的举措应用到自贸区中。

强化企业与高校、科研院所精准对接。推动高等学校、科研机构、工业企业、软件企业共建跨企业、跨领域网络协同创新设计中心。采用"实体＋联盟"形式，依托龙头骨干企业，联合科研院所建设多功能新型研发机构。

实体企业优化升级四策 [1]

贝因美公司于 2011 年在深交所挂牌上市，是我国婴童产业的领跑者，其生产的贝因美奶粉是我国市场占有率前三甲中唯一的本土奶粉品牌。早在 2013 年底，该公司就开启了"二次创业、转型升级"之路，确定"业务转型、流程再造、体系重构、文化重塑、团队重建"的优化升级目标。其主要做法有：一是不断提升跨国经营能力，二是不断加强与国际知名企业的精准合作，三是不断推动"互联网＋"和"智能制造"，四是不断完善食品质量安全信息追溯体系建设，五是不断探索商业新业态、新模式，六是不断加大研发创新力度。目前，该公司已基本完成第一阶段的战略转型，2017 年被美国哈佛大学商学院选为经典案例。由此得到启示，建议：

1 本报告主执笔人李理，成文于 2017 年 11 月 9 日，原标题为《从贝因美公司的优化升级提出对实体企业的支持对策建议》。

一、建立和完善常态化协助企业净化市场环境的机制

近年来，我国市场经济秩序的规范性已有了长足进步，但在利益驱使下，仍有不法分子从事制假售假活动。尤其是食品生产领域，假冒伪劣产品存在严重的食品安全隐患，损害人民身体健康。另一方面，无品牌、无创新能力、低成本扩张的假冒伪劣产品泛滥也导致整个行业的产能过剩和竞争力衰退。必须形成共识，采取有力、有效的措施，严厉打击假冒伪劣产品及其背后的违法产业链。当企业遭遇假冒事件尤其是在外地市场遭遇假冒事件时，单纯依靠企业自身与外地政府及法院等相关部门沟通，难度很大。建议省政府责成有关部门建立和完善常态化协助企业净化市场环境的机制，当企业遭遇假冒事件和其他不正当竞争事件时，可以向政府有关部门申请启动该支持机制，帮助其协调相关部门工作，这对企业维护自身权益和净化市场环境将会起到重要作用。

二、政府为企业提供一定补贴或奖励

贝因美公司在优化升级过程中遇到一些困难和挑战，其经营业绩在短期内出现下滑。但婴童产业作为朝阳行业的根本属性没有变，企业发展的势头也日渐向好。为保护这类与民生关系密切、有较高品牌知名度和美誉度、又有较大市场占有率的制造企业，在行业拐点来临之际，建议政府为企业提供一定补贴或奖励（包括但不限于税费返还、贷款贴息支持、项目奖励、财政补贴等）。"推一把""扶一程"，加上企业自身的努力，可以避免其因连续亏损而被 ST 对后续经营及再融资造成负面影响。

三、协助企业解决融资授信方面的困难

贝因美公司于 2011 年上市以来，累计分红 7 亿至 8 亿元。前些年现金流充沛，从未在证券市场上再融过资。近两年因现金流减少，开始寻求银行贷款支持。从调研情况看，该公司在银行融资授信方面还不是很顺畅，希望政府有关部门能出面协调，予以支持。

四、帮助企业进一步拓宽引才聚才渠道

可以通过深化校企合作、政企合作，建立紧密的产学研用合作平台，引导高端人才与企业建立长期合作关系；还可以通过设立专项奖励等方式，激发专业引才机构吸引高端人才、行业紧缺人才的积极性；强化企业在引才中的主体地位，提升平台引才效能。同时，通过鼓励行业领军人才及其核心团队成员发挥自身的人脉优势和专业技术优势，发挥桥梁纽带作用，为企业推荐、吸引优秀人才和项目；再一方面可以通过税收减免、人才经费奖励等方式，激励企业充分挖掘现有人才的潜能，畅通企业内部人才供给的渠道，为企业高层次人才队伍建设做深"人才蓄水池"。

以标准化促进产业升级 [1]

2016 年 12 月，我省获批全国第一个标准化综合改革试点省份，对浙江的标准化工作提出了更高的要求。我省应以此为契机，探索以标准为核心要素，引领产业转型升级的新模式，把浙江试点做实，把浙江经验做深，形成可复制、可推广的路径和样板，把浙江标准化战略的标杆作用推向新高度。

[1] 本报告主执笔人宋明顺、乐为，成文于 2017 年 6 月 12 日，原标题为《以标准化促进我省产业升级的思路和对策》。

一、"一导向"：以市场为导向的标准形成新机制

（一）突出市场导向，落实标准需求的转化机制

提升企业主体的标准化内在需求，加强标准需求机制的研究，尤其是关注两类需求：其一，以重点优势产业、龙头企业为主的先进标准制定和推广需求；其二，以中小微企业为主的标准信息获取和标准转化的需求。建设标准信息共享平台，建立标准需求转化机制。

（二）加强标准制定主体培育，建立新型标准供给机制

借助我省作为国家标准化综合改革试点的契机，鼓励具备相应能力的学会、协会、商会、联合会等社会组织和产业技术联盟协调相关市场主体共同制定满足市场和创新需要的标准，尤其是在八大万亿级产业的标准制定中发挥重要作用；支持我省标准制定团体的发展，培育 10 个左右在全国有较强影响力的标准制定团体；鼓励企业全面参与国际国内的标准化活动，不断提升标准化工作的专业水平和标准化管理能力，大幅提升先进标准的选择能力和先进标准的制定能力。

（三）明确国际水平定位，全面梳理和提升地方标准

根据国务院《深化标准化工作改革方案》要求，大力推进"废、改、立"工作，以标准为核心要素提升优势产业的质量基准水平，提升浙江标准的协同性和系统性，加强智能制造、绿色制造、"互联网＋""机器人＋"等领域的地方标准的制定，在主要产业领域形成浙江地方标准的基础支撑力，并强化标准的严格执行。

（四）发挥市场驱动机制，落实企业标准自我声明公开制度

倡导标准成为市场选择的重要因素，倒逼企业制定和实施先进标准，并通过企业标准自我声明公开制度，形成以标准为核心的质量竞争力和品牌影响力。

二、"三协同"：以协同为核心的标准化管理新体系

（一）促进标准与创新的协同发展

提升标准与技术创新的协同发展、标准与管理创新的协同发展、标准与两化融合的协同发展。加强政策引导和支持，尤其强调科技开发政策和标准化政策协调，促进标准化与科技研发协同，通过技术专利化、专利标准化实现创新成果的市场化，实现产业从"躯体型"向"头脑型"转变的目标。以高端装备制造业和新材料产业、信息产业、节能环保产业等我省重点产业为重点，在创新基地建设、重大项目建设中明确先进标准的输出要求，促进标准研制与技术研发的同步，制定100项体现创新能力、竞争优势的团体标准。

（二）促进产业链标准协同发展

结合我省"十三五"期间大产业基地建设和重大产业项目建设，将产业链系列标准作为基地和项目建设的重要产出指标，关注产业链上下游产品的标准制定、标准采用和标准实施，实现标准化产业链产品的上下协同，增强系统性和一致性。在"浙江制造"标准中，培育一批体现整体产业链竞争优势的"标准族"，尤其关注基础材料、基础技术、基础工艺和基础零部件等"四基"领域的标准制定，夯实产出转型升级的基础。通过3年时间形成10个左右完整的产业链标准体系，树立若干"创新—标准—质量—品牌"四位一体产业标杆，培育一批掌握标准话语权的优势产业和企业。

（三）形成标准生命周期全过程协同

实现标准形成的需求、制定、实施和评价的闭环和各过程间的协同，确保标准的

有效性。加强标准有效性影响因素的研究，进一步优化标准制定流程，促进标准的及时更新、持续优化。

三、"三工程"：以标准促转型的标准化重大工程

（一）实施"先进标准领跑者"工程

尽快出台激励措施，以信息经济、节能环保、健康、旅游、时尚、金融、高端装备制造与新材料等万亿级产业中的龙头企业为核心力量，按照"中国制造2025"总体要求，开展万亿级产业标准体系建设；开展与国际先进标准对标工作、技术创新——标准研制一体化推进工作和标准化体系全面提升工作，打造一批"先进标准领跑者"企业，总结一批以标准促转型的优秀企业案例，并进行宣传和推广。另外，通过"产学研政企"深度合作，在工业基础、智能制造、两化融合、绿色制造等领域研制、推广一批先进标准，打造若干"先进标准领跑者"团体，并在全国范围内形成影响力。

（二）实施"浙江标准国际化"工程

进一步深化"浙江制造标准"，开展"浙江标准国际化"工程，尤其以"一带一路"国家为核心对象，将"浙江标准"逐步导入这些国家并最终广为接受，树立"浙江制造"国际领先标准的形象。

（三）实施"标准普惠工程"

以传统优势产业的中小微企业为主要对象，借助专业培训、政策扶持、专家指导等方式，大幅提升中小微企业的标准化意识、标准的制定和转化水平和实施能力。通过3年时间，开展培训100场，指导企业制定标准1000项。

四、"五保障"：以资源整合为基础的产业标准化服务

（一）大力发展标准化服务产业

出台培育发展标准化服务业的相关政策，支持独立的标准事务所，通过市场化运作模式，建立现代企业管理制度，为企业提供全链条的标准化服务。充分发挥我省互联网技术优势，探索标准与互联网、标准与科技、标准与金融等领域的跨界融合，培育标准化服务新模式，打造包括"标准化服务产业联盟、标准化服务云、标准化创新基金"在内的标准化服务创新平台。

（二）建设高端标准化智库

以国际水平为目标，以智力资源整合为基础，打造一批专业权威、创新引领、社会信任、国际知名的高端标准化智库，为相应的产业发展提供标准化技术和智力支持。大力支持我省高等院校、科研机构和龙头企业主导并参与标准化活动，为产业转型升级提供有效的对接服务。

（三）建设标准信息云平台

建立标准信息平台，充分发挥大数据优势，为企业提供标准检索、标准咨询等业务，借助公共服务平台和第三方评估，开展企业标准先进性的对比和成果应用。开展"浙江制造"标准的绩效评价，定期发布《"浙江制造"标准白皮书》。

（四）培养标准化高端人才

推动科研院所、高等院校、龙头企业、行业协会和第三方服务机构的深度合作，通过与ISO、IEC、ITU、CEN、DIN、ANSI以及IEEE、ASTM、UL等国际标准制定组织的合作，培育一批国际国内知名的标准化专家。利用中国计量大学在标准化人才培养方面的专业优势，开展TC/SC主席、秘书及工作组专家培训；定期对产业主管部门工作人员、行业协会工作人员、企业进行分层分类的标准化培训，推动标准化培训进入党校课堂、总裁班课堂和企业培训计划，通过3年时间，开展标准化普及培训50场，培养高端标准化管理人才500人，培训标准化技术人才5000人。

（五）成立企业标准化研究中心

系统研究企业标准化工作机制、标准的转化机制、市场主导制定标准的形成机制等问题，全面开展企业标准化高端人才培养、企业标准化工作案例研究及经验推广、企业标准体系建设指导、企业标准信息管理系统建设、企业标准化良好行为评价等工作，助力企业提升标准化工作活力，推动企业标准水平提升。

借力上海　提质金融服务 [1]

一、利用上海自贸区与国际金融中心联动发展带来的政策红利，进一步加快浙江自贸区建设

[1] 本报告主执笔人马欣雅、舒蛟靖，成文于 2019 年 4 月 10 日，原标题为《借力上海国际金融中心促进金融服务提质增效》。

近年来，上海大力推进自贸区和国际金融中心联动发展，充分发挥自贸试验区先行先试的优势，积极探索人民币跨境使用、自由贸易账户和外汇资金集中运营等，不断提升上海成为跨国公司地区总部集聚地的竞争力，并为金融更好服务"一带一路"建设，开展跨境投融资服务奠定基础。建议：

推动浙沪在大宗商品跨境贸易交易等方面的合作。以上海自贸试验区自由贸易账户为基础，在浙江自贸区试点建立一套专门服务于油品等大宗商品跨境贸易交易的账户体系，推进大宗商品跨境贸易人民币计价结算业务。充分利用上海金融机构丰富的汇率风险管理工具及"供应链"贸易金融产品，合作构建大宗商品供应链金融体系。

探索建立浙沪自贸区金融信用信息共建共享机制。打通浙沪自贸区信用信息数据库，利用上海国际金融机构集聚优势，构建与国际接轨的金融信用监测体系；对信用良好的企业实施绿色通道等便利措施，服务企业参与"一带一路"建设。探索舟山与上海共建自贸港，并布局若干"飞地"。积极争取浙沪共建自由贸易港，借鉴京津冀实行"一区多片"建设模式，在我省杭州、宁波、义乌等设立若干"飞地"；探索金融改革成果优先复制推广合作机制，如借助上海自贸区开展跨国公司本外币集中运营管理等改革红利，为我省企业跨境资金调拨提供便利。

二、积极融入上海金融科技产业生态链布局，加快推进杭州金融科技中心建设

《上海国际金融中心建设行动计划（2018–2020 年）》提出要进一步提升金融科技

服务实体经济、服务投资者和管理风险的能力，构建金融科技产业生态链。2018年杭州的全球金融科技中心指数排名全球第六位，应借力上海金融科技产业发展，着力打造国际金融科技中心。建议：

推进杭州金融科技中心融入上海国际金融中心发展。依托杭州信息网络、数字金融等发展优势，以钱塘江金融港湾和城西科创大走廊为核心，建设杭州金融科技创新发展基地，力争成为上海金融科技产业的副中心。

加强沪杭金融科技协同创新。结合长三角一体化国家战略，深化沪杭金融科技产业合作，通过共建园区、跨区域产业技术联盟、信息和人才共享平台等，促进金融科技创新资源的有效对接。推动协同制定和完善金融科技产业名录、金融科技企业的专项扶持政策等，培育形成具有全球影响力的金融科技产业集群。

沪杭共建金融风险管理与压力测试中心。充分发挥杭州区块链"监管沙盒"创新优势，主动服务上海金融区块链创新，共建监管信息沟通平台，建立政府与金融科技企业对话机制，通过互动探索新的监管边界，形成更智慧化的监管框架。

三、积极参与上海金融创新体系建设，培育壮大我省新金融企业

《上海国际金融中心建设行动计划（2018-2020年）》提出，要提高金融服务的信息化程度和技术水平，提升金融服务水平和运行效率。我省数字经济具有先发优势，金融数字化转型走在全国前列，并涌现出一大批金融科技公司。要大力推进我省金融企业与上海的金融机构开展深入合作，为上海金融创新体系建设提供配套支持。建议：

建立对接上海金融创新体系的金融外包服务平台。相关部门要梳理整合上海金融机构数字化转型、数字化金融生态环境构建等方面的外包需求，完善相关信息服务，引领我省金融科技企业主动承接上海金融数字化转型的外包服务，培育一批金融外包服务的企业集群。

促进金融企业和上海金融机构开展深度合作。利用我省金融科技企业技术优势，与上海金融机构合力开展知识产权质押、产业链融资、投贷联动、股权质押等创新金融产品和服务。同时，在当前强化金融监管的背景下，互联网金融牌照获取更加困难，可引导我省金融创新优质企业转型发展，积极参与上海金融风险防控平台建设。

助力企业上市上海科创板。积极吸引落户上海的国内外创新投资和股权投资企业在浙江设立分支机构，鼓励以参股方式与科技企业孵化器、众创空间共同组建天使投资基金和种子基金，对科创板后备企业开展精准金融服务，助力"凤凰行动"计划。

力促实体经济发展的经验借鉴 [1]

党的十九大报告提出，必须把发展经济的着力点放在实体经济上。各省市纷纷出台相关政策促进实体经济发展，其中不少做法值得我省借鉴。

1 本报告主执笔人舒蛟靖、马欣雅，成文于 2018 年 5 月 16 日，原标题为《国内其它省市促进实体经济发展的做法及其对我省的启示》。

一、推进创新驱动，增强实体经济发展动力

（一）积极发力新兴产业

广东利用粤港澳大湾区人才优势，壮大超高清视频（4K）产业及应用，加快珠江西岸先进装备制造产业带建设；江苏全面启动未来网络项目，围绕制造业部署创新链，并提出构建未来网络国家实验室，推进南京创新名城建设；山东实施工业强基工程，高标准建设日照先进钢铁制造基地和鲁北环渤海湾高端石化基地。建议我省持续放大数字经济的产业优势，率先布局"区块链＋物联网＋人工智能"下一代数字技术样板工程，如无人工厂、无人驾驶、智慧城市等，吸引整合硬件制造项目，着力培育新兴产业的龙头企业和独角兽企业。

（二）促进实体经济数字化转型

广东、福建对实体企业公有云资源使用及网络费用给予整体优惠，并通过财政服务券补助方式降低企业数字化、智能化转型升级成本；江苏实施"供应链服务企业成长工程"，提供数据挖掘和商业智能服务，探索推进"产业联盟＋总集成总承包""电商＋个性化定制"等智能化的生产性服务模式；山东成立工业互联网产业联盟，促进智能化转型技术共享和跨行业、跨区域的协同互助发展（见表1）。建议我省积极推进实体经济数字化转型，进一步鼓励实体企业"上云上平台"，培育一批优质工业互

联网平台商和服务商，支持成立工业互联网产业联盟，通过"上云＋大数据分析＋人工智能决策"，探索构建"企业大脑"。同时，推进重点行业供应链体系智能化建设，加快人机智能交互、工业机器人、智慧物流等技术装备的应用。

表1　部分省加快工业互联网建设的相关政策

地区	文件名称	政策亮点
广东	《支持企业"上云上平台"加快发展工业互联网的若干扶持政策（2018-2022）》	1. 通过财政服务券补助方式降低实体企业数字化智能化转型升级成本；2. 并对实体企业公有云资源使用及网络费用给予不低于30%的整体优惠；3. 优先保障"上云上平台"实体企业网络服务。
福建	《关于深化"互联网＋先进制造业"发展工业互联网的实施意见》	1. 实施 IPv6 发展行动计划，降低中小企业互联网专线接入资费水平；2. 对工业互联网示范工程最高给予200万补助；3. 地方政府通过财税支持、购买服务等方式支持企业"上云上平台"。
山东	《关于印发山东省实行"云服务券"财政补贴助推"企业上云"实施方案（2017-2020年）的通知》	在全国首创云服务券，通过财政补贴企业上云。财政补贴实行退坡机制，补贴比例每年递减5%。

（三）构筑协同创新体系

江苏开通大院大所合作对接会"云平台"，搭建"科技派"智能匹配专区，撮合协同创新的供需匹配；广东引进国内外领先的工业互联网创新资源，建设实体经济协同创新的网络服务载体；福建推动高等学校、科研机构、工业企业、软件企业共建跨企业、跨领域网络协同创新设计中心；山东采用"实体＋联盟"形式，联合科研院所建设多功能新型研发机构，梳理制约行业发展的关键共性技术。建议我省提升科技创新云服务平台的智能化水平，整合供需大数据资源，打造集多功能于一体的创新"产品包"，借助人工智能自动推送匹配"产品菜单"。支持高校建设校友企业总部经济园，促进高新技术创新产业化、商品化。

（四）加强创新要素保障

广东试点实施精准引才创新团队，按照一事一议方式开辟绿色通道引进顶尖团队；江苏率先建立工业企业资源集约利用信息系统平台，探索实施工业企业综合评价分类办法和资源要素差别化配置办法。建议我省聚焦重量级未来产业和新一轮重大科技专项，精准引才、柔性引智，实施浙江企业国（境）外研发中心就地取才计划。结合信息系统平台，探索实体企业综合评价机制、以资源要素差别化配置为重点的激励退出机制和以大数据为支撑的预测决策机制。

二、降低企业成本，激发实体经济发展活力

（一）加强对中小企业降成本的政策支持

广东鼓励银行、商业保理公司、财务公司等机构为制造业核心企业产业链上下游中小微企业提供应收账款融资；江苏加大省级专项资金对中小企业的扶持力度，适当提高对小型微型企业贷款不良率的容忍度；天津加大了对中小企业的减税力度；深圳修订了民营及中小企业专项资金管理办法，降低中小企业运营成本。建议我省加快建设中小微企业信息信用平台建设，提高小微企业信息透明度，完善小微企业贷款风险补偿和信用担保代偿补偿机制等方式，有效降低企业融资成本。

（二）促进高新技术企业降成本

福建减轻企业专利收费，降低专利申请和持有的成本；山东加强经济和信息化、税务、财政等部门协调配合，促进研发费用加计扣除政策高效落实；广东针对属于优先发展产业且用地集约的制造业项目，土地出让底价可按所在地土地等别对应工业用地最低价标准的70%执行；江西提高科技型中小企业研发费用税前加计扣除比例。建议我省以"打造知识产权生态最优省"为目标，充分利用与国家知识产权局建立合作会商工作机制的有利条件，开展打击知识产权侵权专项行动，加快建立侵权惩罚性赔偿制度，拓宽快捷、低成本的维权渠道。

（三）对企业降成本政策进行查漏补缺

江西针对企业税费、物流成本、融资成本等出现的新情况，出台精准深入推进降低企业成本优化发展环境的补充意见；江苏提出进一步帮助纳税人用足各项过渡安排和优惠政策，确保所有行业税负只减不增；建议我省针对规模、技术条件不满足高新技术企业认定条件，且年收入500万以上不属于小微企业的"夹层企业"，可考虑将市场占有率、企业贡献率等作为鼓励实体企业发展、制定优惠政策的指标之一；对符合产业导向的企业放宽研发费占销售额的比例、研发人员占全部职工人员的比例等要求。（见图1、表2）

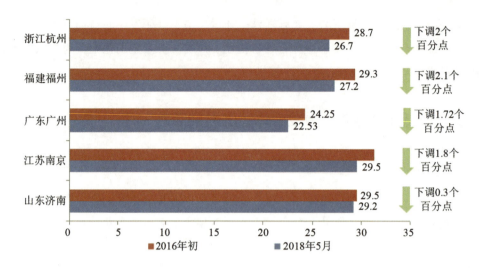

图 1　部分省会城市降低企业社保缴费费率情况对比

表 2　部分省降低企业负担政策举措的亮点

地区	降低税费负担	降低人工成本	降低用能用地成本	降低物流成本	降低融资成本
广东	1.降低城镇土地使用税适用税额标准；2.降低符合核定征收条件企业的购销合同印花税核定征收标准。	推进全省养老保险省级统筹，执行全省统一的企业养老保险单位缴费比例。	1.新增城乡建设用地优先保障先进制造业需求；2.扩大售电侧改革试点。	试行通行费八五折优惠。	对帮助中小微企业应收账款融资的相关企业择优进行支持。
江苏	帮助纳税人用足各项过渡安排和优惠政策，确保所有行业税负只减不增。	加大引才奖补力度，在引才投入、租房补贴、项目资助等方面给予支持。	省级电网输配电价改革，降低一般工商业用电价格。	鼓励集团化的物流企业合并缴纳增值税。	1.综合运用信贷、监管和风险补偿政策引导商业银行提高投放小微企业贷款的积极性和比例；2.加大对银行业金融机构违规收费行为的查处力度，禁止质价不符和无服务的乱收费行为。

续 表

地区	降低税费负担	降低人工成本	降低用能用地成本	降低物流成本	降低融资成本
山东	1. 扩大政府性基金免征范围；2. 继续停征、降低和整合部分政府性基金；3. 健全完善收费目录清单制度；4. 清理规范社会团体收费。	1. 规范和阶段性适当降低企业住房公积金缴存比例；2. 适当调控企业职工工资水平。	1. 加快推进能源领域改革；2. 合理降低企业用电成本，有效降低企业用地成本。	1. 降低企业通关成本；2. 规范公路收费管理；3. 规范机场铁路港的收费项目。	1. 降低融资中间环节费用；2. 创新抵（质）押融资方式；3. 大力发展股权融资；4. 着重拓展债券融资；5. 引导企业利用境外低成本资金。
福建	重点落实企业关注的税收优惠政策，加大涉企税收优惠政策的宣传和辅导。	允许困难企业暂缓缴纳养老保险费。	1. 扩大电力直接交易范围和规模；2. 支持企业以租赁方式使用土地。	1. 实行"递远递减"阶梯计费；2. 优化产业布局。	1. 完善企业融资担保；2. 加快各类拖欠资金清理。

三、提升政府服务，优化实体经济发展环境

（一）深化行政审批制度改革

上海实行"单窗通办"，提出"办事窗口无否决权"，对集中办结难以处理的非标准化事项明确了办理规则；广东提出"一门式、一网式"服务，将投资审批事项在现有基础上再压减，由120多项优化整合为80项左右。此外，江苏"不见面审批"、贵州"五全服务"等创新模式不断涌现。建议我省结合"最多跑一次"改革与机构改革，实质性推进"两集中、两到位"，确保将部门审批事项和权限集中到行政服务中心窗口办理。借鉴上海，在"一窗受理"后，对申请内容无明文对应的事项，设置一个"非标准件"集成服务小组负责，明确牵头部门，并从中发现制度缺陷和改革突破口。

（二）以数字化促进政府服务便利化

广东推进"数字政府"改革，建成一网通办的"互联网＋政务服务"体系；山东将各类业务专网向电子政务内网或外网分类迁移整合；江苏推进政务服务事项"应上尽上"、创新网上服务模式、加强对政务服务数据信息的分析运用等。建议我省加快形成强有力的"政府数字化转型"推进机制，提升政府部门工作人员的数字技能、数字化思维，鼓励更多的第三方力量参与政府数字化转型战略。

（三）提升金融服务实体经济的能力和效率

广东新型实体经济金融服务试点示范，支持工业互联网平台商、服务商与银行、保险、融资租赁等金融机构对接合作；江苏多维度助推实体企业对接多层次资本市场，建立与深交所合作常态化的路演服务机制，与上交所合作共建"资本学院"，建立"企业上市服务专家顾问团"；支持物联网领军企业探索物联网技术在金融场景中的创新运用。福建分层级、常态化、多形式举办产融合作政银企＋租赁、担保、基金、创投等对接会，切实提升融资对接成效。此外，广东、江苏还纷纷抢占区块链发展高地，发展金融科技助力中小企业融资服务。建议我省深入推进"凤凰行动"计划，针对实施股改到上市挂牌期间企业经济负担加重的实际，促进财政激励政策的"关口"适当前移。健全省市县三级产融合作工作机制，定期收集汇总重点企业、重点项目融资需求清单，适时举办融资需求专题会或企业融资现场协调会等。建立钱塘江金融港湾与杭州城西科创大走廊的联动发展机制，发挥区块链等金融科技在信用体系建设、破解中小企业融资难题等方面的作用。

发达国家支持实体经济的启示 [1]

一、更加注重促进实体经济的创新驱动发展

（一）加快构建协同创新体系

德国提出"研究型校园计划"，由高校担任总协调员，与企业和科研机构共同构建科研创新伙伴关系，经费由三方同筹共享，畅通创新能力中心、创新联盟、科技创新园区等新型知识转化渠道；英国的"知识转移伙伴计划"通过支持企业和学术机构之间的伙伴关系，实现知识、技术从伙伴研究机构向企业转移，政府以少量财政资金直接投入伙伴研究机构，撬动企业创新投入；

[1] 本报告主执笔人马欣雅、姚海滨，成文于 2018 年 3 月 28 日，原标题为《发达国家支持实体经济发展的做法对我省的几点启示》。

美国私营部门研发投入总额的 75% 用于制造业，制造业研发人员占全美研发人员总数的 60%。为此，我省可结合"省重点高校建设计划"，发挥高校在协同创新中的主导作用，通过项目合作，高校与科研院所、企业共筹共享研究经费，促进产学研深度融合。在杭州城西科创大走廊等创新平台建立联络人机制，研究机构和企业达成合作意向后，可聘请有相关专业知识背景的人担任联络人，负责跟踪、协调和督促合作计划的执行，政府则给予一定的扶持。鼓励高校与企业共同培养高层次创新人才，打破传统以考试、论文为重点的考核方式，把产业化成效作为考核标准，培养"产业博士生"。

（二）加快构建开放式创新体系

英国积极发起并联合欧盟基金会投资成立欧洲创新联盟，包括德、法、荷、芬、丹、挪等多国科研机构及实验室，支持研发系统共享和跨国合作；德国从全球招聘研究人员及学科带头人，研究所 1/3 为外籍科研人员；日本采用"母工厂"制，将国内工厂作为国外子公司的技术依托和国内创新种子基地，维持技术核心地位。为此，我省

要建立面向全球的重大技术发现和挖掘机制，推进省内科研机构与国际知名科研机构建立长期伙伴关系，探索和创新国际科技合作模式。充分发挥已有国际协同创新平台作用，积极引组进跨国公司海外研发中心、国际创新组织分支机构、国家合作建设的国别合作实验室等，并给予具有竞争性的政策扶持。支持国际技术转移产业园区的建设和发展，鼓励外资企业、国际知名大学在浙江设立技术转移机构与合作办公室。鼓励我省本土跨国公司建立"母工厂"，在省内设立拥有尖端生产技术的制造部门，建设一支管理服务专家队伍，以"一带一路"沿线国家为重点，为国外子工厂提供生产指导和培训。

（三）加快构建军民融合创新体系

美国通过设立"国防创新实验单元"建立国防部与顶尖创新技术公司链接枢纽，整合海军、陆战队等多个数据库和平台，形成全要素军民融合科技服务平台，建立"开放商业解决方案"快速签约机制；日本鼓励民参军的企业通过联合研制和生产来提高整体竞争力。为此，我省要抓住国家实施军民融合发展战略的契机，按照"最多跑一次"改革的要求，在各市县开设"军民融合综合服务窗口"，对企业开展军工生产资质认证、信息查询、国防专利转让等提供"一条龙"服务。推动国防专利解密与普通专利跟进保护无缝衔接，在网上技术市场发布解密的国防专利，促进知识产权"军转民、民参军"。强化军民融合创新平台建设，深化与国防科技大学等军事院校的战略合作，联合组建若干个军民融合协同创新研究院，共同开展重大科技项目合作和协同创新。发挥民间资本优势，适时设立军民融合创新引导基金，吸引民营企业联合投资军民融合创新项目，积极参与国有军工企业的混合所有制改革。

二、更加注重激励实体中小企业的发展

（一）促进实体企业"以大带小、以小促大"协同发展

美国注重大企业对中小企业的带动，聘请大企业在职高管担任联邦小企业管理局成员；启动"制造业推广伙伴关系计划"，每年向3万多家中小制造企业提供各类服务，支持它们吸收并利用新技术并将新产品推向市场。德国专门制定了限制大企业对小企业排挤的条款，通过能源合作社使中小企业及个人共享绿色能源设备，促进新能源普及利用。荷兰鼓励中小企业组成"采购联营组织"，即中小企业联合经营的原材料进口批发机构，共享上游企业给予的折扣。为此，我省要鼓励和支持大企业发展外包体系，建立投资管理机构，积极开展股权、并购投资，深化大中小企业之间产业

链、创新链和价值链之间的分工。加强大中小企业之间的资源共享，加快构建一体化的产能分享平台，通过融资性租赁、经营性租赁、生产力租赁等方式分享大企业优势生产设备和生产能力，并为中小企业管理人才提供挂职锻炼和管理创新交流的机会。利用产品设计的数据库、通用设计软件和网络平台，促进大中小企业共同参与，培育现代产业集群，努力形成大中小企业共生共荣的产业组织结构。鼓励支持高校研究机构与市县政府合作设立制造业技术推广中心，支持中小制造企业利用新技术、开发新产品。

（二）加强对实体中小企业的融资支持

德国国有银行向本地区中小企业提供融资服务成为其承担的公共任务，其经营并不以盈利为目标；日本充分发挥中小企业信用保险协会作用，为中小企业贷款提供保险，不断完善中小企业信用补充体系；美国积极发展供应链金融、"投贷联动"等融资模式，支持中小企业发展。为此，我省要完善中小企业金融服务机构建设，争取成立具有一级法人资质的地方性科技银行，加快推进以商业银行为主的科技金融专营机构和投资功能子公司建设。鼓励银行与创业投资、产业投资基金组成投贷联动战略联盟，实现贷款和投资联动。发挥我省数字经济优势，进一步完善浙江省中小企业融资和信用服务平台建设，引入第三方互联网金融服务机构，简化服务流程，提高中小企业融资的便捷性。通过改造传统产业促成交易流程在线化、交易数据的电子化，促进供应链金融发展。

（三）减少贸易摩擦对中小企业的影响

日本为应对贸易摩擦，加大了对美国等发达国家的产能投资，通过在销售目的国自产自销的方式绕开出口限定协议，同时加大对亚洲等发展中国家的产能投资，降低生产成本。为此，我省要引导外贸企业积极应对中美贸易战，优化布局出口结构，开拓东盟、中东欧等"一带一路"沿线国家新兴市场，尽量实现出口市场的多元化。引导企业进行海外投资建厂以规避美国的限制，优先向风险较小的国家和地区投资，如与我省建立友好省州和友好城市关系的地区、泰中罗勇工业园等5个境外经贸合作区以及我省在建的"一带一路"捷克站、迪拜站等地。指导企业通过外汇调期来对冲汇率波动的风险，通过远期合约降低进出口货物的价格波动，或通过期货期权来进行套期保值，锁定相关原材料的成本等，减小中美贸易战对我省实体经济发展的影响。

三、更加注重营造实体经济发展的良好环境

（一）提高政府服务实体企业的质量和效率

荷兰颁布通用数字化基础设施建设（GDI）法案，强制政府部门使用电子数据交换，规划创建安全、统一、标准化的数字化基础设施，便于提高更多共享服务。美国将复杂的公共问题通过发布挑战和奖励竞赛方式进行众包，引导大众深度参与并影响行政决策；启动"美国学徒制资助计划"，提高制造业劳动力素质，主要由企业雇主、社区学院等共同协作完成注册学徒的培训计划。为此，我省可结合政府"两强三提高"建设，大力促进政府数字化转型，通过地方立法的方式，推进政府部门电子数据交换共享，探索新型政府管理与服务模式。扩大人工智能、区块链、物联网等技术在政府服务中的应用，促进"最多跑一次"改革智能化迭代升级，促进信息横向流动和多方协作。借鉴众包模式，依托政务服务网开设"问题讨论区""解决方案区"等板块，面向实体企业征求政府管理和服务创新的点子。探索开展"制造业注册学徒制试点"，培育一批现代制造业、传统经典产业和工艺美术品制造业等领域的"浙江工匠"。

（二）加快完善保护实体经济发展的法治环境

德国行政收费均须通过法律程序才能立项，并在相关的法律中明确规定与之相关的收费机构、收费总量及收费标准，并坚持"加一条减一条"原则，即每新增一条加重企业负担的行政规定，必须在一年之内去除一条旧规定，抵消加重的企业负担。英国组建了"反知识产权犯罪小组"，设置了专门的知识产权审判体系，并探索使用区块链技术开发用于记录物品所有权和知识产权的平台。为此，我省要进一步规范行政执法行为，杜绝向企业乱检查、乱罚款、乱收费、乱摊派、乱拉赞助等侵害市场主体利益的行为。在司法过程中，要充分考虑企业经济利益的时间价值，避免由于审理时间过长、执行不力等原因影响企业经营甚至导致企业倒闭的情况发生。加强规范市场经济秩序和企业维权等方面的法治宣传，教育和引导企业依法维权。重点加强针对企业用工和税费征收等方面的公益性法律服务。完善知识产权维权援助制度，健全专利民事纠纷诉调对接机制。积极探索区块链技术在知识产权注册、转让等方面的应用。

乡村振兴在发力

XIANGCUN ZHENXING
ZAI FALI

科学把握乡村振兴的逻辑与目标 [1]

一、科学把握乡村振兴战略的内在逻辑

科学把握乡村振兴战略的内在逻辑，关键是要把握好乡村振兴战略和城市化战略的逻辑关系。通过乡村振兴战略解决我国城乡发展不平衡问题，并非意味着城市化战略将放缓，或者是要用乡村振兴战略替代城市化战略。恰恰相反，乡村振兴战略必须置于城乡融合、城乡一体的架构中推进，并且应以新型城市化战略来引领，

[1] 本报告主执笔人黄祖辉，成文于 2018 年 2 月 8 日，原标题为《科学把握乡村振兴战略的内在逻辑与建设目标》。

以实现"以城带乡""以城兴乡""以工哺农""以智助农""城乡互促共进""城乡融合发展"的美丽乡村发展和乡村振兴。

城市化是现代化的必经之路，城市化也意味着乡村本土人口的减少。从人口流动和空间集聚的角度讲，乡村振兴的过程，一定是城市化充分发展的过程，是人口在城乡优化配置、城乡互动和融合发展的过程。原因是城市化离不开乡村人口的融入，乡村振兴也离不开城市人口对乡村的向往。换言之，乡村振兴本身就蕴含着城市化的元素，乡村振兴战略本质上是城市化战略的有机组成，两者是"你中有我，我中有你"的关系。在乡村振兴的过程中，乡村应成为"农业转移人口市民化"的助推器，田园生态城镇的新空间，城市居民美好生活追求的向往地。

乡村振兴战略与城市化战略的逻辑关系进一步表明，乡村振兴的重点与任务既在乡村，又在乡村以外，因此，要拓宽乡村振兴战略的视野，注重乡村振兴外部环境的优化。从体制机制的角度看，城乡公共社保体制和农村集体产权制度为重点的城乡联动改革，应成为乡村振兴的基本驱动力。破解城乡二元结构，建立城乡一体、城乡融合、互促共进的体制机制，应成为乡村振兴的必要条件。

实施乡村振兴战略，还必须对我国城乡空间格局和乡村形态状况及其变化趋势有准确的把握。我国目前约有近 50 多万个行政村，经过改革开放以来工业化、城市化

和市场化的洗礼，已经形态各异，大体可以分成三大类型：一类是已被城镇化覆盖或即将覆盖的村庄，如城中村、镇中村以及城郊村；一类是新农村建设中逐步形成的由若干村庄合并、人口相对集聚、生产与生活分离、社区服务功能较强的中心村；还有一类是生产生活依然分离不明显的传统村落。很显然，这些不同类型的乡村，在乡村振兴中将会有不同的走向，有的会与城镇融合，成为城市的组成部分；有的可能成为乡村社区的服务中心或新型的田园生态小城；有的村落随着人口的迁移可能会逐渐消亡；而大量的村落会成为产业兴旺、生态宜居、环境优美的美丽家园。因此，在乡村振兴战略推进中，切忌操之过急，必须先对各地区的各类形态乡村进行合理定位，避免走弯路。

二、科学把握乡村振兴战略的建设目标

乡村振兴战略的总目标是实现我国农业农村的现代化，具体的建设目标为十九大报告提出的"二十字"方针，也就是"产业兴旺、生态宜居、乡风文明、治理有效、生活富裕"。与2005年中央提出新农村建设"生产发展、村容整洁、乡风文明、管理民主、生活宽裕"的"二十字"方针相比，乡村振兴战略的"二十字"方针在内涵的深度与广度、建设的目标与要求等方面，都有了不少新的意涵和指向，必须科学把握乡村振兴战略这"二十字"方针，使相关政策和举措产生真正的效率，并且切合当地乡村发展的实际。

　　"产业兴旺"是乡村振兴的经济基础。"产业兴旺"不能局限于一产农业的发展，而应着眼于接二连三、一二三产融合、功能多样的现代农业产业的发展与兴旺，体现现代农业三大体系，即产业体系、生产体系、经营体系有机结合的产业发展与兴旺。"生态宜居"是乡村振兴的环境基础。这种宜居的生态环境不应仅仅是针对乡村百姓的宜居，也应该是对城市居民开放、城乡互通的"生态宜居"。"乡风文明"是乡村振兴的文化基础，乡村振兴中的"乡风文明"，既应该是蕴含具有明显中国特色的历史传承，又应该是能够体现现代工业化、及城乡发展特征的现代文明，也就是说，是传统文明和现代文明相互融合与发展的"乡风文明"。"治理有效"是乡村振兴的社会基础，乡村的"治理有效"是国家治理体系现代化和"善治"的必然要求，它应该既体现治理手段的多元化和刚柔相济，即法治、德治、自治的"三治合一"，又体现治理效果能为广大群众所接受、所满意，并且具有可持续性和低成本性。"生活富裕"是乡村振兴的民生目标，具体而言，就是要消除乡村贫困，持续增加乡村居民收入，同时缩小城乡居民在收入和公共保障方面的差距，实现乡村人口全面小康基础上的"生活富裕"。

　　乡村振兴战略"二十字"方针所体现的五大具体目标是相互联系的有机体。因此，不仅要科学把握"二十字"方针的具体内涵，还要科学把握"二十字"方针五大目标的相互关系，进而在具体实施中能做到整体设计、阶段清晰、重点明确、方法得当、推进有序。具体而言，在乡村振兴战略的推进过程中，要把实现百姓"生活富裕"作为乡村振兴的根本目标；要把"治理有效"与"乡风文明"建设有机结合，通过"治理有效"促进"乡风文明"建设，通过"乡风文明建设"提高"德治"水平，实现"三治合一"的乡村"善治"格局；要把"产业兴旺"与"生态宜居"有机结合，使"生态宜居"既成为"生活富裕"的重要特征，又成为"产业兴旺"的重要标志。这是因为，乡村的"产业兴旺"是体现一二三产融合和功能多样的"产业兴旺"，其中乡村的休闲旅游和康养产业发展，无疑要以"生态宜居"为基础和前提。

谋划实施"新千万工程"[1]

省十四次党代会和省委〔2017〕17号文件提出的建设10000个A级景区村和1000个3A级景区村的战略任务，是新时代背景下"千村示范、万村整治"工程的升华。实际上是10000个村达到"宜居、宜业、宜游"的美丽乡村的高标准，其中1000个村建设成美丽乡村农文旅综合体，成为万村景区化建设的示范样板。这就是"新千万工程"的涵义。

[1] 本报告主执笔人顾益康、胡豹，成文于2017年9月13日，原标题为《推进"万村景区化"实施"新千万工程"的建议》。

"新千万工程"延续了当年省委、省政府实施"千村示范、万村整治"工程的战略初衷，更彰显了在生态文明的新时代和城乡融合发展的新时期，以及建设美丽中国新背景下的美丽乡村建设的新内涵和时代特征；同时也顺应了全民旅游休闲时代到来和全域旅游兴起的新趋势，把绿水青山的美丽乡村作为全域旅游的重点区域，把乡村旅游为主要特色的美丽经济培育成为浙江农村增收的一项创新工程，是实现从建设美丽乡村向经营美丽乡村和共享美丽乡村的一次新的转型，也是把十五年"千万工程"和美丽乡村建设的成果转化为发展美丽经济，开辟农民增收新路径的一次新探索。

"新千万工程"以村落景区化建设为抓手，按照高标准、高颜值、高气质、高品位、高普惠"五高"目标要求和建设具有诗画江南韵味的美丽城乡的目标定位，打造浙江美丽乡村建设的升级版，更好地促进浙江的美丽乡村实现从局部美到全域美，从一时美到持久美，从外在美到内涵美，从环境美到人文美，从形象美到制度美的转型升级，为全国的美丽乡村建设提供高水平的浙江样板。建议：

一、全面把握"新千万工程"的科学内涵

万村景区化不能单纯看成是一个简单意义上的把村庄建设成为A级风景区，而应遵循从"建设美丽乡村"到"经营美丽乡村"和"共享美丽乡村"的转变，从"宜居、

宜业"向"宜游"升华的理念，通过植入旅游元素、文化元素，把农业生产、农民生活、农村生态"三农三生"转化成为市民向往的农事体验、乡愁寻觅、田园采风、古村探幽、民宿农家乐等旅游产品，景区村落不但要成为乡村旅游的目的地，也要成为能够体现"农文旅"结合，整体实现农业强、农村美、农民富的美丽乡村综合体的新样板。在旅游设施的建设和标准上不能简单套用原来的 A 级和 3A 级风景旅游区的标准，而应该从村落景区的实际出发，因地制宜进行规划建设，要创新性地制定 A 级和3A、4A、5A 级村落景区的一套新标准。

二、统一思想认识，总体谋划分类实施

出台"新千万工程"指导意见，明确"新千万工程"建设的意义、指导思想、基本原则、总体思路和重点任务举措，让全省党员干部群众深刻认识到"新千万工程"的重大意义，齐心聚力，将之作为推进美丽乡村转型升级的重要标志性工程加以打造。各地区、有关部门要从实际出发，统筹规划、分类指导、因地制宜，把握农村的各自特点和特色，科学有序地推进村落景区的建设。

三、营造良好氛围，广泛宣传适时发动

充分发挥电视、广播、报刊、网络等主流媒体的作用，开展形式多样、生动活泼的宣传教育活动，总结宣传先进典型，形成全社会关心、支持和参与新千万工程建设的良好氛围，确保"新千万工程"高标准、高质量、高效率发动和推进。

四、加强组织领导

各级党委、政府要高度重视"新千万工程"工作，切实加强组织领导，把万村景区化建设作为落实省十四次党代会提出的"两个高水平"奋斗目标的重要载体，纳入各级党政干部政绩考核和美丽乡村建设考核的重要内容。在"千万工程"和美丽乡村建设协调领导小组的基础上进一步充实力量，成为"新千万工程"的协调领导机构，省农办和省旅游局等责任部门要充分发挥综合协调和业务工作指导作用；省发改委、农、林、水、交通、文化等各有关单位要认真履行职责，加强协作配合，大力支持"新千万工程"的实施。

五、编制建设规划

按照省党代会报告提出的万村景区化建设的要求，结合县市域总体规划、城镇发展规划和土地利用总体规划，按照农业生产、农民生活、农村生态"三生融合"，农旅文结合、一二三产业深度融合的要求，科学编制景区村庄建设规划，细化区域内生产、生活、服务各区块的景区功能定位。构建以"美丽乡村"建设总规划为龙头，景区村庄等专项规划相互衔接的美丽乡村规划体系。

让传统村落在保护中复活 [1]

传统村落既是我省"大花园"建设的历史隧道，又是文化记忆、精神传承和社会变迁的展示。浙江有 257 个村落进入《中国传统村落名录》，数量居全国第二。推动传统村落振兴发展刻不容缓，需要高度重视并加以解决。

[1] 本报告主执笔人杨树荫、阎逸，成文于 2017 年 12 月 25 日，原标题为《关于推动我省传统村落保护与振兴的若干建议的函》。

一、松阳传统村落保护发展的基本经验值得推广

松阳作为全省乃至华东地区传统村落最集中的县域，是全国唯一的"传统村落保护利用试验区"，被授予"中国传统村落保护发展示范县"称号，在传统村落保护发展上做了积极探索。

（一）加强传统风貌的整体保护

在全国率先开展"拯救老屋行动"试点，224 处符合项目名录的文物建筑被列入拯救范围。加强村落传统格局和历史风貌的整体保护，对古树名木进行全面普查、挂牌保护，对村庄周围的林相加以改造；对村庄水系、生态湿地、有保护价值的水利设施进行保护和提升。

（二）促进特色产业的新旧融合

加快推进乡村休闲旅游发展，精准定位艺术创作、休闲度假、运动健身、养生养老等细分市场；推出了八条最佳艺术创作线路，建成一批"画家村""摄影村"；支持原住户改造利用传统民居发展乡村民宿、农家乐、茶馆、传统手工艺等特色经营。

（三）注重传统文化的活态传承

坚持物质遗产与非物质遗产保护共进，对传统艺术、地方民俗、人文典故、地域风情等非物质文化遗产，通过文字、图画、摄影、摄像等方式进行记录整理、建档立库；建立了"乡乡有节会、月月有活动"的民俗文化展演机制；充分利用古民居、祠堂、文化礼堂等文化建筑，形成具有展陈体验功能的全县域乡村博物馆。

（四）倡导绿色低碳的生活方式

运用当地手工艺品和废旧建材进行装饰，营造舒适简朴却处处体现特色的民宿样板。着力建立生态循环链，运用绿色节能技术，积极倡导一种简约、质朴、低碳、生态，亲近自然、回归自然的乡村生活。

（五）构建各方参与的保障体系

建立传统村落重点村县领导联系负责制和政策引导、技术支持、资金整合、考核督导等工作机制。建立传统村落保护利用工作专家委员会，成立松阳传统村落文化研究会，加强对传统村落保护利用的技术指导和咨询服务。县财政每年安排专项资金，积极争取国家文物保护基金，并整合新农村建设相关政策项目资金用于传统村落的保护发展。

松阳在传统村落保护发展方面先行先试，尽管取得了一定的成绩，但仍然面临不少问题，这些问题不仅在松阳存在，在全省传统村落保护发展中也较为普遍，主要表现为：一是规划体系尚不健全，二是产业业态较为单一，三是要素资源支撑不足，四是传统文化有待发掘，五是治理体制仍未理顺。

二、创新我省传统村落振兴发展机制的若干建议

（一）创新风貌保护机制，营造"天人合一"的宜居环境

加强村落保护法律保障机制。严格落实国家对传统村落保护的法律法规，按照国家有关部门的要求，重点加强列入《中国传统村落名录》项目的保护。加快推进我省传统村落保护发展的立法工作，对传统村落建筑、生态环境、非物质文化遗产等进行规范，明确传统村落保护的范围和标准，划定保护职责分工。

健全村庄规划体系引领机制。将传统村落保护发展融入"大花园"建设和全域旅游发展中，梳理重要的文化遗产线路，串联不同地域的传统村落文化。结合"多规合一"，统筹考虑村镇撤并、基础设施网络建设、环境整治、农房改造以及产业发展等规

划建设，促进传统村落保护与地方经济的协调发展。

实施分类分级保护发展机制。在对全省传统村落实施全面普查建档的基础上，结合传统村落人文历史价值、自然生态环境、交通便利条件等因素，对传统村落进行分类，并根据不同类别建立保护正面清单和开发利用负面清单，制定相应的法规和政策，实施不同的保护和发展战略。

建立"大花园"建设机制。保持传统村落乡土特色和田园风光，重点加强传统村落农村文化礼堂、乡村博物馆和各类文化体育设施建设。在传统村落率先探索自然资产管理考核机制，将林地、水域、湿地等进行统一确权登记，把资源消耗、环境损害等体现生态文明建设状况的指标，纳入传统村落经济社会发展评价体系。

（二）创新产业培育机制，发展"独具特色"的乡村经济

健全农业持续发展机制。建立特色农产品品牌建设机制，提升传统村落农产品"有机、生态、绿色、安全"的形象，提高市场竞争力。促进一二三产业融合发展，以传统村落空间为载体，通过休闲旅游、产销直供、消费体验和个人定制等，形成前后相连、上下衔接的农业产业链。

建立美丽经济发展机制。结合"千村3A景区，万村A级景区"工程，把传统村落率先建设成为优质景区；建立"点、线、面"串联规划营销机制，科学谋划景点布局与线路设计，对传统村落景点进行板块化、区域化整合。

创新产业发展服务机制。结合"互联网＋"和房地产众筹的创新模式，探索由政府、资本、文化人、管理机构联合参与的传统村落产业培育发展模式，完善传统村落产业发展平台建设机制，建立能工巧匠创业就业培训基地，把"工匠精神"与历史经典产业以及传统村落建设相结合。

（三）创新要素保障机制，强化"坚强有力"的支撑体系

建立多元化资金筹集机制。从"城镇化资金""文化发展资金""城建维护费"中确定一定比例的传统村落保护费，尝试将出让土地所得的留成返还运作保护经费，鼓励各级政府建立传统村落保护发展激励基金，探索传统村落发展新的"增值点"。通过众筹模式，向热爱传统村落的摄影师、美术家、文化创意者等专业人士募集传统村落保护开发资金。

健全多渠道土地流转机制。尽快完成古民居确权发证，允许经过认定的传统村落实施乡土建筑的租赁制度，吸引社会资本按照规定要求参与传统村落保护与开发；恢复农村集体宅基地的处置权和收益权，为工商资本进入农村打通道路。探索设置科学合理的原住民退出传统民居的"退出机制"，支持村民通过城镇保障房、补偿宅基地等

政策安置，实现对传统建筑的保护。

完善多层次人才保障机制。研究制定扶持政策，鼓励引导外出创业的企业家、知识分子、海外华侨和退休领导干部等返乡创业、"叶落归根"，为传统村落可持续发展做贡献。在职业技术学校增设传统村落保护利用专业技能课程，或通过专家带团队、政府培训等方式开展乡村工匠技能培训。

（四）创新文化弘扬机制，复活"乡愁文化"的传统基因

完善传统文化保护机制。依托传统村落的历史风貌，发掘传统文化载体，特别是有代表性的古民居、祠堂、文化礼堂等文化建筑。讲好一批融合历史文化、风土人情、民间传说的"浙江故事"；结合"农村文化礼堂"建设，发挥传统村落祖训家规、乡规民约、家风门风的教化作用。

加强传统文化推广机制。建立常态化的非遗展演制度，打造一批艺术水平较高、文化内涵丰富、故事情节动人的艺术表演节目，办好节日庆典、祭祀活动等。建立与文创产业合作发展的传统文化营销机制，依托传统村落特有的风俗民情，积极寻求与影视公司或电视台合作，打造传统村落影视拍摄基地。

（五）创新科学治理机制，激活"自我发展"的持久动力

优化领导协调机制。推进县、村两级上下联动、相向而行，全面推广乡村规划师机制，充分发挥规划决策参与者、规划初审把关者、实施过程指导者、基层矛盾协调员等职责，强化乡村规划师联审制度。加强与美丽乡村建设、旧村改造、"三改一拆"等工作任务相衔接，统筹规划、协同推进。

完善村民自治机制。积极构建村民、村两委、企业以及社会组织等协同参与的议事机构，强化协商治理。建立村民意见征询和信息反馈机制，接受村民建议和监督。完善村民投工投劳机制，引导村民参与传统村落保护行动中的修缮文物古迹、传统建筑以及建造公共基础设施等任务。

建立社会参与机制。健全传统村落专家委员会制度，广泛吸收社会力量，同专家委员会共同进行项目指导和审查；完善志愿者参与机制，可将传统村落作为志愿者服务的试点基地，鼓励社会大众积极投身于传统村落宣传保护工作。构建志愿者积分评定认证机制，形成可馈赠、可传承的个人"社会人文贡献指数"，达成对传统村落保护的共识。

加快推进农村宅基地制度改革[1]

浙江作为城乡融合发展的先行地，加快推进农村宅基地改革，既具备了良好的宏观环境，也是我省乡村振兴和城乡融合发展提出的迫切要求。

[1] 本课题主执笔人夏阿国、胡虎林、钱文荣，成文于 2019 年 3 月 20 日，原标题为《关于加快推进我省农村宅基地制度改革的若干建议的函》。

一、推进我省农村宅基地改革的紧迫性与可行性

（一）中央的相关决定为农村宅基地改革提出了明确要求

2018 年中央 1 号文件提出，要"完善农民闲置宅基地和闲置农房政策，探索宅基地所有权、资格权、使用权三权分置"。2019 年中央 1 号文件则进一步提出要"稳慎推进农村宅基地制度改革""抓紧制定加强农村宅基地管理指导意见。研究起草宅基地使用条例"。所有这些规定，为农村宅基地制度改革提出了明确要求。

（二）我省的乡村振兴和城乡融合发展对农村宅基地制度改革具有强烈的现实需要

一是促进土地资源优化配置、缓解土地"瓶颈"制约的需要。 由于人口、资源、环境之间的尖锐矛盾，耕地保护作为我国的一项基本国策，是任何地区都不能突破的"底线"。浙江省人多地少，土地后备资源不足，土地在一定程度上已成为城镇化、工业化过程中的"瓶颈"。而在我省的农村用地中，村庄用地达到 810 万亩，占建设用地的 52.7%。随着工业化、城镇化的迅猛发展，大量农民外出导致宅基地大量闲置，造成严重的资源浪费。推进宅基地制度改革、促进宅基地合理流转，可以有效促进土地资源优化配置、缓解土地资源的"瓶颈"制约。

二是增加农民财产性收入、提升农民富裕程度的需要。 党的十九大报告强调要"拓宽居民劳动收入和财产性收入渠道"。稳定持续增加农民财产性收入及其占人均可支配

收入的比重，对于进一步缩小城乡收入差距、推动城乡融合发展具有重要意义。2013至2017年间，浙江农村居民可支配收入中财产性收入占比始终未超过3%，是农民增收的主要短板。宅基地和住宅是农村家庭的主要财产，推进农村宅基地改革，可以为城镇化后的进城农民提供更多的宅基地退出渠道选择，对于有效增加农民财产性收入具有重要意义。

三是实现要素平等交换、推动城乡融合发展的需要。有效率的市场要求各类要素能够自由平等交易，宅基地作为生产要素也需要实现平等交易。要实现经济社会的城乡融合发展，必然要求加快推进农村宅基地制度改革，建立健全城市住房与农村住房城乡一体化利益格局，聚成城乡一体化的要素平等交易格局和实现以人为核心的城镇化。

（三）我省已有的改革试点和先行做法为加快推进农村宅基地制度改革打下了良好基础

近年来，我省各地在宅基地制度改革上进行了大量的试点，积累了丰富的经验。例如，义乌市从宅基地的取得置换、明晰产权、抵押担保、入市转让、有偿使用、自愿退出及民主管理七个方面进行了制度创新，建立起系统的农村宅基地改革的制度体系；德清县出台了基于"三权分置"的宅基地管理办法，明确了村股份经济合作社在宅基地管理上的权利义务、宅基地农户资格权的保障途径、宅基地和农民房屋使用权的利用方式等；绍兴市实施"闲置农房激活计划"，并在柯桥区和上虞区开展试点，发布了《关于实施"闲置农房激活计划"的指导意见》。先行先试的改革经验为全面推进我省农村宅基地制度改革打下了良好基础。

二、推进我省农村宅基地制度改革需要解决的主要问题

（一）宅基地集体所有权的归属主体

所有权归属主体的清晰是宅基地制度改革的基础。我国法律规定的农民集体有村民小组农民集体、行政村农民集体和乡（镇）农民集体。在现实中，我省有的地方由村民小组行使所有权，有的地方由行政村行使所有权，也有的地方因所有权主体不明带来很多矛盾和冲突。因此，应尽快立法明确我省农村宅基地的所有权主体。试点单位一般把宅基地所有权主体界定为行政村农民集体，也有试点单位提出可以在乡镇政府和行政村的授权下由村民小组行使所有权。

（二）宅基地资格权的权利主体

宅基地资格权，是指村民作为集体成员，要求获得并且使用集体土地建设住宅，享有集体土地利益的资格或者特权。宅基地资格权的主体是农村集体中的"户"，但在确定宅基地的面积或者份额时，又要考虑户的成员数量。户原则上是父母以及他们的未成年子女，即核心家庭"户"。《土地管理法》第 62 条规定，农村村民一户只能拥有一处宅基地，但并没有明确规定对村民的界定。那么，什么样的主体才可以拥有宅基地的资格权呢？我们认为，宅基地资格权的确定，作为一项重要的制度改革，要放到整个农村集体经济组织的产权改革和整个土地改革的大背景下去系统化考虑。改革开放以来，我省农村出台了很多政策和改革措施，包括承包地确权、集体经济组织股份化改革、林地确权等等。2019 年中央 1 号文件"不得以退出承包地和宅基地作为农民进城落户条件"的规定，意味着一些已经在城市落户的农户可以继续拥有宅基地资格权。因此，一般试点单位都把下面三类主体作为宅基地资格权主体：一是拥有本村农业户籍的主体；二是在农地股份制改革中拥有本村原始土地股权的主体；三是在集体产权制度改革中拥有本村集体经济组织原始产权的主体。

（三）宅基地使用权流转中的受让主体

现行制度规定，宅基地使用权的受让方必须为村集体内部成员，这种限制的目的在于维护集体土地所有制。但在宅基地三权分置的情况下，应推动集体建设用地所有权与国有土地所有权同权同价。因此，试点单位普遍要求取消受让方的范围限制，如果为了更加稳妥地推进，受让主体至少也应扩大到县（市）域范围的所有主体。

（四）宅基地使用权的流转期限

现行制度下取得的宅基地具有无偿、无期限的特点，这对集体成员而言体现了福利性和生活保障性，而宅基地流转后的使用权受让人并不具有集体成员的普通成员资格，无期限占有宅基地显然是不合理的。因此，试点单位建议宅基地使用权的流转期限设定为 70 年，在使用权到期后由集体经济组织收回，对于宅基地到期后房屋继续存在这一情形的，宅基地使用权人可以继续使用宅基地，但是应当补缴一定的费用。

（五）宅基地使用权流转后的收益分配

宅基地流转所得收益应该在宅基地使用权人、农村集体经济组织、国家之间进行分配。宅基地的使用权人，也即农户作为用益物权人，理所当然地享有该收益；集体经济组织对宅基地享有所有权，也有权获得一部分流转收益；国家可以制定与此相关的税费制度，用税收的方式来收取该流转的一部分增量收益，具体做法可以参照国有土地使用权流转过程中的税收方法。在收益分配比例上，大部分的收益应当归宅基地使用权人，小部分由集体经济组织取得，国家则分配最少收益。但具体的分配比例，应该在相关法律文件明确规定确定方式或提出相应建议，以减少纠纷。

（六）对历史遗留问题的处理

农村宅基地历史遗留问题多、情况复杂、权属界定难。有些宅基地使用权证界址不清、宅基地重叠、权属登记有误；有些农村基层组织违反"一户一宅"的规定，擅自多分配土地；有的农户未批先建、少批多建；有些违反规划控制标准等。如不处理到位，确权登记颁证难以推进，流转和抵押都会受到影响。因此，妥善解决历史遗留问题，是释放宅基地权能、促进宅基地流转的基础。针对改革开放以来，农村宅基地政策历经多次变化，试点单位建议以重要法律法规实施的时间点为重要节点，划分不同阶段，分情况提出解决历史遗留问题的举措。同时，细分违法类型、违法程度、处理措施、基准地价、有偿使用标准等诸多措施，扎实推进历史遗留问题处理。

三、关于推进我省农村宅基地改革的工作建议

（一）加快制定我省农村宅基地改革方案及切实有效的推进措施

改革的关键在于落实。习近平总书记指出："要把抓落实作为推进改革工作的重点，真抓实干，蹄疾步稳，务求实效。"近年来，我省各地在宅基地制度改革试点方面取得了丰富的经验，但大多还处于"试而不推"的状态，因此，需要尽快制定明确的改革方案，建议由省委省政府抓紧制定出台关于推进农村宅基地改革的指导意见，加快推广试点地区的有益经验，全面落实相关改革措施，切实推进我省农村宅基地制度改革。

（二）争取把浙江省作为农村宅基地改革整体推进的试点省

2019年中央1号文件提出，要"推进农村宅基地制度改革，拓展改革试点，丰富试点内容"，要"开展闲置宅基地复垦试点"。浙江省有已经持续开展了15年的"千村示范、万村整治"工程，有多年来的下山脱贫、整村搬迁和全域国土整治等经验。在新时期理应继续主动承担责任，也有足够条件申请成为"农村宅基地改革试点省"和"闲置宅基地复垦试点省"。

（三）加快推进农村宅基地制度改革的立法工作

为了稳慎推进和依法改革，根据 2019 年中央 1 号文件关于"抓紧制定加强农村宅基地管理指导意见。研究起草农村宅基地使用条例"的精神，浙江省应加快推进农村宅基地制度改革的立法工作。一是由省政府出台《关于推进农村宅基地改革的若干办法》；二是在中央出台《农村宅基地使用条例》后，率先出台《浙江省农村宅基地使用细则》。

（四）率先完成农村宅基地使用权确权登记颁证工作

2019 年中央 1 号文件指出"加快推进农村宅基地使用权确权登记颁证工作，力争 2020 年基本完成"。浙江省应于 2019 年底提前完成该项工作。为了顺利完成我省农村宅基地使用权确权登记颁证工作，要加快处理宅基地使用和管理中的历史遗留问题。我省的一些试点地区在处理历史遗留问题上已取得了较好的经验，应抓紧总结推广。如义乌市明确了对"一户一宅"的界定、户控面积标准、违反规划建设等认定条件的细则，分类推进宅基地历史遗留问题的解决，效果明显；德清县允许通过自愿调剂、有偿收回等途径，将"一户多宅"用于保障无房户、危房户，用于集体发展民宿经济等等。

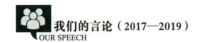
加快宅基地"三权分置"改革

我省在推进宅基地所有权、资格权和使用权"三权分置"改革上具有良好的基础，完全有可能在这一领域领先于兄弟省市推出一整套可复制、可推广的经验。建议：

1
本报告主执笔人陈柳裕，成文于 2019 年 1 月 9 日，原标题为《关于加快宅基地"三权分置"改革的建议》。

（一）以"三权分置"为导向，研究制定宅基地改革指导意见

2018 年中央一号文件提出的宅基地"三权分置"改革，是贯彻落实和深化党的十八届三中全会决定提出的"保障农户宅基地用益物权，改革完善农村宅基地制度"的重要举措。鉴于中央迄今未出台宅基地"三权分置"改革的指导意见，我省各地在推进该项改革的做法上各异，更鉴于中央在这项改革上还将继续进行试点，有必要在省级层面上加强研究，就深化"三权分置"改革的核心要点以及如何破解疑难问题等形成最大限度的共识。

（二）以"一户多宅"整治为抓手，推进宅基地资格权的赋权工作

乡村振兴战略中的宅基地"三权分置"改革，至少含有通过该项改革清理出大量闲置宅基地的意蕴。目前，各地在赋予宅基地资格权问题上，尽管采用的方式方法不一（有的采用发放"宅基地资格权人证"的方式，有的采用"宅基地资格权登记簿＋宅基地资格权登记卡"的方式，也有的采用"集聚建设资格权证"的方式），但无不以"一户多宅"整治为工作基础，并取得了明显的实效，值得认真总结推广。例如，浙江象山通过整治清理了 4800 亩宅基地，全省要是都这样做的话，大量的农村建设用地都会被盘活出来。

（三）以"实化"集体土地所有权主体为导向，发挥村集体经济组织在乡村振兴战略中的主体作用

农村土地实行集体所有制、农村宅基地作为集体建设用地属于集体所有，是我国宪法第 10 条和物权法第 58 条的明确规定。在宅基地"三权分置"改革中，我们必须坚持宅基地所有制不变，并通过深化改革进一步落实好集体所有制。由于长期以来在宅基地上采用无偿分配、无期限占用的制度安排，集体对宅基地既无处分权也无收益权，导致集体土地所有权主体的"虚化"问题越来越趋于严重。建议通过修改《浙江省农村集体资产管理条例》和《浙江省村经济合作社组织条例》，把我国宪法上确认的宅基地集体所有的权能赋予给村级集体经济组织（即村经济合作社），让其代为行使宅基地所有权，并构建农村集体经济组织在建设用地总量管控的前提下，参与土地利用规划编制、统筹生产生活生态用地空间、优化布局农村宅基地的相关制度规则。这样，既能够夯实社会主义公有制的重要组成部分劳动群众集体所有制的基础，又有利于充分发挥村集体经济组织在乡村振兴战略中的主体作用。

（四）以"盘活利用"为导向，促进宅基地的节约集约利用

宅基地"三权分置"改革的核心要义，在于打破农民身份与宅基地完全捆绑的状态，实现资格权与农民身份的挂钩、使用权与农民身份的脱钩，进而使分离后的宅基地使用权显化出财产权属性。但乡村振兴战略背景下的宅基地"三权分置"改革，显然以是否能够有效盘活闲置宅基地为检验成效的基本标尺。在盘活利用闲置宅基地问题上，我们不能满足于"通过允许宅基地使用权抵押贷款，以增加农民融资能力进而破解乡村振兴资金难"，而当以"让农村的产业、环境留住人，让农村的机会吸引人"为目标，最大限度地促进宅基地的节约集约利用。为了做好盘活利用这篇文章，在深化"三权分置"改革的进程中，有必要设置以下三项"装置"：一是相对自由的流转机制。按照自愿、有偿和土地节约集约利用要求引导宅基地使用权流转，在坚持"一户一宅"的前提下，废止宅基地只允许在农村集体组织成员内部流转的规定，允许农民在县域范围内申请跨乡镇建房、农房置换和参与拍卖，允许农户把一定年期的宅基地使用权让渡给社会主体，允许返乡下乡创业人员与农民在宅基地上合作建房。二是多元的有偿退出机制。鼓励采用拆迁安置退出宅基地、进城落户人员以置换城镇经济适用房方式退出宅基地、货币化安置后退出宅基地。将有偿退出的宅基地使用权登记在农村集体组织名下，由村集体组织进行统一规划、利用、经营。三是适度的有偿使用机制。鼓励农村以"村规民约"方式，探索建立超标宅基地有偿使用、农村宅基地有偿选位等机制，并规定有偿使用费全部留村使用，用于保障新农村建设。

乡村振兴：争创全国试验区和示范省[1]

实施乡村振兴战略的内涵极为丰富，战略目标也非常清晰，就是到 2020 年中国农村建成全面小康社会，在此基础上加快实现农业农村现代化，以"农业强、农村美、农民富"为中华民族的伟大复兴夯实"三农"发展基础，并围绕产业兴旺、生态宜居、乡风文明、治理有效、生活富裕的目标愿景。

1

本报告由三农发展部主执笔，成文于 2017 年 11 月 15 日，原标题为《关于浙江争创全国实施乡村振兴战略试验区和示范省的建议》。

乡村振兴战略的目标任务十分宏伟，可以说是前无古人，在国际上也没有类似的经验可以借鉴。面对这一宏伟而艰巨的战略任务，从中国地域发展极不平衡的实际出发，各地在实施这一战略上必然是有先有后、有快有慢，东部发达地区应该更有条件在这战略的实施中先行先试，中央也希望浙江这样的东部发达地区能够充分利用自身有利条件，率先实施乡村振兴战略，为全国面上探索路子，创造经验。

浙江作为东部发达地区，"三农"的改革发展一直站在全国的前列。特别是浙江在"千村示范万村整治工程"为引领的美丽乡村建设、高效生态现代农业建设、农民专业合作社和"三位一体"的农合联服务体系建设、农村文化大礼堂建设，自治法制德治相结合的乡村治理体系建设等方面都已有成功经验，走在全国前列。浙江也是习近平总书记工作和主政多年的地方，是习近平新时代中国特色社会主义思想的萌发地，在实施乡村振兴战略上应率先垂范，先行先试，争创实施乡村振兴战略的试验区和示范省。建议：

（一）提出一整套推进乡村振兴战略的总体实施方案和政策措施、工作部署

省委省政府尽快制定浙江省实施乡村振兴战略规划，还可以由省人大制定颁布浙江省实施乡村振兴战略条例，把写入党章的战略任务以法规条例的形式加以保障，并按照产业兴旺、生态宜居、乡风文明、治理有效、生活富裕的总体要求，研究制定一套可量化的指标体系和可操作的考核办法。

（二）构建现代农业体系

构建现代农业体系就是构建以农业龙头企业、专业合作社、家庭农场等新型经营主体为引领的，小农户与现代农业发展有机衔接的现代农业产业体系、生产体系和经营体系。开展保护体系的新型农业现代化道路的探索。

（三）美丽乡村建设和农业供给侧结构性改革相结合

推进农业一二三产业融合发展；大力发展乡土产业；形成家庭经济与集体经济共同发展；构建美丽乡村建设与美丽经济发展协同推进机制，实现农民共同富裕和农村现代化的目标。

（四）进行乡村文化复兴和社会治理相结合的人文乡村建设试验

积极探索自治、法治、德治"三治合一"相结合的乡村治理体系现代化，努力使乡村文化建设、法制建设和农民群众文明素质的提升成为推动乡村振兴的推动力。

（五）深化城乡配套综合改革

在构建城乡融合的体制机制和政策体系上先行先试。争取中央有关部门允许浙江在农村土地制度改革特别是农民集体非农建设用地、宅基地、农业设施用地和征地制度方面进行全面改革探索，破解乡村振兴中的土地瓶颈制约；赋予农民平等的财产权利。同时，要进一步推进户籍制度改革，建立城乡居民自由迁徙、自由创业就业、自由居住的户籍管理制度和城乡基本公共服务均等化的公共服务制度；努力促进城乡要素的自由流动、优化组合，城乡互联互通的投资、创业就业和消费，促进乡村的全面振兴。

高质量推进乡村振兴 [1]

一、高特色架构"全域秀美"的城乡空间新格局

一是统筹城乡空间，加快推进城乡一体化。 在"大湾区大花园大通道大都市区"框架下，积极推动城乡布局"多规融合"，建立统一的城乡空间规划管理信息系统，统筹谋划城乡产业发展、基础设施、公共服务、生态环境等主要布局。

二是优化乡村布局，推进乡村空间布局调整。 优化乡村产业结构、产业链和产业网络，充分挖掘山水林田湖草生命共同体的生态价值，促进乡村产业集聚发展。

三是活化城乡要素，实现城乡联姻。 发挥市场在资源配置中决定性作用，坚定不移地推进要素市场化配置的改革，改变资源要素单向向城市流动的趋向，促进劳动力、资金、技术、土地、水资源等各类资源要素在城乡之间的自由流动和优化配置。

二、高品质构建"融合精美"的产业发展新体系

一是大力发展现代农业新业态。 加快"现代农业＋"建设，推进以休闲农业、观光农业、创意农业、功能农业等于一体的美丽农业建设。发展以农田智能监测、养殖环境监测、设施园艺精细管理、精准控制为重点的智慧农业和以农业物联网、大数据、人工智能等数字技术应用为重点的数字农业。大力实施农业品牌战略，发展以区域公共品牌为核心的品牌农业。

二是完善农村一二三产业融合体系。 培育发展把乡愁物化、活化、产品化的"乡愁产业"。大力推进农产品精深加工、农业休闲旅游、康体养生、电子商务、农家乐民宿创意化特质化发展。深入实施农业"12188"工程，以农业园区化为载体建设彰显集约效应的块状农业。

三是培育提升新型农业主体。 加快促进小农户与现代农业的有机衔接，积极培育

> [1] 本报告主执笔人胡豹、顾益康，成文于 2019 年 2 月 20 日，原标题为《高质量推进浙江乡村振兴的若干建议》。

农业龙头企业、农民合作社、家庭农场、农创客等新型经营主体；加快建设知识型、技能型、创新型农业经营者队伍；加强骨干农业龙头企业培育。

三、高颜值打造"生态绿美"的美丽乡村升级版

一是全面优化村庄人居生态布局。大力推进村庄规划、村庄设计和农房设计，完善"村庄布点规划—村庄规划—村庄设计—农房设计"规划设计层级体系；深入推进"无违建县、乡、村"创建；确保农房有特色、有品质、有风貌，全面提升村庄美丽人居和绿化美化水平，着力打造具有绿美农韵和"浙派"风格的生态宜居乡村。

二是全域打造生态宜居的农村环境。扎实推进万村景区化建设，构建生产生活生态融合、人与自然和谐共生、自然人文特色彰显的美丽宜居乡村新格局。全面推进厕所革命，巩固提升劣 V 类水剿灭成果，大力开展美丽河湖建设，完善落实河长制、湖长制、滩长制、湾长制。全面推进垃圾革命，完善农村生活垃圾分类投放、分类收集、分类运输、分类处理机制。

三是全速提档升级乡村基础设施。扎实推进小城镇环境综合整治，加强中心镇培育、小城市培育试点和特色小镇建设。高水平推进"四好农村路"建设，加快万里美丽经济交通走廊建设；高水平实施数字乡村战略；高水平推进新一轮农村电网改造升级工程。

四、高素质定位"文化盛美"的乡村人文新氛围

一是深入开展乡风文明培育行动。深化扩面文明村镇创建，推进农村文明家庭、最美家庭、绿色家庭、书香家庭、健康家庭等建设。推广村规民约、乡风评议、村民议事等载体，推行乡风文明指数测评体系。

二是繁荣发展农村文化。巩固提升"千镇万村种文化"活动品牌，深化拓展"双万结对、共建文明"活动。加大农村优质文化产品供给，支持农村题材影视、戏曲、歌曲、舞台剧等创作，大力建设乡村文化市场，培育农业农村文化产业。

三是加强农村文化载体建设。以推进公共文化服务和长效机制建设为重点，深化提升乡村文化大礼堂建设，充分发挥农村文化礼堂主阵地作用。建设农业农村文化发展示范基地，强化乡镇数字影院建设，推进农村公共图书馆、文化馆的数字化升级。

四是传承发展乡土传统文化。在系统挖掘"千村故事""千村档案"的基础上，实施农业农村优秀传统文化保护振兴工程，重点保护好文物古迹、传统村落、民族村寨、传统建筑、农业遗迹、古树名木等乡村文化遗产和农耕文明。

五、高水准塑造"治理善美"的乡村社会新秩序

一是全面加强农村党组织建设。深化基层党建"整乡推进、整县提升"，高标准落实农村基层党建"二十条"。大力推进农村党支部标准化规范化建设，全面实施基层党组织"堡垒指数"管理和底线管理。

二是建立"三治结合"乡村治理体系。深入实施万村善治示范工程，突出自治基础，加强法治保障，强化德治调节；继承发展"枫桥经验""后陈经验"，推广象山"村民说事"制度、东阳"花园经验"、余姚谢家路村"小板凳精神"、安吉高禹村"五个所有"制度，打造全国乡村治理现代化先行区。

三是推动乡村治理数字化转型。深化农村"最多跑一次"改革，加强信息化与乡村治理深度融合；实行"乡村治理＋互联网"，完善基层便民服务体系，在村庄普遍建立网上服务站点，推广龙游"村情通＋全民网格"基层智慧治理模式；通过信息收集发布、网络在线服务、掌上电子办公、线上即时沟通、后台推送流转，实现村级事务信息动态交互式管理。

六、高水平构筑"民生富美"的农民生活新品质

一是千方百计促进农民增收。把发展美丽经济与提高农民收入、壮大村级集体经济有机结合，努力提高村庄经营水平，积极探索"富民强村"新路径。拓宽农民增收渠道，充分发挥"乡土、乡贤、乡愁、乡创"在促进乡村产业振兴和增加农民收入过程中的重要作用。

二是提升农村社会保障质量。深化全省统一的城乡居民基本医疗保险制度建设，完善城乡居民基本养老保险制度，扩大大病保险范围，扩大最低生活保障覆盖面，提高社会救助制度知晓度；推进农村留守儿童、妇女、老人关爱服务体系建设。

三是提档农村公共服务水平。优先发展农村教育事业，提升农村基础教育水平。统筹城乡基层公共就业创业服务平台建设，实现城乡就业创业服务一体化。深入实施"双下沉、两提升"工程，加快高水平医疗联合体建设。发展康复事业和健康产业，完善养老服务设施布局，加强农村社区居家养老服务照料中心建设，加快建设健康乡村。

七、高效能打赢"小康完美"的农村扶贫攻坚战

一是提高低收入农户发展能力。围绕创业致富、就业增收、保障减贫，加强金融扶贫、科技扶贫、创新扶贫、电商扶贫、旅游扶贫；培育一批能促进低收入农户

长期稳定增收的优势产业，深入推进"千万农民素质提升工程"，促进低收入农户就业创业；将社会保障作为减缓相对贫困的重要手段，全面建立低收入农户综合保障体系。

二是提高低收入农户生活质量。围绕住房改善、医疗服务、教育提升，深入实施农民异地搬迁和农村危旧房改造工程，深化低收入农户的公共卫生服务、基本医疗服务和健康综合服务改革工作。构建全覆盖教育扶贫体系，通过普及教育和加强培训彻底阻断贫困代际传递。

三是推进新一轮扶贫结对帮扶。加强对低收入农户相对集中、村集体经济相对薄弱村的结对帮扶工作，创造一批结对帮扶成效突出的典型模式，推广其先进经验。

四是打造山海协作工程升级版。探索 26 县绿色 GDP 发展和"两山"转化路径，加强浙西南山区与东部沿海地区的交流与合作，推动建立紧密型合作机制。

八、高维度推进"要素活美"的体制和机制创新

一是深化农村土地制度改革，推进"新土改"。推进农村宅基地及住房确权登记颁证，完善农村承包地和宅基地"三权分置"办法，扩大农村集体经营性建设用地入市试点，建立健全市场交易规则和服务监管制度。

二是深化集体产权制度改革，推进"新股改"。在扎实开展全省 3 市、13 个县（市、区）集体产权改革国家试点的基础上，由点及面推进农村集体经营性资产股份合作制改革，积极探索资源变资产、资金变股金、农民变股东的多种形式，争取在集体经济组织成员身份确认、股权量化和资产管理等方面创造经验。

三是深化"三位一体"农合联改革，推进"新社改"。构建集合作社联社为载体的农业专业性服务体系与以农合联为载体的通用性服务体系于一体的现代农业服务体系，集农资供应、庄稼医生、技术指导于一体的农资服务体系，集消费品零售、公共服务代理、相关服务代办于一体的生活服务体系，集农药化肥包装物回收、农村垃圾分类处置、有机肥和环保装备制造于一体的环境服务体系。

四是深化农村普惠金融创新，推进"新金改"。推进农地经营权和农房财产权"两权"抵押贷款；推动林权抵押贷款增量扩面；推动农业保险扩面增品提质。引导和撬动金融和社会资本更多投向农业农村。

高水平推进农业现代化建设 [1]

自 2013 年浙江开展农业现代化监测评价以来，全省农业现代化建设水平连续五年实现稳步提升，综合得分由 2013 年的 73.22 分提高到 2017 年的 85.09 分，已迈入转型跨越阶段向基本实现阶段跨越的临界点，为高质量实施我省乡村振兴战略奠定了基础。回顾近五年来我省农业现代化建设实践，主要的经验：一是凸显农业集聚化、集约化，二是注重农业绿色化、生态化，三是重视农业新业态、新功能，四是强调产品优质化、特色化，五是注重主体多元化、组织化。

在高质量发展背景下，我省农业现代化进程还存在五个短板：一是稳粮增效任务依然艰巨，二是农业社会化服务水平有待提高，三是农业机械化水平有待提升，四是农业科技进步贡献率亟须提高，五是农业支持保护体系仍需完善。建议：

一、深化稳粮增效，树立大粮食安全观

以稳定粮食产能为重点，严格粮食生产功能区建设保护，提高一等田比重，提升耕地地力，稳定水稻面积，提高旱粮单产，稳定口粮自给率。深入开展粮食绿色高产高效创建，不断推广粮经轮作、水旱轮作、农牧结合等模式，推进"藏粮于地""藏粮于技"。稳定粮食最低收购价，增加补贴力度，建议健全稻田生态补偿机制，提高补偿标准，由原来 10 元 / 亩提高到 200 元 / 亩以上（江苏省苏州市 200~400 元 / 亩）。

二、强化科技支撑，提高科技进步贡献率

围绕解决制约农业现代化的重大技术瓶颈问题，着力创新关键核心技术，集成应用先进实用科技成果，示范推广农业可持续发展模式。此外，针对国内学术界对我省

1

本报告主执笔人黄祖辉，成文于 2019 年 1 月 18 日，原标题为《推进浙江省高水平农业现代化建设若干建议》。

农业科技进步贡献率测算值远高于官方数据的疑问，要加快构建科学、合理的农业科技进步贡献率测评体系，将测评作为长期工作进行落实。

三、完善设施装备，提高农业机械化水平

高度重视高能效、高效率、低污染的智能化、中高端农机装备的研发，尤其重视适合我省地形特色的山地型机械的推广与应用；推进设施种养业和农业物联网发展，不断强化农业物质技术支撑，提高农业机械化率和设施化水平。此外，积极引导农业机械设备有效运用、设备故障排查和精准维修，以保障农业机械装备高效运用。

四、增强要素支撑，确保支农资金稳步增长

完善农业投入保障体系、绩效评价机制，建立和完善财政支农资金稳定投入增长机制，确保财政每年对农业总投入的增长幅度高于其财政经常性收入的增长幅度。强化财政支农资金监管问责和考核机制，全面建立绩效评价制度，体现权责对等，放权和问责相结合，确保财政支农投入规模不断扩大、使用效益不断提高。

五、加快农业服务业发展，推进小农衔接现代农业

大力发展农业服务业，加快建立与农业高质量发展相适应的多元化、多层次、多形式的新型农业社会化服务体系。加快培育新型农业经营主体和社会化服务主体，完善农业社会化服务机制，探索新型农业社会化服务方式，推动农业服务业态和服务模式创新，把小农户联合起来，以较高的组织化程度、适度的组织规模，将小农引入并融入现代农业发展轨道。

完善农业经营主体的金融服务 [1]

伴随着新型农业经营主体的培育发展，我省的金融服务也创造和积累了许多经验，增设了一批新的金融主体，多层次、多元化的农村金融组织体系基本形成；创新"互联网＋金融＋农业"模式，初步构建了适应新型农业经营主体的金融技术产品体系。但存在一些急需要完善的问题：一是银行业机构定位分工不清晰，造成支农功能经常出现"错位、越位、不到位"的情况；二是新型农业经营主体内生性的互助合作金融发展不快，未形成新的动能；三是质抵押金融产品技术创新滞后，信用体系和农业政策性担保体系不够健全；四是财政税收支农的精准性尚须探索，与金融机构形成合力还大有文章可做。建议：

[1] 本报告主执笔人蒋志华、顾益康，成文于2017年7月5日，原标题为《关于完善我省农业经营主体金融服务的若干政策建议》。

一、充分发挥现有各类金融服务主体的功能，形成多层次、多形式、广覆盖的职责明确、分工协作、优势互补的为新型农业经营主体服务的金融组织体系

充分发挥农村商业银行（农信社、农合行）点多面广和支农支小的优势，进一步扩大对新型农业经营主体提供金融服务的覆盖面。进一步完善农业银行"三农事业部"的运行机制，发挥大型银行资金实力雄厚、服务技术先进、"三农"融资成本相对较低的优势，把金融服务的重点放在新型农业经营主体上，利用"惠农通"先进技术产品，为新型农业经营主体提供信贷、结算、电子商务、贸易融资等优质服务。农业发展银行要把支持农田水利基础设施建设、新型农业经营主体的农业风险投资和批发贷款等作为信贷投放重点，发挥农业政策性银行的独特优势。

根据中办国办《关于加强构建政策体系培育新型农业经营主体的意见》中提出的"鼓励发展新型合作金融，稳步扩大农民合作社内部信用合作试点"的精神，以及温州

金融改革试点经验，我省应积极扩大农民合作社举办农民资金互助社的试点范围，省政府应及时制定出台试点工作意见和农民资金互助社监督管理办法作为完善新型农业经营主体金融服务的重要举措。

二、加快"三位一体"建设步伐，积极创新适应新型农业经营主体需求的金融服务、金融产品和金融技术

实现生产、供销和信用合作"三位一体"，是习近平总书记在浙江工作时提出的战略构思，也是完善新型农业经营主体金融服务的题中之义。我省应加快"三位一体"推进步伐，争取多出成果。进一步健全农村产权交易中心，积极推进农村承包土地经营权、农民住房财产权抵押贷款和林权抵押贷款。鼓励各金融机构利用互联网技术创新金融产品，利用大数据和云技术，实现线上、线下相结合的为新型农业经营主体金融服务的新模式。

要完善我省农业保险政策，加大政策性农业保险力度。同时要认真总结浙江渔业互保协会和全国首家农村互助合作保险——慈溪市龙山镇西门外村伏龙农村互助合作保险社的经验，发挥农业保险在支持新型农业经营主体发展中的作用。要积极创新农村金融租赁服务，根据北仑港集装箱吞吐量大、新型农机进出口多的特点，争取在宁波北仑区设立农机金融租赁公司，服务全省，面向全国。农机金融租赁公司由当地农信联社牵头入股，企业参股，组成股份有限公司，为新型农业经营主体提供农机和其他农业设施融资租赁业务。

三、坚持开拓创新与防控风险并重，完善农村信用体系和担保体系

探索建立新型农业经营主体信用评价体系，对符合条件的灵活确定贷款期限，简化审批流程；对正常生产经营、信用等级高的可以实行信用贷款等贷款优先措施。建立完善我省农业政策性担保体系，尽快把市县两级农业政策性担保机构建立起来，投入运行，为新型农业经营主体贷款提供担保服务。确保对从事粮食生产和农业适度规模经营的新型农业经营主体的农业信贷担保余额不得低于总担保规模的70%。省市县各级政府都要把充入农业政策性担保基金列入年度财政预算。要发挥省政策性融资担保机构——浙江省担保集团公司再担保功能，加强担保机构之间、担保机构与金融机构之间的合作，形成担保合力。

四、整合财政税收支农资源，完善财税对新型农业经营主体扶持政策

财税部门要通过整合支农资金，加大对新型农业经营主体的支持力度，针对不同主体，综合采用直接补贴、政府购买服务、定向委托、以奖代补等方式，并与信贷资金紧密结合起来，增强补贴政策的针对性实效性。完善风险补偿机制，县级财政出资建立的风险补偿基金，要根据财力逐年增加额度，对为新型农业经营主体提供相关金融服务的信贷机构、担保公司、保险公司（包括渔业互保协会），给予风险分担补偿，以激励金融机构主动防范风险。

五、完善对金融机构的监管、考核、激励政策，优化农村金融供给的政策导向

适当修订涉农贷款监管指标。为了真实反映金融支农和支持城乡一体化建设的实际情况，可将目前涉农贷款分设两个口径，一是支农贷款，与第一产业相对应，口径比目前涉农贷款小，主要用于考核反映金融机构扶持农户农业（包括农林牧渔）的贷款数据，享受税收减免和增量奖励政策。二是县域贷款，县和地级市以下城市均为县域，即通常所说的农村地区，凡在县域发放的所有贷款，剔除不符合国家产业政策的贷款，这个口径比现行涉农贷款口径要大，主要用于考核反映金融机构支持城镇化、城乡协调发展贷款数据，享受差异化货币政策与监管政策。这种划分能较好地引导和激励金融机构增加对农村地区和农户农业信贷投入，为新型农业经营主体注入更多的活力，操作简便易行，我省可先行先试。同时，要落实防范金融风险的各项措施，并为金融机构尽快核销新型农业经营主体发生的坏账制定合适的监管政策。

畜牧业绿色转型的"婺城模式"[1]

为促进畜牧业转型升级，婺城全面推进"美丽畜牧生态工程、健康畜牧安全工程、特色畜牧精品工程、智慧畜牧创新工程、新型畜牧创业工程"建设，传统畜牧、美丽畜牧、新型畜牧体系"三级跳"的转型升级工作取得明显成效，为全省畜牧业绿色发展新模式提供了可复制推广的典型经验。

> **1**
>
> 本报告主执笔人胡豹、顾益康，成文于 2018 年 5 月 2 日，原标题为《抓"转升规"促"绿富美"的畜牧样本——新时代唱美丽牧歌创绿色转型的婺城模式》。

一、抓好"转升规"，秉持绿水青山新思想

（一）优化布局，转型转产

通过出台系列政策，对低小散、违法排污、沿水饲养、防疫设施不健全等养殖场引导转型转产。一是以"转产"促产业多元化。调整畜种结构，降低生猪、家禽等耗粮型畜种比例，提升以蜜源为食的蜜蜂比例，目前全区共转产养蜂户 180 多户。二是以"转地"促地域多元化。调整养殖模式，转移养殖地域。一方面挖掘规模养殖小区的剩余容量，引导奶牛养殖合理转移，另一方面鼓励"浙猪北养"，推动养殖户到江西、兰州等地从事养猪。三是以"转业"促行业多元化。助力畜牧业转为种植业等其他行业，通过技术指导和协调服务，帮助剩余 600 多户养殖业主进行转业，重点发展中药材种植、菌菇培育、苗木等种植产业，以及来料加工等服务产业。

（二）打造样板，全域提升

一是精心打造一个典型样板。婺城区积极引导浙江美保龙种猪育种公司按"环境友好型、资源节约型、生态效益型"的理念规划建场，通过精心打造一个精品标杆，提升全区畜禽养殖业的行业品质和整体环境。二是各家牧场竞相争鸣。全区现有 44 家养

殖场根据美丽牧场标准，大力改造提升污水处理设施、场区环境、养殖设备、防疫设施等。全区所有养殖场均达到美丽牧场创建标准，其中 12 家通过省级美丽牧场验收。

（三）规范管理，多元监管

一是落实养殖场各项审批备案手续。对符合相关要求的养殖场办理设施用地备案、防疫条件审批和养殖场备案等手续，使养殖户解决了后顾之忧，进而可以专注养殖。二是网格化管理。开展线上线下巡查，全区 44 家保留养殖场均已安装线上监控设施，可通过电脑或手机远程实时查看养殖场情况。三是推行"三方评分考核"淘汰制。即乡镇每月一次日常巡查评分考核和环保、农林部门不定期评分考核相结合制度。对媒体曝光、督查通报、群众信访或举报被查实的污水漏排超排、治污设施运行不到位等环境损害行为予以扣分，一年内累计扣分达 20 分以上，责令限期关停。四是建立和完善死亡畜禽收集处理体系。实施生猪、奶牛、家禽等畜禽保险全覆盖与无害化处理联动机制，并将这一模式复制到金华开发区、金东区、金义都市区等，形成死亡动物跨区域处理联动模式。

二、促华丽嬗变，绘就绿色生态新画卷

（一）从"传统粗放"到"特色精品"的嬗变

美保龙种猪育种基地的生产设施、产业化水平、生态循环模式均走在全国前列，成为畜牧业转型升级的典范和样板。同时，大力发展金华"两头乌"猪、蜜蜂等特色产业。"两头乌"猪饲养量已达 8000 余头，蜜蜂饲养量已达 3.5 万群。全区蜂业产值达 1 亿多元，占畜牧业总产值的 12%。"珍其源"两头乌在 2016 年成为 G20 杭州峰会国宴指定用肉，在 2017 年浙江农业博览会优质产品评选中获金奖，家农两头乌猪肉被评为 2017 年全省十大优胜猪肉产品。"蜂御医"荣获浙江省蜂产品十大名品之一。

（二）从"隐患担忧"到"健康安全"的嬗变

全力构建畜禽产品质量安全监测体系，推行畜产品产地准出和市场准入相结合制度。目前，全区无公害畜禽产品生产主体认证 14 家，畜禽产品质量安全抽检合格率达到 100%。特别是生鲜乳的质量安全，生鲜乳的理化、微生物细菌总数、体细胞等关键性指标，均优于国家标准。同时完善动物疫病预防控制体系，持续开展执法行动及"瘦肉精"、生鲜乳违禁物质、兽用抗菌药等专项整治，"瘦肉精"检出率、生鲜乳"三聚氰胺"检出率为零。

（三）从"效益欠佳"到"节本增收"的嬗变

目前，全区规模化和饲养管理水平都有大幅提升，存栏 1000 头以上规模猪场比重已达 100%。以生猪为例，在饲养成本上，总体比原先低 12% 左右；生猪料肉比由原先 3.4 下降到 3.0，每头猪所摊药费下降 36% 左右。在饲养效益上，母猪年提供商品猪由原先 19 头上升到 23 头；成活率由原先 82% 上升到 90% 左右，生产水平大幅提升，经济效益显著提高。

（四）从"利用不足"到"变废为宝"的嬗变

全面落实农牧对接"一场一策"，大力推广"猪—沼—作""牛—沼—牧草"等生态循环模式和沼液综合利用，切实做到种植业消纳量与畜牧业废弃物点对点、量对量、时对时有效对接。建设循环节点工程，完善沼液粪污贮运及配套管网设备，畜禽粪便综合利用率达 100%。大力扶持有机肥加工企业，年产有机肥 5 万多吨。加快构建主体小循环、区域中循环、县域大循环的生态循环农业发展格局，实现养殖污染物全收集、全处理、全利用。

三、唱美丽牧歌，催生绿色畜牧新形象

（一）旧貌换新颜，谱写田园歌

昔日婺城违建养殖场遍地，杂乱不堪、臭气熏天、污水横流。现如今，不管走到哪一个养殖场，一栋栋白墙黛瓦的猪舍、一条条整洁宽敞的道路、一处处错落有致的绿化，一场一景已成为养殖场的"标配"，花园式的牧场正颠覆着人们对养殖业的传统印象。养殖业不再是"脏乱臭"，可以是"绿富美"，人、猪、自然可和谐共处，"养多少、养什么、怎样养、谁来养"的问题亦迎刃而解。

（二）花香引蝶来，经验广传播

婺城畜牧转型升级得到了周边百姓、各级政府、新闻媒体的充分肯定和好评，养猪的传统印象已被彻底改变，水变清，景变美，这是周边百姓最直观的感受。全省畜牧业转型升级现场会在金华召开，省委书记车俊亲临美保龙视察，市、区两级人代会、党代会都指定其作为参观点。婺城畜牧转型升级也得到了新闻媒体的赞誉，《今日聚焦》专题报道"回头·更好看"，《浙江日报》《浙江新闻》等也进行广泛宣传；全省、全国甚至欧洲、非洲等多个国家地区的领导、同行慕名前来学习，参观人数达 2 万多人次。

问计农村集体产权制度改革[1]

2016 年 12 月，中共中央、国务院发布《关于稳步推进农村集体产权制度改革的意见》，对深化集体产权改革作出了系统全面的部署，我省有 7 个县（市、区）列入试点。党的十九大报告强调了"深化农村集体产权制度改革，保障农民财产权益，壮大集体经济"，将其作为乡村振兴的重要抓手。中国国际经济交流中心的专家对农村产权制度改革中存在的问题进行深入研究，并提出一些对策建议。

> [1] 本报告主执笔人舒蛟靖、姚海滨，成文于 2017 年 12 月 12 日，原标题为《农村集体产权制度改革中存在的问题与建议》。

一、农村集体产权制度改革中存在的问题

（一）基层干部与群众认识尚不到位

少数基层干部对"模糊产权"情有独钟，改革后农村基层组织将面临职能转变与利益调整，因此，这部分人存在思想顾虑和畏难情绪，以各种理由敷衍和阻碍改革；在群众层面上，不少村民将改革简单等同于分红，特别在集体经济不发达的农村地区，村民对改革效益预期不高，缺乏改革积极性；在集体经济发达的地区，村民对集体经济目前所提供福利较为满意，如免费教育、缴纳社保等，但是担心改革后福利缩水或消失，因此大多数人也不愿意改革。

（二）明确农村集体经济组织法人权益的法律法规亟待完善

当前，《民法总则》虽然赋予农村集体经济组织特殊法人地位，但是对其相关权益尚无法律规定。农村集体产权经折股量化改造成为新型集体经济组织后，仍然面临登记困惑和身份认同的尴尬，改革后的集体经济组织申报税务需要按照企业类别征税，

税负压力较大，挫伤了基层干部和群众改革的积极性。

（三）农村集体资产股份权能尚不能自由流转

股份权能流转形式主要包括：有偿退出、继承、抵押和担保等。从试点的情况看，目前各地的产权制度改革尚未从根本上解决集体资产股权自由流转的权能问题。一是对于有偿退出，目前国家和地方均没有明确规定。二是股权继承没有明确的法律依据。三是开展股权进行抵押担保的难度大，实际效果不明显。

（四）农村集体经济组织与村委会之间的政经关系尚未理清

集体经济是经济组织，而村委会是自治组织，多数农村地区的集体经济组织与村委会的职责和功能并未明确分开，政经关系长期混淆不清，这有碍改革后农村集体经济组织的发展，且易引发新的矛盾。

二、推动农村集体产权制度改革的政策建议

（一）深化改革认识，激发改革意愿

加大对基层干部群众的宣传动员和培训工作，通过学习典型案例，深入了解集体资产产权制度改革。制定科学合理的激励机制，如基层干部的工作业绩与薪酬对等、业绩与晋升相联系，完善公益金提取制度，作为村级公益事业的财务保障，从而消除干部和群众的顾虑。强化改革过程中的工作统筹和分类指导，特别是对农业比重大、集体资产少、经济相对薄弱地区，要摸清土地等资源性资产底数，并将改革与农村综合帮扶项目相结合，推动集体经济发展壮大，为增加村民的财产性收入创造条件。

（二）创造良好的制度环境

以《民法总则》及相关法律法规为基础，推动出台《农村集体经济组织法》，加快对农村集体经济组织的形式、权利与义务以及与法人地位紧密相关的登记办法和税费政策等加以详细规定。

（三）改善农村集体经济所处的金融环境

加强农村集体资产股权抵押担保融资的顶层设计，中国人民银行和银监会等职能部门应尽快出台明确的指导性文件，规定农村集体资产股权抵押贷款的利率、期限、授信金额比例及控制抵押率等；地方政府要加大对农村集体资产股权抵押改革试点的

财政支持，通过财政贴息和建立政策性信用保证制度，防范和控制金融风险；集体经济组织则应探索当有成员不能按期偿还股权抵押贷款时，由集体经济组织回购股权的相关办法。

（四）立足实际，因地制宜地推进"政社分离"

江苏省苏州市吴中区的做法是在明确村两委和集体经济组织各自职责的基础上，实行"机构分开、职能分开、财务分开、人员分开"；贵州省遵义市湄潭县采取"半政社分离"的过渡模式，即村委会和集体经济组织的职能和机构分开，但允许村委会成员与集体经济组织理事会成员交叉任职，待条件成熟后再"政社分离"。这些做法可供不同地区借鉴参考。

深化农作制度改革促"三增"[1]

农作制度改革是将一项项单一的种植、养殖、加工等技术进行整合、组装、配套，推广应用于农业生产的各个领域，合理配置生产系统要素，形成一种高效生态、资源循环利用的农业发展新业态。农作制度改革的目标是通过实现农业产业兴旺，达到农业增效、农民增收、农村增美。目前，台州市已形成粮经结合型、种养结合型、生态复合型、资源循环利用型、生态休闲观光型等5种类型约70多种模式，遍及农业、林业和渔业各个产业。存在的突出问题：一是城镇化过程中城乡资源流动的不对称不平衡问题，二是农业发展过程中的不充分问题，三是农业基础设施薄弱问题日益凸显。建议：

[1] 本报告主执笔人吴宪（台州市决咨委特约研究员），成文于2018年8月30日，原标题为《深化农作制度改革促进农业增效农民增收农村增美的建议》。

一、注重职业农民培养，激发农作制度内生活力

首先，要立足提升传统农民素质，把现有的区域带动力强、覆盖面广的农业龙头企业经理、农民专业合作社社长、家庭农场主培养培训成为合格的职业农民，推动农业经营主体职业化。其次，要大量吸纳精英人才到乡村舞台上大施拳脚，吸引富有创新精神、专业知识较强的大中专毕业生、专业技术人员投身农业；支持外出务工农民、个体工商户等返乡务农，鼓励新生代农民工子承父业，着力培育一批规模经营户、科技示范户、营销专业户和农村职业经纪人队伍。第三，要整合教育资源，加强乡村振兴适用人才的培养。加大对乡村振兴学院、农民学院、技师学院等扶持，做强做优乡村文化技校，专项定向培养现代职业农民和产业工人。

二、注重农业基础设施建设，夯实农作制度改革基础

一方面，要着力加强农田水利、田间道路、林间道路、农用电网和农业观光园游步道等配套设施建设，满足农业机械化作业和交通运输的需要；推进高效节水灌溉工程，发展坡耕地雨水集蓄旱粮喷灌、农业园区智能化标准型微灌、林园地经济型喷灌和水稻区管道灌溉；强化山区农业基础设施建设，深入推进小流域、坡耕地及林地水土流失综合治理，改善流域农业生产条件。另一方面，要做好基础设施维护服务，推进乡镇基层农田水利公益性服务站点建设。按照"网格化"管理的模式，通过政府购买服务等方式，加大公共财政投入，培育扶持专业化实体、用水户协会、合作社等水利社会化服务组织；同时也要建立目标考核与奖补激励机制，支持专业化服务组织开展农田灌溉和排水、农田水利工程设施维修等公益性工作。

三、保护传统农耕文化，彰显农作制度改革的独特魅力

台州从沿海到平原到山区，都有不同的农耕文化。例如为保护梯田文化景观的可持续发展和当地独特文化传统的延续和传承，要鼓励当地居民创建符合自身利益的梯田农作制度模式，通过推动农产品销售，增加农产品附加值，提高当地居民收益；要根据区域条件，制定梯田景观的游客承载力，促进旅游收益回馈梯田文化景观保护并惠及当地民众；要开展梯田保护、监测、管理、研究、展示、宣传、教育等方面的学术交流和人员培训，实现梯田文化景观的可持续保护、管理与发展，为美丽农业、美丽农村、农民增收开创新的载体。

四、注重科技支撑，筑造农作制度改革的"魂"

一方面，要搭建农、科、教结合平台，按照台州现代农业建设和区域经济发展战略的要求，着眼增强农业科技自主创新能力，依托省、市各级科研院校的科技力量，加快农业科技成果转化应用，在全市建设一批设施先进、产品优质、产业联动、生态安全的现代农业科技示范基地，提高科技对农业增长的贡献率。积极推动农业科研院所主动参与到农业产业化发展过程中来。另一方面，实施"种子种苗种畜禽工程"。加大对地方传统特色优质种质资源的收集保护和产业化开发力度。筛选具有本地特色和市场推广价值的品种，建立区域性智能化种子种苗种畜培育中心和试验示范基地；加大种畜禽开发力度，对具有区域特色和优良种质性能的仙居鸡、温岭草鸡、乌骨鸡、天台小狗牛、仙居花猪等品种，加快商品化开发；加强种子种苗行业

的监管力度，深化种业管理体制改革，积极培育多元化种业主体，建设全市性的种业集团。

五、加强政策支持和服务，全力推进农作制度改革

首先，要加大政策支持，特别是农业设施用地上，凡流转期限 5 年以上并签订流转合同，经营面积 100 亩以上的专业大户、农民专业合作社、农业企业、家庭农场和农业科研机构，因生产需要建造简易仓（机）库、生产管理用房、晒场等临时性农业生产配套设施，且不破坏耕作层，允许其在流转土地范围内按流转面积 5‰左右的比例使用土地，视作农业生产需要的临时用地，按设施农业用地管理。其次，要建立跨区域农业用工信息平台。为破解"用工荒"常态化，探索建立基于互联网的、跨地域和全国集中式的农业用工管理信息系统平台，实现农业用工和农业劳动者无缝对接。同时，政府应因势利导，引导农村能人建立农村劳务专业中介组织，确保外来农业务工者在台州四季都有活干，确保他们留得住、用得上。第三，要加大扶持力度，支持农产品深加工产业的发展。

规范农村集体资金存放制度 [1]

随着我省城市化进程的不断加快和农村集体经济的不断壮大，农村集体资金规模日益扩大，实行农村集体资金竞争性存放制度的条件也趋于成熟，需要适时出台指导性文件以规范我省农村集体资金的存放问题。农村集体资金竞争性存放作为规范资金存放的重要制度安排，是在确保资金存放安全前提下，按照"公开、竞争、效益、安全"的原则，建立以招投标为主要方式的农村集体资金竞争性存放机制。

[1] 本报告主执笔人黄祖辉，成文于 2018 年 11 月 29 日，原标题为《要高度重视我省粮食安全问题》。

竞争性存放涉及的利益主体主要有政府、村"两委"、村干部、村民和银行等金融机构。对政府而言，引入农村集体资金竞争性存放制度后，通过公平、公正、公开的招投标程序，可以实现对农村集体资金的有效监管；对村"两委"而言，新制度的实施能抑制以往资金存储失规、失范的混乱局面以及潜在的资金安全风险；对村干部而言，新制度的实施能制约其寻租行为；对于普通村民而言，新制度的实施能彻底斩断令他们深恶痛绝的灰色利益链，同时还能保障其对村集体资金的收益；对于银行等金融机构而言，竞争性存放制度释放了一种明确信号，他们通过关系和人情来撇开竞争对手并和村干部达成"共谋"的机会将难以存在，只能通过公平、公正地参与投标来实现对村集体资金存放市场的竞争和占有。建议：

一、加快农村集体资金竞争性存放制度的建构

要通过制度建构来消除资金存放形成的灰色地带。在认真总结江干等地集体资金竞争性存放的做法和经验基础上，进一步完善资金存放的制度和操作程序，并根据我省农村集体经济发展的实际，指导各设区市有条件、有步骤地推进农村集体资金竞争性存放工作。一是划定实行集体资金存量的标准，可以暂时参考行政事业单位的存放标准，规定年日均所有账户存款累加余额超过 100 万元的村集体必须实行竞争性存放

制度。二是具体招投标方案和程序可由各地自行议定，但必须确保公平、公正和公开。三是加强对村集体资金竞争性存放的监督和定期巡查，杜绝私设账户或部分集体资金游离于规定账户之外。

二、提升农村集体经济组织管理人员的金融知识

要加大对农村金融知识的普及力度，在农村营造常态化的金融知识普及和宣传氛围，经常性组织农村集体经济组织管理人员参加相关金融知识和技能的培训学习，提高其现代金融知识水平，增强他们对村集体资金管理和风险控制的能力。要加强政策引导，着力建立集体经济组织职业经理人的培育体系，鼓励有条件的股份经济合作社积极选聘优秀人才参与经营，并配套相关激励机制，保障合作社职业经理人的权益。

三、改善农村基层干部的工资待遇

目前我国农村基层大部分仍是保持政治、经济、社会于一体的治理格局，农村集体经济组织管理干部大多是由村两委干部兼任，他们承担着上级"千线穿一针"的任务和基层错综复杂的事务，但他们的收入报酬往往与经济社会发展不很相符，其中不乏有少数干部心理失衡，守不住底线。因此，除了建立健全基层防腐制度外，还应建立合理的薪金保障和绩效考核制度，切实改善他们的薪酬待遇，使他们能全身心地投入村社的管理工作。

苍南：公共财政"折股量化"[1]

苍南县深入践行"两山"重要理念，聚焦薄弱村集体经济发展、乡村资源盘活、宅基地使用权激活、项目管理模式创新、财政投入绩效放大等多元目标，以溪东村"畲族风情民宿"项目为依托，开展财政扶持资金"折股量化"试点。

> **1**
> 本报告主执笔人胡豹、顾益康，成文于2019年1月10日，原标题为《公共财政"折股量化"助推乡村振兴的苍南实践及建议》。

一、"折股量化"试点的主要做法

"溪东矴步跨两岸、青山绿树遮民居"。美丽如画的溪东村系苍南县集体经济薄弱村和乡村振兴重点攻坚村，畲族占全村人口97%，保留有完整的畲语、畲歌、畲舞及畲人风俗习惯，环境优美、民风淳朴，乡村美景淌如江南诗画，具备发展生态旅游产业的先天优势。苍南县充分利用畲族文化，顺势而为，以打造滨海玉苍山5A景区——莒溪大峡谷风景区为契机，将溪东村列为财政帮扶助力乡村振兴示范村，并以"畲族风情民宿"作为先行创新试点项目重点推进。

（一）修旧利废，三权分离运作

该项目以溪东村14户村民闲置宅基地为基础进行提升改造，首先由村民将三栋合计16间破旧农房的使用权，以租赁形式交由村集体股份经济合作社，双方签订20年租期协议。在镇人民政府监管下，由溪东村集体股份经济合作社负责项目的统一规划、工程招标及监督实施，加快项目对接落地，将租入的16间农房予以拆除、重建，打造成为集民宿、农家餐厅、旅游休闲为一体的乡村休闲项目。

（二）化零为整，村企合作共建

为破解资金瓶颈与运营难题，苍南县通过项目招引、投资入股的形式，吸引社资本开展投资合作。该项目分两期建设，一期土建工程以农村自建房形式审批，建筑面积约 1500 平方米，由原 14 户村民业主与施工单位签署施工合同。土建完成后，该项目由溪东村集体经济股份合作社承包，苍南县旅游投资集团公司作为经营方负责二期装饰工程，按风情民宿的定位完成设计、施工、招投标、装潢等，并负责后期对外经营，协议约定经营期为 20 年。

（三）聚沙成塔，发展成果共享

项目建成后，按照投资占股比例，实行收益分配。项目总投资 505 万元，其中县财政"折股量化"资金 150 万元、乡镇投入 40 万元、村民投入 42 万元，合计 232 万元，委托村集体股份经济合作社作为持股人，占股 45.9%。项目运营后，预计年收益 50 万元，每年可取得分红收益 23 万元，在保证 40% 归村集体、10% 归村民业主所有的前提下，其余 50% 由乡镇统筹帮扶全镇范围内低收入农户，预计每户可增收 2~3 千元。承包期满后，房屋折余残值归还原 14 户村民业主，村集体股份经济合作社享有优先承包及经营权。

二、"折股量化"试点的预期成效

（一）助力集体经济发展壮大

该项目村集体股份经济合作社与经营方签订 20 年长期合作协议，预计从经营方取得固定回报 460 万元（年均 23 万元），其中 40% 部分用于壮大村集体经济。村集体在较长的一段时间内能够持续积累资本，在一定程度上解决了村组织无钱办事的难题，全面增强村级组织的实力、活力和在乡村振兴中的"战斗堡垒"作用。

（二）盘活农村闲置资产资源

按照经营村庄理念，村集体依托闲置资源和生态、土地、风景、文化资源，通过招商引资、招才引智充分加以盘活，实现所有权、承包权、经营权分离运作，将有力促进当地特色优势产业培育和发展，带动村民创业致富。该项目经营方在 20 年的合作期间，将重点帮扶带动有劳动能力的低收入农户就业，预计可解决本村 600 人次就业（年均 30 人次）。

（三）激活财政杠杆撬动效应

"折股量化"将财政资金变为经营主体的股金，不仅将一次性的资金补助变为长期稳定的资产性收入，而且村民通过在经营实体就业，还可以获得相应的工资性收入，实现持续稳定增收。该项目县财政投入"折股量化"资金 150 万元，撬动社会资本投入 250 多万元，并通过委托经营的方式，建立长期合理的收益分配机制，让利益主体充分享受到资源开发收益。

三、"折股量化"面临的问题及对策建议

（一）薄弱村基数仍大、财政资金相对有限，应统筹整合资金聚焦精准扶持和产业振兴

目前我省薄弱村、后发村等在实施乡村振兴战略中需要重点攻坚的村的比例不小，据统计，全省集体经济薄弱村 6920 个，低收入农户仍占相当大比重。有限的转移支付的财政资金大部分用于重点村庄的基础设施建设，对推进产业振兴的扶持资金较少，导致项目扶持补助比例低、项目规模小、项目绩效差，出现村集体经济收入不稳定、个别已消弱的村集体经济重新返薄等现象。为此，需要进一步加强涉农资金统筹整合利用，提高财政资金使用效益，切实将财政资金的撬动作用发挥到极致。

（二）要在政府引导、机制建立上发力，构建"县级引导、乡镇主导、乡村（农户）主体"工作格局

"折股量化"的项目，虽能满足多方共赢的要求，但在各方资金、资源对接以及合作模式、项目论证、项目批准、实施进度和工程质量等方面，需要政府助推和部门协作才能完成。特别是在宣传动员和精准谋划方面，如何帮助村集体有效对接政策和市场，做到资源的最优配置并发挥最高的效率，乡镇和部门起到关键作用。由于"折股量化"机制有待加强和完善，一些具备条件的项目村和投资合作方尚在观望，踌躇不前，需要营造氛围，解决各方顾虑，保证各方关切。

（三）强化项目管理精细化，缩短项目落地周期，建立帮扶数据库，深化"最多跑一次"改革延伸

财政资金折股量化的主要帮扶对象是低收入农户、村集体经济组织。为更好地实现精准帮扶，建议建立完善县一级帮扶对象数据库，定期采集更新低收入农户、村集体经济帮扶对象相关信息，实现动态管理。同时，建立帮扶产业项目库，申报、论证一批扶持项目列入"折股量化"的项目储备库，做好项目储备、实施和绩效评价跟踪。由于"折股量化"的项目涉及到公建项目的建设，需经审批、审查、招投标等程序，耗时长，许多前期工作因手续繁琐而搁浅，建议简化审批程序，深化"最多跑一次"改革延伸，同时建议适当提高村集体项目招投标限额标准。

高度重视粮食安全问题[1]

浙江作为全国第二大粮食主销区，省委省政府积极践行"大粮食安全观"，率先提出建设粮食生产功能区，严守 300 亿斤粮食生产能力、160 亿斤粮食生产总量规模，确保粮食安全。但由于耕地资源短缺，近十年粮食自给率以每年 1 个百分点左右的速度下滑，目前仅为 36% 左右，产需缺口超过 1300 万吨，预计未来一段时

1

本报告主执笔人舒蛟靖、阎逸、姚海滨，成文于 2017 年 5 月 24 日，原标题为《要高度重视我省粮食安全问题》。

期，我省粮食消费还将以每年 30 万吨的速度增加，在增产潜力不足的情况下，产需缺口仍将继续扩大。为此，建议：

一、藏粮于地：稳定种植面积，提高粮食自给水平

一是争取将农业围海造地视同"农保田"，经过若干年逐步改造为良田，使部分沿海城镇的农保田向海边转移，既可解决农保田占补平衡又能防止台风对沿海居民的生命财产造成更大损失。同时，结合沿海滩涂耐盐碱农地改良等生产、生态需要，加强海水稻等示范推广，积极发展再生稻等新品种；在适宜地区大力推广菜稻麦轮作等一年多熟的高效种植模式，提升土地复种指数。

二是保护耕地要做到"惜土如金"，严守永久基本农田开发边界的"红线"。进一步完善垦造耕地从立项到监管的工作机制，加强对耕地占补平衡质量问题的监管，防止出现"虚假冒领土地指标"、永久性耕地自由买卖和耕地滥占滥用等违法违规用地行为，确保耕地占补"占优补优"。组织开展二次评估垦造耕地适宜性和生态安全，防止出现垦造耕地"撂荒"。

三是结合"五水共治"，继续推进农田水利、土地整治、中低产田改造和高标准基本农田建设，增加旱涝保收的优质良田。鼓励将农村"三改一拆"腾出的耕地资源流转给种粮大户。

四是探索轮作休耕制度试点，在重金属污染区、生态退化地区、地下水漏斗区等安排一定面积的农田休耕，让过度透支的耕地休养生息，保障较高的粮食综合生产能力，确保急用之时粮食能够产得出、供得上。

五是加强农业社会化服务体系建设，为部分年龄偏大、无力耕种或无人耕种的农户提供代耕、代插、代管、代烘等全程服务，减少土地抛荒。同时，积极探索开展按实际粮食播种面积或产量对生产者补贴试点。

二、藏粮于市：增辟省外粮源，提升粮食掌控能力

一是积极推进区域粮食市场共同体、粮食产业共同体建设，在巩固与黑龙江等省份合作的基础上，抓住国务院部署我省与吉林省开展对口合作的契机，发挥两省粮食产销互补性强、合作潜力大的优势，积极推进"浙粮北种"等重点项目和两省粮油产品贸易、粮食机械产业合作发展，支持省内企业到吉林投资建立新的粮源基地和加工仓储设施。

二是在加快外省粮源和粮食物流中转"两个基地"建设的基础上，加强省内粮食仓储设施建设；探索采取免费提供仓库、厂房和贷款贴息等多种扶持政策，引导主产区粮食储存、加工、销售在浙江，防止出现紧急情况下"有粮难运"的局面。结合长江经济带和江海联运服务中心建设，加强与长江沿线各城市的粮食加工运输合作，提升粮食保障的联动水平。

三是利用浙江自贸区的政策优势，结合舟山国际粮油产业园区建设，加强与"一带一路"沿线国家、南美、非洲地区的粮食产能合作，建立全球主要农产品产业链、供应链和服务链，创造条件开通直达粮食专列和海运班轮。大力扶持省内粮食龙头企业做大做强、跨国经营，如投资获取海外农地使用权、探索建立海外粮食生产加工基地和仓储中转设施等，提升其对国际国内粮食市场的控制力。

四是及时总结推广温州、海宁等地社会化储粮试点经验，积极探索具有浙江特色的官储与民储有机结合的新路子。探索民间资本参与国有粮食企业改革，推动国有收储、加工企业改革，实行混合所有制改造。

五是结合浙商回归工程，积极引进大型粮油加工、贸易、储运等企业，鼓励海外从事粮食生产的浙商与省内粮食企业建立合作关系。提升粮食跨境电商经营水平，加快完善物流、仓储、检验检疫等方面的配套政策，不断扩大可交易的粮食商品范围。继续举办好省农博会粮食馆等专题活动，探索构建集产销合作、产业对接、人才引进、展示展销、交流研讨、信息发布为一体的合作发展大平台。

六是结合舟山大宗商品交易所建设，积极探索粮食大宗商品交易，同时完善粮食

期货市场，充分发挥粮食期货市场发现价格、规避风险的功能。

三、藏粮于技：改进生产方式，推进粮食供给侧结构性改革

一是根据市场供求变化和区域比较优势，适当调整功能区内部粮食种植结构，优先发展优质口粮。进一步推进农作制度创新，推广大棚瓜菜—水稻、露天瓜菜—水稻、食用菌—水稻等多种类型的"千斤粮、万元钱"模式。

二是推动粮食生产绿色发展，将水稻生态补贴升级为"绿色生态补贴"，补贴资金主要用于推广绿色指标突出的粮食品种和资源节约型生产技术。组织实施放心粮油工程，结合物联网等技术的推广，加快完善粮食原产地可追溯制度。

三是推动粮食产品加工储藏精深化发展，淘汰落后产能，引进先进工艺、设备和包装技术，提高粮食产品加工转换率，降低粮食产后损失。大力推进"智慧粮库"建设；同时推广应用先进成熟的储粮新技术、新工艺、新装备、新材料，促进节粮减损、低碳环保、节能降耗。鼓励粮食龙头企业与中国水稻研究所等合作建立工程实验室、技术研发中心，深度挖掘粮食产品的附加值和应用范围。

四是结合"标准化＋"，建立地方粮油产品标准体系，引导和支持企业制订新产品企业标准。组织制订优质、特色、专用粮油产品地方标准和团体标准，以及具有地域特色的地理标志粮油产品标准；探索优质优价收储机制，提高粮食产品品质。

五是要改变粮食生产劳动力年龄偏大、文化程度不高、整体素质偏低、新技术缺乏的现状与促进农业生产、加快农业现代化需求之间的矛盾，使"粮农"成为一个体面、受人尊重的职业。结合"美丽乡村"建设，提升农村公共服务水平，积极培育家庭农场等新型农业经营主体，吸引高技术、高素质人才能够扎根农村。

六是结合城市生态化、景观化改造，积极发展城市设施农业、垂直农业；结合屋顶绿化补贴制度，鼓励发展屋顶农场、阳台田园。探索城市引入彩色水稻等具有观赏性的粮食作物，适度增加城市粮食来源。结合"互联网＋"，培育一批众筹种粮公司；可结合土地流转，为城市居民提供"私人订制"的种粮服务。

四、藏粮于策：完善粮食规制，为粮食安全保驾护航

一是加快研究制定《浙江省粮食安全保障条例》，从粮食生产与经营、储备与管理、调控与应急等方面进行立法规范，明确法律责任。

二是结合"最多跑一次"改革，为国内外大企业、大粮商来浙江发展营造良好的营商环境。推动落实各类税收优惠，进一步简化整合各类财政奖补资金的申请流程，

方便种粮大户及时获得各类奖补资金。引导金融资本支持粮食生产的各个环节，鼓励保险公司开发符合种粮大户需求的产品，以及省担保集团为种粮大户提供多元化的担保融资模式。

三是修改完善粮食加工、运输、供应预案。结合新情况、新背景，修订 2006 年制定的《浙江省粮食安全应急预案》，进一步优化并扩大粮食应急加工、运输、供应网点，提升粮食安全应急处置能力和预案管理水平。结合粮食海运和内河、铁路、公路运输等主要物流节点建设，探索开辟粮食运输"绿色通道"，提高短时间内的粮食运输能力。以粮食主销的城市为重点，进一步优化布局，缩短"粮仓到企业，企业到市场"的距离，缩短应急反应时间。

四是依托互联网信息技术，粮食监管部门要加强与电商平台等的合作，建立健全粮食市场信息监测网点，及时掌握粮食市场动态，并对粮食市场价格进行动态跟踪监测分析，时刻准备应对粮食安全突发事件。同时，逐步增加和完善粮食生产过程产前和产后的服务功能，在指导种植计划、拓宽销售渠道等方面加强服务。

五是继续完善以乡镇搭建耕地流转平台、以村为运作主体的耕地流转规范化操作流程，同时要稳定耕地流转政策，增强种粮农户信心；加强村集体组织的服务和监督职能，保护好农民和种粮大户等各方面的利益关系；积极培育中介机构，充分利用市场力量，探索推动耕地流转形式多样化。

全球减产涨价下的粮食安全 [1]

据联合国粮农组织 (FAO) 最新发布的世界粮食产需形势预测报告，预计 2018 年全球谷物总产量有所下降，并且低于总消费量，粮食价格出现上涨。从我国的情况来看，预计全年粮食产量稳中略减。浙江作为全国第二大粮食主销区，国内外粮食市场波动将影响我省的粮食安全，需要高度重视、积极应对。

[1] 本报告主执笔人马欣雅、舒蛟靖，成文于 2018 年 11 月 16 日，原标题为《全球粮食减产涨价我省应高度关注明年粮食安全问题》。

一、当前国内外粮食市场变化波动情况

一是全球谷物总产量低于总消费量。 预计 2018/2019 年度，全球谷物产量达到 25.87 亿吨，分别比 2017/2018 年度、2016/2017 年度减少 2.4% 和 1.0%，创近三年新低。而全球谷物消费继续增长，预计 2018/2019 年度达到 26.48 亿吨，分别比 2017/2018 年度、2016/2017 年度增长 1.2% 和 3.3%，全球粮食供求关系发生逆转，当年产需缺口达 6100 万吨。

二是全球谷物库存跌至近四年新低。 预计 2018/2019 年度全球谷物库存量 7.42 亿吨，比上年度减少 6520 万吨，减幅 8.1%。其中，预计玉米库存 2.67 亿吨，比上年度大幅下降 13.6%；小麦库存 2.52 亿吨，下降 3.8%；稻米库存 1.73 亿吨，增长 1.2%。预计全球谷物库存消费比降至 27.3%，比上年度下降 3.2 个百分点，创 2013/2014 年度以来的最低水平。

三是国际粮价上涨贸易量小幅下滑。 2018 年国际粮食市场价格高于上年同期水平，但库存水平较高限制了价格快速上涨空间。9 月份，美国玉米价格同比上涨 12.9%，巴西大豆价格同比上涨 3.8%，泰国大米价格同比上涨 2.1%。预计 2018/2019 年度全球谷物贸易量达到 4.14 亿吨，比上年度减少 1.5%。其中，预计小麦贸易量将比上年度减少 1.8%，高粱贸易量减少 14.4%，大米贸易量减少 1.1%。

四是预计我国全年粮食总产量稳中略减。我国今年夏粮总产量 2774 亿斤，比上年减少 2.2%；早稻总产量 572 亿斤，比上年下降 4.3%，预计全年粮食总产量稳中略减。

二、几点对策建议

（一）**完善粮食市场动态监测及应急机制。**"手中有粮，心中不慌"，盯紧国内外最新粮食市场动态，及时分析对我省可能造成的影响。完善粮食安全突发事件应对机制，结合新形势，修订《浙江省粮食安全应急预案》，优化并扩大粮食应急加工、运输、供应网点，提升粮食安全应急处置能力和预案管理水平。

（二）**进一步完善多元化的粮食进口渠道。**以首届进口博览会为契机，加强与"一带一路"沿线国家的粮食产能合作，建立健全全球主要农产品产业链、供应链和服务链。结合舟山国际粮油产业园区建设，积极引进大型粮油加工、贸易、储运等企业，鼓励省内粮食企业与海外粮商建立合作关系，增加直达粮食海运班轮。结合舟山大宗商品交易所建设，积极探索完善粮食期货市场，充分发挥粮食期货市场发现价格、规避风险的功能。

（三）**稳定和拓展国内优质粮源。**利用与吉林省开展对口合作契机，积极推进"浙粮北种"等重点项目，建立长期稳定的粮油产品贸易、粮食机械产业合作关系。加强江西、安徽、江苏等邻近省份的粮源与我省粮食市场的紧密对接，在协调运力保障、加强储备管理等方面给予政策支持。积极引导与湖北、湖南优质籼稻产销合作，扩大稻谷供应渠道。

（四）**完善粮食种植和储备机制。**加大对粮食生产补贴政策的扶持力度，千方百计降低粮食生产成本，稳定粮食播种面积，提高农民种粮积极性，全方位支持明年粮食增产增收。关注浙江的粮食市场，搞活粮食运输、储备、加工和供应，推进优质粮食工程，科学调整功能区粮食种植结构，优先发展优质口粮，建立全程可追溯、互联共享的综合监管服务平台，完善粮食产后服务体系。强化粮食供需安全的责任意识，进一步加强粮食安全储备。推动粮食产品加工储藏精深化发展，大力推进"智慧粮库"建设，推动粮食仓储管理自动化、信息化和智能化。

乡村振兴的"浙江样本"[1]

一、充分发挥市场和行业在产业发展中的作用

产业发展要素应是政府引导、市场主导、行业协调。事实上，有为的政府应能充分发挥市场和行业组织的作用，而不是自己替代市场和行业组织功能。产业兴旺和发展应以市场为主导，首先应解决市场在哪里和市场容量的问题，以市场来认定"产业兴旺"，

1

本报告主执笔人黄祖辉，成文于 2018 年 11 月 6 日，原标题为《推进浙江乡村振兴 提供全国示范样本》。

通过供给侧的结构性改革，激活市场、激活主体、激活要素。与此同时，在产业发展中还需充分发挥行业组织的作用，要建立政府、市场、行业组织"三位一体"的供给侧治理体系。行业组织的基本作用在于能突破地方政府的区域行政壁垒，既能克服地方政府调控市场的局限性，又能避免市场价格过度波动对经营者和消费者的伤害和资源的低效配置。浙江的市场经济和行业组织有较好的发展基础，应在乡村振兴战略实施中进一步探索实践，为全国提供经验。

二、高度重视小农户与现代农业有机衔接问题

浙江属于人均耕地资源较少的省份，在乡村振兴过程中探索小农融入现代农业的路径和适应小农融入的现代农业发展，对全国具有普遍意义。一是重视小农培育和小农素质提升。着重在理念、技术和经营能力方面的培育，使一部分小农成为新型农业主体，一部分小农在适宜领域从事现代农业。二是拓宽现代农业发展视野。现代农业不仅局限于第一产业，而是可以"接二连三"，向功能多样延伸。存有不少适宜小农经营的领域与环节，即使从第一产业角度看，诸如精耕细作的现代"小美"农业，不仅适合小农，还具有很强的市场竞争力和需求。三是建立小农与现代农业有机衔接通道。基本路径是小农组织化和建立多元化农业服务体系。四是增强政府政策对小农的惠及。

核心是处理好新型农业主体培育与小农发展的关系，尤其要重视政府培育新型农业主体过程中政策对小农带动的杠杆作用。

三、高度重视城乡融合和新型城镇化的引领作用

乡村振兴战略的重点与任务，既在乡村，又在乡村以外。因此，一定要拓宽乡村振兴战略的视野，注重乡村振兴外部环境的优化和乡村形态的多样化，以新型城市化战略来引领乡村振兴战略。这种引领从城市角度看，既要加快农业转移人口市民化，又要鼓励城市工商资本和人才"上山下乡"。从乡村本身看，在深化农村产权制度改革的同时，联动推进"多规合一"和"千万工程"，优化美化乡村空间布局，使乡村成为田园生态城市新空间和城市群发展新组合，并通过城乡融合、城乡一体体制机制建构，促进城乡经济社会进一步融合，使乡村成为城市居民对美好生活向往的所在地。浙江在这方面已积累了不少经验，可在深化发展基础上为全国提供示范。

四、推进"生态宜居"与"产业兴旺"有机结合

"产业兴旺"中的农业应充分体现现代农业三大体系，即产业体系、生产体系、经营体系的有机结合和兴旺发展，不能局限于第一产业农业的发展，而应着眼于"接二连三"、功能多样农业的兴旺与发展。同时，要重视将"生态宜居"与"产业兴旺"有机结合起来。"生态宜居"既是乡村振兴的环境基础，又是"产业兴旺"的重要特征。实现"生态宜居"与"产业兴旺"的有机结合和相互融合，使"生态宜居"具有可持续性，不仅需强化环境保护与投入，增强城乡居民的环保意识，而且要深化"两山"理念践行，创新体制机制，将公共性生态环境转变为可交易生态环境，将"生态宜居"融入"产业兴旺"。浙江"千万工程"的经验是将村庄环境这一社区公共品转变为市场品，在农村社区公共环境改善过程中融入产业形态与市场机制，不仅使村庄成为当地村民的宜居地，而且成为外来人口休闲旅游与养生的目的地。

五、推进"乡风文明"与"治理有效"有机结合

只有把"乡风文明"上升到乡村治理的高度，与乡村"德治"融为一体、相互补充，才能既使"乡风文明"产生实效，又能使乡村治理更为有效。在形态多样，文化多元的我国乡村，乡村治理既要依靠法治，还要充分发挥"德治"的作用，为此，将"乡风文明"建设融入乡村治理过程极有必要。要充分发挥乡村基层组织和乡贤的作用，

建立与法治相匹配的完善的乡村"德治"体系，发挥乡村优良文化、传统、习俗和宗教文明对乡村干部群众的行为规范与正向引导作用，实现"乡风文明"与"治理有效"互促共进、同步提升。

在海涂上发展现代农业 [1]

当前，我省现代农业发展面临耕地极度紧缺的困境，而丰富的滩涂资源开发又面临粗放经营的现实。在我省沿海滩涂发展现代农业有其可行性。

一是我省已形成较为成熟的海涂农业开发模式。杭州湾海涂区、河口平原海涂区有较长的水稻、油菜、柑橘、蔗糖等种植历史，港湾海涂区、岛屿、半岛海涂区都具有悠久的水产养殖历史。

二是耐盐作物种植培育已经取得巨大进展。美国、以色列、日本等在盐土农业育种方面都有所突破；中国科学院海洋研究所、浙江大学、浙江省农科院等科研单位也在耐盐作物培育和无土栽培技术方面取得了重大进展，我省象山等地海水稻和海滩蔬菜的研究及产业化已取得初步成功。

三是海涂特色农产品有广阔的市场前景。海涂在土壤、水源、温度等方面能够满足无公害农产品、绿色食品以及有机食品的生产要求，在有效控制污染的情况下，开发保健、药用价值极高的盐生植物产品，将具有十分广阔的消费市场。

同时，对于增加耕地面积、科学开发利用海涂也具有重大意义。

一是开辟农业发展新空间。发展海涂现代农业，不但可以缓解沿海地区土地供需紧张矛盾，促使人地关系和谐共生，还可以依托现代农业的技术、管理、营销等手段发展经济价值较高的种植、养殖业，提升农业附加值。同时，也可促进滩涂生态修复，并通过景观设计，打造滩涂现代农业景观带，促进农业科技水平提升和农业功能扩展，为促进沿海休闲观光农业的发展提供新的途径。

二是改变传统海涂粗放开发利用模式。发展海涂现代农业，要求因地制宜发展规模农业、设施农业和立体农业；以科技创新为手段，优化调整农业结构，先养后种，种养结合，实现经济效益、社会效益和生态效益的平衡。不但可以提高土地生产力和集约化程度，还可以有效控制环境污染，持续提高土地质量。

[1] 本报告主执笔人胡豹、顾益康，成文于 2017 年 7 月 11 日，原标题为《关于利用海涂资源发展现代农业的建议》。

三是为滩涂科技创新体系搭建新平台。发展海涂现代农业，就是要紧紧依靠科技进步，开发适宜沿海滩涂种植、养殖的作物和海产品种，提高其产量和品质，从而形成作物种植培育技术、养殖品种育苗及苗种中间暂养技术、海涂生态环境监测技术、土壤改良技术、围垦工程技术、水体净化技术、无土栽培技术等一系列技术平台，为有序开发利用沿海滩涂提供技术储备。

一、科学编制海涂现代农业发展规划

坚持海涂资源开发和生态环境保护相统一的原则，合理规划海涂现代农业布局，宜种则种、宜养则养、宜修则修。基于海涂围垦区土壤质量评价，在适宜种植区域，合理规划种植作物的品种、规模和物种搭配；在适宜养殖区域，规划合理的利用面积，科学安排养殖规模、养殖密度，以保持良好的养殖环境；在生态脆弱的区域，实施环境修复工程，防止生态环境继续恶化。同时要创新种植养殖模式，提高技术水平，完善配套服务，形成产业化经营格局。

二、完善基础设施和社会化服务体系

强化海涂农业基础设施建设、机械装备建设和社会化服务建设是夯实海涂现代农业发展的物质基础保障。要以深入推进农业"两区"建设、农业机器换人、农业减灾防灾为重点，进一步夯实海涂现代农业发展的基础。在加大投资力度的基础上，坚持高标准谋划建设，实行高起点开发，沟、渠、田、林、路一步到位，闸、站、涵、桥、堤全面配套，保证农田规格化，排灌体系化，农业生产机械化，设施手段智慧化，技术服务网络化，为海涂现代农业的发展奠定良好的基础条件。

三、推广培育海涂作物新品种新技术

强化无土栽培技术的集成应用，加强对耐盐、高产、优质农作物品种选育和推广。推广已经培育成功的滩涂作物品种，如盐稻12号、广盐1号等海水稻品种，扩大种植规模。对本地或国内外的现有品种进行引种、筛选、驯化。利用基因工程手段，将耐盐基因导入其他植物，培育出耐盐新品种。同时着力解决工厂化种苗繁殖、大面积机械化生产、保健食品和药品开发、国内外市场开拓等问题。

四、探索海涂水产养殖新模式

推广应用先进适用技术，对养殖重大难题如水产育种、人工繁殖技术、养殖病害防治技术、水产品加工和质量检测等进行科技攻关；探索新的滩涂渔业模式如高涂蓄水养殖、基地养殖、生态渔业；发展工厂化、规模化养殖，使传统单一的养殖渔业向滩涂立体养殖模式转变，从而形成优势互补的连环式生态种养殖方法，实现资源可持续利用，提高种养殖区域生态系统的稳定性，减少种养殖废物对环境的污染。

五、建设海涂现代农业示范带

根据我省沿海滩涂各涂区生态、土壤、水体条件和产业基础，以现有优势特色农产品基地、园区等为依托，建设若干集中连片、有较大规模的海涂现代农业示范带。从管理模式、组织形式、科技应用、机械化作业、产业化经营、市场开拓等各个方面探索、创造经验。逐步形成专业化生产、产业化经营、社会化服务和科学化管理的海涂现代农业格局，成为海涂现代农业的先行区和示范区。海涂现代农业示范带至少应包含种植农业示范带、海水养殖示范带、海涂景观示范带，推进沿海滩涂现代农业、现代养殖业和现代林业的协同发展，使之成为全省农业现代化建设的重要创新平台和示范样板。

组织振兴的"谢家路模式"[1]

谢家路村地处杭州湾南岸，区域总面积 5 平方公里，家庭 1641 户，常住在册人口 4734 人，党员 221 名。十多年来，谢家路村党委始终把加强党建工作作为推动农村经济社会各项事业发展的"龙头"，首创并牢守"党建工程就是最大民心工程"理念，着眼加强农村党建持续探索、不断创新，相继推出"小板凳"群众工作法、"阳光村务八步法"等工作机制，率先建立以村

1

本报告主执笔人胡豹、顾益康，成文于 2018 年 4 月 25 日，原标题为《党建工程就是最大民心工程——新时代以组织振兴推进乡村振兴的谢家路模式》。

民小组为基本单位的"前哨支部"，搭建"农家小院·党建阵地"等活动平台；先后获得全国先进基层党组织、全国文明村、全国农村基层党组织创先争优先进典型村等数十项国家级荣誉，昂首迈入中国名村和乡村振兴示范村行列。

一、夯实党建基础，打造乡村坚强领导核心，发挥"最前哨"作用

谢家路村喊出"一个党员一面旗、一个支部一盏灯"的口号，并十余年如一日地践行。一是全覆盖建立"前哨支部"。借鉴"支部建在连上"做法，创新农村基层党组织设置，将党组织建到农村的"最前哨"。以村民小组为基本单位，把村党委下属支部建在村民小组上。村党委共建立 10 个组级和 2 家企业"前哨支部"。二是全方位打造"亮显工程"。采用党建雕塑、党建墙绘、党建长廊等形式，全域营造浓郁的党建氛围。在党员家庭户设置党员教育活动点，打造"农家小院·党建阵地"，统一制作"共产党员户"门牌和"共产党员"胸卡，推行党员家庭和党员户亮牌。三是全天候发挥"锋领作用"。建立干部包片制度，全村共划分为 10 个片区，每个片区覆盖 160 户左右群众，10 名村干部每人包干一个片区；建立党员联户制度，全村 200 余名党员每人就近联系 8~9 户农户，实行"五听两卡一记"，推行"三不准、五必访"，针对无职党员全

面开展科学设岗、自愿认岗、民主荐岗活动，定责任、定区域、定人员，做到全村党员 100% 明牌上岗。

二、突出创新治理，构筑乡村善治先锋模范，发挥"小板凳"作用

谢家路村党委把党的群众路线贯彻到治村理事全部活动之中，积极探索农村社会治理新模式，在全省首创"小板凳"群众工作法。十多年来，全体村民对村班子的满意率始终在 98% 以上，先后出现了 2 次"村民要求为村干部加薪"的新鲜事。一是村民的心结通过板凳解开。村干部主动当好辅导员、联络员、协调员，落实日常走访制度，零距离听取村民对村庄规划、环境整治、征地拆迁、道路建设、治安维稳、文明创建等意见建议。二是村民的难事通过板凳化解。村干部坚持问题导向，把村民最关心的问题作为工作切入点和突破口，通过板凳家访联系实际找问题、瞄准症结议问题、落实措施解问题，使村民有更多获得感、幸福感。三是新老村民的关系通过板凳系紧。通过建立新村民和谐联谊会了解新村民的生活状况及需求信息，全力以赴帮助他们解决就业、租房、子女教育等实际困难，激发新村民为村里做贡献的热情，实现新老村民互帮互助。

三、坚持基层民主，推动村民自治不断深化，发挥"当家人"作用

村党委坚持"众人的事情众人商量"原则，推行"党内民主示范工程"，实现从为民做主向由民做主转变，让全体党员群众真正成为村里的"当家人"。一是以"提案制"落实建议权。党员将群众意见建议以《党员提案表》上交，党支部形成初步解决方案后上报村党委，村党委对提案研究后提出办理意见，并明确承办人抓落实。自 2002 年以来，党员累计提交提案 238 件，村党委梳理汇总后实施 178 件，办结率 100%，满意率 92%。二是以"票决制"落实决策权。凡遇村级重大事项和重要规划，村党委均组织召开听证会，对事关群众切实利益的事项明确须经过 90% 的农户同意后才能启动，使普通的党员群众真正拥有村级重大事务决策的发言权和表决权。三是以"公开制"落实监督权。推行阳光村务监督机制，建立 10 名党员群众的民主监督小组，全程监督村级重大决策事项实施情况。依托电脑屏、电视屏、手机屏、触摸屏"四屏联动"平台，及时公开党务、村务、"三资"、便民服务、权力清单，每季度集中开展 1 次民事测评，召集党员、村民代表评议党建工作和村务运作情况。

四、党风带动民风，注重文化连心惠民实践，发挥"蒲公英"作用

谢家路村党委在不断改进党风的同时，一以贯之地抓好乡村文明建设，使文化和文明的种子像"蒲公英"一样传播蔓延，持续改善了乡村民风、提升了村民素质，成功将谢家路村打造成为"全国文明村"。一是提炼谢家路村精神。着眼于"从哪里来""到哪里去"和"如何去"等核心命题，村党委提炼出"富而思进求发展、永不满足创新业"的谢家路精神，为全体村民提供精神指引。二是推进文化阵地建设。累计投入资金3000余万元，建成农民公园、村落文化宫、露天远教广场、文化礼堂、文化长廊、门球场、健身路径、老年活动室等设施，建立绷龙队、腰鼓队、合唱队、柔力球队等文体团队，广泛开展群众性文体活动。三是抓好宣传教育培训。坚持以德治村，持续开展"有好心、说好话、办好事、做好人、建好村"活动，每年组织开展"双十佳"评选，每年组织一次村民大轮训、组织100名左右的党员代表、村民代表赴省社会主义学院、省委党校进行专题培训；创办村干部论坛；开办农民讲堂和道德课堂，让普通群众走上讲台。

五、践行党的宗旨，坚守服务奉献思想观念，发挥"铁榔头"作用

十多年来，村党委始终将"千方百计，让老百姓过上好日子是头等大计；千辛万苦，真心为老百姓办实事一点也不苦"作为自觉追求，成为团结和带领党员群众干事创业的"铁榔头"。一是敢于担当不畏难。高标准开展"两学一做"等教育实践活动，形成"敢作敢为、领头领跑"的精神风貌。围绕"三改一拆""五水共治"，村干部带头拆、带头治、带头干，拆除违章建筑近7000平方米，无一起安全事故，无一例群众上访。二是勇于创新不停滞。直面"前不靠山、后不着海"实际，村党委先后通过建设商贸市场、开展土地整治、加强招商引资等办法，实现村集体经济从无到有、由少到多、由多到强的转变。2017年村级集体经济收入达1200余万元，2001年来累计超2亿元。三是甘于奉献不动摇。从2001年起，该村就实行夜间工作制，10名村干部白天正常上班，夜间再分两组轮流接待群众。建立村级社会帮困互助会，推出"百户帮一户、支部结一户、骨干企业扶一户、共建单位助一户、班子成员联一户"等5项结对帮扶机制；组建村级志愿服务团队；建立爱心帮扶基金和"爱心超市"，每年拿出400万元用于"读书送学礼、结婚送贺礼、生病送慰礼、丧事送悼礼"活动，常态化开展温馨式服务，让全体村民共享改革发展成果。

农业高质量发展的关键问题 [1]

浙江农业高质量发展应突出"五高"，即高水平推进绿色创建、高水平构建农业体系、高水平打造产业平台、高水平培育品牌农业、高水平深化农村改革。由此，推进浙江农业高质量发展，关键是：

[1] 本报告主执笔人黄祖辉，成文于 2018 年 6 月 29 日，原标题为《浙江农业高质量发展的基本内涵、评价体系及关键问题》。

一、以人为本推进农业高质量发展

一是围绕"美好生活"要求，增强绿色优质农产品供给能力。以"吃得安全、吃得放心、吃得满意"为目标，努力做到品种、品质、品牌"三品"联动，满足消费者以"质"为特征的对美好生活的需求。

二是围绕"生活富裕"要求，推进农民持续均衡增收。首先，农民收入增长要"快"。不断拓宽农民增收渠道，力争农民收入增长快于经济增长。预计到 2022 年，我省农村人均可支配收入达到 3.5 万元，持续保持全国领先地位。其次，村级集体经济要"壮"。深入实施消除集体经济薄弱村三年行动计划，多路径多渠道发展壮大集体经济，着力增强集体经济自身造血功能。再次，小农户和现代农业要"联"。加快健全完善农业社会化服务体系，鼓励为小农户开展全程托管式服务，把小农户带入农业现代化轨道。积极推进土地股份合作，推行"保底＋分红"收益分配机制，做到老板乐、老乡同步乐，老板富、不剥夺老乡富。

二、以产业兴旺为核心推进农业高质量发展

一是特色产业突出一个"优"字。发展一域一品，加快建设一大批生态茶园、放心菜园、精品果园、特色菌园、道地药园，打造特色农产品优势产业带。尤其要积极推广稻菜轮作、稻渔共生、立体种养等生态循环新型农作模式。

二是新兴产业突出一个"亮"字。拓展农业多种功能，加快发展休闲农业、创意农业、体验式农业、定制农业、养生农业等新产业、新业态。大力发展农产品加工、物流、营销和配套产业，促进农村一二三产深度融合。

三是智慧农业突出一个"高"字。积极运用"互联网＋"方式提升农业、发展农村、富裕农民，新建成一批数字植物工厂、数字养殖工厂、数字育种工厂。加快推进农业"机器换人"，推广各类先进农机和设施装备，深化农机农艺融合，不断提高农业劳动生产率。

三、以制度创新为保障推进农业高质量发展

一是创新绿色发展保护制度。建立着眼于提高补偿水平、多元化补偿、多渠道筹集，差异化补偿的生态保护体系与补偿机制。重视和发挥市场、社会组织和个人在生态保护和补偿体系中的作用。如建立浙江碳基金制度和绿色消费支付基金，将筹集的资金用于各类生态补偿和支持绿色产业与技术的发展。

二是创新绿色发展产权制度。深化土地、林权和相关自然资源产权与环境管理制度的改革。对于难以或不宜确权到人或户的"绿水青山"资源，采用分权化或者混合所有的思路，将产权确权到相应的主体或共同体，同时建立和完善相关规制制度。

三是创新绿色发展交易制度。在确权基础上，亟须建立自然资源产权和生态配额的市场交易体系与制度。首先可以考虑和实施的项目有：建立和完善浙江水权交易体系和市场；在杭州建立中国碳汇交易所；在全省范围内建立森林覆盖率配额交易体系和市场；建立生态标志认证体系和标志产品溢价交易体系。

四、以治理有效为依托推进农业高质量发展

一是扎实推进"最多跑一次"改革。加快推进信息进村入户工程，实现信息益农社全覆盖，扎实推进数据共享、网上办理、快递送达，实现"一次不跑"的目标。

二是扎实推进法治农业建设。树立宪法法律至上观念，推动农业地方法规规章和配套制度修订完善；大力推进农业依法行政，深化农业普法宣传；加强新型农业经营主体法律帮扶服务，不断提升依法治农、依法护农、依法兴农水平。

三是扎实推进村集体经济组织建设。开展村股份经济合作社自治、法治和德治相结合的治理体系研究，切实提高村级集体经济组织班子依法履职能力和水平。

规范种苗种植经营管理 [1]

柑橘黄龙病、杨梅枯枝病、桃流胶病，被称为果树"艾滋病""癌症"，近几年这类病害已经严重危害我省乃至我国各个树种的主产区，蔓延势头难以抑制。这些病害与种苗种植经营、销售环节关系十分密切，规范种苗种植经营和销售是防控这类病害的一剂良药。建议：

1

本报告主执笔人胡豹、顾益康、陈方水，成文于 2019 年 1 月 31 日，原标题为《关于强化我省种苗经营规范化管理的建议》。

（一）强化执行苗木生产销售许可证制度

目前水果种苗生产销售领域基本没有实行许可证制度，分散的种苗经营户大多自行经营，有效监管明显不够。国家虽然出台了《种子法》，并就苗木生产销售许可证作出了制度安排，但实际绝大多数育苗户都没有办理苗木生产经营许可证。建议严格执行《种子法》，并率先制定出台《浙江省种苗管理条例》以及相关配套规制与方法，加大对这一政策制度的执行力度。

（二）恢复并执行苗木生产销售检疫制度

自从取消苗木检疫收费许可证后，除海关外，内检基本终止履行。尽管原因种种，但从苗木生产销售所带来的种苗病害扩散的实际看，迫切需要恢复且切实执行苗木生产销售检疫制度，强化职能与监管。收费取消不能使政策在执行上打折扣，要层层压实责任，监管要从源头开始落实。

（三）明确政府职能和部门职能边界

要全面明确各级政府与主管部门的职责分工，制定管理服务细则。总的要求是苗木市场要加强监管，要加强对育苗户的技术培训和诚信守法教育（种子法、种苗法、专利、品种权等法律的专门学习培训），制订育苗规则。县及县以上职能部门要明确执法边界，县、乡镇基层除了对苗木种植经营户进行法纪教育培训外，重点要对现行的经营体制、体系进行规范整合。

（四）以公司化形式整合整顿苗木生产秩序

台州、宁波、金华等苗木重点产区，其苗木经营绝大多数分散自行种植，多由大户收购经营，因而存在着小散乱的问题。建议所在地政府要把育苗户规范整顿与壮大村级集体经济结合起来，以公司化的形式整顿规范苗木生产流通程序，整顿后村里只保留1至2个法人经营。以注册资金200万~500万元、年销售额500万~1000万元为宜，对一个实体予以整合。整合时以著名商标＋龙头实体为主要股东，其他小户以股东形式入股管理，村里以各种要素资源入股。这样，面上小散乱的现象得到改变，育苗户的品牌、责任得到重视，违法成本得到大幅度提高，管理的针对性更强，且从利益角度分析各得其所。对此，作为最基层的村委会从原来的地方保护主义和消极应对管理苗木市场，转变为从主观愿望上积极配合上级执法。因为村里从管理中得到集体经济的增强，村民从规范中得到实际收益，这对乡村振兴是利民之举。这样，既把县乡管理责任确实传导到底，又能调动村里的积极性。

（五）以政府购买服务加强研发攻关投入

政府职能部门要不定期地走访基层和科研单位，针对生产上存在的难题进行招标攻关。至于涉及前瞻性和基础性研究的，应通过各种渠道筹措经费。涉及应用推广方面的事情，建议省市政府建立突发性病害防治基金，重点解决辖区范围内的事情。科研单位要根据委托要求，凭订单做好各项工作。针对既有病害存在和蔓延趋势提供动态和预警信息，开展抗（耐）病育种的前瞻性与针对性研究。

（六）加强组织管理强化行业自律建设

通过加强组织与规范管理，让育苗户有诚信依法经营的基本素质，重视行业自律，敬畏违法后果。加强专业知识的学习，提高病害防范识别能力，尽量减少带病育苗的概率。在育苗场地的要求上，要严格区分采穗区、接种区、育苗区、产品销售区。各区要有隔离技术措施保障，有实际操作记录与结果，不得涂改，以备自查、稽查有据。作为购买者要注重相关专业知识的学习，做到能识别苗木真假、掌握病害的基本常识。苗木交易时要凭产品合格证依法签订苗木购销合同，明确相关条款规定的双方责任。

力推农民专业合作社发展 [1]

目前，全省农民专业合作社总数约 5 万家，合作社成员和带动非成员农户占家庭承包农户总数的 60% 左右。然而，我省农民合作社质量参差不齐，合作社规模普遍偏小、实力偏弱，合作社区域间、产业间发展不平衡不充分，带动小农户功能作用还有很大挖掘空间。建议：

1
本报告主执笔人舒蛟靖、林忠伟，成文于 2019 年 4 月 28 日，原标题为《推进我省农民专业合作社发展的几点建议》。

一、加快相关地方法规体系的配套完善

2018 年新修订实施的《中华人民共和国农民专业合作社法》，进一步规范和完善了合作社内部运行机制，明确了农民专业合作社联合社的法律地位，以及联合社的成员资格、注册登记、组织机构、治理结构、盈余分配及其他相关问题，同时也为我省完善农民合作社法律法规体系，建立更加完善的政策制度体系提供了法律依据。建议：加快推进浙江农民专业合作社的立法修订工作。重点对新法修改的条款，对《浙江省农民专业合作社条例》进行相应的调整、完善和丰富。制定进一步推动我省农民专业合作社规范发展的具体意见。结合省委全面实施乡村振兴战略提出的万家主体提升行动，进一步增强我省农民专业合作社政策制度条文的针对性和操作性。完善合作社联合社发展的政策。出台规范发展合作社联合社的具体意见，确定发展目标和任务，提出合作社联合社示范社评审标准与办法。

二、进一步发挥农民合作社对小农户的带动服务作用

充分发挥专业合作社的组织优势和制度优势，使其成为振兴乡村产业、引导小农户与现代农业发展有机衔接的中坚力量。建立健全合作社与小农户利益联结机制。鼓

励低收入农民以技术、土地、劳动力等方式折算入股；促进合作社与低收入农民签订农产品收购合同、劳动雇佣合同等；通过与合作社之间的托管、雇佣、租赁等方式建立互利共赢的联结链。加强专业合作社带动小农户的正向激励。建议将专业合作社是否能以合同或股权方式吸纳小农户加入，或能否与小农户建立稳固的利益纽带等作为其申请财政资金支持的必备条件，增强专业合作社促进小农户与现代农业发展有机衔接的内在激励。壮大一批服务型专业合作社。帮助农民开展深加工、精包装，增加产品附加值，提高农民抵御市场风险能力。探索发展经营美丽乡村的专业合作社，如帮助"农家乐"开设"微信、微博、微店、网站"，开展故事营销、口碑营销、新闻营销和节庆营销，促进"农家乐"错位发展。

三、引导农民专业合作社适度联合发展

引导合作社与合作社、龙头企业、家庭农场等主体间加强合作，推进合作社由"户户合作"转变为规模适度、层次更高的"社社联合"。探索专业合作社的横向联合。鼓励以乡镇为主，因地制宜推进同一产业内的农民专业合作社采取战略联盟、兼并重组或组建合作社联合社的方式做大做强；通过联合扩大农业生产规模和产品的市场占有率，提高单体合作社的市场竞争实力。以服务为纽带推进合作社联合发展。促进合作社由相对单一的生产、销售领域向产、供、销、运等综合性、跨行业、多领域的合作社联合社发展；发挥合作社联合社对单一合作社的服务作用，实现大规模购销，争取对外谈判的主动，增强参与市场竞争和防患经营风险的能力。把合作社联合社打造成一二三产业融合发展的重要载体，鼓励从事一产的合作社与二产和三产的合作社联合，建立农业产业化联合体，结合农业生产资源发展休闲旅游、创意农业、农耕体验等。推进专业合作社联合社做深做实。鼓励合作社联合社通过组织形式、运行机制、产业业态创新，采取共同出资、共创品牌、共享利益等合作方式，增强发展活力和实力。支持在农业和民政等部门指导监管下，成立农民合作社联合会等协会组织，引导和帮助农民合作社强化行业自律，加强沟通交流。

四、积极推进农民专业合作社改革的试点

农业农村部在全国范围内遴选了 30 个县开展整县试点（我省秀洲区等 5 个县（市、区）开展合作社质量提升整县推进试点），核心内容包括：单个农民合作社发展质量提升；发展一批农民合作社联合社；提升县域指导、扶持农民合作社的发展水平。建议：积极吸纳省外其他地区的试点经验，如河北昌黎县建立乡镇农民合作社辅导员制

度，江苏如皋市以镇（区、街道）为单位建立代理服务站，为委托合作社提供财务核算、会计电算化、财政补助资产量化、帮助拟定盈余分配方案等服务。鼓励非试点地区积极探索农民专业合作社改革创新举措。围绕引导促进合作社规范创新发展、助力产业富民、推动乡村产业振兴等方面内容，自主启动专业合作社改革，有成效后直接上报相关经验，省政府给予相应奖励。力争将农民专业合作社改革试点的红利最大化。全面、及时掌握各地改革试点进展情况，实行动态管理，研究提炼试点过程中的突出亮点，经试点可行的要抓紧总结经验，制定相关政策，在全省乃至全国积极推广。

五、进一步加大对农民专业合作社的扶持力度

重点在税收减免、财政金融支持、加强执法力度等多方面下功夫，推进专业合作社加快发展。进一步推进农民专业合作社税收减免。结合国家减税降费，对农民专业合作社的税收进行梳理；从我省实际出发制定优惠政策，对农民专业合作社从事农产品加工和兴办农产品加工企业实行税收优惠政策。构建为农民专业合作社服务的金融支持体系。探索建立农民专业合作社等新型农业经营主体信用评价体系，对符合条件的灵活确定贷款期限，简化审批流程；对正常生产经营、信用等级高的实行信用贷款优先等激励措施。总结浙江渔业互保协会和全国首家农村互助合作保险——慈溪市龙山镇西门外村伏龙农村互助合作保险社的经验，推进合作社开展互助保险合作。建立农业合作发展基金，对产品创国家和国际品牌，进入国际市场竞争的专业合作社要给予重点扶持。加强修订新法的执行力度。新修订的《中华人民共和国农民专业合作社法》新增规定"农民专业合作社连续两年未从事经营活动的，吊销其营业执照"。结合我省"空壳社""休眠社""家族社"清理整顿，对于不履行义务，或为获得政府资助合作社资金而成立的合作社予以强制性措施，并回收相应的资助资金。

"美丽经济"带动精准脱贫 [1]

长期以来,省委省政府始终注重把发展美丽经济与低收入农户增收相结合,帮助很多农民家庭实现了从"低收入农户"到"美丽经济经营者"的转变。在取得显著成效的同时,也有一些新问题值得关注:一是美丽经济项目带动低收入农户增收缺乏持续性,二是低收入农户与经营主体利益分享模式单一,三是部分工商资本与低收入农户争利。为此,建议:

[1] 本报告主执笔人舒蛟靖、马欣雅,成文于 2018 年 5 月 11 日,原标题为《进一步发挥美丽经济对精准脱贫的带动作用》。

一、构建低收入农户长效增收保障机制

建立健全就业援助机制。结合"千村精品、万村景区"工程建设和农村人均环境提升行动,开发绿化养护、治安巡逻、环境保洁、社区服务等公益性岗位,优先安排年龄较大的低收入农户劳动力就业。建立经营效益到户机制。将经营主体带动低收入农户数量和成效作为相关财政扶持项目的重要参考依据,如:政府产业基金要将项目建成后对当地低收入农户的长效带动作为投资考核的指标之一。建立帮扶项目滚动机制。结合政府"两强三提高"建设,每年超前谋划一批扶持项目、扎实推进一批储备项目、评估验收一批完结项目,滚动帮助低收入农户长效稳定增收。建立美丽经济发展与低收入农户培训联动机制。将当地低收入农户相关技能培训作为外来资本投入的补充条件,如:针对养老养生项目,鼓励工商资本对当地低收入农户进行老年照料、护理等方面的培训。探索资产收益扶持政策。财政资金投入设施农业、水利、乡村旅游等项目形成的资产及经营性物业,具备条件的可折股量化给低收入村和低收入农户,尤其是丧失劳动能力的低收入农户,资产可由村集体、合作社或其他经营主体统一经营,并通过合理的收益分配机制,确保资产收益及时发放给低收入农户。

二、引导低收入农户与工商资本构建更紧密的利益联结关系

不断完善相关政策扶持。结合"万家新型农业主体提升工程"，对企业带动当地低收入农户增收给予政策扶持，可借鉴江苏省有关经验，将企业吸收低收入农户就业情况作为评定农业龙头企业的标准之一，并给以提升信贷额度、税费减免等政策支持。结合农村金融改革和"千村精品、万村景区"建设，对于积极吸纳低收入农户就业的民生项目，享受免担保、利率优惠、财政贴息等优惠政策。探索农村"三权分置"的有效实现方式。借鉴推广义乌市建立的农村宅基地基准地价体系经验，探索不同区域承包地、宅基地的基准地价评估，为低收入农户承包地、宅基地入股或流转的价格提供依据，形成以农民土地、房屋等经营权入股的利润分配机制。发挥村集体经济对低收入农户的带动作用。结合我省开展"千企结千村、消灭薄弱村"专项行动，借力工商资本成立开发经营公司，通过资源变股权、资金变股金等市场化手段壮大集体经济，同时让低收入农户分享更多的产业增值收益。强化低收入农户利益保障。对工商资本投资美丽乡村实施情况全程监督，把握相关企业的经营范围、投资能力、技术资格、流转土地面积情况以及流转后的经营风险和吸纳低收入农民就业情况，及时查处损害低收入农户利益的企业，建立失信黑名单。

三、探索适合低收入农户的利益联结形式

产业协作联结型。在项目经营管理过程中，引导工商资本优先使用农村的人力、物力资源。如：通过农家乐项目，优先招收低收入农户就业或销售低收入农户的农特产品。失能农户帮扶联结型。结合"万元农民收入新增"工程，鼓励和引导年老体弱、无劳动能力、无生产经营能力的低收入农户将土地及金融扶贫贷款、农办等扶贫单位的财政资金补助等委托给工商资本发展美丽经济，并依据协议获得长期稳定收益。公益帮扶联结型。结合山海协作工程升级版，鼓励沿海发达地区企业在结对帮扶的市县以公益援助的形式投资乡村产业，帮助低收入农户发展美丽经济，增加创业就业机会。生态补偿联结型。如：创新流域生态补偿方式，引导下游地区企业到上游源头山区发展美丽经济，让低收入农户从生态保护与建设中得到更多实惠。政府购买联结型。探索政府与工商资本合作、政府购买服务等模式，鼓励各类企业和社会组织发展美丽经济，并积极吸纳低收入农户就业。

四、提高低收入农户在美丽经济发展中的创业增收能力

提升低收入农户经营能力。结合农民素质提升工程，将服务技能、农产品销售和网络营销等纳入培训内容。培育一批农村服务型中介，帮助低收入农户经营美丽乡村。如：帮助农家乐开设"微信、微博、微店、网站"，开展故事营销、口碑营销、新闻营销和节庆营销，促进农家乐错位发展。选拔一批敢闯敢干的村"第一书记"和农村工作指导员，引进一批"美丽经济"战略型企业家和新型职业经理人，共同帮助低收入农户经营好美丽经济。加强对低收入农户发展美丽经济的扶持。借鉴福建经验，对低收入农户创业项目的非税收入行政事业性收费给予减免；不定期举办乡村旅游等美丽经济"创业创新"培训班。发挥行业协会对低收入农户的服务引导作用。依托行业协会提升农村美丽产业服务管理水平，引导低收入农户抱团经营，做好标识、价格、接待服务等工作的标准化；组织引导低收入农户参与城市宣传推介活动。借鉴"丽水山耕"等成功经验，帮助低收入农户分享区域性品牌的红利。加强对低收入农户创业的金融支持。结合低收入农户建档立卡工作，积极开展低收入农户的信用档案征集和信用评价，鼓励金融机构运用低收入农户的信用信息，有针对性地开发美丽经济小额信用贷款等金融产品。联合扶贫部门、金融机构、优质企业，积极打造互联网金融扶贫服务平台，探索低收入农户发展农林牧渔业、特色种养业、农家乐、民宿和休闲养生等领域的众筹融资新方式。

推进长三角乡村一体化发展[1]

长三角乡村作为国内农业产业体系最全、农业创新能力最强和乡村业态最为丰富的地区之一，一体化战略的提出使长三角乡村振兴的站位更高、动能更足、行动更实和利益更紧。浙江作为长三角重要组成部分，在高质量实施乡村振兴战略的过程中，积极探索跨省域乡村振兴发展之路和模式，大有可为。

[1] 本报告主执笔人黄祖辉，成文于 2019 年 3 月 28 日，原标题为《推进长三角乡村区域一体化振兴发展与建议》。

一、充分把握"两大机遇"

（一）把握乡村价值再造和提升的机遇

乡村是国家地理空间不可或缺的组成部分，现代乡村发展不仅是乡村内生发展的需要，也是乡村外部群体对美好生活向往和追求的需要。长三角一体化发展和乡村振兴两大战略的叠加效应将进一步有利于城乡现有资源的整合优化，有利于消除发展壁垒和制度障碍，有利于重新认识和再造新时代乡村所具有的新价值，包括生产价值、生态价值、生活价值、休闲价值、传统历史文化传承以及基层社会治理和稳定等多种价值的再造与提升。

（二）把握农村改革推进和深化的机遇

所谓一体化就是将原本属于外部、相互独立的个体通过一定的制度安排使其共同属于同一系统，从而既实现区域发展规模效应与范围效应，又实现个体负外部行为的内在化和个体间交易成本的降低。长三角地区作为改革开放的前沿地，承担着国家全面深化农村改革的试点任务。但随着农村改革进入深水区以后，改革难度也在加大，尤其是那些涉及行政体制壁垒和利益格局重组的领域，需要进一步突破。长三角一体化战略为这些改革提供了前所未有的机遇，应该牢牢把握，实现创新突破。

二、着力缓解"两大效应"

（一）抑制"虹吸效应"

长期来，长三角地区的发展是以大城市和中心城市的建设为重心，对其他中小城市和周边乡村的资源要素流动产生了极大的"虹吸效应"，使长三角区域内的城市之间、城乡之间呈现了"强核心弱周边、强城市弱乡村"不均衡发展现象。如何弱化这种"虹吸效应"，亟须通过区域一体化战略的实施来解决。

（二）消除"边界效应"

在现行政府行政体制下，长三角区域内各地的发展往往是以地方利益最大化为导向，区域协同发展存在行政壁垒为特征的"边界效应"，这种"边界效应"既不利于要素的跨区域流动和优化组合，也不利于公共资源的跨区域共享，亟须通过区域一体化战略的实施来破解。

三、关键实现"四个转变"

（一）区域发展观念从差值化向等值化转变，实现从差距合作转向差异合作

由于经济发展的水平不一，区域间在合作协商中的谈判能力是不一样的，这会导致区域间的不等值现象，处于"增长极"的区域往往占据主导地位，拥有更高的合作话语权，进而传统的长三角区域间的合作常常呈现差距化的合作。实际上，不同区域发展尽管存在差异，但都存在比较优势，这种比较优势具有等值性。长三角一体化战略亟须树立等值化的合作理念，从差值化的差距合作转向等值化的差异合作。

（二）乡村功能定位从边缘化向中心化转变，实现由从属地位转向主体地位

在以往"重工轻农、重城轻乡"的发展观念下，乡村一直处于从属和边缘地位，扮演着工业化和城市化发展的助攻手。相较于长三角城市群跻身于世界级行列，该区域乡村的现代化水平仍比较落后，其功能和价值还没有得到充分开发。要扭转这种城乡不平衡发展的格局，需要重新审视乡村的功能定位，使乡村从边缘化、从属化向中心化和主体化转变；要重视乡村价值的挖掘和再造，运用新理念、新技术、新市场加快培育乡村的新业态和新动能，使乡村发展成为长三角一体化发展不可或缺的源动力

和重要组成。

（三）乡村区域关系从竞争性向竞合性转变，实现从竞争发展转向协同发展

以地方政府主导的区域发展，常常会出现区域间的过度竞争和区域之间的负外部性问题，如何通过乡村区域一体化战略引导区域关系从竞争走向竞合极为必要。竞合是竞争的高级阶段，是追求区域各方的利益最大化，同时消除区域之间的负外部性。

（四）乡村产业发展从同质化向互补性转变，实现由同构经济转向分工经济

邻近区域的产业同质化和同构化是我国乡村产业发展的一大问题，这种产业格局不利于区域分工优势的发挥。解决这一问题仍然需要以乡村区域的一体化发展为突破口。重点有三个方面：一是在产业链上实现区域分工与互补；二是在业态上实现区域分工与互补；三是在公共体系上实现区域分工与互补。

四、发展理念"五位一体"

（一）崇尚"共同体"发展理念

要摒弃各区域发展排他性和各自为战的理念，建立开放、包容、共享的发展理念，"共同体"发展理念应该成为长三角乡村区域一体化发展的核心理念。

（二）践行"两山"发展理念

要深入践行习近平总书记的"绿水青山就是金山银山"的发展理念，致力于乡村区域整体生态优先、资源转化和区域绿色与高质量协同发展。

（三）坚定"改革创新、科技创新、集成创新"发展理念

要以三大创新为长三角乡村区域一体化发展与振兴的驱动力，突破乡村改革瓶颈，突破关键核心技术，突破要素整合障碍。

（四）坚持"要素融合、项目融合、产业融合、村镇融合"发展理念

要通过政府引导，市场运行、民众参与的思路，将长三角乡村区域的一体化发展落实到四个方面的跨区域融合上，包括生产要素的跨区域融合，建设项目的跨区域融合，产业发展的跨区域融合和村镇发展的跨区域融合。

（五）树立"共谋、共建、共享、共治、共赢"发展理念

要将长三角乡村区域一体化发展的"共同体"理念进一步深化，在机制上进一步创新，以实现区域重大事项决策过程中的"共谋"，区域公共实施与服务体系的"共建"与"共享"，区域村镇社区公共事务的协同"共治"和区域一体化融合发展的利益"共赢"。

五、推进落实"六大举措"

（一）加快全域化乡村基础设施和制度环境建设

要拓宽投入资金来源渠道，发挥财政资金"四两拨千斤"作用，吸引社会资金对长三角乡村全域基础设施建设的投入，特别是水利电力和网络设施、土地整理和耕地改良、农业面源污染治理和生态环境修复，不断改善农业生产条件和乡村生活环境。要加快构建基础设施智慧网络，在乡村规划衔接、交通接轨、水电并网、信息联通，道路交通上要充分利用信息技术建立全域公路、铁路、水路的智慧网络，彻底打通"断头河"和"断头路"。要加快5G技术在乡村的覆盖和应用，为基于物联网的智慧农业和数字乡村建设提供强有力的支撑。要加快构建一体化制度环境，三省一市各部门要认真梳理具有地方分割色彩的政策、程序、制度等，加强行政沟通、政策协调和体制并轨，为一体化发展提供制度保障。

（二）加快多样化乡村群建设

科学定位乡村群。突出乡村群的经济性、社会性和生态性。要考虑人口在空间上的集聚效应，有利于区域性公共品投入和公共服务效率；乡村群建设要有利于改善村庄精神面貌和"三治"融合；要有利于乡风文明和生态文明建设，将乡村群打造成生产、生活、生态"三生相融"的空间载体。科学划分乡村群。要以集聚村和中心村为重点，同时也可突破乡村行政边界，采取灵活划分方法，既可以按地缘关系来划分，又可以按宗族关系、治理体系来划分，也可以按产业或业态来划分。科学规划乡村群。乡村群规划要由过去的"单村独干"转向"多村联动"；模式要多元化，既有小桥流水人家的传统村落群，也有规划有序、功能多样的现代村落群。要通过政策支持为乡村群发展赋能，特色凝聚和品牌打造，努力将长三角乡村群建设成中国美丽乡村群落的样板和国际高水平的乡村群落。

（三）加快高标化数字乡村建设

加快推进乡村数字技术普及工程，要让数字产业化和产业数字化能在乡村扎根，

实现信息技术助农益农全覆盖，促进数字产业与乡村生产生活深度融合，使数字技术成为农民创新创业、生产生活的重要工具。加快数字技术对农业的数字化改造，以增加农业生产经营的可控能力，降低市场信息不对称程度，提高农业标准化水平。加强数据治理和数据服务，要实现乡村区域相关数据共享，乡村事务办理"一网通办""最多跑一次"和"不见面审批"，要通过数据技术及其应用来弥补乡村教育、人才、医疗等资源的不足。

（四）推进多元化乡村价值再造和提升

正确认识乡村价值再造。随着经济社会的发展和消费需求的提档升级，乡村功能的拓展也在不断提升现代价值。现代乡村价值体系的建构是满足城乡居民追求美好生活、城乡经济社会融合发展和乡村绿色高质量发展的内在要求。重构乡村多元价值体系。要从以往较为单纯的生存价值、生产价值、社会稳定价值所构成的乡村价值体系向融经济价值、社会价值、文化价值、生态价值和休闲价值等为一体的多元价值体系转变。在乡村价值再造中提升乡村价值。要通过跨区域资源聚合、要素融合、功能整合和一二三产深度融合来加快培育乡村新产业和新业态，让乡村田园变公园、乡村劳作变体验、乡村农房变客房、乡村农民变股民，实现乡村价值不断提升。

（五）创新等值化区域协同发展模式

打造长三角乡村振兴区域创新共同体，以实现乡村区域创新联动与政策协同。创新长三角乡村区域资源要素合作模式，推广浙江区域间"抱团飞地"等发展模式。创新长三角乡村区域利益机制，确保不同主体履行契约并获得公平合理的区域协同发展利益。

（六）创立乡村区域一体化振兴发展示范区

长三角乡村区域一体化发展首先可从区域毗邻乡村突破，可选择性地将某些区域划定为示范区，并通过制度设计和赋权，鼓励进行大胆尝试。重心放在一体化体制机制的改革联动和难点突破上，重点是消除边界负效应，推进资源要素市场化配置，创新乡村区域协同发展方式。要坚持顶层设计和基层突破，允许示范区重大改革先行先试。高层应给予强有力的改革保障。

着力实施美丽田园建设工程[1]

近年来，我省各地以农业园区化建设为主载体，加快发展创意农业，加快推进农业现代化，农田环境不断改善、农业布局不断优化，打造出了一批"点上出彩、线上美丽"的美丽新田园，为美丽浙江建设作出了积极贡献。当前，加快农业供给侧结构性改革，要按照把省域建成大景区的目标要求，全面落实美丽浙江"大花园"建设举措，坚持高效生态农业发展方向，扎实推进"美丽田园"建设。"美丽田园"包含科学发展、生态文明、农业转型、乡村振兴等思想，有着极为丰富的理论内涵，实施和推进美丽田园建设工程建设，有利于促使广大干部群众牢固确立绿色价值取向，有利于培育和催生农业发展的新产业新业态，有利于补齐美丽浙江建设的突出短板。

1　本报告主执笔人胡豹，成文于 2018 年 3 月 21 日，原标题为《实施和推进美丽田园建设工程的建议》。

一、在全省范围内进行美丽田园现状摸底

美丽田园建设要按照"生态美、形态美、业态美、神态美、势态美""五态"的全面要求科学谋划。首先应从五个层次对我省美丽田园现状及资源禀赋进行摸底调查：一是农业生产区域范围内的生产设施、基础设施建设情况，二是农业生产区域景观打造基础及发展空间，三是农业特色优势农产品发展情况，四是观光休闲农业发展现状，五是农耕文化、民俗文化、饮食文化保护和开发情况。其次，在摸底调查基础上，综合考量各地区特色、优势、潜力，因地制宜、分类实施，科学规划美丽田园建设的任务、进度和要求，有条件的地区可以编制美丽田园建设总体规划。

二、制定全省美丽田园建设的指导原则和实施策略

　　美丽田园建设工程是一项集农村生态文明、物质文明、精神文明建设于一体的系统工程。需要在科学论证基础上制定指导原则和实施策略。美丽田园建设应以地区实际为根本出发点，在特色、优势、潜力上做文章，沿着环境整洁→设施完善→景观打造→产品升级→产业融合这一路径循序渐进地展开。同时，建立完善政策扶持保障机制，为美丽田园规划、创建、评价、升级提供相应的政策支持。

三、建立美丽田园涉农文化导入机制

　　习近平总书记多次强调"要努力展示中华文化独特魅力"，作为中华文化的重要组成部分，农业文化更能彰显中华文化魅力之所在。美丽田园建设不仅要以促进人与自然的和谐相处、提升农民生活品质为核心，还要着力在文化发掘、文化保护、文化开发等方面寻求突破。这就需要建立美丽田园涉农文化导入机制，将农耕文化、民俗文化、饮食文化等农业文化与特色优质农产品采摘、休闲、体验、旅游、观光、创意等产业结合起来，形成具有地域特色的农业文化创意产业，以文化导入提升产业内涵，以产业开发实现文化传承。

四、以田园综合体的要求打造高标准美丽田园

以农民合作社为主要载体，农民充分参与和受益，集休闲农业、循环农业、创意农业、农事体验于一体的田园综合体是美丽田园的样板和重要发展方向。以田园综合体为标准打造美丽田园，就是以特色涉农创意产品产业链为发展基础，辅以园林景观和基础设施的完善，融合观光、游乐、养生、度假、会议、博览等多种功能，形成以美丽农业为导向的综合农业开发模式，将极大地拓展农业功能和农民收入渠道，从经营方式上提升美丽田园的档次。

五、建立美丽田园建设标准和评价指标体系

我省美丽田园建设工程首先要明确美丽田园建设总体方向和基本要求，再遵照相应的标准有序推进。美丽田园是一个内涵极为丰富的概念，涉及农田整洁、基础设施、农产品质量、品牌、景观、文化、产业等方面，评价其质量水平高下，需要建立一套相对完善的综合评价指标体系。通过遴选和设置若干指标，构建一整套科学、全面评价美丽田园的指标体系，做到较好地度量和评价美丽田园资源禀赋，客观反映美丽田园建设成效，从而更好地检验美丽田园的建设发展情况，更有效地规范和指导美丽田园建设工程的实施。

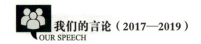
加强耕地保护利用五策[1]

浙江践行最严格的耕地保护制度，在人多地少、耕地后备资源不足的情况下，始终确保耕地占土地总面积的 18.8% 左右，严守 300 亿斤粮食生产能力的底线。然而，部分地区仍存在一些破坏耕地或者利用不合理的问题：一是耕地"非农化"建设现象时有发生，二是耕地"非粮化"利用现象较为普遍，三是耕地"抛荒"现象长期存在，四是耕地"占优补劣"现象屡禁不止。建议：

[1] 本报告主执笔人舒蛟靖、林忠伟，成文于 2019 年 3 月 6 日，原标题为《进一步加强我省耕地保护与利用的建议》。

一、"举一反三"，防治耕地违规"非农化"

严格查处耕地违规非农建设。结合全省"大棚房"问题专项清理整治行动，加强对耕地公园化、造车库等违规现象的整治，对违法违规占用耕地特别是永久基本农田建设非农设施的行为进行全面查处。建立风险保障金制度，严格防控企业随意改变农地用途等行为。

积极推广"田长制"。总结推广余杭、浦江、瑞安等地经验，充分利用永久基本农田划定成果，与执法监察网格化管理有机结合，实行多级"田长制"管理，开展田园动态巡查，及时处置耕地建房等破坏永久基本农田的行为。

完善多种力量参与的耕地保护机制。结合签订基本农田保护责任书等形式，建立"政府主导，自然资源和农业农村部门牵头，相关部门联动，村级组织和村民广泛参与"的耕地保护共同责任体系，形成惜土如金的思想观念。

二、"多管齐下"，防止耕地过度"非粮化"

提高农民种粮的积极性。稳定粮食最低收购价，增加补贴力度，建议健全稻田生

态补偿机制，在现在 10 元 / 亩基础上进一步提高标准（江苏省苏州市为 200~400 元 /
亩）。出台"优粮优产"鼓励政策，引导农民种植绿色、优质的口粮品种。推广"稻鱼
共生系统"等生态农业生产方式，提高种粮效益。

进一步优化农业补贴与粮食生产挂钩机制。推进国土、农业、水利、交通等部门
全面协作，完善种粮、农资、农机等综合补贴政策，加大种粮补贴力度和精准度，"谁
种粮补贴谁""不种粮不补贴"。加强农资价格监管，加强农资储备、调运管理。

减少耕地种植常年生苗木现象。对种植于基本农田的非法苗木，依法依规进行查
处。对于其他耕地种植的现有苗木，结合农村四荒地利用，有序引导种植户将苗木移
植栽培。

三、"因地制宜"，综合利用"无耕种"耕地

推进抛荒耕地的再利用。在全省范围内对耕地撂荒调查摸底，对因弃农经商或长
期外出务工无法耕种的农户，引导其采取转包、出租或入股等方式委托管理或进行流
转。探索耕地补偿金、扶贫基金等统筹利用，推进耕地保护与精准扶贫相结合，引导
低收入农户积极参与抛荒耕地的开发利用。

完善梯田资源综合利用。梯田属粮田保护范围，要强化梯田水利设施等建设，鼓
励小型农机具等推广利用。构建梯田生态补偿机制，鼓励农民保护梯田和传统农事操
作。深入分析各地梯田的资源禀赋，与当地古民居、古栈道、小水库等资源相结合，
差异化利用梯田资源，促进梯田资源永续利用。

加快违规征用耕地的复耕。以"多规合一"为统领，严格规范各地对耕地的征用
程序，严禁未批先征，清查违规征用的耕地，及时退还给农户或流转给新型农业主体
复耕。

四、"精准施策"，提高"新垦造"耕地质量

探索土地垦造主体多元化。推广宁海等地"谁用谁改造"土地整治经验，通过以
奖代补等方式，鼓励和引导土地承包农业企业自行开展垦造耕地、"旱改水"等项目，
打破以往由政府主导的单一模式，省去招投标等管理环节，强化改造主体的责任。

完善垦造耕地后续管护机制。进一步延长垦造耕地后续管护年限，如江苏对新增
垦造耕地采取不得少于 5 年的后续管护。推行全省垦造地巡查工作常态化，防止出现
一些垦造耕地在管理严格时有人耕种、一旦松懈就容易撂荒的现象。

二次评估垦造耕地适宜性。开展垦造地质量与生态安全检查，对于存在水土流失

和生态破坏问题的垦造地，及时采取生态修复措施；对于情况特别严重，已不适合继续耕种的垦造地，下决心进行全面生态恢复，耕地指标重新寻找宜耕地块进行替换。

加强垦造耕地新技术的应用。结合"全域土地综合整治"，在全面实施耕地耕作层剥离再利用的基础上，探索建立一套涵盖耕作层土壤剥离、存储、管理、交易、使用等全过程的工作机制及技术标准，确保新增耕地质量。

五、"多策并举"，优化耕地综合保护利用工作

统筹规划耕地保护利用开发。结合"全域土地综合整治"，选择一批区域面积大、土地流转率高的区域，打破原有道路、田埂、排灌体系，进行重新规划改造建设高标准农田，调整优化农田数量、质量和生态结构布局。

细化落实耕地保护各项法律法规。江苏、山东等地结合新形势制定出台了最新的耕地保护考核办法，建议我省加快制定实施新的考核办法。研究落实《土地管理法》规定的集体对承包地抛荒的处置办法，尽快制定实施细则。

促进部分地区耕地的休养生息。探索轮作休耕制度试点，在嘉兴等地下水漏斗区安排一定面积的农田休耕。加强规模连片梯田保护修复，加强对周边森林、村寨、水系等综合保护与建设，促进梯田生态系统可持续发展。

谨防乡村振兴战略走偏 [1]

一、厘清政府与市场的关系

让政府和市场的关系保持良性互动，除了要充分发挥市场在配置资源，主导主体经济行为的作用，还必须发挥行业组织的作用。一个重要的原因是行业组织在发挥作用。因为行业组织能够突破地方政府的区域行政壁垒，并且比地方政府更清楚产品市场的供求状况，克服

1

本报告主执笔人黄祖辉，成文于 2018 年 7 月 24 日，原标题为《谨防乡村振兴战略走偏》。

地方政府在这方面的短板，能够避免市场价格过度波动对经营者的伤害和资源的低效配置。理想的架构是形成政府、市场、行业组织"三位一体"的供给侧治理结构，只有这样，才能实现有效市场和有为政府的共存。

二、坚持新型城市化引领乡村振兴

通过乡村振兴战略解决我国城乡发展不平衡问题，并非意味着城市化战略将放缓，或者是要用乡村振兴战略替代城市化战略。恰恰相反，乡村振兴战略必须置于城乡融合、城乡一体的架构中推进，并且应以新型城市化战略来引领，以实现"以城带乡""以城兴乡""以工哺农""以智助农""城乡互促共进""城乡融合发展"的美丽乡村发展目标和乡村振兴战略。

城市化是现代化的必经之路，城市化也意味着乡村本土人口的减少。从人口流动和空间集聚的角度讲，乡村振兴的过程，一定是城市化充分发展的过程，是人口在城乡优化配置、城乡互动和融合发展的过程。在乡村振兴的过程中，乡村应成为"农业转移人口市民化"的助推器、田园生态城镇的新空间、城市居民美好生活追求的向往地。从体制机制的角度看，城乡公共社保体制和农村集体产权制度为重点的城乡联动

改革，应成为乡村振兴的基本驱动力。破解城乡二元结构，建立城乡一体、城乡融合、互促共进的体制机制，应成为乡村振兴的必要条件。

三、将"生态宜居"融入"产业兴旺"

"产业兴旺"是乡村振兴的经济基础，但"产业兴旺"首先要以市场兴旺为前提，同时，"产业兴旺"中的农业不能局限于一产农业的发展，而应着眼于接二连三、一二三产融合、功能多样的现代农业产业的发展与兴旺，要充分体现现代农业三大体系，即产业体系、生产体系、经营体系有机结合的产业发展与兴旺。此外，"产业兴旺"要与"生态宜居"有机结合。"生态宜居"是乡村振兴的环境基础。但这种宜居的生态环境不应仅仅是乡村百姓的宜居，也应该是对城市居民开放、城乡互通的"生态宜居"。

"生态宜居"与"产业兴旺"相融合的关键是使"生态宜居"既成为百姓"生活富裕"的重要特征，又成为"产业兴旺"的重要标志。这是因为，乡村的"产业兴旺"是体现一二三产融合和功能多样的"产业兴旺"，其中乡村的休闲旅游和康养产业发展，无疑要以"生态宜居"为基础和前提。但不能把乡村的"生态宜居"单纯作为公共环境的改造工程，而是要引入产业发展功能和市场机制。

四、将"乡风文明"融入"治理有效"

许多地方把乡村振兴的发力点放在产业兴旺和生态宜居上，这还不够，乡村的振兴必定是全方位的。浙江等地的实践表明，与"乡风文明"密切相关的文化振兴，可以成为乡村振兴的内在驱动力。既体现具有五千年中国历史传承的乡村农耕文明，又体现现代工业化、城市化发展的现代文明，这就是彰显我国传统文明和现代文明相互融合与发展的"乡风文明"。

"治理有效"是乡村振兴的社会基础，乡村的"治理有效"是国家治理体系现代化和"善治"的必然要求，它应该既体现治理手段的多元化和刚柔相济，即法治、德治、自治的"三治合一"，又体现治理效果能为广大群众所接受、所满意，并且具有可持续性和低成本特点。

五、防止过急推进乡村振兴战略

政府在一些重大工作任务上操之过急与政绩考核、干部晋级制度存在一定联系。实践中，干部晋级和多岗位历练导致流动性较大，这在一定程度上不利于干部队伍的稳定和专项工作的持续性。乡村振兴是一项重大战略，对于市县综合性管理岗位的称职的领导干部，应能予以相对长期的使用，他们的晋级可以采取"就地提拔"的办法来解决，这既有利于重要岗位的干部队伍保持稳定，又有助于克服乡村振兴战略实施过程中操之过急情况的产生。

区域生态可持续

QUYU SHENGTAI
KECHIXU

以"两山"理论指引绿色发展 [1]

"两山"理论内涵丰富：一是深刻阐明了留住和保护"绿水青山"的优良生态环境对经济社会发展的极端重要性；二是揭示了经济发展与环境保护的统一性；三是指出了生态优势向经济优势转化的可行性。同时蕴含了人们对"两山"关系的三阶段递进认识，即：第一阶段是用"绿水青山"去换"金山银山"；第二阶段是既要"金山银山"，但是也要保住"绿水青山"；第三阶段是自觉地走"绿水青山就是金山银山"的绿色发展之路。

[1] 本报告主执笔人黄祖辉等，成文于 2017 年 12 月 16 日，原标题为《关于浙江践行"两山"理念与绿色发展建议的函》。

"两山"理论为浙江走什么样的发展路子、追求怎么样的发展指明了方向。十多年来，浙江从"千村示范、万村整治"为引领的"美丽乡村"建设到"高效生态农业的绿色发展"；从"绿色浙江"到"生态省建设"；从"美丽浙江"到"两美浙江"；从实施"811"环境整治行动和循环经济"991 行动计划"到实施"五水共治""四边三化""三改一拆"等转型升级"组合拳"；从湖州成为"全国首个地市级生态文明先行示范区"，到杭州、湖州、丽水入选"第一批国家生态文明先行示范区"等，均体现了浙江走绿色发展之路的坚定践行，逐渐形成三种特色鲜明的绿色发展模式：一是城乡融合的绿色提升模式；二是优势后发的绿色跨越模式；三是治理倒逼的绿色重振模式。为了进一步加快绿色发展，建议：

一、深化"两山"理论认识，推进浙江绿色发展新征程

在工业化和城市化发展时期，必须把握好"两山"理论的内在逻辑和辩证关系（见图1）：首先，"绿水青山"如果只开发不保护，就有可能成为"穷山恶水"，不可能成为"金山银山"；其次，生态保护和补偿是"绿水青山"赖以生存，并且避免成为"穷山恶水"的前提条件，但如果"绿水青山"只保护，不合理开发和利用，同样也成不

了"金山银山"；再次，只有对"绿水青山"既保护又合理开发利用，"绿水青山"才有可能成为"金山银山"。同时，制度安排，尤其是生态环境资源的保护制度、产权制度与交易制度的安排，对可持续、可共享的绿色发展极为重要，这种制度安排不仅适用于"绿水青山"的保护，而且适用于"绿水青山"的合理开发和开发效益的分享，这是"绿水青山"能否成为"金山银山"，能否成为利益相关者共享和可持续发展的重要关键。

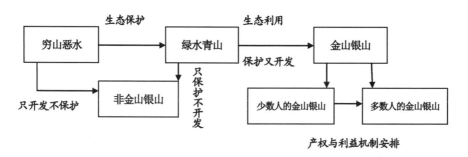

图1 "两山"理念内在逻辑

为此，要进一步深化"两山"理论认识，把习总书记在十九大报告中强调的"坚持人与自然和谐共生""建设生态文明是中华民族永续发展的千年大计""必须树立和践行绿水青山就是金山银山的理论"等思想，作为浙江深化"两山"理论践行，加快绿色发展的行动指南。要从我国已开始迈入生态文明建设新时代和浙江是"两山"理论萌发地的实际出发，更加自觉和准确地把握"两山"理论的深刻内涵和绿色发展的规律，在生态文明建设和绿色发展上率先垂范，争当践行"两山"理论的排头兵。要从绿色生产方式、绿色生活方式、绿色消费方式和生态文明体制改革等方面着力，率先开启生态文明新时代的绿色发展新征程，着力打造全国生态文明建设示范省，为全国的生态文明建设和绿色发展提供浙江经验、浙江方案和浙江智慧。

二、遵循绿色发展规律，构建浙江绿色发展新格局

绿色发展有三个阶段：一是传统农耕文明时代，或者称作传统生态文明时代的绿色发展阶段；二是工业文明时代的绿色发展阶段；三是后工业化文明与后城市化时代，或者称作现代生态文明时代的绿色发展阶段。浙江整体上已处在绿色发展第二阶段向第三阶段的转变之中，即处在工业文明向现代生态文明的转变阶段。但由于区域工业化、城市化发展水平的差异以及区域自然生态资源禀赋的差异，需要在遵循绿色发展一般规律的同时，结合区域工业化、城市化发展的阶段性特征和区域自然生态资源禀

赋的特点，发挥区域绿色发展的各自优势，努力实现区域发展从工业文明向生态文明，从传统生态文明向现代生态文明的转变。

为此，要建构浙江绿色发展新格局，打造浙江绿色发展"大花园"。以杭州为核心的省域中心城市，充分发挥长三角中心城市和丰富旅游资源的独特优势，着力打造世界级绿色经济发展高地和浙江绿色发展龙头。以丽水、衢州、金华为核心的浙西南丘陵山区，充分发挥自然生态资源禀赋丰裕的独特优势，着力打造集高效生态农业、休闲旅游养生、田园生态城镇为一体的长三角丘陵山区绿色发展胜地和国内同类地区的示范区。以宁波、舟山、温州、台州为代表的东部沿海地区，充分发挥陆海相连的资源环境优势和中小企业、民营经济的发展活力，着力打造具有"陆海发展联动、一二三产联动、转型升级联动"特色的我国东部沿海"两山"发展长廊。以嘉兴、湖州、绍兴为代表的水网平原地区，充分发挥江南山水相依、鱼米之乡、城乡融洽的特色优势，着力打造具有典型江南景观与文化传统特点，城乡高度融合的我国江南水网平原地带"两山"发展区块和美丽乡村升级版。

三、拓宽绿色发展视野，做大浙江绿色发展新经济

（一）加快发展"绿水青山"内生性产业和外生性产业

优先发展与"绿水青山"共生相融、以自然生态资源为基础的内生性产业，如林下经济、休闲旅游、生态养生等产业。加快发展以"绿水青山"为依托，与"绿水青山"相关联的外生性产业和产业配套。还要以信息经济和绿色智能制造为引领、以低碳绿色现代服务业和生产性服务业为重心，助推浙江工业发展率先迈向新型工业化发展道路。

（二）做大浙江绿色发展新经济，还需创新"绿水青山"经营理论和鼓励绿色消费方式

在打造城市绿色消费市场的同时，要高度重视"绿水青山"所在地绿色消费市场的打造。这对于具有"绿水青山"区域特色的生态类产品或具有产地关联性消费特性的产品以及服务价值的提升尤为重要。此外，要将绿色化、生态化、特色化与品牌化、电商化、组织化有机结合，推行生态认证、地理标志认证等制度，延伸"绿水青山"产品和服务的价值链，提升其附加值。

四、创新绿色发展制度，激活浙江绿色发展新动能

（一）创新绿色发展保护制度

建立着眼于提高补偿水平、多元化补偿、多渠道筹集、差异化补偿的生态保护体系与补偿机制。创新政府生态补偿的转移支付方式，增强产业扶持型、技术支持型和人才培训型的转移支付；同时高度重视和发挥市场、社会组织和个人在生态保护和补偿体系中的作用。建立政府、市场和社会相结合的"三位一体"的生态保护与补偿体系和机制。利用浙江民间资本活跃、公众环保意识较强的优势，借鉴中国绿色碳汇基金会的运作经验，抓住中国绿色碳汇基金会"碳汇研究院"落户温州的契机，创新设立浙江省碳基金制度和绿色消费支付基金，吸引企业和公众参与生态补偿；积极利用国内外生态基金，形成"政府管理、市场调节、社会参与"的生态保护与补偿新格局。要利用浙江省作为全国六大省域生态补偿试点的契机，尽快出台《浙江省生态补偿条例》。

（二）创新绿色发展产权制度

进一步深化土地、林权和相关自然资源产权与环境管理制度的改革。对于难以或不宜确权到人或户的"绿水青山"资源，可采用分权化或者混合所有的思路，将产权确权到相应的主体或共同体，同时建立和完善相关规制，既防止对产权主体的侵权行为，又避免权利拥有者和使用者对产权滥用所导致的负外部性。应建立政府、市场和社会共同参与的"绿水青山"产权保护规制。同时，在产权明晰和确权颁证的基础上，亟须建立自然资源产权和生态配额的市场交易体系与制度。首先可以考虑和实施的项目有：建立和完善浙江水权交易体系和市场；在杭州建立中国碳汇交易所；在全省范

围内建立森林覆盖率配额交易体系和市场；建立生态标志认证体系和标志产品溢价交易体系。

（三）创新绿色发展引导机制

要建立与完善多维度的绿色发展激励约束机制，将生态环境治理约束、企业进入门槛约束、产业转型升级约束、社会消费行为约束以及绿色发展评价约束有机结合，形成多方约束合力与激励相融的体制机制，营造绿色发展法治环境，促成企业动能转换、追求绿色发展；政府评价转换、致力绿色导向；民众行为转换，崇尚绿色消费。建立科学合理、易于操作的绿色发展考评体系，建议由省发改委、省环保厅、省统计局等部门和相关高校共同参与，研究制定绿色发展考核与评价体系，同时完善地方政府和领导的考核体系，突出绿色发展的绩效考核，提高相关指标的权重。

（四）创新绿色发展共享机制

不仅要引导、鼓励和支持企业、社会团体以及广大民众积极参与，融入绿色发展的进程，而且要建立绿色发展"共创、共享、共富"机制，使绿色发展成果惠及普通民众，尤其是惠及"绿水青山"所在地的普通民众。为此，在绿色发展中要充分关注生态资源产权与管理制度以及相关政策安排的益贫性和公平性；要运用好产业政策和公共政策的杠杆，促进产业组织、社会团体对普通民众的包容性发展，发挥农民合作组织对小农的带动作用和益贫功能，实现小农、贫困群体与绿色发展的有机衔接和共富发展。

"四个必须"推进山区高质量发展[1]

浙江省陆域面积 10.28 万平方公里，其中山区面积超过 70%，呈现"七山一水二分田"特征。近几年，浙江山区按照绿色发展、生态富民、科学跨越的总要求，扎实推进全面小康和生态文明建设，转型升级迈开大步，生态经济快速发展，城乡面貌焕然一新。但是发展不平衡不充分的一些突出问题尚未解决，推进山区高质量发展任重道远。

1

本报告主执笔人王东祥，成文于 2018 年 6 月 19 日，原标题为《践行"两山"理念推进山区高质量发展》。

一、必须坚持践行"两山"理论

推进高质量发展，必须从山区实际出发，准确把握高质量发展的基本内涵和核心要义，坚定不移地践行"绿水青山就是金山银山"理论。以丽水、衢州为主的浙江山区，是浙江的绿色生态屏障，也是长江三角洲地区的绿色生态屏障，它们在区域发展中的功能定位应该是：东部沿海"绿富美"山区、长三角绿色生态屏障和休闲养生旅游胜地、全国生态文明建设示范区。

山区推进高质量发展，要坚持走生态优先、绿色发展的新路子。首先要把绿水青山保护好，强化长三角地区绿色生态屏障的功能；其次要通过科技创新和体制创新，千方百计把生态环境优势转化为经济发展优势；最终目的是推进经济高质量发展、生态高水平保护。

二、必须提高生态经济发展水平

浙江山区地处我国东部沿海发达地区，最大的优势是拥有由绿水青山组成的良好生态环境和丰富的历史文化资源，只要谋划得好、运作得好，资源优势就可以转换成经济优势和发展优势。因此，必须把提高生态经济发展水平作为推进山区高质量发展的重中之重；围绕提高生态经济发展水平协同推进新型工业化、新型城市化和实施乡村振兴战略。

一是新型工业化的"新"在于信息化和绿色化。立足生态环境优势，把发展幸福产业（旅游、文化、体育、健康、养老）和生态经济、美丽经济作为调整优化产业结构、促进经济转型升级的主攻方向，千方百计地把生态环境功能优势转变为生态经济发展优势。要高度重视互联网＋和工业化信息化融合，并借助大花园建设，集中力量加快发展以休闲养生旅游为重点的现代服务业。

二是新型城市化的核心是促进农村转移人口市民化。根据引导人口"外聚内迁"和生态优先、产城融合、宜居宜业、特色鲜明的原则，将丽水市、衢州市建设成浙江山区的中心城市；同时以一大批县城为节点，连接许许多多的中心镇和中心村，按照"相对集聚、网络链接、点面结合"的理念，建设"藤蔓结瓜""众星拱月"型的山区城镇群。

三是大力实施乡村振兴战略。要深化农业供给侧结构性改革和农村改革，推进"农旅融合发展""三生融合发展"和"三产融合发展"。积极发展生态农林业、特色优势种养殖业和生态休闲旅游业，延伸农业产业链和价值链，促进三产和三生融合发展。

三、必须把建设大花园作为主战场

大花园是现代化浙江的底色，是自然生态与人文环境的结合体、现代都市与田园乡村的融合体、历史文化与现代文明的交汇体。衢州和丽水作为大花园的核心区，定位是"诗画浙江的鲜活样板"。

一要把环境整治和生态修复放在首位。持续打好污染防治攻坚战，加快污水治理、垃圾治理、土壤治理、灰霾治理，全面推进"厕所革命"。开采矿山必须服从生态功能保护和景观价值第一的原则，不搞大爆破、大开挖，采取保护性开发和造景式开发的方式，可以借鉴历史上古人的经验，仿造温岭长屿洞天、龙游石窟、遂昌金矿、绍兴东湖和柯岩的开采方式，既开发了矿山，又形成了旅游景点。

二要扎扎实实地抓好十大名山建设。要围绕建设全国领先的绿色发展高地、全球知名的健康养生福地、国际影响力的旅游目的地，全力以赴地抓好大花园建设的重点工程和项目。强化秀山丽水、诗画江南特色，设计特色精品旅游路线，把遍布各地的景点串珠成链，形成山区亮丽风景线。

三要实施创新驱动发展战略。科技创新重点是围绕绿色化、信息化的一系列技术创新，谋划和搭建好科技创新与人才引进的平台。体制创新重点是要通过深化改革来构建生态文明建设的一整套体制机制。积极探索生态补偿、农村宅基地、农业农村经营主体、田园综合体、农村集体经济和"山海协作"机制的改革创新。

四、必须处理好政府与市场的关系

推进高质量发展要充分发挥市场配置资源的决定性作用，同时也要更好地发挥政府作用。新常态下的地区竞争不再是税收政策和土地价格的竞争，而主要是发展环境与体制机制的竞争。

一是进一步加强交通网络建设。强化通景区公路和"四好农村路"建设，建立和完善维护保养机制；加强交通枢纽与通景区公路和通村公路的连接及零距离换乘；提高以高速公路、高铁为主的交通网络和内外通行能力；加快机场建设，发展通用航空和直升机运输。

二是进一步加强信息化基础设施建设。要围绕构建高速信息网，加快建设新一代信息基础设施，努力实现信息化水平全省同步。

三是进一步加强公共服务供给。要努力实现基本公共服务均等化，要按照与全省同步实现教育现代化的目标，继续加强教育设施建设；要进一步完善医疗卫生服务体系建设。

四是创新地方政府绩效考核机制。加快形成体现高质量发展的评价指标体系；建立"绿色屏障"建设的资金筹措和激励机制；建立资源环境生态红线管控、自然资源资产负债表、自然资源资产离任审计、生态环境损害赔偿和责任追究等制度。

开启杭州湾建设新时代 [1]

省第十四次党代会报告提出，要谋划实施"大湾区"建设行动纲要，大力发展湾区经济，重点建设杭州湾经济区。

[1] 本报告主执笔人马欣雅、阎逸、姚海滨，成文于 2017 年 10 月 19 日，原标题为《关于加快建设环杭州湾大湾区的几点建议》。

一、积极推进战略谋划，开启环杭州湾大湾区新时代

在战略上，推动环杭州湾大湾区的顶层设计。从空间范围看，环杭州湾大湾区不仅覆盖上海和我省环杭州湾六市，并可延伸到江苏省南部和我省台州市北部以及更广泛的经济腹地。为此，要结合《长江三角洲城市群发展规划》，加强与国家有关部委和上海、江苏等省市的沟通，推动两省一市签订《推进环杭州湾大湾区建设框架协议》，共同研究编制环杭州湾大湾区发展规划，并力争上升为国家战略。可借鉴广东成立粤港澳大湾区研究院的做法，依托我省高端智库，与上海、江苏的相关研究机构加强合作，全面开展环杭州湾大湾区发展的相关研究。

在布局上，形成综合交通为主导的空间架构。进一步优化湾区内外的交通组织，重点完善以宁波舟山港为中心、江海河联运的综合交通体系，在两座跨海（湾区）大桥的基础上，分段建设宁波北仑—舟山—岱山—洋山港—上海的湾口大通道，构建高效便捷、内通外联的湾区交通网络。同时，以舟山江海联运服务中心建设为契机，以上海港和宁波舟山港为重点，联动嘉兴港以及湖州、杭州等内河港，协同义乌国际陆港，共同打造上海国际航运中心核心港口圈。

在行动上，促进环杭州湾六市的协调互动。我省要在《浙江省"大湾区"建设行动纲要》的基础上，积极构建适合湾区发展的利益共享机制，充分利用环杭州湾六市的土地、水源、山林、能源、基础设施等硬资源和各类开发区（高新区）、各类人才以及国家级、省级重大战略、重大政策等软资源，力争打破制度壁垒、行政分割，在产

业布局、港口建设、旅游开发、生态保护、围填海工程等方面加强统筹协调，实现相互调剂、促进共同发展，形成各具特色、功能互补、优势集聚的湾区发展新格局。

二、积极主动接轨上海，推动环杭州湾大湾区新合作

提升浙沪合作开发洋山区域整体水平，打造"一带一路"和"长江经济带"的"龙眼"。推进浙沪新一轮港航合作，协同推进全球性招商引资、行政管理和政策创新。将小洋山北侧区域作为浙沪新一轮港口合作开发启动地，与洋山深水港区、临港新城的功能相互补，以战略眼光加强研究适时启动大洋山开发。以洋山区域合作开发为契机，浙沪共享长江港航资源，助推舟山江海联运中心和上海国际航运中心建设。

主动承接上海城市非核心功能的疏解和转移，融入上海产业价值链。根据环杭州湾六市实际，充分利用自身资源和经济活力的优势与上海错位互补发展，与上海共同培育利益共享的产业价值链，加快向全球价值链高端迈进。同时，以杭州大江东产业集聚区、城西科创产业集聚区、宁波杭州湾产业集聚区等提升发展为契机，接受上海高端产业辐射带动和转移落地。以嘉兴全面接轨上海示范区建设为桥头堡，以沪嘉杭G60科创走廊建设为纽带，进一步提升现有张江长三角科技城、嘉善临沪新区、海宁漕河泾合作区等合作开发建设水平。

启动杭州、宁波都市区"双引擎"，联动建设长三角"金南翼"。接轨以上海为核心的长三角世界级城市群，以"两大都市区＋发展轴"为主体框架，带动全省融入国家战略和全球经济体系。以杭州争取成为国家中心城市、打造世界名城和宁波建设现代化国际港口城市、打造"一带一路"综合试验区为主要抓手，进一步发挥两大都市区作为我省创新、人才、资金、信息和高端产业集聚的核心作用，并通过义甬舟开放大通道、温台沿海产业带等高层级发展轴，分类引导大中小城镇作为特色功能节点融入湾区一体化发展，带动全省融入"一带一路"和长江经济带，增强我省参与全球产业分工的整体竞争优势。

三、整合运用国家战略，培育环杭州湾大湾区新优势

加快推动中国（浙江）自由贸易试验区建设，探索建设浙江自由贸易港。十九大报告提出，"赋予自由贸易试验区更大改革自主权，探索建设自由贸易港"。《浙江舟山群岛新区发展规划》和《长江三角洲城市群发展规划》都提出了探索建立舟山自由贸易港区的设想，要进一步发挥舟山群岛新区的战略优势，加快推动中国（浙江）自由贸易试验区建设，争取早日成为自由贸易港试点。加快借鉴中国（上海）自由贸易试

验区政策经验，推动政府管理以及贸易、投资、金融等领域体制机制创新。协力打造"义甬舟"对外开放大通道，以浙江自贸区、宁波"一带一路"综合试验区、义乌国际贸易综合改革试点等为重点，提升宁波舟山港、义乌国际陆港的国际枢纽功能。发挥先行先试的优势，完善促进投资和服务便利化的相关政策，加快构建创新要素自由流动、市场深度融合、开放包容、高度国际化的新体制，通过释放制度优势广泛吸引国际资源集聚。

集聚区域高端创新资源、高端要素和高端产业，争创环杭州湾全面创新改革试验区。2015年国家确定了8个改革试验区。2016年省委省政府批复杭州市、嘉兴市和湖州长兴县、绍兴新昌县全面创新改革试验实施方案，以上"两市两县"均在杭州湾区域。本区还集聚了全省优质科企和人才资源，拥有具有国际竞争力的海港、空港、陆港和信息港，部署了杭州城西科创大走廊、杭州国家自主创新示范区和全国首个跨境电子商务试验区等重大战略；嘉兴已设立全面接轨上海示范区，宁波也正在谋划浙东南自主创新示范区。为此，应趁势而上，整合湾区内各城市的人才政策，积极争取国家级人才特区、海外高层次人才技术移民制度等试点实施；引进国际一流科学家，培养一批科技领军人才，组建高层次创新团队。在空间上，比肩旧金山湾区和波士顿128公路沿线，以杭州湾环线高速为主轴，以张江和杭州国家自主创新示范区为支撑，以8个高新区为支点，形成以大学城、科技城、科创走廊、开发区为辐射网的全球创新网络重要枢纽；集聚高端创新资源、高端要素和高端产业，推动技术、产业、金融和商业模式创新跨界融合，积极谋划创建符合国家导向的全面创新改革试验区。

杭州：全力打造"国际智慧之都"[1]

一、杭州在全省信息经济发展中具有龙头领跑示范带动的重要地位和作用

作为信息经济发展的先行者和主力军，杭州在全省率先启动、全面领跑，从全国范围来看，杭州的信息经济发展也是处于领先地位。

（一）巨头带动形成互联网生态圈

发端于阿里巴巴的电子商务模式，在成功主导全国网络市场之后，通过投资印度 Paytm、推动 eWTP 落地马来西亚等途径赋能全球中小企业，推动杭州整体输出能力和连接能力再上新量级。电子商务的发展推动了移动支付技术的推广，杭州有超过 98% 的出租车、95% 的超市便利店、50% 的餐饮门店都支持移动支付。2016 年全市人均支付宝支付金额达 18 万元。移动支付普及率、覆盖广度、服务深度均居全国第一，成为名符其实的"移动支付之城"。

（二）创新创业活跃

据《2017 中国城市创新力排行榜》显示，杭州居"中国最具创新力的新一线城市"Top 5 首位，位列全国 19 座一线城市和新一线城市第 5 位。创新创业主体集聚，创新创业平台丰富，"创客"文化蔚然成风；2016 年新设企业 7.89 万户，新增注册资本额 133.18 亿元；创业活动日均 15 场，成为一座"创新活力之城"。

（三）政务生态优良

杭州市政府早在 2014 年就率先提出以发展信息经济、推动智慧应用为主要内容的"一号工程"，制定出台政策举措，着力推进平台建设、主体培育、项目招引、要素保障、

1

本课题主执笔人王小玲、应瑛，成文于 2017 年 8 月 21 日，原标题为《关于全力打造杭州国际智慧之都 加快建设国家信息经济示范区的函》。

生态优化等工作。2017 年 6 月 26 日，杭州市获批设立全国首个互联网法院，在率先形成互联网审判机制、抢抓网络空间的国际话语权和规则制定权上先人一步、抢占先机。

（四）网络覆盖水平领先

2012 年率先推出 4G 网络商用体验，成为全国首个跨入 4G 时代的城市，G20 峰会期间再次率先推出"准 5G"网络应用。2016 年，杭州市互联网普及率为 80%，仅次于深圳（84.8%），位居全国第二。

然而，对比深圳等先进城市，杭州信息经济发展仍有差距和短板：产业规模偏小、技术创新能力较弱、应用领域有待拓展、宽带速率有待提升等。

二、推动杭州率先崛起，全力打造全球信息经济发展战略高地

（一）培育技术创新新优势，推动杭州成为重要的信息经济科创中心

一是注重源头创新、基础创新。抢抓新一轮科技变革机遇，持续提升前沿技术的原始创新能力，抢占战略制高点，加快推进国产自主可控替代，为颠覆式创新、跨越式发展提前布局。

二是注重集成创新、应用创新。进一步践行应用牵引技术研发的战略，依托庞大的市场应用空间和良好的应用基础，通过集成迭代式、传承式创新，实现技术、产品、服务和商业模式的精进和优化。

（二）强化应用领先优势，将杭州打造成新实体经济发展范本

一是重点发展产业互联网。通过服务"十万企业上云"，加速互联网和实体经济融合；探索智能制造新业态、智慧服务新模式；无缝打通客户需求和生产设计制造的环节，构建 C2M 新型供需关系。

二是推动政务互联网发展。以市场需求旺盛、群众热切关注、发展前景广阔的交通、医疗、教育、养老、安防、节能等领域为抓手，通过推动"城市数据大脑"等样板工程，实现城市管理与服务等若干重点领域应用的率先突破。

（三）加强产业协同，抢占信息产业发展制高点

一是软件做优。着眼产业链的整合延伸和价值提升，加快发展壮大电子商务、云计算与大数据、物联网产业、智慧物流产业、数字内容、软件与信息服务产业等先发优势明显且发展势头较好的软件产业。大力培育产业"新蓝海"，谋划推进人工智能、

虚拟现实等未来产业，打造"中国软件名城"品牌。

二是硬件做特。以集成电路、高端芯片等电子信息制造和机器人等智能制造为重点，通过特色化、集聚化、高端化发展，加快补齐产业短板，不断提升核心竞争力和国际竞争力。

（四）优化基础设施，打造"万物互联"信息城市

一是加速"优网"。以国家"下一代互联网"示范城市建设为契机，大力推进骨干网、城域网和接入网升级改造。推进杭州国家新型互联网交换中心建设，率先建设第五代移动通信（5G）商用试验网。推进免费WiFi网络的建设层级，提升用户体验。

二是加快"搭台"。以国家云计算创新发展试点示范城市建设为契机，依托阿里云计算等技术，推动"下一代互联网＋云计算平台"智慧云基础设施建设，建成国际一流、国内领先的云平台，打造服务全国的智慧"大脑"。

三、增强杭州辐射带动作用，加快建设国家信息经济示范区

（一）谋划实施一批契合国家战略使命、体现浙江资源禀赋的重大举措

一是推动eWTP的扩大和可持续发展。以中国首个跨境电子商务试验区建设为契机，全面对接、深度融入国家"一带一路"和长江经济带战略；发挥以阿里巴巴为代表的平台型企业优势，积极争取eWTP总部落户杭州，形成一套引领全球跨境电商发展的管理制度和游戏规则，打造"杭州版"的"网络新丝路"。

二是加快推进"最多跑一次"改革。深入推进"互联网＋"行动计划和大数据发展实施计划，以"四张清单一张网"为抓手、"互联网＋"建设为引领，着力破除数据孤岛；以数据驱动推动系统改革，打造"互联网＋政企服务"全国标杆。

（二）建设提升一批符合市场规律、贯通创新链、衔接产业链的功能型平台

一是建设一批技术创新平台。大手笔招引国际知名院校进驻，打造国际化高等教育引领、产学研一体化的科创中心；发挥浙江大学、浙江西湖高等研究院等在原创知识和基础研究领域的核心带头作用；建好之江实验室，提高原创性和源头性知识、技术的生产能力。

二是提升一批产业孵化平台。深化新型产业孵化平台建设，深入推进省级信息经济示范区、两化融合示范区；加快谋划建设一批聚焦信息经济、专注研发设计的高新特色小镇。

三是打造一批交流推介平台。提升乌镇世界互联网大会、杭州云栖大会、德清联

合国全球地理信息管理论坛等重大会议的影响力；打造具有全国、全球影响力的信息经济交流合作和新技术新产品展示推广平台。

（三）培育一批高质量的"领军企业"和"种子企业"

一是打造一批"顶天立地"的龙头骨干企业。充分发挥龙头企业的引领带动作用，用好用足"平台型""雁首式"企业的竞争优势和溢出效应。鼓励跨界兼并重组，促进浙企和国际高端资源的有效对接，提高浙江作为新经济领军者的国际话语权。

二是培育一大批各具特色的中小企业。研究制定针对"独角兽"企业的"一企一策"专项支持；不断提高"专精特新"中小企业的数量比重、整体素质和运行质量，培育若干细分领域的全国"单打冠军""行业排头兵"和"配套专家"。

（四）精心谋划和推动实施一批重大项目

一是加强项目谋划。围绕引领性龙头项目、突破性创新项目、支撑性平台项目、实体性产业项目和应用性民生项目，精心谋划并组织实施一批战略性、前瞻性强和辐射带动作用好的信息经济百亿级投资项目。

二是加强项目招引。设立一定规模的信息经济专项基金，政府在把控关键环节、做好风险防范的同时，通过市场化运作，为实施"名城招名企"、并购收购优质资源工程提供财力支撑；通过招引世界500强、央企国企等大企业以及"二次创业"等大项目，带动上中下游企业的集聚和产业链的加速形成。

四、进一步发挥政府作用，为信息经济发展保驾护航

（一）进一步凝聚共识，落实责任

一是进一步提升认识。针对知识空白、经验盲区、能力弱项，亟待强化信息经济专题学习培训，提高驾驭新问题、解决新问题的能力；善于捕捉和发现创新发展中的趋势和苗头并加以支持和推进，善于高人一筹、先人一步、快人一拍地抢抓信息经济发展的时间窗口。

二是加强有效引导和倡导。通过宣传推广杭州发展信息经济的先进理念和战略精髓，进一步提升全省对信息经济推动改革发展、创新发展、转型发展重要性的认识，增强各地发展信息经济的自觉性和自信心。

三是善于总结推广。充分尊重各地首创，及时总结各地在发展信息经济领域的先进典型和经验，形成可复制、可推广的成果，强化典型示范。

（二）加强人才培育和引进

一是牢固树立人力资源是第一资源的观念。集聚一大批掌握核心技术的科技带头人，一大批具有成长潜力的创新人才，一大批素质一流的企业家和资本运行、科技管理服务人才。

二是通过因人施策吸引人才。搭建全球能级的事业发展舞台，通过兼职、讲学、科技合作、技术入股等多种形式引进人才；通过对高端人才及其团队在收入分配、住房保障、生活服务等方面给予特殊优惠政策留住人才，使杭州成为人才创业有舞台、发展有途径、贡献有激励、生活有保障的"创新创业天堂"。

三是通过教育培训定制人才。加强浙大等高校的信息学科建设，打造学科高地；通过大规模培训孵化人才，推进国内外、省内外高等院校与本土企业合作办学；鼓励浙江工程学院等高校院所采用"订单式"教育、"定制式"培养等方式，培养适应市场需求的实用型人才。

（三）强化资金要素保障

一是加大政府投入。省级政府要统筹智慧城市、战略性新兴产业、电子商务、两化融合等专项资金，适当安排增量资金，重点支持基础技术研发、新兴产业投资、重大项目引进、基础设施优化等项目和领域。

二是引导社会投入。采取项目后补助、政府贴息、奖励、股权等政策措施，从税收、金融、产业政策上鼓励和引导企业加大技术创新投入力度；搭建多种形式的科技金融合作平台，利用基金、贴息、担保等方式，引导商业性金融机构支持自主创新及其产业化。鼓励设立创业风险投资引导资金，鼓励民间资本进入信息经济领域，支持互联网企业通过发行债券、上市等方式多渠道筹集资金。

（四）进一步优化发展环境

一是实施包容性监管。坚持鼓励创新和规范发展并行，不断加大对信息经济新事物发展的支持力度，建立"能容错、快纠错"政策机制。

二是强化公共服务。加快建设一批公共服务平台，推动信息经济行业组织和社会组织跨越式发展，完善信用、金融、物流、知识产权、商务、法律等信息经济全链路的服务体系。

三是健全统计考核制度。进一步健全信息经济统计调查制度，加强统计、监测、分析和预警工作；优化政府考核体系，加大对人力资源投资、科技创新成果等无形资产投资的考核力度，形成对发展信息经济的正面引导效应。

创新践行"义乌经验"[1]

"义乌发展经验"既是对改革开放以来义乌成功实践的总结，也是指导义乌长远改革发展的纲领，对全省、全国不同区域、尤其是县域经济社会改革发展具有重大借鉴意义。

[1] 本报告主执笔人陆立军，成文于 2017 年 8 月 9 日，原标题为《关于继续践行和创新"义乌发展经验"的思考与建议》。

一、进一步加强省委、省政府的领导

义乌的发展成就，是在党中央、国务院重视支持下，历届省委、省政府坚强领导下取得的。尤其是习近平同志亲自决策并精心指导"义乌发展经验"的总结、学习、推广工作，2006 年 11 月 14 日，省委、省政府发布《关于开展扩大义乌市经济社会管理权限改革试点工作的若干意见》，将义乌作为第四轮"强县扩权"改革的唯一试点城市，明确规定：除规划管理、重要资源配置、重大社会事务管理等经济社会管理事项外，赋予义乌市与设区市同等的经济社会管理权限。在此前后，1998 年 9 月，张德江书记在到任后首次召开的领导干部大会上讲话中就明确肯定了义乌的"兴商建市"道路，2000 年 11 月到义乌调研城市化课题时又指出：义乌"能发展多大就发展多大，能发展多快就发展多快，不能在桌子底下放风筝"。赵洪祝书记和吕祖善省长亲自给中央领导写信、汇报争取"义乌试点"。夏宝龙书记指出，义乌是全省乃至全国改革发展的一面旗帜，指导出台了《关于深化义乌市国际贸易综合改革试点若干意见》。车俊书记到浙江工作后不久就几次到义乌调研，充分肯定了义乌改革发展的方向，并对如何发扬优势、克服短板，继续深化"义乌试点"提出了明确要求。袁家军省长也多次到义乌调研、指导工作。尤其是在省第十四次党代会前后，车俊书记和袁家军省长又果断决策、精心指导义乌国际贸易综合配套改革试验区（以下简称"试验区"）谋划、报批工作，从而为圆满完成"义乌试点"今后几年的工作与 2020 年收官后借助"试验区"大平台落地生根，推动与全省改革发展无缝衔接，进行了超前谋划和部署。省第十四次党代会秉承"八八战略"和习近平同志横塘村重要讲话精神，对继续践行和创新"义乌发展经验"提出了更高的新要求，因而亟待省委、省政府给予更多的重视、指导和支持，建议将事关义乌长远发展和全省改革创新的"义乌试点""试验区"、打造"一带一路"战略支点、建设世界"小商品之都"等重大事项，列入省委、省政府领导亲自主抓的重点工作之中。建议按照省第十四次党代会、省政府工作报告提出的要求，推动"试验区"加快启动、运行，并成立由省委或省政府主要领导任组长，分管副省长任副组长，相关省级部门和地方主要领导任成员的"试验区"领导小组，与"义乌试点"领导小组合署办公，下辖管委会，行使省级经济社会管理权限，从而以更加高效便利的管理体制推动"义乌试点"与"试验区"无缝衔接，并轨运行。

二、报请国家相关部委给予更多支持

继续践行和创新"义乌发展经验"，精心谋划、加快举措，进一步发挥义乌现有优势，激发潜在优势，再创引领全省改革发展的新优势。当前的重点有四：一是报请国家相关部委在"义乌试点"总体方案框架下，更好地支持和赋予义乌"先行先试"权，将目前改革方案的推进模式由"审批制"转变为"备案制"。二是报请国家相关部委大力支持和推动"义新欧"班列、义甬舟开放大通道的建设、发展；支持义乌设立国际陆港综合保税区、快件监管中心等对外开放平台；在"义新欧"回程货源组织、海外仓布局、运价补贴等方面给予资金支持。三是报请国家相关部委支持义乌发展境外集中采购、市场集中销售的小额小批日用消费品进口贸易模式，以及保税贸易、离岸贸易等；支持义乌申报进口商品"全牌照"口岸。四是报请司法部在义乌设立仲裁委员会，以满足义乌国际化进程中对涉外仲裁的迫切需求；报请央行设立人民银行义乌中心支行、银监会设立义乌银监分局，以提升机构定位与能力，解决目前全市 700 多家金融及类金融机构监管中存在的"孩子大、衣服小"等问题。

打造诗画江南的"湖州样板" [1]

我省历来有山水浙江、诗画江南美誉，而江南，更是一个诗意的、古典指称。春水碧如天，画船听雨眠。人家尽枕河，水巷小桥多。其核心区块就是太湖两岸，这里湖泊交错、水网纵横、田园村舍、小桥流水；苕溪烟霭、震旦波涌、青山云岚、江河浚流；杏花春雨、碧水岸柳、黛瓦白墙、轻烟长巷、吴侬软语、风情万种。它牵动多少人的乡愁，撩起多少人的情思，吟出多少瑰丽的诗篇。这是文化中国的一张经典名片，是人类世界的不朽文化瑰宝。

湖州是诗画江南的核心区块，不仅有着深厚的历史积淀与人文传承，还有着一种空灵、诗意的文化氛围与似水一般的风土人情。湖州还是习近平同志"两山理论"的发源地，"绿水青山就是金山银山"，湖州的生态建设走在了全省前列。作为上海杭州大都市的后花园，湖州是诗意栖居的心灵栖息地，更是湖州百姓生活着的美丽家园。湖州要把握这个难得的时间空窗期机遇，在新一轮发展中占得厚积先发的优势，成为古典诗画江南恢复传承的先行者，成为古典诗画江南保护的经典样板区，成为全国乃至全球令人瞩目的一个人文高地。

[1]　本报告主执笔人杨建华，成文于 2018 年 4 月 21 日，原标题为《关于我省大花园建设的一点思考——以湖州为个案》。

一、高起点制定具有前瞻性、战略性、一流的建设规划

将湖州全市域作为一个空间整体，统一规划，打造一个全市域经典诗画江南大花园，建设成为全球瞩目的文化、旅游胜地。规划应在现有的基础上，尽可能保留原有的空间格局，不轻易破坏已存在几百年的文化生态和市民生活起居空间。在此基础上，制定一个全市域的建设规划，规划凸显经典诗画江南景观。在通往湖州市域的高铁、高速沿线和城市、道路入口，在湖州市域的每一条观光线路两边，映入人们眼帘的就是典型的诗画江南景观，水村山郭、白墙黛瓦、草长莺飞、杂树生花、烟柳画桥、重湖叠翠。在村庄整治中，要重点保护好江南田园风光的基本特色，并不断提升生态环境质量，使环境优美和诗画江南景观得到有效保护和提升。在对农民居住环境进行规划改造时，要重视保护、挖掘和延续村镇的自然、历史、文化、景观等特色资源，尊重乡村的自然形态和人文传统，努力彰显地方文化的独特魅力。

二、继续加大治水力度，尽快将湖州市域的水质恢复到三类水以上

水是诗画江南的魂，日出江花、春来江水，人家尽枕河、桃花流水鳜鱼肥。无碧水则无诗画，无碧水则无经典。尽可能恢复原有水系，打通断头河道，疏浚水域，使江河湖泊水系贯通畅流，成为一泓活水。通过大力整治，恢复"人家尽枕河"的古镇风貌，呈现中国水墨画与田园诗歌的神韵。

三、分类保护，建设经典诗画江南的村舍村落

村庄是诗画江南的人文之根、生活之根、诗意栖居之根。村庄是诗画江南文化空间不可或缺的元素。对现有村庄应能保尽保，并加以分类保护与建设。

第一类是窗口门户型村庄。这是一些在高铁、高速沿线和城市入口处的村庄，应作为优先和重点来保护与建设。要像打造印象西湖、印象桂林那样把湖州打造成充满诗情画意的印象江南。

第二类是平原水乡型村庄，是诗画江南最典型的空间，更应突出滨水特征，水网阡陌、湖泊交错、水乡人家、楼台烟雨，注重水与村落、水与建筑的关系，形成村落隐田园，田园绕碧水的诗意景象。

第三类是丘陵山地型村庄。这些村庄处在丘陵与山区，有着青山隐隐、溪水潺潺的自然景观。可因地制宜、就地取材，将村庄的保护和修建融入自然山水、历史人文，充分展现诗画江南青山叠翠、白云缭绕、山村如画的景观。

第四类是旅游观光型村庄。这类村庄具有吃住行等一体化服务功能。前期开发的民宿和旅游观光产业已经取得一定业绩，需在诗画江南、休闲拾趣上进一步强化，注重游乐活动空间、生活体验空间、生产体验空间以及诗画江南诗意体验空间建设，彰显特色农庄魅力。

第五类是历史文化型村庄。这类村庄具有悠久的历史传承和丰厚的文化积淀。要很好地保护恢复这类村庄的历史文化遗存与遗迹，展现江南地域文化特色，凸显历史人文底蕴。

第六类是文化养老型村庄。这类村庄可以利用村民闲置的房屋进行改造装修，建成健康服务型的居所，提供给市民疗休养或养老居住。当然，这六类村庄并不是严格区分，而是大致分类。同时，这六类村庄很多是混合型。

四、调整理念与相关制度安排

牢固树立保护诗画江南就是保护生产力，打造经典诗画江南就是发展生产力的理念。经典诗画江南环境是梧桐树，会引来国内外的金凤凰；打造经典诗画江南可以更好地发展现代观光型农业、生态型农业、民宿经济、参与性旅游业、生态型服务业，文化型养老业；经典诗画江南就是金山银山，就是瑰丽宝藏。咬定青山不放松，坚持走生态经济化，经济生态化之路；人与自然和谐，人在景中住。不要再延续以前那种村庄撤并和用农民宅基地换取城市建设用地，不要再将撤并的土地作为商业用地开发来获得土地收入，这是短视与功利性的做法，对整个诗画江南的生态空间、文化空间、伦理空间是一种毁坏。

在打造经典诗画江南过程中，要充分认识江南农村文化空间传承与保护的重要性。不仅在硬件方面使广大农民都能住进环境优美、设施齐全的新型村落社区，改变以往"脏、乱、差"的面貌，实现"净化、绿化、美化、亮化"，还需要着重采取多种措施、多种途径加大对江南农村文化空间传承与保护的力度，推进对传统文化、传统建筑的保护。将湖州及全省所有村庄都建设成为产业有亮点、布局有文化、建筑有特色、地方民俗有传承的诗画江南村庄。发展江南村落文化旅游项目，带动村庄经济的发展。不仅要保护现有的农民房屋，也要保护现有的农民生活生产方式，使江南乡村的文化空间与农民的水乡生活方式有机融合；恢复诗画江南、山水浙江的文化空间，积极地把传统、环境优势转化为文化与发展优势，推进全省大花园建设及现代化建设。

对"加快发展市县"要分类施策[1]

近年来，省级各部门都加大了对"加快发展市县"的政策支持力度，出台了许多政策。但是，由于这些政策对发达地区和"加快发展市县"的标准无差异性，导致"加快发展市县"与发达地区处在同一个"起跑线"开展竞争，增加了"加快发展市县"争取省级政策支持

1

本报告主执笔人朱李鸣、廉军伟，成文于 2017 年 4 月 5 日，原标题为《对"加快发展市县"加大省级扶持的对策建议——基于江山市实际工作的调研》。

的难度。同时，省政府给予"加快发展市县"的政策、资金等扶持是通过对项目的资金倾斜来推动的，这对"加快发展市县"的投资主体和项目规模都是一个挑战。由于"加快发展市县"经济相对薄弱，地方政府对各类专项工程的配套资金加大了地方财政压力，导致一些项目实施落实难度较大。此外，缺少示范意义的激励制度和允许犯错的"容错"机制，导致"加快发展市县"部门和工作人员的积极性不能得到有效发挥。为此，建议：

一、分类施策为"加快发展市县"开辟绿色通道

"加快发展市县"与发达地区的经济发展基础、企业发展实力、财政收入等方面的差距比较大，如果将"加快发展市县"与发达地区放在同一标准下竞争，会造成各类扶持政策越来越倾向于发达地区，"加快发展市县"很难争取到更多的省级扶持政策。为此建议，省级层面在制定各类扶持政策的过程中，充分考虑"加快发展市县"与发达地区的发展差异，分别制定针对"加快发展市县"和发达地区的分类政策。先期，可以尝试对"加快发展市县"在政策支持方面开通绿色通道，以更好地发挥政策对欠发达地区经济发展的助推作用。

二、加快出台对"加快发展市县"扶持的具体实施意见和配套政策

省委、省政府为推动"加快发展市县"发展，出台了推进"加快发展市县"加快

发展的若干意见等政策，明确推动"加快发展市县"发展的目标、重点任务、保障举措。考虑到省级不同部门在支持"加快发展市县"发展方面的不同特点，为更好地发挥各部门政策对"加快发展市县"的"乘数效应"，体现不同部门政策的针对性，为此建议，省级相关部门加快研究制定针对"加快发展市县"的具体实施意见和配套政策。

三、某些领域补助比例标准根据实际情况作出调整

省级部门对"加快发展市县"政策扶持的重要手段之一就是根据所在地项目的实施进展情况，按照规定的标准进行资金补助。但是，随着市场的变化，项目的实施成本因劳动力成本、原材料成本、运输成本等的上升，投资总额有大幅度提高，如果还按照原有的补助标准对"加快发展市县"项目进行补助，可能只是杯水车薪了。以农村公路建设为例，随着原材料价格的上涨和省里对农村公路建设标准的提高，农村公路的投资总额不断上升。而大多数"加快发展市县"属于山区县，农村公路的投资更大，原有的省级补助标准已与现有实际产生较大差距，因此会挫伤地方建设农村公路的积极性。为此建议，省级政策在制定时，要统筹考虑项目市场实施情况变化，根据劳动力、原材料等成本市场价格，适当对补助标准进行调整。

四、支持"加快发展市县"争取各类省级或国家级试点

试点往往是有先行先试的政策优惠，争取试点也是争取发展政策、争取资金的重要途径。例如，我省开化县在推动区域发展的过程中，先后获得国家主体功能区示范点、钱江源国家公园体制试点、"多规合一"等多个国家级或省级试点，争取到了许多国家专项建设资金，促进了区域发展。为此建议，在省级部门支持下，立足"加快发展市县"的优势，积极推动"加快发展市县"争取各类国家级或省级试点。例如，江山市可以发挥自身优势，积极争取国家全域旅游示范区、浙闽赣皖四省国家东部生态文明旅游区核心区、自然文化双遗产城市、国家旅游综合改革试点市等试点。

五、以某一特色为突破口开展试点示范

"加快发展市县"的发展不可能一蹴而就，而是需要一个过程。省级层面在推动"加快发展市县"发展的同时，可以立足区域基础，以某一特色为突破口，开展先行先试。为此建议，在原有26个欠发达地区选取一到两个市县为试点，集中优势资源、政策，全力推动试点的开发建设，以形成一批可复制可推广的经验。以江山市为例，省

委、省政府可以将江山市作为全省全域旅游发展的试点，以发挥全域旅游联动城乡的效应，激发乡村提升造血功能的重要作用，为其他"加快发展市县"提供示范。

六、支持"加快发展市县"谋划若干重大发展平台

"加快发展市县"的发展需要重大平台与载体。通过重大平台与载体集聚资源要素，带动区域发展。当前，"加快发展市县"普遍存在平台等级低、辐射带动作用弱、对大项目大企业吸引力不强等问题，需要进一步强化对高能级平台的谋划实施力度。为此建议，省级部门支持"加快发展市县"谋划重大发展平台。从我省实际看，由于"加快发展市县"多处于山区或省际交界地带。在重大发展平台谋划上，从三个途径考虑：一是对位于省际交界的市县，可以考虑谋划省域经济协作区（试验区），承接周边省份产业转移。二是对有一定工业基础的市县，可以依托所在市的国家级高新区，探索将所在工业园区纳入国家级高新区分园分区。例如推动江山省级经济技术开发区作为衢州高新技术产业园区分园分区。三是对旅游资源独特且丰富的地区，可以依托所在地区的景区，推动区域争创更高级别的景区。

七、加大对"加快发展市县"的资源要素支持

"加快发展市县"的发展离不开科技、人才、金融等方面的支撑。但是，由于经济基础、城市功能配套等方面的劣势，"加快发展市县"在吸引人才、科技、金融等方面存在不足，特别需要省级层面支持，破解各类要素不足的制约。为此建议，争取政策性银行对"加快发展市县"城镇化发展、生态产业培育等方面的融资支持；支持"加快发展市县"在中心城市设立研发机构，如在杭州城西科创走廊、杭州滨江高新区等科技人才集聚地，建立在外研发大楼、研发中心或飞地孵化器；省级产业基金要加大对"加快发展市县"的支持，支持其生态经济、生态工业的转型发展；探索在"加快发展市县"发行城镇化集合债和市政债的可能性；借助2022年杭州举办亚运会契机，支持在"加快发展市县"承办亚运会分项目；支持"加快发展市县"承接全国性或国际性的比赛项目，如国际或全国性举重锦标赛、山地自行车、羽毛球、田径等比赛项目。

打造山海协作"飞地"升级版 [1]

通过推进跨区域的"飞地"建设,有效破解了浙西南山区在产业发展方面存在的资金、人才、配套等制约,取得了显著成效。然而,在"飞地"建设过程中,仍然存在平台资源缺乏整合、产业合作有待拓展、配套服务不够完善、考评激励作用发挥有限、利益分享机制仍需创新等问题。为此,建议:

[1] 本报告主执笔人胡青、夏谊、舒蛟靖,成文于 2018 年 3 月 12 日,原标题为《优化"飞地"建设打造山海协作工程升级版》。

一、进一步加强"飞地"统筹建设

结合我省《全面优化开发区建设,促进开发区深化改革、扩大开放和创新发展的实施意见》,对各地在建和拟建的"飞地"平台进行整合优化、统一布局、统一谋划。进一步明确各个"飞地"平台的功能定位,引导平台根据浙西南山区资源特色及与之结对的东部沿海地市发展优势,差异化发展,避免"飞地"的重复建设。同时,采取政府和社会资本合作(PPP)模式,与"浙商回归"相融合,引导以浙商为代表的民营资本参与"飞地"平台的开发和运营管理,鼓励省内外浙商大力支持山海协作升级版建设。加强"飞地"信息平台建设,促进东部沿海地区与结对市、县(市、区)开展产需信息实时交互、共享对接,细化明确结对双方产业发展需求与配套商贸服务的清单目录,促进双方工商贸易信息的互联互通,健全山海协作信息联动机制,进一步促进山海联动发展。

二、进一步拓展"飞地"产业合作内涵

鼓励浙西南山区申报创建国家级、省级新型工业化产业示范基地,促进制造业与互联网深度融合发展。以"飞地"为产业集聚发展的基地,借力之江实验室、未来科

技城、杭州城东智造大走廊等创新平台，加快培育智能制造、高端装备制造、生物医药等新兴产业项目。以"飞地"为宣传展示的窗口，加强对浙西南山区特色生态农业、农旅融合等绿色产业项目的宣传与推广，吸引东部沿海人才、资本、市场与山区生态资源的有机结合。鼓励杭州、宁波等沿海城市在浙西南山区建设绿色产业生产基地等"飞地"产业园，大力推动浙西南山区一、二、三产融合发展。

三、进一步提升"飞地"平台服务效能

结合"最多跑一次"改革，优化"飞地"企业办事流程，提速企业项目申报与审批，为"飞地"项目的进入和转化提供高效的服务保障。整合"飞地"所在地科技、人才、财税、社保、工商等部门的服务力量，打造专业化"飞地"服务团队。完善配套服务政策体系，对"飞地"所在地的人才、产业、基金等方面的政策进行梳理，在建立健全基本政策框架的基础上，细化明确的政策服务项目，并根据项目个体差异形成个性化定制政策。对于注册在"飞地"平台所在的东部沿海地区的企业人才实现同城同待遇，尤其是对于住房、教育、医疗等民生保障实现共享。打造多元化金融服务支持体系，鼓励结对双方共同设立多层次的产业引导基金，鼓励政策性银行、商业银行与社会资本共同出资设立种子基金、天使基金等金融产品，并借基金合作引入高端投资机构与投资人资源。

四、进一步完善"飞地"建设考评激励机制

探索建立政府、第三方组织及企业多方联动的"飞地"产业园区项目评价机制。根据与浙西南山区的产业结合度，综合考量企业所处的发展阶段、社会贡献、创新成果、利润业绩等因素，通过企业推荐、第三方组织评审、政府认定等方式，对项目开展分类评价，科学设置评价周期，增强项目评价的灵活性。切实把项目考评结果与奖励政策挂钩，让"飞地"企业中的研发、专业技术、经营管理等各类人才都有机会获得相应的项目资助与奖励，优先扶持综合评价较好的企业上市。

五、进一步优化"飞地"园区的利益共享机制

目前，国内合作共建园区共享利益的方式，主要有按比例分成、分期按比例分成、比例分成＋产业基金、按股份分成四种模式（见表1）。除这四种基本模式外，有些共建园区按税种分享收入，如上海莘庄工业区与安徽滁州经济技术开发区签订协议，将

转移企业的管理营销部门留在莘庄，在滁州经济技术开发区的共建园只承接加工制造部门，加工制造部门产生的生产环节增值税在共建园缴纳，而所得税等其他税收在上海莘庄缴纳。可借鉴以上经验做法，尽快完善我省"飞地"园区的利益分享机制，提高山海长期协作、共同发展的积极性，推动山海互利共赢发展。

表 1   国内部分合作共建园区利益分享对比表

利益分配方式	共建园区名称	分配对象	具体利益分配
按比例分成	佛山顺德(英德)产业转移工业园	产业园产生的GDP、工业总产值、地方税收	合作期间顺德、英德五五分成，合作期满（25 年），全部归英德市政府所有。
	佛山（云浮）产业转移园	GDP 和税收	佛山和云浮两地按 3.5：6.5 进行分成
分期按比例分成	淄山工业园	增值税地方所得、企业所得税、城镇土地使用税	前 10 年石嘴山市和淄博市按 4：6 进行分成；后 40 年石嘴山市和淄博市按 5：5 进行分成
比例分成＋产业基金	中关村海淀秦皇岛分园	税收	实现的地方财政收入，北京海淀区、秦皇岛按照 4：4 两地分享。另外的 20% 建立产业基金扶持企业发展。
按股份分成	上海浦东外高桥启东工业园	共建园区的税收等收益	上海外高桥保税区联合发展有限公司和启东滨海工业园开发有限公司共同出资成立合资公司，按持股比例（6：4）进行分成
	苏通科技产业园		苏州占 51%，南通占 39%，江苏农垦集团占 10%

分类推进乡镇特色化发展 [1]

改革开放以来，我省通过持续的制度创新，积极发挥乡镇在区域经济发展中的特殊作用与功能。近年来重点培育的 100 个特色小镇，成为破解高端要素集聚不足、缓解城镇建设空间瓶颈、引导城镇功能形态转型等现实问题的示范样板。小城镇环境综合整治行动有效提升了小城镇生产、生活和生态环境质量。当前，我省乡镇发展面临工业化转型、城市化转型和农村现代化等三大新的"区域需求"，应通过政策分类供给和差别化指引，引导全省 897 个乡镇由"分化"走向"分工"，营造"和而不同"的区域关系，实现区域经济的差别化协同发展。为此提出以下几点建议：

[1] 本报告主执笔人陈前虎、阎逸、姚海滨，成文于 2017 年 10 月 13 日，原标题为《以分类管理促进我省乡镇特色化发展》。

一、都市型乡镇：统一纳入都市区规划和管理，提高"新城"发展目标和要求

这类乡镇约有 150 个，核心目标是解困"大城市病"，以形成高效的都市空间结构和职能分工体系，从而缓解城市中心区的集聚压力。从国际经验来看，关键在于适应大都市发展趋势，建立起"集权和分权"协同作用下的地方政府治理结构。

一是大都市（中心城市）要推行大规划机制，集中管理战略性空间资源。对规划确定的市辖区非建设用地实行市级统筹管理，加强规划立法保障，防止城郊优质土地或生态敏感区的无序开发建设，为都市区长远发展留足战略性空间。

二是郊县（区）政府要建构大管理机制，强化规划引领和整体协调。在同一个都市郊县（区）的范围内，明确各个城镇在融入大都市过程中的长远发展目标定位，县（区）级政府统一规划和建设资金的投入，镇级政府只负责建设管理和地方事务维护。同时，建立分类考核机制，加强区域统筹和分工定位，鼓励各地根据市场需求和自身优势选择最优化的长期发展模式。

三是地方镇政府要立足"新城"标准，提高发展目标和建设要求。引导地方镇政府转变发展观念，直面都市整体需要，立足长远可持续发展，提高"新城"建设品质，避免出现重复低效的现象。

二、县域中心镇：提升城镇化和工业化品质，促进县域经济转型升级

这类乡镇约有 200 个，其核心目标是实现由工业化推动向城镇化带动转型，通过"高品质的城镇化来助推高质量的工业化"，既推动自身转型发展，也促进县域经济整体质量提升。

一是提升城镇区域定位，理顺中心镇的政府职能体系。为加快县域经济整体转型升级的步伐，大部分中心镇应进一步提升定位，发展成为县域的副中心城镇或中心城区的核心功能组团。同时，理顺中心镇政府的职能体系，优化扩权的广度和深度，处理好集权和分权的关系。

二是提高城镇建设的规模与品质，服务于县域城镇化新格局。一方面，要适时调整和扩大行政区划范围，充分利用中心镇的区域影响力，提高城镇公共服务设施的能力与品质。另一方面，要尽快落实和优化中心镇人口落户的配套政策，引导周边区域人口加快向中心镇集聚。

三是注重土地经营的综合效益，留足城镇发展的战略性用地。加快工业用地的改造升级，提高用地的开发强度和单位产出效益。结合"三改一拆"和小城镇环境综合整治，加快镇区的农居房改迁，提升人居品质。严格控制农村的住房建设，鼓励有建房需求的农户转移到镇区或中心村集聚居住。

三、经济弱小乡镇：立足农业现代化，连接城乡一体化发展

这类乡镇约有 550 个，其核心目标是与农业政策紧密结合，提升农业要素与基础设施水平，推动现代农业的专业化、机械化与区域化发展。

一是推进农业优势镇的基层政府考核和扩权改革。加快县域管理体制改革创新，转变原来以工业和 GDP 为导向的乡镇政府工作绩效考核评价机制。凡是有利于农业产业化发展的政府职能与财税分配机制，均向农业重点乡镇分阶段下放和重点倾斜，完善当地政府服务"三农"的能力体系。

二是创新农业生产经营体制机制，加快农业资源整合和适度规模经营。完善基层农地管理制度，建立常规化的农地整理、土地检测和信息收集机制。积极培育现代农

业经营主体，加快本地原有农业人力资源的知识化提升和技术化改造。把美丽乡村建设与发展休闲农业、文创农业、乡村旅游、民宿经济等紧密结合，拉动城乡互联互通的消费和投资。

三是鼓励地方实行大农业区建设，因地制宜推行镇乡区划合并。针对我省乡镇规模较小的事实，应鼓励县域主体实行大农业区建设，与时俱进推行镇乡区划合并，并开展多种形式的临近乡镇之间的农业项目合作，弱化农业区域化发展的行政阻隔。

四是优先扶持一批农业经济重镇，初步构建农业服务的基层支撑网络。可以选出100个农业经济重镇，优先在资金、技术、人才等方面扶持，通过5年左右的培育，发展一批农业经济重镇，形成区域性的示范效应，并初步建立全省农业服务的基层支撑网络。

湖州：创建践行"两山"理论先行区 [1]

一、创建"湖州践行'两山'理论先行区"具有独特和扎实的优势条件

一有"两山"理论先行的实践优势。作为"两山"重要思想诞生地，湖州是经国务院同意、国家发改委等六部委联合发文的全国首个地级市生态文明先行示范区，安吉县是全国"两山"理论实践试点县；湖州是国家级旅游业改革创新先行区和国家全域旅游示范区试点城市。2017年，湖州又获得两项与绿色经济相关的重量级国家试点：获批"中国制造2025"试点示范城市；获批全国

1

本课题主执笔人王小玲、朱李鸣，成文于2017年8月30日，原标题为《关于创建"湖州践行'两山'理论先行区"若干建议的函》。

绿色金融改革创新试验区。2016年12月，全国生态文明建设工作推进会在湖州成功召开，进一步确立湖州绿色发展先行先试标杆地位。湖州在发展绿色产业、健全生态治理机制、构建生态功能区制度、建设美丽乡村方面形成了一些具有全国示范意义的先行经验。

二有扬名海内外的生态人居优势。"人生适合住湖州"，湖州是中国美丽乡村发源地、太湖流域生态涵养地，是国内唯一获得联合国"千年目标金奖"的城市，安吉是我国首个"联合国人居奖"获得县。湖州是全省首批国家生态市，实现了国家生态县（区）全覆盖。2016年，湖州接待长三角地区游客近4100多万人次，已经成为上海大都市区及长三角的"后花园"。

三有长三角辐射内地的枢纽优势。湖州位于长三角向中部内陆地区辐射的门户位置；是杭州—北京、上海—合肥两大国家干线高速铁路的十字交汇处，以及G25、G50两条国家干线高速公路的十字交汇处，拥有江海联运的高等级内河航道网，是国家内河水运转型发展示范区。湖苏沪高铁、商合杭高铁等建成后将使湖州交通条件跨越式提升，区位优势更加凸显。

四有创新创业的成本洼地优势。湖州创新创业成本相对较低，是我省房价最低的地级市。吴兴区工业地价在 25 万元左右 / 亩，商业地价 300 万 ~500 万元 / 亩，住宅均价在 8000~9000 元 / 平方米。湖州在全省首创公开出让商住地块"限房价、限车位价、限装修价"的模式来控制城市居住成本。长三角人才资源不断向湖州集聚，湖州入选国家"千人计划"人数居全省第 3 位。

五有城乡协调的均衡发展优势。2016 年湖州城乡居民人均可支配收入比为 1.73：1（全国为 2.72：1，全省为 2.07：1），是全国城乡收入差距最小的城市之一；连续多年被评为全国最安全、最和谐的城市之一，"平安湖州"创建今年有望实现"十连冠"。

六有集聚绿色产业的空间优势。相对于北太湖苏锡常地区，湖州发展空间更为充裕，拥有湖州经济技术开发区、湖州莫干山高新技术产业开发区等多个万亩产业大平台。2012~2016 年湖州高新技术、装备制造和战略性新兴产业增加值平均增长率分别高于全省 2.6、4.0 和 4.3 个百分点；以新能源汽车、智能装备、生命健康、地理信息、绿色家居等为代表的绿色产业快速发展，绿色产业规上工业增加值占比超过 50%。

七有开放包容的文化基因优势。湖州是吴越文化融合区，又受中原文化影响，南朝大量北人南迁和南宋政治中心南移，对湖州文化形成有巨大影响；西方文化也随着湖州丝织品贸易发展而渗透进来。在多元文化影响下，湖州人思想豁达、不排外，具有开放包容的气质。这一文化基因成为湖州招商引智、加快崛起的重要优势。

综合看，上述单项优势在我省其他地市也可能存在，但湖州的独特之处在于这些优势的"组合叠加"，形成了全省独一无二的综合优势；"十三五"乃至今后较长时期，湖州将是全省发展后劲最足、最具"爆发力"的城市，这些都为创建"湖州践行'两山'理论先行区"奠定了坚实基础。

二、加快创建"湖州践行'两山'理论先行区"的几点建议

（一）尽快研究制定并上报创建"湖州践行'两山'理论先行区"总体方案

支持湖州在深化推进国家级生态文明先行示范区建设的基础上，形成创建"湖州践行'两山'理论先行区"的总体方案。鉴于国务院六部委联合发布的《浙江省湖州市生态文明先行示范区建设方案》中明确提出过规划建设"南太湖绿色生态城"，并支持其创建国家绿色生态城区的要求，建议在总体方案中结合南太湖一体化开发，将"南太湖绿色生态城"作为创建"湖州践行'两山'理论先行区"的空间主载体。

（二）提升湖州全省战略定位，为创建先行区提供战略支撑

建议将湖州纳入"环杭州湾大湾区"建设范围。世界著名湾区经济地域范围一般从海湾向内陆延伸约120~150公里半径；更重要的是，大湾区的建设不仅要有"湾度"，更要有"深度"，在信息网络和交通物流高度发展的背景下，湾区地域范围重点考虑的是经济联系和物流、信息流、人才流的联系，而非是否直接"临湾"。湖州是环杭州湾经济区和杭州都市圈的重要组成部分，建议将湖州全市域作为环杭州湾经济区重要组成部分，纳入浙江"大湾区"建设范围。建议将湖州纳入浙江"大花园"建设重点地区。建议提升湖州在全省"一带一路"建设和接轨沪杭甬生态经济带中的战略定位。湖州参与"一带一路"建设有着深厚的历史根基，钱山漾遗址被命名为"世界丝绸之源"，湖州也因此被称为"丝路起点"；湖州丝绸曾摘得英国伦敦首届世博会金银两项大奖，享誉全球；建议支持湖州在全省"一带一路"建设中发挥更大作用。湖州是我省全面接轨上海的重要区域，建议支持湖州建设浙沪合作的重要示范区。

（三）支持湖州提升综合交通物流枢纽功能，为创建先行区提供基础设施支撑

建议省级层面支持湖州重大交通设施建设，促进湖州"区位优势"加快转化为综合交通的"枢纽优势"和"发展优势"。

一是支持湖州推动湖苏沪高铁、商合杭高铁、湖州—杭州西高铁建设。这三条高铁将与杭宁高铁组成"十字形"高速铁路网，是湖州融入上海和杭州1小时交通圈、打造南太湖大通道、凸显湖州在长三角承东启西交通节点地位的关键。

二是支持湖州谋划建设杭州都市区北部和环太湖城际铁路。支持包括杭州至德清、杭州至安吉、海宁至桐乡和南浔、杭州至安吉北延至长兴等杭州都市区北部城际轨道交通环线项目；支持规划建设环太湖城际铁路，打造环太湖1小时交通圈。把湖州打造成连接杭州都市圈轨道交通网、环太湖城市圈轨道交通网的节点城市。

（四）统筹推进太湖保护与合理开发利用，推进跨区域合作，为创建先行区提供生态建设体制机制支撑

太湖源头在湖州，太湖水源有40%是湖州注入的，湖州市拥有64公里长的湖岸线和300平方公里太湖水域。但由于太湖流域涉及江浙两省，湖州对太湖保护开发利用还存在诸多制度障碍。建议省级层面统筹推进太湖保护与合理开发利用，并将这一事项纳入长三角区域合作机制。

一是与江苏省建立环太湖生态保护与开发建设的省级议事协调机制。组建太湖全域经济共同体，合理配置跨省域的太湖资源；开展太湖水上旅游航线研究，共建太湖

航道，推进建设环太湖生态文化旅游圈。

二是明确太湖开发利用权具体内涵及使用权的行业主管部门。 由于历史原因，整个太湖的管辖权归江苏省，根据江浙两省《联合勘定的行政区域界线协议书》，湖州境内沿太湖大堤约 4.48 平方公里水域所有权、300 平方公里水域的开发使用权属浙江省。但对这片水域开发使用权没有明确的有效机制。

三是建议省政府出面，在新一轮太湖岸线规划修编中争取更多话语权和主动权。 国家的太湖岸线规划每 10 年修编一次，2018 年启动最新一轮太湖岸线规划修编。建议省政府出面，在规划中真正落实南太湖 300 平方公里水域的保护与开发利用事项。

四是推进省级层面建立太湖流域内跨省市的生态补偿机制。 湖州提供了太湖大部分自然径流量，是太湖流域和长三角地区重要生态屏障，需要省级层面帮助推动建立太湖流域内跨省市（江苏、上海）的生态补偿机制。

（五）支持杭州国家自主创新示范区向湖州扩容，超常规补齐高教短板，为创建先行区提供科技人才支撑

支持推进杭州国家自主创新示范区、中国（杭州）跨境电子商务综合试验区扩容至湖州，推进杭州城西科创大走廊延伸至德清、安吉。支持湖州科技城建设，将其作为湖州绿色发展新动能的策源地、湖州"中国制造 2025"试点示范城市建设的创新中心。支持湖州引进国内外一流高校创办分校分院，建设一批示范性中外合作办学项目。

浙沪合作开发大、小洋山 [1]

开发建设洋山深水港区是国家的战略需要。新时期，深化洋山深水港区合作开发的国家战略意义更为显著而迫切。长江经济带和海上丝路建设亟须满足现代航运服务需要的深水港口泊位群和江海联运服务中心；上海自贸试验区和浙江自贸试验区建设亟须优化国际营商环境和培育国际商务集群；长三角世界级城市群建设亟须洋山深水港区的进一步合作共建来促进区域一体化。

1

本课题主执笔人王东祥，成文于 2017 年 7 月 5 日，原标题为《关于浙沪合作开发大小洋山促进舟山江海联运服务中心建设的函》。

一、大小洋山区域开发的战略定位和功能布局

（一）战略定位

大、小洋山区域和上海国际航运中心的核心港区——洋山深水港区紧密相连，是洋山深水港区的天然延伸，其开发的功能定位应该首先服从和服务于洋山深水港区的发展需要。由于长江经济带和"一带一路"倡议赋予洋山深水港区"龙眼"和"枢纽"的地位，因此，大小洋山区域开发应该起到强化"龙眼"和"枢纽"地位的作用。从国家战略利益出发，大小洋山区域开发的基本功能应定位为现代港航物流基地，具体功能一是国际集装箱江海联运，二是中转集拼和保税物流服务，三是现代航运综合配套服务基地。这样的定位，不仅有利于提高洋山港区和外高桥港区的泊位利用率和作业效率，降低长江流域和沿海的运输时间与作业成本；而且能够更好地实现长江经济带和"一带一路"的交汇融合，最大限度地满足国家的战略需要。

（二）功能布局

小洋山北侧一部分作为洋山保税港区天然延伸，应该纳入上海自贸试验区，重点

提供中转集拼、国际采购、保税物流、保税加工、保税展示、保税期货交割等增值服务。要把目前放在洋山保税港区陆域部分（芦潮港保税物流园区）的部分功能有序转移到小洋山北侧区域，避免因东海大桥交通拥堵造成资源配置不合理、产业集群难壮大、市场竞争力不强。

另一部分作为舟山江海联运服务中心提供国际集装箱江海联运服务的主体部分，规划建设小洋山北侧江海联运集装箱泊位和配套物流园区。这样，不仅有助于提高现洋山港区和外高桥港区泊位利用与作业效率，更有助于降低长江和沿海运输的时间与作业成本，更好实现长江经济带与海上丝绸之路两大战略实施的融合，服务于国家战略需要。

大洋山作为洋山深水港区的后期拓展区域，不仅深水岸线及航道资源十分宝贵，而且有较完善的商贸、人居功能基础和公共服务设施配套，应该满足洋山深水港区的未来发展需要，是洋山深水港区功能和江海联运服务中心功能的强化与拓展；具体功能布局可以在上海国际航运中心洋山深水港区新一轮总体规划中由浙沪双方共同明确。

二、浙沪合作开发大小洋山的模式创新

（一）洋山深水港区现有合作模式评价

洋山深水港区现有合作模式是根据《上海市浙江省联合建设洋山深水港区合作协议》及交通运输部《关于上海国际航运中心洋山深水港区港政和航政管理的意见》，在"行政隶属关系不变、属地财政税收不变、投资主体多元化不变、吸纳劳动力优惠政策不变"的原则基础上确定的。主要内容包括：一是洋山深水港区的港航行政管理由上海市负责履行，管理工作由上海市交通运输和港口管理局负责，范围为港区规划确定的已建和在建港区范围以及进出深水港区的航道和锚地等设施；二是洋山深水港区的口岸管理由上海市负责履行，管理工作由上海海关、上海市公安局、上海市工商行政管理局、上海检验检疫局和上海海事局等负责；三是洋山深水港区的各类规划编制主体是浙江省，考虑到洋山深水港区情况的特殊性，在与浙江省有关规划充分衔接的前提下，浙江省委托上海市编制洋山深水港区控制性详细规划，经浙江省有关单位审核同意后，分别纳入宁波—舟山港总体规划和上海港总体规划；四是洋山保税港区管委会由上海为主成立，舟山市和嵊泗县各派1人参加，代表浙江方利益；五是税收按照属地管理模式进行征收，相关规费按相关协议征收；六是协议明确该模式适用范围仅为洋山深水港区和附近海域共54.8平方公里内。小洋山北侧区域、大洋山区块和相关海域，均不在该范围内，适用何种开发模式尚需浙沪双方协商形成共识。

浙沪合作开发洋山深水港区，是我国统筹区域经济协调发展，实现上海国际航运

优势与浙江深水岸线优势互补，加快上海国际航运中心建设的成功实践，创造了跨省市区域港口建设管理新模式。但是，由于没有充分体现《上海市浙江省联合建设洋山深水港区合作协议》提出的"四个不变原则"（即行政隶属关系不变、属地财政税收不变、投资主体多元化不变、吸纳劳动力优惠政策不变），也存在依法行政管理不到位、投资主体有缺位、利益分配有缺陷、统计归属有争议等问题。

（二）创新合作模式的指导思想

浙沪合作开发大小洋山，深化洋山深水港区合作共建，是新时期浙江省和上海市推进国家长江经济带和"一带一路"倡议的举措，也是促进上海自贸区和浙江自贸区、上海国际航运中心和舟山江海联运服务中心、上海浦东新区和浙江舟山群岛新区协调建设的重要举措。我们要在认真贯彻实施长三角区域规划、长江经济带建设指导意见、上海国际航运中心上海自贸区和浙江自贸区方案、浙江海洋"两区"规划的基础上，主动结合浙沪合作与长三角区域合作一体化，创新合作模式，加快合作共建方案协商、研究与论证。

浙沪合作开发大小洋山，要按照新时期的新要求积极创新合作模式，在指导思想上要牢固树立以下主要观点：合作开发大小洋山的模式创新，要坚持政府主导、市场化运作，遵循"统一规划、合作建设、专业运营、利益共享"的原则，通过新一轮合作开发，积极促进长江经济带战略和"一带一路"倡议的融合互促；加快上海国际航运中心和舟山江海联运服务中心、上海自贸区和浙江自贸区、上海浦东新区和浙江舟山群岛新区协调建设；同时，进一步推进浙沪紧密合作和长三角区域合作。

（三）研究推荐的新合作方案

浙沪合作开发大、小洋山区域，要继承原有合作模式的经验和优点，纠正原有合作模式的问题和不足，在坚持"四个不变"（坚持行政隶属关系不变，属地财政税收不变，投资主体多元化不变，吸纳劳动力优惠政策不变）、"三个统一"（坚持小洋山港政航政口岸管理统一，港区管理运营模式统一，洋山保税港区扩区规划建设统一）基础上，充分发挥市场主体的作用，以资本为纽带，通过浙沪双方国资集体资本渗透、交叉持股，积极探索新的合作开发模式，实现大小洋山港区"开发、投资、经营、管理"一体化，提高行政管理效率和市场化经营水平。课题组提出以下方案，供领导决策参考。

该方案的核心是先合作开发小洋山北侧；双方国资集体互相参股小洋山南侧已开发形成的存量资产和小洋山北侧将要开发形成的增量资产；待小洋山开发完成后，再开发大洋山区域。

该方案的主要内容：一是将小洋山岛和附近海域作为一个整体。即将小洋山南侧一至四期码头现有资产和小洋山北侧的岸线、滩涂、海域等资源统一整合，作为一个整体进行合作开发。

二是以资产为纽带，双方国资集团互相参股。按照以资本为纽带、企业为主体、股权合作、互相参股的方式，由上海港务集团和浙江省海港集团共同组织对小洋山南北两侧进行整体开发经营。浙江省海港集团持有小洋山南侧一至四期码头公司三分之一左右股权；作为对价，上海港务集团参与宁波舟山港股份有限公司的定向增发。浙江省海港集团和上海港务集团共同组建小洋山北侧开发公司，由上海港务集团绝对控股，浙江省海港集团持有三分之一左右股权，并依法注册在舟山市。

三是支持将洋山港区四期工程纳入洋山保税港区范围。在双方对洋山保税港区扩区方案及相关事项达成一致的基础上，浙江省和上海市共同向国务院上报洋山保税港区扩区请示。扩区后，小洋山区域内的税收征管权仍属于浙江省，为方便洋山保税港区运营管理，浙江省可以委托上海对税收进行统一征管，上海市须确保浙江省应得的税收、规费和相关利益。

四是在小洋山北侧开发完成之后适时开发大洋山，大洋山区块的合作开发应该充分借鉴小洋山合作开发的经验，同时考虑：一要把大洋山区块建设成为"现代航运服务特色小镇"；二要服务上海外高桥港区功能疏解和布局调整。具体的合作开发模式可以与时俱进进一步创新。

三、合作修编上海国际航运中心洋山深水港区总体规划

建议在浙沪合作开发小洋山北侧之前，以浙江省为规划主体，与上海市合作修编上海国际航运中心洋山深水港区总体规划，进一步明确小洋山北侧和大洋山区块的功能定位、空间布局和开发建设方案，协调好东海第二大桥、舟山北上大通道和港区集疏运体系建设的关系，报交通部审批后实施。

四、积极争取国家层面的大力支持

大小洋山区域的深度开发既需要浙沪两地的通力合作，也需要国家层面的大力支持。建议国家有关部门全力完善大小洋山港区的配套和产业供给体系，在交通枢纽、码头泊位、航道疏浚、锚地整治、防浪堤坝、口岸联检、信息系统等配套设施建设上要给予资金支持；在国际海事服务、港航物流服务、航运金融服务、临港新兴业态等产业发展上要给予政策扶持；要积极引导大型江海联运物流机构、现代航运服务机构以及相关港航企业到大小洋山区域投资落户，充分发挥上海和浙江两个自贸区在大小洋山建设上的政策效应，最大限度地释放国家战略的政策红利。

舟山群岛新区建设"五策"[1]

一、编制真正的"多规合一"规划

一是注重陆海联动发展。把海岛资源与海洋资源有机结合起来，实现陆海产业联动发展、基础设施联动建设、资源要素联动配置。

二是强化规划的约束性。要明确限制、禁止发展的领域和范围，制定产业和项目准入目录和清单，规定总量控制和单耗标准，通过规划进一步规范和管理发展。

三是规划一定要留白。不能把所有空间都填满，要给今后新技术、新产业、新项目、新业态的发展留有空间，为未来新生事物成长留有余地。

四是推进"数字规划"建设。按照数字化转型的要求，充分运用现代科学技术，采用大数据、云计算、3S技术、系统工程、人工智能等技术和手段，提高规划编制的科学性和可行性，加强规划实施的监控和管理。

1   本报告主执笔人周丹，成文于2018年10月18日，原标题为《推进舟山群岛新区建设的若干建议》。

二、积极探索建立舟山自由贸易港

方案一：舟山全域建立自由贸易港。在舟山自由贸易试验区的基础上，充分发挥大宗商品港口仓储、加工转运、商贸交易的优势，加快推进以油品全产业链为重点的大宗商品投资便利化和贸易自由化，逐步发展国际农副产品加工、国际医疗旅游、海洋工程装备、海洋生物医药等领域，努力打造面向环太平洋经济圈的桥头堡。

方案二：与上海合作共建自由贸易港。以联动建设上海自由贸易试验区和舟山自由贸易试验区为着力点，进一步推进浙沪小洋山区域合作，加快推动小洋山总体规划编制和大洋山合作开发，共同形成小洋山北侧开发方案；共同组建长江集装箱运输公司，合力打造亚太重要国际门户、全球大宗国际商品贸易和资源配置中心。

三、坚决守住生态环境保护底线

一要建立资源环境承载能力监测预警机制，包括对区域水资源、土地资源、环境、生态、海域等承载力进行测算评估，确定产业规模、环境容量和游客保有量等，明确发展的"天花板"。

二要建立产业准入负面清单制度，制定禁止和限制进入的产业目录，严禁新发展高能耗、高污染、高排放的低端制造业，推动现有传统产业向智能化、绿色化和服务型转变。

三要根据自然生态系统整体性、系统性及其内在规律，划定生态保护红线、围填海控制线、海洋生物资源保护线，实施重要生态系统保护和修复工程，构建生态廊道和生物多样性保护网络。

四要坚持以海定陆的原则，建立重点海域入海污染物总量控制制度，开展海洋生态系统碳汇试点，切实保护好自然海岸线、滨海湿地和传统渔场，不断改善海岛和海洋生态环境。

四、切实做好海岛旅游业这篇大文章

一是佛教文化旅游方面要着重做好"静"的文章。以打造世界一流的佛教文化旅游胜地为目标，以建设观音文化信仰中心、观音文化研究中心、修身养性体验中心、佛教禅修文化中心、佛教僧才培养中心为载体，进一步深挖佛教文化内涵，大力发展精品禅修、养生、研学以及琴、棋、书、画、诗、酒、茶、道等高雅文化产品，不断提升"海天佛国"的品牌效应和影响力。佛教文化设施建设，也要与时俱进地创新和提升，运用先进的现代科技，采用数字化的手段和电、光、声相结合的方式，提高文化内涵和观赏性。

二是海岛海洋旅游方面要着重做好"动"的文章。以打造国际一流的文化旅游岛、国际海岛旅游样板岛、国际邮轮母港、国内游艇及海上运动基地、长三角地区海洋度假和健康养生中心为目标，大力发展邮轮、游艇、帆船、游船、房车、水上飞机、海洋运动等新项目新业态，推出一批环岛绿道、滨海骑游、海岛登山、渔港巡游等精品线路，增加游客的参与度和运动量。同时，充分发挥舟山港口、石化、航空、生态农业等大平台大项目的优势，积极发展海港旅游、工业旅游和生态农业旅游，进一步提升全域旅游的层次和水平。

五、把人才作为新区发展的第一资源

一是遵循区域发展与人才工作的客观规律。根据舟山群岛新区发展的阶段性特点，分析预测人才需求的总量、结构和时序，面向绿色石化、船舶海工、海洋生物和海洋电子等重点产业领域的高层次科技创新人才，面向石油化工、航空制造、贸易物流等重点行业领域的高层次经营管理人才，面向涉海类高端制造、生命健康、电子信息等新兴产业和海洋旅游、文化创意、跨境电商等新兴业态的高层次海洋创业人才，制定人才工作中长期规划、年度计划和实施方案。

二是在创新人才工作体制机制上有所突破。坚持人才是第一资源的理念，在人才培养、引进、使用上大胆创新，努力让各类人才在海岛引得进、留得住、用得好。建立完善柔性共享人才机制，实行"市场选聘、契约管理、协议薪酬"的市场化管理。创新实施"组团引育、统筹使用"模式。探索以"飞地"模式在异地建立引才园区平台。创新"候鸟型"人才引进和使用机制，允许国企、事业单位的专业技术和管理人才按规定在新区兼职兼薪、按劳取酬。

三是构建人才"留得住"的生态圈。加快基础设施建设，提高公共服务水平，改善生态环境，打造创业创新、宜居宜业的优质生活岛。借鉴上海自贸区的做法，探索放宽外资人才中介机构准入，鼓励引进境外优质教育资源。对高端人才在购房、社保、就医、子女入学、车辆上牌等方面给予优惠待遇，进一步营造"重才、爱才、引才、育才、用才"的良好氛围。

协同与集聚：湾区经济发展的国际借鉴[1]

湾区经济是世界经济版图上的突出亮点，旧金山湾区、纽约湾区、东京湾区等著名湾区经济具有开放的经济结构、高效的配置能力、便捷的交通系统、超强的创新能力、宜居的生活环境、包容的文化氛围、强大的集聚功能和广泛的外溢效应，成为所在国家乃至世界范围内的主要经济增长极。借鉴国际一流湾区经验，对我省加快湾区经济发展提出以下几点建议：

1

本报告主执笔人舒蛟靖、阎逸、徐志宏，成文于 2017 年 4 月 7 日，原标题为《借鉴国际一流湾区建设经验加快浙江湾区经济发展》。

一、科学规划，合理引导港口、产业、城市协同发展

20 世纪 70 年代以来，东京湾区通过合理规划，优化资源配置，明确城市功能定位，大力发展创新经济和服务经济，培育知识密集和高附加值产业，三菱、丰田、索尼等一大批世界五百强企业总部都位于此地，经济总量占全国的 1/3。除首都东京外，横滨市承担湾区贸易中心功能，千叶县重点发展空港经济、国际物流，茨城集聚大学和科研机构，重点发展信息产业。借鉴东京湾区发展经验，结合浙江省级空间规划和"多规合一"试点工作，以杭州湾区为试点，对六大湾区发展进行统筹规划，科学划定湾区地理范围，促进陆海协同发展，有效引导区域内的城市分工、港口发展和产业布局。总体而言，杭州湾重点推进杭甬两大都市区与空港、海港、产业等联动发展，成为我省信息、技术、创新、金融等高端要素集聚的主平台，参与亚太乃至全球竞争的核心区域。台州湾、瓯江口重点促进临港产业与城市的互动发展，建设现代化临港工业区。象山港、三门湾、乐清湾重点处理好保护与开发的关系，促进海洋旅游、清洁能源等产业协调发展。同时，建立湾区内城市之间扁平化发展协作机制，依托便捷的交通联系和发达的信息网络，分类引导各类城镇成为特色功能节点，融入都市区（城市群）一体化发展，形成错位发展、优势互补的产业结构和网络化的城镇体系，参与

更高水平的区域竞争与分工协作，提高湾区经济的区域竞争力和辐射带动能力。

二、打造优质生活圈，集聚创新资源和高端要素

湾区处于陆海交接地带，拥有怡人的自然环境与独特的空间特征，对高层次人才和创新要素产生强大吸引力，这也是湾区经济崛起的决定性因素之一。如：旧金山湾区依托优越的自然环境、人居环境和社会环境形成以科技创新为主导的湾区经济，聚集了苹果、谷歌、Facebook 等互联网巨头，奠定了全球创新中心的地位。要充分放大杭州成功举办 G20 峰会的后续效应，利用湾区各具特色的山海资源优势，结合"五水共治"推进湾区流域水质污染治理，海洋生态系统修复，汲取"海绵城市""绿色城市""智慧城市"等新理念，构筑生产空间集约高效、生活空间宜居适度、生态空间山清水秀的空间格局，打造优美宜居、特色各异的滨海城市环境，建设优质的湾区生活圈。以杭州湾区为重点，整合湾区内各城市的人才政策，积极争取国家级人才特区、海外高层次人才技术移民制度等试点实施，引进与培养一批国际一流科学家、科技领军人才和高层次创新团队。同时，结合杭州国家自主创新示范区建设，突出城西科创大走廊的创新极核功能和钱塘江金融港湾的金融支撑力，集聚高端创新资源、高端要素和高端产业，推动技术、产业、金融和商业模式创新跨界融合，成为上海全球创新中心的重要组成部分，打造具有全球影响力的互联网创新中心。

三、促进合作交流，实质性推进湾区一体化发展

通过高端要素组合形成规模效应和外溢效应，使湾区经济发展呈现多元互补和要素高度自由流动的特征。如：纽约湾区拥有美国最发达的综合交通系统，是世界金融的核心中枢，汇聚了150多个国家和地区的外籍居民，总人口达到6500万，占美国总人口的20%。借鉴纽约湾区发展经验。

一是优化湾区内外的交通组织。如杭州湾区重点完善以宁波舟山港为中心、江海河联运的综合交通体系，在两座跨海（湾区）大桥的基础上，分段建设宁波北仑—舟山—岱山—洋山港—上海的湾口大通道，构建高效便捷、内通外联的湾区交通网络。

二是建立湾区开放合作的新机制。如杭州湾区可借助中国（浙江）自由贸易试验区相继推出的负面清单管理、注册资本认缴登记等政策，推进投资便利化和贸易自由化，探索建立与国际接轨的经贸、法律、人才等各项制度，结合全面接轨上海示范区（嘉兴）建设，成为我省主动对接国家"一带一路"和长江经济带战略的核心区域。同时，湾区要积极营造博采众长、多元包容的文化氛围，通过"浙商回归"、加强与国际友城的合作、合办重大节庆活动等不同方式，促进国际文化的互通互融。

三是建立湾区协同开发的新机制。以对标国际通行规则为方向，打破体制机制障碍，在基础设施建设、金融、科技、中介服务、人员流动、环境治理、数据资源等领域，创新湾区内部合作发展机制和模式。如：省级层面可由省海港委牵头，采取股份制形式组建专业化公司，统一承担围填海工程、基础设施建设和环境保护等基础性开发任务。协商研究符合全局利益、风险共担、权责对等、互利共赢的湾区开发建设方案。

四是建立湾区一体化的政策共享机制。结合"最多跑一次"改革，协同推进湾区行政审批制度改革。逐步完善区域政策共享机制，如：探索整合湾区内各城市的社保、医疗、教育、民政等一体化进程，推进优质社会资源向整个区域延伸覆盖。

扎实推进小城镇环境整治 [1]

我省小城镇环境综合整治建设在较短的时间内取得了明显成效，显示了决策上的正确性和方向上的前瞻性。但调研中也发现，各地整治行动中也存在一些急需解决的问题和不足：一是整治工程资金投入大、筹措难的问题突出，二是整治对象多头管理和条块分割导致整治协调难的问题突出，三是整治建设中特色风情、特色

1

本课题主执笔人顾益康、胡豹，成文于 2017 年 8 月 16 日，原标题为《关于扎实推进我省小城镇环境综合整治的几点建议的函》。

产业和特色文化彰显不够的问题突出，四是街道社区环境管理与社会治理创新工作没能相应跟上的问题突出。建议：

一、要注重筹资融资机制的创新和资金的节约集约使用

针对当前遇到的政府融资难，整治资金筹措难的问题，要采取综合性措施来化解这一难题。一是创新金融机构的融资模式和金融产品。鉴于财政部 87 号文件规定，目前，要允许银行对以预算安排的财政专项补贴、补助作为还款来源的，继续予以信贷支持。同时，要允许银行对属于财政投入的政府建设工程，采用政府采购模式和 EPC 总承包运作的整治项目继续予以融资支持。支持省农业银行建立小城镇环境整治产业基金，鼓励保险公司投资小城镇整治项目，积极探索小城镇整治项目的租赁融资。二是可以将整治项目分为非经营性项目和经营性项目，根据项目的属性决定项目的投资主体、资金来源、权益归属和运营方式。政府应强化小城镇环境综合整治补助制度建设，积极挖掘土地整理等潜力，发挥资金引导的最大效益。三是充分调动社会资本参与小城镇整治的积极性，挖掘民间融资的潜力。积极推行 PPP 融资模式，科学设计PPP 项目审批流程，提高办事效率，促进私营企业、民营资本与政府的合作，增强融资活力。四是要坚持节约集约搞整治，集中有限财力优先用于解决整治环境脏乱差、治废治水治气等环保项目。根据融资难的实际，适当压缩整治投资规模，避免整治建

设上的讲气派，大手大脚，不切实际的过度负债来提高建设投入标准，要尽量少花钱多办事办实事。

二、要注重建立整治工作的省、市、县部门联动协作机制

鉴于小城镇环境综合整治的许多工程项目和任务都涉及到省、市各有关单位和企业，单靠县里的力量很难协调，我们建议省里要抓紧建立相关省属部门和企业的联动协作机制。尤其是目前普遍反映的小城镇杆线治理相关政策还没有明确，地方政府在实际推进过程中存在管理上和协调上的矛盾与压力，工作进展缓慢，整治可能难以达到相应的技术要求。建议省级相关部门出台水、电、通讯、广电等管线设施改建、移建统一的、自上而下的指导性政策意见，在资金承担、任务分解等方面明确各自职责。便于地方政府和杆线单位进行操作，推进杆线整治目标的全面落实。

三、要注重加强小城镇特色风貌打造和整治工程技术指导

在小城镇环境综合整治中，要注重借鉴特色小镇建设的成功经验，注重在整治中培育特色优势产业，彰显小城镇特色风貌，传承小城镇特色文化，充分挖掘小城镇文化基因，保护好小城镇的古街道、古民居、古建筑等历史文化遗产，打造有乡愁记忆的街区、有故事的小城镇。同时，为使小城镇整治工程又好又快推进，各地招标普遍采取 EPC 项目和 PPP 模式，但乡镇基层 EPC 项目人才储备不足和技术力量薄弱，施工建设管理经验缺乏。省市目前已组建相关专项行动的专家团队和技术服务团队介入，建议根据整治工作实际推进情况，开展相关业务培训、巡回工作指导，确保各地明确工作标准，少走弯路，多出精品。

四、要注重构建小城镇环境综合整治的长效管理体制

小城镇环境综合整治既是一项阶段性突击性任务，更是一项涉及治理能力和治理体系现代化的长期任务，要把小城镇环境综合整治与小城镇特色产业提升、环境质量生活质量提升、社会治理创新、基层自治组织作用发挥等工作紧密结合起来，联动推进小城镇生产方式、生活方式和社会治理方式转型，推进整治工作短期与长期、静态与动态、硬件与软件有机结合。配合整治工程的开展，切实做好群众宣传发动工作，提升居民素质，增进群众参与度。把"矛盾不上交、纠纷不出村、村民零上访"的新时期乡村治理先进理念，应用到小城镇的环境整治中去，把环境整治纳入街道社区治理体系当中，构建起自治、德治、法治"三位一体"的街道社区长效治理机制。

"积分制"嫁接"收费制" [1]

目前，嘉兴、余杭等地实行"互联网＋再生资源回收"模式，通过"市场机制＋政府购买服务"，成功地实现了固体废物分类资源化和生活垃圾减量化，推动了静脉产业的发展。这些成功案例说明，"互联网＋再生资源回收"模式完全可以实现固废的精细分类和充分回收利用，能否推广的关键是政府购买服务的能力。尽管

1 本报告主执笔人蓝蔚青，成文于 2018 年 8 月 16 日，原标题为《"积分制"嫁接"收费制"为垃圾分类增添动力》。

再生资源回收数量的增加和静脉产业链的完善，所增加的经济效益可以冲抵部分财政补贴，对于公共财政来说仍是不小的负担。建议：

第一，制定生活垃圾处理收费的地方性法规，做到收费有据，收费标准受本地人大监督。同时加强宣传教育，使广大群众了解生活垃圾处理成本的构成，以及应该付费处理的理由。今后随着地方财政收支结构的调整特别是房产税的开征，可纳入房产税。

第二，固废回收处理实行市场化，由回收处理企业竞标取得经营权。

第三，根据试点小区和上门回收企业的大数据处理结果，计算出每人日均生活垃圾产生量，确定人均收费标准，以户为单位通过银行代收或纳入移动支付。缴纳情况纳入个人信用评估。

第四，把一切具有回收利用价值的固废纳入可回收物范围，实行定点或上门回收，称重积分，积分通过回收企业联网处理可以冲抵垃圾处理费，形成激励效应。

第五，对不可回收物统一按厨余垃圾（绿桶）和填埋焚烧垃圾（黄桶）分类，推广桐庐、金华等地的经验，把"可烂"和"不可烂"作为区分标准进行宣传，以便居民掌握。分类装袋记名，根据小区实际情况确定是按楼道投放还是小区相对集中投放，并建立相应的监督制度，不按要求分类且经教育不改者，由物业公司或居委会确定后提高收费档次。厨余垃圾集中进行工厂化生物燃气发电。

第六，对机关企事业单位加强监督，按生活垃圾数量和分类达标情况确定收费额。

第七，在农村完善推广三门县的农村垃圾分类处理模式，把垃圾分类收费处理全

覆盖作为美丽乡村建设的制度化要求。采用实名制垃圾投放和可溯源管理体系，建立县垃圾分类处理大数据平台，实行"一户一码一卡"制度，按人均垃圾产生量和每户人口确定交费标准，由村公共服务平台按月统一收取。村保洁员通过扫描二维码现场采集农户垃圾分类效果、可腐烂垃圾重量等信息并自动打分，相应积分打入农户账号，可冲抵家庭应缴纳的费用。县镇村管理人员可通过手机 APP 实时查看垃圾收集处置数据，进行动态化、可视化监管。可回收固废通过平台对接中标的回收企业，上门或定时定点回收，按量计算积分，可腐烂垃圾因地制宜就地加工利用。

第八，各级主管部门要通过对生活垃圾的大数据分析，掌握生活垃圾变化趋势和固废回收利用情况，及时采取措施解决突出问题，促进静脉产业健康发展。从近几年情况看，"限塑"成效不大，农贸市场、生鲜超市和便利店普遍缺乏"限塑"意识，塑料食品袋没有理想的取代物，加上网购和快递爆炸式增长带来的大量塑料包装材料，可能肮脏的塑料袋成为既不能回收利用，又难以降解的"污染物"，成为填埋焚烧的主要对象。急需在技术上着力解决用其他包装材料取代或加速降解以避免焚烧时产生二次污染的问题。

合力推进全域土地综合整治¹

全域土地综合整治是打造"千村示范、万村整治"工程升级版的关键之举，是推动农业农村现代化、拓展高质量发展新空间的重要途径，也是建设"诗画浙江"大花园的重要举措。嘉善县全域土地综合整治工作起步较早，成效明显，已走在全省前列。尤其在农业用地全域整治方面已积累了不少好的经验，形成了符合自身实际的整治模式。

1

本课题主执笔人夏阿国、胡剑锋、舒蛟靖，成文于2018年12月7日，原标题为《关于推进全域土地综合整治提高现代农业发展水平的函》。

一、嘉善县农业用地整治的做法与成效

近两年，嘉善县坚持"规划先行、政府引导、市场运作、农民自愿和价值提升"等原则，创新性地提出了"全域土地整治、全域农田流转和全域集中征迁"的"三全"综合改革，初步形成了"一保四化"的全域土地整治模式。所谓"一保"就是保耕地，"四化"是指结构优化、资源节化、产业美化和红利转化。

（一）嘉善县农业用地整治的基本做法

一是注重科学规划引领。开展全域土地综合整治时，嘉善县十分注重规划引领、多规合一，建立了"统筹性规划＋专项规划＋执行规划"的规划体系。统筹性规划，就是县级按照省、市的战略部署和任务目标，明确生态保护红线、永久基本农田红线，划定县域开发边界，以及落实空间用途管制要求；专项规划，就是以项目区域为单位，编制全域土地整治项目规划方案；执行规划则以项目实施为载体，编制村级土地利用规划。通过三级规划的编制，为全域土地综合整治提供工作依据。

二是探索土地整治方式。嘉善县在土地整治实践中，对原有道路、田埂、排灌体系等作出重新规划和改造建设，使土地碎片化问题得到了改善。同时，通过建设用地

复垦、宜耕土地开发、低效用地再开发等手段，将有关土地与周边优质耕地实行连片化整理，与永久基本农田一起进行集中连片保护，为推进高标准农田建设，打造"两区"升级版奠定了重要基础。

三是创新土地流转模式。以前农业用地流转是以农户的自发流转为主，流转土地规模小，收益较低。通过土地整治后，嘉善县鼓励农业用地集中流转，实行委托流转或整村流转。具体做法是：由村级组织负责引导村民将土地流转到村，并与村民签订土地流转合同。土地集中后，村级组织可直接对外招租，也可委托乡镇农业公司经营。乡镇农业公司利用流转土地有三种途径：一是发展本地特色农业产业；二是以招商形式引进新型农业主体；三是对外拍租种植粮食作物。

四是引育农业龙头企业。随着耕地连片化程度的提高，嘉善县积极引进浙江宜葆、嘉佑农业等行业领军企业，以及台湾玫兰园建设项目和荷兰现代农业科技园项目等，建立了嘉善宁远、嘉善尚品等6个农产品质量安全示范点。同时，积极培育提升龙头农业企业、家庭农场和农民专业合作社等。

（二）嘉善县农业用地整治的主要成效

一是土地集中连片，加快了土地流转进程。通过农业用地整治试点，2018年嘉善县新增50亩以上集中连片流转耕地2万亩。以大云镇为例，500亩以上连片农田达到14片，耕地图斑净减460个。其2017年10月打造的2500亩全域土地综合整治样板区，田块片数由256片整合为52片。截至2018年10月底，嘉善县累计流转土地面积22.33万亩，流转率达72.75%。其中，委托流转土地面积17.59万亩，占78.77%。

二是增加耕地面积，提升了基本农田质量。在集中连片的同时，耕地面积有效增加，像嘉善耕地资源较丰富的平原地区，一般通过整治后能增加20%以上，并且质量也得到提升。以大云镇为例，近两年全镇已净增高标准农田6253亩，耕地质量等级由5.9提升到5.0，还盘活了可用土地指标919亩。

三是建立农业平台，提高了现代农业水平。在实施全域土地整治过程中，嘉善县2018年新建成粮食高产示范区12个，提标改造粮食生产功能区7000亩，"万元千斤"模式推广面积2.5万亩，建设农业经济开发区1个等。目前，嘉善县已建成14个省级以上现代农业平台（园区），18.18万亩粮食生产功能区。全县25万亩晚稻已实现全程机械化和经营规模化，进一步巩固了嘉善作为全国粮食生产基地县和供沪农产品主要生产基地的地位。

四是拓宽收入渠道，形成了立体型农民增收体系。通过土地委托流转或整村流转，增加了农民的流转收益；农民参加土地承包龙头企业的生产或加工，可获得工资性收入；从事农村电商、农家乐、民宿等经营活动，则能扩大农民经营性收入，由此形成了一个立体型的农民增收体系。以干窑镇为例，2017 年全镇农民人均纯收入已高达 35002 元，比我省平均水平高出了 10000 多元。

五是增加收入来源，壮大了村级集体经济。嘉善县支持村级组织利用部分增加的耕地指标，通过指标交易收入和村所有的耕地面积流转收入，并进行物业异地投资的模式，大大增加了村组织的收入来源。2018 年嘉善全县 118 个村（社区）经常性收入将全部超过 100 万元，预计 2019 年全县村级经济总收入可达 1.45 亿元。

二、农村土地整治工作存在的主要问题和破解策略

（一）注重模式创新，确保农村土地整治中的农民权益体现

严格保护农户承包权。农村土地整治要在严格保护农户承包权的基础上优化"三权"分置办法，总结临安等 12 个农村土地承包经营权确权颁证试点经验，加快出台农村土地承包（流转）经营权证办理、抵押登记流程、自愿退出等办法，对农民土地承包经营权、流转经营权等权能做出明确界定。加快推进农村土地承包经营权颁证工作。贯彻落实中央二轮承包地到期后再延长 30 年的政策，加快推进承包地确权登记颁证工作，确保"地块到户、面积到户、四至到户、权证到户"，并充分发挥土地承包经营权证书的作用，融入土地征收、土地供应等相关管理环节，实现凭证征地、凭证补偿。强化承包地流转农户的利益保障。保证农户承包地基本收益的前提下，加强对工商资本投资实施情况全程监督，把握相关企业的经营范围、投资能力、技术资格、流转土地面积情况以及流转后的经营风险和吸纳农民就业情况，及时查处损害农户利益的企业，建立失信黑名单。发挥村集体经济对承包地流转农户的带动作用。结合我省开展"千企结千村、消灭薄弱村"专项行动，借力工商资本成立开发经营公司，通过资源变股权、资金变股金等市场化手段壮大集体经济，同时让农户分享更多的产业增值收益。

（二）强化规划引领，以"多规合一"统筹规划基本农田保护和农业用地功能的划分

确保农村土地整治与各类规划的有效衔接。以编制村土地利用规划为契机，在符合城乡规划、土地利用总体规划、乡村建设规划等基础上，结合永久基本农田划定，合理确定农业用地建设范围，推进集中连片整治，调整优化农田数量、质量和生态结构布局，努力达到生产、生态、生活融合发展。以农村土地整治推进高标准农田建设。借鉴山东省经验，以土地综合整治为契机，科学布局设计，选择一批区域面积大、土地流转率高的区域，结合美丽乡村、美丽农业和高标准农田建设要求，打破原有道路、田埂、排灌体系，进行重新规划改造建设高标准农田，真正做到基本农田"面积不减

少，质量不降低"。合理优化空间布局和功能定位。对人多地少、山区海岛地区等要实施全域性土地综合整治，充分挖掘集体建设用地、农民宅基地和农村三荒地的综合潜力，并结合土地利用现状和潜力调查，以及乡村特色、发展现状和功能定位等，合理划定农业用地功能分区，明确不同功能农业用地的整治方向，因地制宜探索多样化的土地整治模式和路径。

（三）增强统一认识，加快形成推进农村土地整治的强大合力

建立健全政府主导、部门协同、群众参与的工作机制。各级干部特别是涉农部门的干部要把此项工作作为乡村振兴的重要抓手、实现现代农业的龙头工程来抓，并充分把握"农民承包地产权长久不变、农保田任何时候不能动、农民承包地资源只能盈利不能亏损"三条原则。在建设用地规划选址、整治工程实施、土地权属调整、土地指标调剂和收益分配等直接涉及农民合法权益的事项，要建立健全农村民意反映、专家咨询、事项公示等制度，并以听证会等形式问需于民、问计于民，决不允许搞强迫，搞"被整治"。注重农村土地整治成果的示范作用。对嘉兴等地农业用地整治成果进行系统性总结，包括农户与农村集体经济组织之间的就业带动、保底分红、股份合作等多种合作收益模式，并充分发挥整治成果的示范作用，在条件成熟的地区加大复制推广力度。重视农村土地整治的宣传和引导工作。配合土地整治工程的开展，切实做好群众性宣传发动工作，加强对全域土地整治成功案例的宣传，充分发挥市场化运作，让农民切实感受到整治带来的实惠。

（四）加强要素保障，强化技术辅导和金融支持

进一步增强涉农部门和科研院所对农村土地整治的技术支持。坚持和完善科技特派员制度，鼓励浙江农科院、浙江大学、浙江农林大学等科研院所以派出科技特派员等方式为农村土地整治过程中的规划制定、生态保护、农技水利建设等方面提供技术支持。继续深化本省户籍就读农林类专业大中专学生实施免学费政策，鼓励引导大学毕业生从事现代农业。积极开展农村土地整治的巡回指导。借鉴我省小城镇综合整治经验，由省市组建相关专项行动的专家团队和技术服务团队，根据整治工作中的实际推进情况，尽可能地多开展相关业务培训，组织专家和技术人员到各地开展巡回工作指导，确保各地明确工作标准。探索 EPC、PPP 等多种整治模式。结合对民营经济的支持，进一步降低民营企业参与农村土地整治的门槛，借助民营企业的人才、资金和技术力量开展农村土地整治。鼓励金融部门参与农村土地整治。积极推广嘉兴土地整治信贷融资模式，引导金融机构以农村土地整治增减挂钩节余指标为质押的贷款，通

过节余指标质押，银行向企业法人发放贷款，用于农村土地综合整治工程。引导社会资本设立农业产业基金。要发挥财政资金"四两拨千斤"的撬动作用，鼓励以地方财政为引领，引导社会资本参与到乡村振兴战略中来，通过设立农业产业基金等多种形式，推动农村土地整治。积极探索根据农产品加工行业等有土地需求企业的要求，按照"谁受益、谁投资"原则，进行相应片区的土地整治，政府可通过收购耕地"占补平衡"指标给予投资企业补偿。

城市可持续发展的两个维度 [1]

当前，浙江城市化率已达到68%。按照国际一般规律，我省城市化进程将从规模扩张阶段向高质量发展阶段转变，从以中心城市辐射和带动周边城市为主的形态，向以中心城市为核心，城市间形成功能和产业分工互补、共生共荣的空间形态转变，更加注重城市发展的质量和城市之间协同发展的水平。

[1] 本报告主执笔人舒蛟靖、阎逸，成文于2018年3月20日，原标题为《我省城市可持续发展值得关注的两个问题》。

一、优化要素资源配置，提升城市综合承载力

近年来，我省城市建成区面积从2012年2293平方公里扩展到2016年2673平方公里，但城市土地利用相对粗放。相比较：韩国首尔仅605平方公里面积，集中了全国近五分之一的人口（981万），香港、新加坡等国际大都市的人口密度都超过每平方公里6000人，经济密度超过每平方公里2亿美元，高端要素集聚、交通井然有序、人居环境优美，而我省杭州市区（含萧山、余杭两区，不包括富阳、临安两区）3068平方公里的常住人口规模约600万，人口密度仅2000人/平方公里，却产生了严重的"城市病"。（见表1）

表1　2016年国内外部分城市人口密度和经济密度对比

	面积（平方公里）	人口（万）	人口密度（人/平方公里）	GDP（亿美元）	经济密度（亿美元/平方公里）
纽约	1214	854	7033	15000.6	12.4
香港	1104.4	738	6680	3209	2.9
新加坡	719.9	561	7889	2969.8	4.1
首尔	605	981	16201	3076.1	5.1
深圳	1997	1191	5964	3023.9	1.51
杭州市区	3068	664.35	2165	1481.3	0.48

注：表中汇率换算按照国家统计局公布的2016年中美平均汇率1:6.64计算。

（一）核心引领，提高都市区、城市群辐射能级

结合省级空间规划试点工作，着力提升中心城市辐射能级，有效引导四大都市区积极发挥创新、人才、信息、产业集聚的主平台作用，并通过义甬舟开放大通道、温台沿海产业带等高层级发展轴，促进要素充分自由流动，带动周边县区、特色小城市、卫星城镇的一体化、网络化发展，形成功能强大、集约发展的都市区、城市群，提升资源组合配置的效率效益；促进长三角南翼城市群全面参与上海全球城市区域建设，深度融入"一带一路"和长江经济带等国家战略，进一步增强我省参与全球产业分工的整体竞争优势。同时，强化四大都市区、城市群的人口、经济集聚效应，释放出新的耕地、林地和湿地面积，减少环境污染和资源消耗，促进我省可持续发展。

（二）优化结构，提高城市空间利用水平

结合新一轮城市总体规划编制试点，调整城市产业结构和空间布局，重点加快中心城市主城区功能转换，强化高端功能集聚，疏解一般功能，促进人口、产业、交通的"大疏散、小集中"，形成各具特色、功能互补的区域性多中心发展格局。同时，强化城市地下空间规划设计，推进地下空间新技术的开发应用，尽快制定关于城市地下空间开发的专门法律法规，明确各类地下空间的管理主体，推进多部门协调合作，创新地下空间运营管理模式。在山区、欠发达地区和生态敏感地区积极推行"小县大城"发展战略，探索实行城镇建设用地增加规模与吸纳农村人口进入城镇定居规模相挂钩的政策，提高空间利用效率。

（三）加强管理，提高城市整体运营效率

新加坡的路网密度仅 5.1 公里 / 平方公里（杭州、宁波分别为 5.68、6.26 公里 / 平方公里）但较少出现交通拥堵现象，原因在于城市较高的规划管理水平，提升了城市的整体运营效率。我省要结合"智慧城市"建设，利用信息技术管控、整合城市经济、社会、文化、生态等各类要素资源，如：通过智能交通、智能城管建设，促进路网建设从"重拓宽"向"重规划、重服务"转变，交通管理从"重监管"向"重服务、重引导"转变，超前研究无人驾驶等新技术对城市带来的影响，提高城市政府的管理和服务效能。同时，结合新一轮机构改革，优化城市管理体制和行政区划，深化执法体制改革，推进执法重心下移，提高城市管理能力。

二、完善公共服务供给，打造城市优质生活圈

近年来，我省高度重视城市公共服务发展，仅2016年城市公用设施建设固定资产投资就达1089亿元，但总体而言，城市公共服务对"自然"的因素考虑不够，如：与国际先进城市以及国内江苏、广东等省份比较，我省的城市人均绿地面积仍然偏低（见图1）。城市公共服务对"人"的关注不够。如：公共服务设施的便利性不高，对自由职业、远程就业、分时段就业等新就业人群的服务不够完善。城市公共服务的系统性还不强，如：城市地上地下空间缺乏统筹，暴雨来临很多城市仍有内涝问题等。

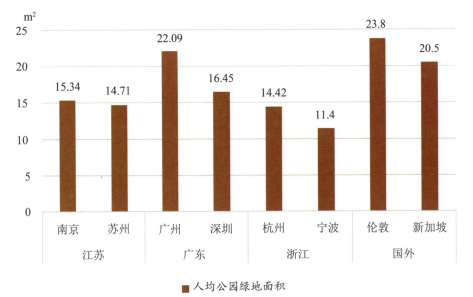

图1　2016年国内外部分城市人均公园绿地面积对比图

（一）生态改造，促进城市与自然融合发展

结合我省城市特点，积极推广"口袋"公园等经验做法，也可借鉴新加坡在城市规划中采用的"反规划"理论，对有敏感性或存在争议的城市空间，暂时以绿地的形式加以保护，合理增加城市绿化面积。围绕治理污染、修复生态、建设宜居环境等方面，紧紧抓住治理水污染、大气污染、土壤污染等关键领域，加强区域协作和系统治理，带动区域生态环境质量的全面改善。及时总结推广宁波、嘉兴等海绵城市试点的成功经验，各地抓紧编制一套适用于当地生态环境与经济状况的海绵城市建设规范和技术指南，解决城市的内涝问题。探索发展城市垂直农业，结合屋顶绿化鼓励制度，发展屋顶农场、阳台田园。

（二）以人为本，提升居民生活便利度

以深化"最多跑一次"改革为契机，进一步方便百姓办事的同时，提高市民对城市发展决策的参与度。针对城市人口的数量、素质、结构和分布变化，依托大数据、云计算等新一代信息技术，推进优质资源的均衡化分布，优化调整生活设施布局，打造优质生活服务圈。加大对灵活就业、新就业形态的支持，加快完善对新型灵活就业的社会保障制度和就业服务体系，积极维护新型灵活就业者合法权益。结合老龄化发展趋势，完善城市无障碍设施建设。

（三）统筹协调，增强公共服务系统化

结合新一轮机构改革和"多规合一"试点推广工作，综合考虑城市功能定位、文化特色、建设管理等多种因素，统筹经济、社会、生态融合发展，实现城市公共服务建设"一本规划管到底"。统筹构建基础设施、终身教育、就业服务、社会保障、基本医疗卫生、住房保障等公共服务体系功能。统筹城市地上地下功能设施配置，促进地上地下功能、规模、空间层次、布局形态、资源条件与安全防护有机结合；推动地下空间开发利用与"三改一拆"、交通治堵、海绵城市建设等工作结合。统筹推进城市地下综合管网建设，统筹各类市政管线规划、建设和管理，解决反复开挖路面、架空线网密集、管线事故频发等问题。

创新重点生态功能区体制机制 [1]

推进重点生态功能区建设，是国家层面从战略高度提出的推动生态文明建设和绿色发展、改善环境质量的新要求、新目标、新措施，其战略意义和重要性不言而喻。调研发现，我省国家重点生态功能区在建设过程中也面临着不少问题和困难：一是领导干部的思想认识有待提高，二是生态功能区建设资金缺口较大，三是生态功能区农民收入普遍低下，四是生态功能区缺乏人才智力技术支撑，五是生态监管能力与手段有待加强，六是生态功能区绩效考核制度亟待完善。建议：

1 本课题主执笔人顾益康、胡剑锋，成文于 2017 年 12 月 29 日，原标题为《关于推进我省重点生态功能区体制机制创新的若干建议的函》。

一、提高认识统一部署，强化全省一盘棋理念

重点生态功能区建设是一个系统工程，需要有关部门通力合作、上下互动、统一部署、形成合力。在当前形势下要特别强调全省一盘棋的理念，坚决摒弃本位主义、各自为政的思想。首先，各级领导干部要加强对重点生态功能区建设的认识，从战略高度来思考这一千秋大计，省里发改委、财政、水利、交通、国土、农办、农业厅、林业厅、环保等相关部门都要从全省生态保护与建设的大局出发，树立支持生态功能区保护发展是各个部门、地区应有责任和义务的意识，积极支持重点生态功能区的县、市的生态建设保护和绿色发展。其次，要注重系统谋划，加强统筹协调，建议制定一项省级层面的重点生态功能区建设规划。此外，要利用《立法法》赋予的权力，抓紧研究重点生态功能区建设的地方立法问题，确保这项工作的规范化和制度化。总之，要以重点生态功能区为抓手，全面推进我省生态文明建设。

二、增强自我发展能力，探索优势后发新路子

国家重点生态功能区作为限制开发区，其主体功能是保护和修复生态环境、提供生态产品。但不能一说保护就不开发了，一开发就不保护了。在坚持保护优先、合理开发的前提下，按照走优势后发的绿色跨越新路的要求，增强重点生态功能区的自我发展能力。

一方面，要按照习近平总书记"绿水青山就是金山银山"的绿色发展理念，致力于把生态功能区的生态环境优势转化为生态农业、生态工业、生态旅游等生态经济的优势，把生态环境与美丽经济结合，培育成为重点生态功能区的富民强县的经济支撑，走出一条绿水青山就是金山银山的绿色发展生态富民之路。让老百姓真正尝到生态功能区建设的甜头，更加自发自觉地保护环境、发展经济。

另一方面，省政府有关部门要针对重点生态功能区的发展短板，给予全面而有效的支持。按照省委省政府提出的"四个优先"（基础设施优先、教育培训优先、内聚外迁优先、生态经济优先）方针，加大投资建设和支持力度，进一步增强国家重点生态功能区的自我发展能力，不断推进其生态移民和新型城镇化；通过绿色认证提高生态产品的附加值，把养老、健康产业融入乡村旅游等等。要让生态资源变资产，让资金变股金，让农民变股东，让更多的绿水青山变成金山银山。

三、利用市场力量，创新多元化生态补偿机制

重点生态功能区建设具有投入高、周期长、见效慢的特点，因此中央和省级财政应该不断加大投入力度。同时，也要借助市场力量，积极探索多元化的生态补偿机制。基于浙江省重点生态功能区均为水源涵养型，可探索公益林横向生态补偿机制、流域上下游水源质量生态补偿机制和碳汇交易制度等。

在公益林横向生态补偿方面，广东的一些做法值得我省借鉴。目前广东省省级财政对公益林的补偿标准还低于我省，但它要求各地市按1∶1进行配套，并建立起每年递增机制。更重要的是，广东省大力鼓励各地开展公益林横向生态补偿。通过横向补偿，中山市的公益林补偿标准已从2014年的44元/亩，提高到2015年的80元/亩；广州市的平均标准更是高达100元以上/亩，其中Ⅰ级补偿标准为150元/亩，Ⅱ级100元/亩，Ⅲ级80元/亩。这些补偿资金除去25%为管护经费外，其他75%直接补偿给林业所有者，农民收入有了明显增长。

需要说明的是，浙江省与广东省的财政管理体制不同，在具体做法上不能照搬照抄。如果浙江省采取以县（市、区）为基本单位实行公益林横向生态补偿，就不能简单

地以公益林比率为依据，而应测算各地的公益林生态价值。经测算，我省现有89个县级行政区中，除去6个海岛县，大体有32个为受偿区，51个为支付区。只要补偿标准适中，支付区的财政压力总体不大，而11个国家重点生态功能区的收益却非常明显。

四、集中资源和力量，建立技术人才支撑机制

鉴于重点生态功能区普遍缺乏人才、智力、技术支撑的现状，要重视和鼓励高校、科研机构以及其他社会力量，参与到国家重点生态功能区的建设中来。要鼓励大学毕业生到国家重点生态功能区工作。基于目前现状，可以优先考虑抓好以下几个方面的工作：

一是以大型数据库和地理信息系统软件为基础，建立国家重点生态功能区基础数据库，将分散、海量、多源、异构数据进行高效存储与管理，以确保重点生态功能区生态保护与恢复的科学决策和监督管理。

二是通过建立重点生态功能区的生态红线划定技术规范、生态恢复规划技术规范、差异化生态环境质量评估技术规范等相关规范指南，加强对重点生态功能区的工作指导和帮助。

三是利用现代信息技术，研发基于国产高空间分辨率卫星遥感数据的快速获取生态系统类型及其变化技术；基于空间分析技术的生态系统植物群落优势物种和关键物种、退化标志物种以及外来物种的空间定位技术；基于空间分析方法的生态环境要素空间分布的快速调查技术等，加强国家重点生态功能区的生态环境监测。

此外，还要建立水资源、土地资源、气候资源和生物资源高效利用技术体系；研发适宜我省重点生态功能区的生态保护和恢复治理技术；开展增汇林业和资源高效利用的生态农业发展模式研究，等等。

五、深化体制改革，完善生态监管机构和体系

针对当前生态监管工作涉及部门多、职能交叉重叠、监测力量分散、环境执法多头等问题，遵照十九大报告要求，要设立一个层次比较高、职能比较综合的新机构（国有自然资源资产管理和自然生态监管机构），实行三个"统一行使"。但如何整合原有的监管职能，如何厘清与其他机构的管理边界等，目前中央尚无成熟方案。为此，建议省政府尽快组织专家和有关人员，就这一机构的设立从理论和操作两个层面开展研究。根据自然资源所有者和监管者分开，生态系统经营权和监管权分开等原则，探索一种高效有序的生态监管体制，为贯彻落实我国生态文明体制改革的顶层设计和战略

构想提供一个具有科学性和可操作性的浙江方案。

其次，目前我国重点生态功能区建设，基本延续了原有的行政管理体制，即以县（市、区）为基本单位，采取条块结合的管理方式。这种套用原有体制的好处是主体明确，处理简便，但原有的行政管理体制是经济管理部门过多，而生态监管机构和人员严重不足，不能适应重点生态功能区建设需求。为此，建议省政府有关部门准许重点生态功能区根据自身实际，对下属部门和人员编制作出适当的调整。

此外，我省的一些重点生态功能区是紧密相连的，尤其是浙南山地丘陵重点生态功能区。它们之间生态治理既有共性，也相互影响，可以借鉴经济带的做法，设立跨区域的国家重点生态功能区管理协调机构。

高水平推进我省全域旅游发展[1]

一、需要进一步加强全域旅游规划工作，提升规划引领作用

我省以往的旅游规划以旅游吸引物为核心，以旅游功能区划和业态布局为主线。在全域旅游思维下，旅游规划涉及全区域旅游便利体系的构建、全区域旅游空间形态的构建、全区域旅游供应链的构建、全区域旅游社会管理体系的构建，是从"围景建区、设门收票"向"区景一体、产业一体"转变。因此，发展全域旅游要求突破传统旅游规划与城乡规划的藩篱，从全域旅游发展的

1　本报告由决策咨询研究中心、浙江工商大学旅游与城乡规划学院执笔，成文于 2017 年 7 月 12 日，原标题为《高水平推进浙江全域旅游发展的五点建议》。

理念出发，重新思考旅游规划的重点与内容。全域旅游下的旅游规划就是保护利用好生态、培育好业态、形成活态的完美结合，是生态、生产、生活、生命、生意的结合。

二、需要进一步完善公共服务体系，形成全面覆盖的服务网络

"全域、全时、全面、全民"是全域旅游理念下旅游服务体系的突出特点。发展全域旅游要求构建完善的旅游服务网络，实现旅游服务品质的全面提升和旅游休闲基础设施的全面覆盖。旅游交通系统、车辆租赁系统、旅游标识系统、旅游代理系统、旅游公共服务系统、城乡居民休闲服务系统要相互配合、形成体系，实现"主客共享"状态下旅游休闲全过程服务系统的一体化、网络化。这些不仅涉及旅游硬件建设的问题，更涉及服务品质与配套政策等软件建设问题。

三、需要进一步强化地方全域旅游特色，形成省域特色鲜明的品牌体系

高水平推进全域旅游发展要求构建鲜明的主题特色。只有特色突出、品牌鲜明，才能构建区域竞争优势和持续发展的基石。旅游吸引物是旅游产业发展永恒的核心，是旅游市场竞争力的源泉。因此，发展全域旅游绝不能否定景区景点，相反，更要重视作为核心吸引物的景区景点的建设质量。与此相对应，全域旅游发展不能忽略旅游特色品牌的打造。全省各地应从实际出发探索各具特色的发展路径，探索针对性举措。百花齐放、丰富多彩是全域旅游的基础所在，特色鲜明、主题突出是全域旅游的魅力所在。

四、需要进一步整合优化旅游资源，形成绿色健康的发展格局

全域旅游的"全域"是指景观全域、产业全域、治理全域、服务全域，强调的是产业整合的无缝化、资源共享的无界化，而不是全区域大拆大建开发旅游项目。全域旅游本质上要求旅游发展与资源环境承载能力相适应，强调旅游发展与城乡建设、民生建设相结合。不顾资源环境、社会经济承载力全域发展旅游，会导致以"全域"之名重复建设、破坏环境的不良后果。在整合旅游资源绿色发展方面，建议以"全域旅游中央处理器"模式统筹区域旅游服务功能，降低服务成本，形成区域内分工、合作、统筹的集约化发展格局，提高我省全域旅游发展的效率与品质。

五、进一步加大体制机制的创新力度，创造我省发展全域旅游的体制机制新优势

我省应先行先试，尽快构建与全域旅游战略配套的行政、财政、投资、产业、土地、环保等制度机制，形成协调有效、运转高效的管理体制支撑。建议全省各地党政统筹，推进全域旅游发展的政策和扶持机制创新；从土地、税收、投融资等方面为全域旅游发展提供系统支持；建议对全域旅游基础设施和公共服务投入专项资金，整合交通运输、城镇化、水农渔林、生态保护治理、旅游、乡村文化建设、养生养老等方面的财政资金；建议创新投融资模式，破解全域旅游的投资和持续运营问题，支持开发旅游消费信贷产品，成立消费金融公司，发展互联网金融，引导金融机构加大对全域旅游项目的资金支持。

督查高压下推动环保升级 [1]

环保执法抽紧，中央环保督查所到之处风声鹤唳，违法者闻风丧胆，环境损害直接受害者和老百姓拍手称快，尤其值得称赞的是让那些靠牺牲环境换取企业或个人利益者断了念想。

[1] 本报告主执笔人赵伟，成文于2017年9月13日，原标题为《借助中央环保督查推动中小企业环保升级的对策建议》。

一、三个问题暴露

问题一：跟着举报走，疲于应付。面对中央环保督查，不少基层政府完全跟着督察组转来的举报走，举报哪家关哪家，举报哪片关哪片。而有些举报夸大其辞，真假参半，误导行政执法，既浪费了行政资源，又干扰了正常的生产活动。

问题二：执法简单化，关停当头。多数地方部门，拿到中央督查转来的环境举报，第一举措便是关停，也不给出整改时间和具体整改要求。

问题三：掩盖问题，应付督查。少数基层部门，听到督查风声，提前将一些有环保问题的企业关停，意在掩盖问题真相，蒙混过关，待督促组一走有可能死灰复燃。

二、三个负面效应

一是违法企业突然停产甚至"突然死亡"的合同违约效应。此次环保整治的企业多为中小民营企业，系我省最具活力和创新潜力的企业群体，多数企业财务状况原本就比较脆弱，目前尚未完全从早几年"跑路潮"引发的债务链条中解脱出来，企业按照合同订货生产，一遇执法停产，立马导致合同违约，进而引出链条式合同违约。而链条式合同违约有可能引发链条式财务风险，金融债务风险。

二是产业链效应。在价值链产品链贸易时代，几乎所有企业所从事的制造或加工活动，都属于产业链的不同环节，一家企业因环保举报而突然停产，不仅会影响上下游企业的供货，而且可能危及整个产业链关联企业的正常生产与经营活动，严重的可能导致整个产业链停摆。据了解，目前环保执法叫停的电镀、油漆、铸造等环节，已经导致部分地区下游机械汽修等行业的部分企业停产或半停产。

三是行业中间品市场供求失衡，形成成本价格上涨效应。环保执法关停重灾行业具有某种共性，多集中在零部件加工与原材料粗加工行业，此类行业企业的大面积整治，正在导致全行业产出收缩，产品供应减少，导致价格飙升。目前区域性影响较突出的行业，包括铸造、电镀、喷漆，纸浆等行业。环保整治的市场效应正在显现，其中铸造毛坯件行业企业的大面积关停，导致此类产品供求突然失衡，我省许多下游企业不得不从台湾进口，价格比本地产贵40%以上，且还抢不到货。而造纸行业环保整治的抽紧，正在导致纸浆与纸制品供求失衡因而价格暴涨，其中包装纸价格上涨直接推动物流行业的成本上涨，间接推动依赖纸箱包转产品价格的上涨。

三、五个对策建议

建议一：统一认识，把中央环境督查作为一种长期环境治理压力机制，纳入地方各级政府促产业转型升级的总体战略之中，构建长效机制。企业必须深刻认识：环保执法严厉化是大势所趋，执法将会越来越严，弹性会越来越小，以往靠忽视甚至牺牲环境为代价的发展难以为续。转型升级是必然途径。

建议二：地方各级政府应立即行动起来，在环保执法方面变被动为主动。可分两步推进：第一步，在落实中央环保督查精神行动中主动出击，自查企业环保问题，提出预警；第二步，企业与政府主管部门联手提出整治实施方案，规定整治期限，同时地方政府予以财政金融支持。为此需分级成立领导小组，落实负责人，制定奖罚政策。

建议三：成立环保执法关停企业处理对策办公室，针对行业企业具体情形提出整改方案。主要有三种情形：一是无法升级须彻底关停的企业；二是经过整改可望达标企业，但整改需要时间和投入；三是对地区下游产业具有重大影响的行业和企业。按照上述三种情形分类处置，提出具体整改方案。

建议四：设立环保升级专项基金，对那些有望经过改造提升环保能力的企业和产业，经专家评估后予以专项经费支持。可将环保罚款作为此项基金的主要经费来源之一。

建议五：成立政学企三结合专家组，设立专门课题，对全省环保督查以来关闭企业的上述负面效应进行分析与评估，提出借助环境督查整治促进产业升级的对策方案。

浙沪合作的新思路 [1]

新时期，加强浙沪合作要提高站位，"更上一层楼"，站在国家战略定位和国家整体利益的高度，明确主动接轨上海、加强浙沪合作的新思路，把首先满足上海的需要和关切，配合上海加快五个中心和国际大都市建设放在首位。

1

本报告主执笔人王东祥，成文于 2019 年 2 月 28 日，原标题为《加强浙沪合作的新思路和重点》。

上海在加快"五个中心"和国际大都市建设过程中，与浙江关系最紧密。国际航运中心建设、国际大都市建设和争取设立自由贸易港都离不开与浙江的合作与配合。建议：

一、合作开发大小洋山

洋山港区既是上海港的核心港区，也是宁波舟山港的主要港区。洋山港区在地域上属于我省舟山市嵊泗县洋山镇，包括小洋山、大洋山等岛屿。2019 年 2 月 19 日，浙江海港集团和上海港务集团签署了小洋山综合开发合作协议。要以此为新起点，推进大小洋山（洋山港区）全域一体化开发建设。近期浙江和上海要合作编制大小洋山全域一体化开发建设规划，并相应调整洋山港区规划。要在科学规划的基础上团结协作，共同推进小洋山北侧开发、江海联运服务中心和洋山国际航运特色小镇建设。

二、合作建设上海国际大都市

上海正在组织编制上海国际大都市总体规划，已考虑将我省的嘉兴、湖州、宁波、舟山四市列入大都市范围。上海国际大都市是长三角城市群的核心，我们要从全面落实长三角一体化发展国家战略出发，大力支持和配合上海国际大都市建设，把上海国际大都市总体规划作为杭州都市区规划和宁波都市区规划的上位层级规划，主动做好规划衔接。嘉兴、湖州、宁波、舟山四市要全力配合上海市，积极融入上海国际大都市。同时，建议以杭州都市区、宁波都市区为"双极"，加快建设环杭州湾城市群，把环杭州湾城市群打造成上海国际大都市的"金南翼"。

三、合作争取设立自由贸易港

自由贸易港是自由贸易试验区的升级版。上海自由贸易试验区和浙江自由贸易试验区都有探索建设自由贸易港区的提法。这两个自贸试验区虽然分属上海市和浙江省，但是在地域上是相连的，其中洋山港区是双方重叠的；在类型上是相同的，都是依托港口建设的，而且上海港和宁波舟山港都属于上海国际航运中心组合港；在功能上是相似的，均围绕航运、物流、贸易和投资自由化便利化。建议浙江省主动与上海市协商，双方联合向国家申报设立自由贸易港。自由贸易港以洋山港区为主体，包括周边相关港区（如外高桥港区、衢山港区、梅山港区等），名称可叫"上海国际航运中心自由贸易港"。自由贸易港由浙沪合作，共同申报，获批的可能性很大。如能实现，将为长三角提供一个应对国际贸易新格局的、高水平对外开发的新平台，强力助推长三角高质量一体化发展和长江经济带建设。

沪苏皖：推动长三角一体化新举措 [1]

一、沪苏皖推动长三角一体化发展的新举措

（一）推进基础设施互连互通

上海重点推进青浦区与昆山、吴江，嘉定区与太仓市等的道路对接项目，打通断头路。推进沪浙苏毗邻区的长三角数据信息港建设，探索建立基于直连的数据信息港区新模式，拓宽互联网省际出口能力超过 50Tbps。重点落实工业互联网标识解析国家顶级节点和二级节点的建设任务，加快标识解析在长三角地区的服务辐射能力。江苏将建成连宿蚌铁路，加强安徽之间的互联互

本报告主执笔人林忠伟、舒蛟靖，成文于 2019 年 2 月 27 日，原标题为《沪皖推动长三角一体化国家战略的新举措及对我省的启示》。

通。积极联合浙江和上海加快沪苏湖铁路、沪通铁路二期建设。新增对接上海轨道交通 17 号线的跨省公交线路和省际毗邻公交线路等。安徽组建"安徽省港航集团有限公司"，深化与沿江上下游港口合作。推进世界级机场群、城际轨道圈、国省干支线、油气管网统一规划和建设。加快商合杭高铁建设和合宁高速公路改扩建，推进黄山至千岛湖高速公路开工建设。

（二）促进区域经济融合发展

上海升级打造食品可追溯平台 2.0 版本，带动建设长三角食品安全信息追溯"一张网"。结合上海金融法院建设，推进长三角金融合作，引领国际金融司法保护新规则。上海影视服务机构也将进一步扩大服务范围，推进长三角影视拍摄协调一体化服务体系。江苏加强与浙江在计算机和互联网技术方面的合作，共同强化互联网经济和物联网建设平台。成立"江苏省大运河文化旅游发展基金"，推动大运河文化带江苏段建设。安徽深入推进长三角产业合作示范基地规划编制，加快建设苏滁现代产业园、张

江萧县高科技产业园和合肥上海产业园，继续打造长三角有机安全的"大粮仓""大菜园""大厨房"。

（三）提升科技协同创新能力

上海启动 2019 年度"科技创新行动计划"——长三角构建区域创新共同体领域项目申报，加强与浙苏皖三地的科技创新联合攻关。江苏提出建设 G42 人才创新走廊，推动沿线各地人才规划接轨，人才工程互认，注重吸纳上海人才。推进长三角国际研发社区建设，计划利用 5~8 年时间集聚 10 万以上高科技研发人才，打造"东方硅谷"。安徽将举办第一届长三角一体化创新成果展，推动 G60 科创走廊宣芜合段、长三角科技创新共同体和产业合作示范基地建设，促进长三角区域大型科学仪器协作共用网建设和上海、合肥两个综合性国家科学中心的协作。

（四）推动生态环境共保共治

上海青浦联合昆山、吴江和嘉善等地加强区域环境综合整治，建立联防联治、应急联动机制，联合执法监督；研究生态补偿和污染赔偿机制；培育放大环淀山湖地区的生态优势，共建国内首个跨省域的淀山湖国家级旅游度假区，加快打造环淀山湖旅游圈。江苏提出认真落实《淮河生态经济带发展规划》，加快推动宁杭生态经济带发展，推进引江济淮工程，加大长江、新安江、淮河、太湖、巢湖等重点水体环境综合治理力度。安徽提出深化长三角大气、水环境污染联防联治，共建生态廊道和生态屏障。大力推进安徽旅游长三角深度营销中心建设，深化长三角区域旅游合作。

（五）加强社会事业联动发展

上海提出健全长三角区域养老服务、医疗卫生、人力资源、社会保障等公共服务合作机制。牵头建设长三角政务服务一体化平台，推进国家政务服务平台跨地区应用。江苏推进建设"中国长三角江苏软件职业教育集团"，参与搭建职业教育长三角一体化协同发展平台，助力形成职业技能人才的错位培养机制。安徽逐步打造资源统筹、信息共享、标准统一、监管联动的长三角养老服务业发展平台，策划实施三省一市长三角非遗交流展览及非遗传承保护合作共建。

二、对浙江的若干启示

（一）主动对接长三角基础设施体系

结合大通道建设，推进区域交通互联互通。加快省际断头路开工建设，注重部分干线、县道、村道的改拓建，适时增加与沪苏皖地区的省际毗邻公交线路。优先推进长三角一体化示范区内基础设施对接。加快嘉善等地与上海青浦、苏州吴江交通基础设施一体化发展，积极争取上海轨道交通向我省相关区域延伸。深入推进小洋山开发合作，完善集疏运体系建设，加强宁波舟山港与上海港等长三角地区的港口数据对接互联、统一技术标准，共同推动江海联运服务中心的基础设施建设，实现通关一体化运作。联合推进长三角5G外场技术试验网建设和互联网协议第六版（IPv6）规模部署，高标准建设杭绍甬等智慧高速公路。

（二）主动融入经济一体化进程

加快营商环境联建。加快实施企业开办、施工许可、用电用水用气、信贷、纳税、跨境贸易等便利化行动，努力形成"对标国际、全国一流、长三角最优"的营商环境。开展长三角区域数据中心规划布局研究，共建长三角统一信用体系和一体化的市场准入政策体系。推动市场监管一体化。加强长三角网络监管、广告监管、打击传销、规范直销等领域的执法协作。以质量提升行动为引领，强化质量监管合作，推动检验检测认证结果互认互通，推动"浙江制造"全面提升。探索运用区块链等先进技术的供应链监测模式，推进长三角食品安全信息追溯体系建设。促进产业融合发展。加快宁波浙沪合作示范区、中新嘉善现代产业园、漕河泾海宁分区等合作园区建设发展，着力打造宁波前湾、杭州江东、绍兴滨海等战略平台；进一步深化进口博览会数据挖掘整理工作，发挥义乌国际小商品城、海宁皮革城等大型专业市场优势，探索我省专业市场与沪苏皖市场对接合作。利用省级以上开发区等与沪苏皖的高端产业平台对接，重点在人工智能、集成电路、生命健康、新材料等领域加强合作，共同培育世界级产业集群。

（三）主动优化科技协同创新体系

加强科技创新平台的合作。以G60科创走廊为主要载体，加强杭州、宁波温州国家自主创新示范区与上海张江、合芜蚌国家自主创新示范区等国家级科创平台的联动合作；布局国家实验室和大科学装置，吸引长三角内外知名科研机构联合组建国际科技中心。深入实施"凤凰行动"计划，抓住上交所设立科创板并试点注册制的机遇，拓展我省科创企业与资本市场对接渠道。加强区域研发机构合作。推动之江实验室、西湖大学等新型研发机构与长三角科研机构合作；联合沪苏皖共同争取新一批国家重大科技基础设施落地长三角，联合建设数字经济领域创新中心。借鉴上海经验，向长三角地区发布科创项目申报，加强与沪苏皖三地的科技创新的联合攻关。合作建设数字长三角。瞄准国家或长三角地区急需的重点产业领域，打造融合云计算、大数据、人工智能的数字产业。加快长三角地区产业和信息化一体化发展，参与建设长三角工业互联网平台集群，助力长三角地区打造成为全球数字经济发展高地，推动更多数字技术成果在浙江及长三角地区推广应用。促进人才自由流动。提升人才大数据服务能力，与沪苏皖合力建立统一的人才市场和人才数据库，协同推进长三角地区人才规划和政策接轨，逐步统一人才资格认证标准和评判人才口径标准，共建一体化的人才流动政策、人才培训政策和社会保障制度。

（四）主动提升环境共治共享水平

加强跨省生态协作机制建设。积极推进共建宁杭生态经济带、长江口—杭州湾蓝色生态屏障、千岛湖—新安江上游流域蓝色生态屏障、环太湖生态经济圈等跨省生态协作机制，联动实施环境综合治理，推进长三角生态环境联防共治和统一标准建设。大力发展长三角全域旅游。努力将我省的大花园建设成为长三角的大花园，全面创建全域旅游示范省，结合大运河文化带、浙皖闽赣国家生态旅游协作区、淀山湖国家级旅游度假区建设等，联动推进美丽城市和美丽乡村建设，注重文化、生态、旅游一体化协作的绿色美丽经济发展。

（五）主动促进区域社会事业联动发展

拓展社会民生事业合作领域。深入推进长三角医保目录统一和异地门诊直接结算，支持跨省共建医院，建立长三角高校合作联盟，深化职业教育合作，探索推进覆盖交通、医保、养老、文旅等功能在内的民生"一卡通"，助推更多城市纳入跨区域轨道交通一卡通行范围。积极提升跨区域政务服务。推进"最多跑一次"改革与上海"一网通办"、江苏"不见面审批"、安徽"一张网一扇门"等政策高水平对接，加强与沪苏皖电子政务平台横向对接和数据共享，积极参与长三角政务服务一体化平台建设，开展线上线下相结合的公共服务跨区域合作。

完善推广产业新城模式 [1]

新世纪以来，我省城市化的重心从小城镇向大中城市转移，乡镇经济和园区发展模式遇到了瓶颈，地方政府建设资金不足、人才和高端产业引进难、融入都市区经济圈协同发展难、政府职能亟待转变等问题逐渐显露。嘉善、南浔、德清等地积极探索，通过打造产业新城的方式，推动政府与市场主体合作，共同推进区域的开发建设、管理运营，有效破解县域经济发展面临的难题。建议：

[1] 本报告主执笔人舒蛟靖、林忠伟、马欣雅，成文于2018年12月6日，原标题为《完善推广产业新城模式推动县域经济高质量发展》。

一、统筹谋划省域产业新城空间布局和功能定位

一是推进产业新城主动接轨上海、融入长三角。结合长三角一体化国家战略，进一步支持嘉善、南浔、吴兴等地发展产业新城，将"融入上海"作为重要发展路径，实现与上海的交通畅达、生活同步，承接上海全球科创中心创新成果外溢，打造科技创新成果转化中心。

二是推进产业新城承接部分中心城市功能。我省可结合大湾区建设，充分发挥杭州、宁波两大中心城市数字经济、智能经济的辐射带动作用，积极推进环杭州湾地区如桐庐、慈溪、海宁、德清等地建设产业新城，布局人工智能、物联网、柔性电子、地理信息等高端产业。

三是推进产业新城成为中心城市的重要功能节点。结合大都市区建设，积极推进温州、金义都市区中心城市周边的县城，如瑞安、乐清、兰溪、永康等地建设产业新城，形成错位发展、优势互补的产业结构和网络化的城镇体系，参与更高水平的区域竞争与分工协作。

四是推进产业新城成为县域经济的新增长极。结合"小县大城"建设，可以在苍

南、云和、开化等地，促进传统产业园区改造提升和建设产业新城融合发展，成为县域经济转型升级的新引擎。

二、积极探索产业新城管理运营新模式

一是总结推广产业新城模式的成功经验。总结嘉善、南浔等产业新城模式，重点对产业新城 PPP 模式、产业发展模式、创新平台、城市建设等方面的经验进行总结提炼，对其未来发展潜力和适应性做好评估，在条件成熟的地区加大复制推广力度。

二是积极探索产业新城建设的多种模式。如招商蛇口（公司）的港口经济＋园区开发运营＋社区开发运营的港产城融合开发模式，苏州工业园成立中国与新加坡合资企业共同开发运营的中外合作开发模式，以及上海张江高科技园区的国有企业主导运营模式。

三是加快培育本土产业新城服务运营商。鼓励有实力的民营企业推进产业链整合，发挥"名企引领"作用，积极导入规划建设、产业招商、科技创新等资源，引导社会资本开展产业新城建设。支持本土有实力的房地产公司转型升级，拉长产业链和价值链，参与建设各具特色的产业新城。支持民营企业与国有企业通过混改等方式参与产业新城的建设运营。

四是引导延长产业新城 PPP 合作链。鼓励以城镇综合开发 PPP 模式建设产业新城，即从规划到招商、产业、城建、公共服务等一揽子运营服务都由 PPP 合作方按合同约束完成，合作方自行投资、自求资金平衡，减少财政压力。

五是推进现有园区管理体制的变革。结合本轮县市区机构改革，积极推进省级产业集聚区、国家级经济技术开发区管委会的职能转变，探索采取"管委会＋市场化运营主体"的 PPP 模式，引进专业运营管理机构，负责园区的日常营运维护，政府加强规划审核、项目监督、统计监测、考核机制。

三、加大对产业新城创新要素供给的支持力度

一是以政府"放管服"改革推进产业新城创新要素自由流动。结合"最多跑一次"改革和新一轮市县机构改革，打造互通式服务机制、一站式服务体系、妈妈式服务模式，及时解决产业新城内企业面临的发展难题。

二是加大对产业新城开发建设融资的支持。发挥钱塘江金融港湾等金融集聚区的辐射效应，支持天使投资机构和创业投资机构与产业新城运营商开展合作。建立政企银社联动机制，引导银行加大对产业新城运营商的信贷支持，根据产业运营商前期投

入大、运营周期长的特点，创新金融扶持模式。

三是加大对产业新城创新平台的支持。积极为产业运营商与之江实验室、阿里达摩院等重量级基础研究平台牵线搭桥，探索各类创新政策在产业新城内实现叠加。如在环杭州湾地区，以若干产业新城为节点，形成新的科创高地，成为上海全球创新中心的重要组成部分。

四、强化产业新城的项目风险管控

一是防止以产业新城建设为名，行"造城"运动和类房地产开发之实。指导各地通过改造存量工业园区、高新区等方式建设产业新城，防止出现盲目扩张、乱占耕地等问题，对一些偏离产业新城建设初衷、违背发展规律的做法，及时加以规范纠偏，确保产业新城建设不走样、不变形。

二是研究制定产业新城建设标准和规范。通过研究提炼产业新城建设标准，规范产业新城运营商资格，包括规划设计、土地整理、基础设施建设、公共配套建设、产业发展、城市运营等方面，确保产业新城规范化建设运营。

三是加强参与运营社会资本合作方的考核。优选自负盈亏、不让财政兜底、不增加政府债务，真正有核心运营能力的社会资本方。对合作方实行"投资＋建设＋运营"综合考核，并对单体PPP项目重建设、轻运营，甚至变相工程融资等问题进行严格管控。

四是强化政企双方契约精神。PPP项目周期一般较长，各级政府在认真制定规划的前提下，要严格按照规划执行，做到"一届接着一届干，一张蓝图绘到底"，即使外部环境发生较大变化，也应在契约框架下优化和调整双方合作方式、利益分配格局等。

把"乡愁"转化为"金山银山"[1]

乡愁产业是把乡愁作为一种独特产业资源和一种新型生产要素，以呵护乡愁、留住乡愁和活化乡愁为目的，对乡愁进行产品化和产业化演化、升级与融合，从而催生出乡村产业的一种新业态和新门类，它充满了乡村创造力、乡土想象力、文化感染力和消费吸引力，具备同时满足物质需求和精神需求的独特魅力。加快发展乡愁产业，对于促进乡愁资源活化、促进农民创业增收、促进美丽乡村建设、促进农村文化建设、促进乡村旅游发展，助推乡村产业振兴，实现惠及全省人民的高水平小康社会，具有十分重要的意义。建议：

1 本报告主执笔人胡豹、顾益康，成文于 2018 年 9 月 12 日，原标题为《关于加快浙江乡愁产业发展的建议》。

一、把乡愁产业作为我省战略性新兴产业加以培育

乡愁产业是乡村特色产业和乡村文化的深度结合，可以推动新的乡村产业革命，既代表着乡村文化创新的方向，也代表着乡村产业发展的方向，将乡愁产业作为我省乡村战略性新兴产业加以培育，可以加快我省乡村产业振兴步伐，推进乡村产业转型升级，实现乡村发展方式转变。成立省级"乡愁产业"发展领导小组，组建"乡愁产业"发展指导办公室，加强全省乡愁产业整体谋划和推进。

二、建设乡愁产业发展试验示范县

总结推广缙云、开化等代表性地区发展"乡愁富民产业"和"历史经典产业"的经验做法。同时在省内选择若干个基础条件好、创意创新意识强、乡愁文化深厚的县（市），作为全省乡愁产业发展的试验示范县，开展乡愁产业成果展示、乡愁产业人才培训、乡愁产业发展经验交流等，做好典型示范和经验推广工作。

三、组建专业的乡愁产业研究推广机构

在有关专业机构和专业人员的基础上，成立乡愁产业研究院，专业开展乡愁产业的有关理论研究，依托全省农业、文化、旅游等部门，开展乡愁文化资源开发利用等实践应用研究。同时适时成立浙江省乡愁产业协会，通过定期举办国内外有影响力的乡愁产业会议、论坛，加强各产业之间的对话和交流，促进各产业技术的相互借鉴和融合。

四、设立省级乡愁产业发展基金

创新制度供给，研究制订"乡愁产业"创新发展扶持政策，在乡村振兴专项资金中设立乡愁产业发展基金，撬动更大范围草根创业。适时召开全省"乡愁产业"发展大会。总结推广缙云、开化等成功经验，在全省创造"乡愁产业"大发展、百姓大增收、乡村大振兴的生动局面。

五、组建浙江省乡愁产业网络

把浙江省乡愁产业网作为全省乡愁产业宣传推广的主平台，一方面加强对全省乡愁产业发展成果的推广展示，应用现代信息采集技术进行评价和知识产权保护，另一方面通过网络对各级干部开展乡愁产业相关知识的培训，提高其认识水平和领导能力；在不同层面形成重视乡愁产业、包容乡愁创新、参与乡愁转化、扶持乡愁产业发展的价值导向和社会风气。

社会民生促和谐

SHEHUI MINSHENG
CUHEXIE

关注城市贫困 [1]

浙江省扶贫工作一直走在全国前列，2015 年已全面消除家庭人均年收入 4600 元以下贫困户，但仍有一些低保户及生活水平高于低保线的群体处境艰难，诸多因素使家庭陷入支出型贫困，应高度重视并着力防范城市贫困可能引发的社会风险。

[1] 本课题主执笔人杨树荫、何文炯，成文于 2019 年 3 月 26 日，原标题为《关于关注城市贫困 防范社会风险的函》。

一、城市绝对贫困已基本消除，相对贫困问题日益突出

（一）通过最低生活保障等制度基本消除城市绝对贫困

从人数来看，2018 年全省最低生活保障人数达到 72.65 万人，其中城市低保对象为 13.42 万人（占低保总人数的 18.5%），占全省常住城市人口的 0.34%。而 2018 年全国城市最低生活保障人数达到 1008 万人（占低保总人数的 22.3%）。

从保障标准来看，2018 年全省最低生活保障标准已经实现城乡一体化，人均月低保标准达到 771 元，比全国平均 579.7 元标准高了 33%。全省城市月人均补差标准为 504 元，低保户月人均实际收入水平约为 267 元。

从社会救助来看，2018 年全省城乡特困人员救助供养救助人数为 2.9 万人，有效发挥了兜底功能。即收入达不到最低生活保障线的本地户籍居民，可以通过享有最低生活保障而摆脱绝对贫困。

（二）由于收入不足导致的城市相对贫困问题日益突出

相对贫困是由于某一社会群体（或家庭）的收入水平较低而导致的生活状况不如一般社会群体（或家庭）的贫困状态。目前，各地部分社会救助项目已惠及低保边缘群体，相对贫困群体主要是指没有被纳入低保范围，但家庭成员的人均月收入在低保

标准 1.5 倍以下的家庭。截至 2018 年底，全省在册低保边缘对象 36.4 万人，数量达到低保对象人数的一半左右。

二、城市支出型贫困问题尚未解决，缺乏有效应对措施

（一）因病致贫问题

看病贵、看病难一直是广大人民群众关注的热点问题。高价位的药品和服务费增加了居民的医疗支出，成为居民生活的主要负担。而部分家庭由于个体罹患重病大病，使家庭背上沉重债务。因病致贫，是支出型贫困中最主要的问题。我省主要通过基本医疗保险、医疗救助等制度缓解因病致贫问题。但是，在基金支付封顶的机制设计下，部分大病家庭或个人仍然要承担高额自负费用，由于罹患大病、重病、长期慢性病等陷入贫困、拖累整个家庭的不在少数。

（二）个体金融负债引发的贫困问题

我省家庭杠杆率已经超过了 50% 的警戒线，且高负债家庭主要集中在 25~45 岁的青中年群体。部分社会成员通过种种手段加杠杆率炒房炒股，在房价或股价下跌时就容易资金链发生断裂。还有一种隐形贫困现象亦值得重视，即"90 后"为主的部分年轻人超前消费、透支消费。

（三）子女就学、公共事故、突发事件等其他大额支出引发的贫困问题

从教育来看，教育支出占家庭年支出的 50% 以上，大学教育支出占家庭年收入的比重达到 29%。从交通事故来看，2018 年全省上报道路交通事故 12768 起，死亡人数达到 3709 人。如果家庭中的青壮年劳动力因交通事故死亡或者重残，都会加剧贫困。此外，还有一些家庭遭遇如火灾、被偷盗或诈骗、意外伤害等突发事件，亦会引起支出型贫困。

三、健全城市贫困人群帮扶体系的若干建议

作为经济社会发展和地方治理现代化走在前列的省份，我省应当力争在城市贫困治理方面作出表率，为全国城市脱贫攻坚探索经验。为此，要在实施低收入农户高水平全面小康计划的同时，建立健全城市贫困人群帮扶体系，出台解决城市贫困问题的指导意见和方案，以解决相对贫困和支出型贫困为重点，明确政策目标、资源配置和

政策举措，确定牵头责任部门，建立工作协调机制。

（一）以提高劳动能力为重点，加强相对贫困帮扶工作

相对贫困的治理应以能力建设为核心，重点提升贫困群体的内在动能，打造更高层次的帮扶体系。一是摸清底数，各地应尽快核查最低生活保障标准以上、最低工资标准以下的家庭或个人，这一类家庭或个人可按规定申请有关专项社会救助，视政府财力情况，分阶段逐步推进脱贫相关工作。二是能力扶贫，以"扶贫必扶智，治贫先治愚"的基本理念，对相对贫困群体进行有针对性的继续教育和职前培训：对于35周岁以下的青年群体可提供免费教育券，集中到职业教育学院接受专业技能训练；对于35周岁以上的中年群体，提供免费职业培训券，实施固定就业岗位的培训制度。三是就业扶贫，积极扶持市场有需求、产品有技艺的劳动密集型企业，并通过现有零就业家庭、公益岗位设置等政策，努力让相对贫困人员找到工作。四是对无法实现就业、无法自力更生的相对贫困家庭和个人实行兜底保障，以堵住漏洞。

（二）以加强医疗保障为重点，健全支出型贫困救助制度

在继续实施现行社会救助制度、巩固已有成果的同时，要更加注重支出型贫困帮扶机制建设。一是准确识别因病、因残、因灾致贫对象，参照农村扶贫的经验建档立卡，根据其实际困难，提供有针对性的精准帮扶，采用动态管理的模式。二是对于家庭成员因残疾、患重病等增加的刚性支出、必要的就业成本等，在核算家庭收入时予以适当扣减；适度放宽低保申请人的财产认定条件，申请人家庭可以拥有维持家庭成员生产、生活所必需的家庭财产。三是适度提高重大疾病、重度残疾、突发事件等相关项目的社会救助标准，加大帮扶力度，有效减轻不幸事件遭遇者及其家庭负担。同时，要增强基本医疗保险"保大病"的职责，优化资源配置，积极探索基本医疗保险参保病人医药费用个人责任封顶制。

（三）以提高风险管理能力为重点，降低投资和经营风险

现实世界的经济活动和社会生活纷繁复杂，社会成员需要提高风险防范能力。一是通过有效的知识普及和宣传教育，逐步提高社会成员的风险意识，提高识别风险、分析风险和处理风险的能力，减少上当受骗。二是通过有效的途径，培育理性预期，引导社会成员特别是年轻人理性消费、理性投资、理性参与各类社会活动，防止过度消费、超前消费和畸形消费，冷静处理相关的纠纷和争端。三是严厉打击非法集资、非法经营和各类欺诈行为。

（四）有效运用市场机制，充分发挥社会力量的作用

在加强政府对城市贫困职责的同时，有效利用市场机制，充分调动社会资源，发挥各类民间组织的作用，形成多元治理的局面。一是支持和规范民间各类非营利的互助合作型风险保障活动，例如通过互联网实施的"水滴筹""轻松筹"等。二是鼓励社会成员购买商业保险，支持保险机构开发新险种，提供各类风险保障服务，以减少因自然灾害和意外事故造成的贫困。三是发展慈善事业，引导慈善组织、爱心人士更多地关注贫困人群，开展扶贫帮困。四是通过体制改革和机制创新，大力推行市场化的职业技能教育培训，以提高质量、效率和针对性。对此，政府部门要加强监管，并严格掌握重点领域专业技术岗位准入门槛。

（五）加强城市贫困风险预警分析，健全应急处理机制

将城市贫困纳入社会风险评估和管理的范围，建立相应的预警和处理机制。一是对关系到普通老百姓切身利益、尤其是可能影响到中低收入阶层基本生活的制度和政策，进行及时的风险评估。二是对经济周期性波动、产业结构调整和国际贸易摩擦等引发的失业、贫困等问题，进行预警分析，提出有针对性的措施。三是应急管理和各相关部门要根据自己的职责，就本领域可能的社会风险建立预警机制，进行有效的分析、研究、监测与防范，并形成制度化的应急管理方案。各部门要加强信息互通和工作配合。

创建"平安中国示范区"[1]

党的"十九大"报告提出建设平安中国，浙江省委第十四次党代会提出打造"枫桥经验"升级版，将浙江建设成为"平安中国示范区"。这是我省在新时期提升社会治理现代化能力与水平的重要战略部署，也是满足人民群众公共安全需求与更高水平"平安浙江"的重要抓手。

[1] 本报告主执笔人杨建华，成文于 2017 年 10 月 27 日，原标题为《关于"平安中国示范区"建设的几点思考》。

创建"平安中国示范区"，要更加突出六大理念，即更加突出人民群众的治理主体地位，更加突出党政主导、社会共治的合作治理理念，更加突出固本强基的基础治理理念，更加突出民生保障源头治理理念，更加突出互联网＋社会治理智能治理理念，更加突出优秀传统治理智慧的运用，努力实现基层社会治理基础更加牢固、社会合作共治体系更加完善、社会治安防控能力更加成熟、互联网＋社会治理方式更加科学、公共安全与风险管控更加有力、社会治理法制体系更加健全六大目标。

同时，要以重大工程为抓手，推进"平安中国示范区"建设。即通过实施一批平安中国示范区建设重大工程与重点项目，建成包括基层机构、基础设施、网络系统、基础服务、协商平台等社会治理重大设施项目，进一步优化全省社会治理的基础性设施支撑，有效解决社会治理和服务的薄弱环节。

一、固本强基工程建设

"枫桥经验"核心是强化基础工作，夯实基层治理基础，切实提升群众安全感、获得感和满意度。加强村、居基层自治组织和乡镇（街道）现代治理职能建设，推动乡镇（街道）把工作重心转到社会管理和服务上来，积极开展街道办事处工作条例的立法论证活动，制定《街道协商工作示范规程》，完善乡镇（街道）社会治理体制。加强"四个平台"建设，推进城乡社区发展，全面推行"全科网格"制度建设，深化"网格

化管理、组团式服务"，打造"网格化管理、组团式服务"升级版，深化推进基层系列平安创建机制建设。

二、源头治理工程建设

牢固树立"大平安"理念，把工作着力点从打击、防范、管控拓展到服务、管理、建设等各个环节。深入实施就业优先、和谐劳动关系建设，加强与完善覆盖全民的社会保障制度，进一步健全弱势、困难、特殊人群的服务管理工作机制；建立有效利益表达机制，探索建立各类协商平台，强化"大调解"工作体系建设。推进信访工作法治化、制度化建设。

三、合作共治工程建设

加强社会组织、专业社会机构、社会工作人才队伍以及社会志愿者队伍建设。培育形成专业社工、志愿者队伍、应急队伍、专业评估等若干支社会治理急需人才队伍，基本建成与"平安中国示范区"建设要求相适应的人才体系。充分利用乡贤力量参与乡村治理。拓展社会治理市场化渠道，善于运用市场思维、市场机制推进社会治理创新；运用利益引导、商业运作推进开放共治，运用购买服务、项目外包、保险等方式化解矛盾、防控风险。

四、治安防控工程建设

强化对社会治安重点地区排查整治，加强社会面治安防控网、重点行业、重点人群治安防控网建设。完善基础设施、物质技术保障建设，健全实战指挥机制和部门联动、区域协作机制。进一步整合各部门资源力量，明确各有关部门、单位的职责任务，强化工作联动，增强打击违法犯罪、加强社会治安防控工作合力。

五、智能治理工程建设

创新运用现代科技手段，以"互联网＋社会治理"新模式创新发展"枫桥经验"，从"互联网＋矛盾化解、公共安全、执法司法、基层自治、诚信体系"等多角度发力，提升社会治理效能和智能化、现代化水平。推进互联网＋智慧社区建设。建立健全网上协同治理体系，推进公共安全信息化建设，加强网络社会法治化与网络舆情引导宣传机制建设。

六、公共安全工程建设

围绕提高预测、预警、预防能力，推动建立主动防控和应急处置相结合、传统方法和现代手段相结合的公共安全体系，重点推进社会治安防控体系、社会治安重点地区排查整治、安全生产监督机制、食品药品安全监管机制、应急管理机制建设。加强食品药品安全的社会治理，推进安全生产监管与应急救援机制建设，健全完善我省区域金融风险应急管理体系。全面深化市场秩序及网上市场监管，保障经济运行秩序安全。加大环境问题综合治理力度，保障生态安全。加强重大事项社会稳定风险评估机制建设，强化应急管理机制建设，建立健全风险预警机制，提高对自然灾害和重大公共事件的预警能力，加强公共安全文化机制建设。

七、社会环境优化工程建设

深入开展文明家庭、文明社区、和谐社会以及民族团结、宗教和睦创建活动。加强公民道德建设与社会心理人文关怀。全面加强社会信用体系建设，大力推进政务诚信、商务诚信、社会诚信和司法公信建设，优化信用制度供给，完善信用法规和标准体系，建立覆盖全社会的征信系统，推进信用信息全面公开共享，发挥社会信用体系建设在构建具有浙江特色的现代治理体系中的服务保障作用。

推广互联网＋安全共治管理 [1]

互联网＋安全共治管理是依托互联网技术建立的多方共治交通安全模式。通过互联网平台汇总企业信息数据、车辆运行数据、保险事故数据，形成政府监管、企业负责、风险预警、安全服务四大机制共治交通安全，达到减少事故发生和生命财产损失，提高经济效益的目的。主要功能和管理优势为五个方面：

1

本报告主执笔人丁耀民，成文于 2017 年 8 月 18 日，原标题为《推广互联网＋安全共治管理创新道路交通安全管理的建议》。

（一）建立共赢机制调动多方安全共治积极性

互联网＋安全共治管理由省散装水泥办公室联合中国人保、中国太保、浙江通运保公司和混凝土企业，组成政府部门＋保险机构＋平台机构＋企业合作共治交通安全模式，改变了分散性和单一性的传统管理方式，形成了"工作同心，利益共享"工作机制，调动了多方抓交通安全的积极性：减少事故发生和生命财产损失，政府实现了社会效益，保障了人民群众利益；企业避免了安全责任追究，提高了经济效益；保险机构减少了事故赔付，提高了保险效益；平台机构实现了平台价值。

（二）建立统一平台运用大数据共治交通安全

互联网＋安全共治管理平台由中心平台、省级平台、市级平台、县级平台、企业平台、驾驶员端口 6 级架构组成。每级平台由通知通告、安全管理、运输管理、驾驶员管理、车辆管理、培训管理、咨询问答、增值服务 8 大系统运行。上级平台指令可以直达下级平台和驾驶员；企业平台和驾驶员数据同时在上级平台储存汇总；下级平台执行上级平台指令同时可以独立运行。全省 3 万多个驾驶员、2 万多辆专用车辆、700 多家企业和保险机构、政府部门在统一平台上进行数据汇总、指标计算、管理排位、发布通报、表彰奖励。有效解决了交通安全数据碎片化，管理力量分散化，部门机构协调难的问题。

（三）建立统一评价标准科学化管理交通安全

互联网＋安全共治管理建立了安全星级标准体系，对驾驶员实行 1 至 5 级安全星级管理，星级越高安全驾驶工作越好。企业驾驶员平均星级就是企业安全星级，省市县驾驶员平均星级就是省市县行业安全星级。安全星级标准体系建立，解决了驾驶员、企业、市县行业主管部门安全工作评价比较问题；打破了同类驾照对驾驶员安全结果的模糊，形成了驾驶员职业通道，解决了驾驶员差别管理和职业晋升问题；稳定了驾驶员队伍，提高了安全驾驶积极性。

（四）建立闭环运行制度不断消除安全管理死角

互联网＋安全共治管理实行以月度为节点的闭环式管理，每月汇总企业信息数据、车辆运行数据、保险和事故数据；进行市、县、企业、驾驶员、车辆安全情况排位管理；发布《月度安全管理报告》和《月度安全监管情况通报》，通报行业安全形式、存在问题、整改企业名单，提出整改要求。为政府监管行业交通安全、企业消除事故隐患提供可靠依据。

（五）先进商业模式预示广阔发展前景

平台机构提出"为政府分忧、为企业增效、为生命财产保平安"宗旨与政府和企业安全生产要求高度契合，具有良好的社会效益和经济效益，利国利民。互联网＋安全共治管理为企业提供免费安全管理服务，不增加企业负担，有利于模式推广。平台机构收入来源于减少事故发生后保险效益分成，商业模式先进，共赢机制确保模式可持续发展。平台管理地域复制和行业复制性强，市场前景广阔。

一、明确互联网＋安全共治管理为全省安全生产改革发展创新模式，加强推广落实

由省领导牵头综合治理、安监、公安、交通、商务、住建、财政、保监等部门和平台机构，在平安浙江建设、安全生产和道路交通安全三个领域统筹落实互联网＋安全共治管理工作。由商务、住建、安监和交通部门负责将所属企业、驾驶员、车辆统一纳入互联网＋交通安全共治。省综合治理办公室将互联网＋交通安全共治列入平安浙江建设考核内容，各市县区党委政府指定对口部门抓好落实。

二、配合互联网 + 安全共治管理做好安全生产、城市管理和保险服务配套改革

第一，企业生产经营活动必须以安全生产为前提，凡是与安全生产相违背的生产经营活动必须禁止。

第二，摸清高危车辆行业家底，建立企业、驾驶员、车辆、保险和安全大数据库，实行五年安全生产规划和年度目标管理。

第三，公安和城管部门以企业安全星级为依据办理高危车辆通行证，对安全星级低的企业禁发限发通行证。

第四，禁止个人从事高危车辆运输，现有个体高危车辆限期挂靠相关企业，企业对挂靠车辆和自备车辆承担同样安全责任。

第五，高危车辆企业全部纳入互联网 + 安全共治管理，不得逃避互联网平台监管。

第六，高危车辆保险和企业安全生产责任保险纳入政保合作范围，招投标选择保险机构，确保保险和事故数据进入平台管理，保险机构必须履行保险和缴纳管理费义务。

三、将互联网 + 安全共治管理纳入政府购买安全生产服务，大力扶持平台机构发展

互联网 + 安全共治管理体现了安全生产和互联网产业融合趋势，商业模式先进，社会效益和经济效益俱佳。将平台机构安全管理纳入政府购买服务范围，助力互联网 + 安全共治管理推广复制，助力在浙江建设全国高危车辆安全共治中心和大型安全生产服务集团，既体现了项目的公益性，又推动了新兴经济快速发展。

推进预防保健与互联网深度融合 [1]

在互联网蓬勃发展的背景下，我省如何充分发挥数字经济的优势，率先创新体制机制，推进从末端的疾病治疗到源头的健康管理的"互联网＋预防保健"深度融合，具有十分重要的现实意义：（一）提高预防保健水平是建设高水平健康浙江的根本，（二）互联网技术让预防保健更准、更快、更高效，（三）我省有能力率先探索预防保健和互联网深度融合的健康浙江模式。

1 本课题主执笔人王小玲、吴红梅，成文于 2018 年 6 月 25 日，原标题为《关于推进我省预防保健和互联网深度融合的建议的函》。

当前，预防保健和互联网融合发展在观念、体制、技术、人才等方面还存在一些瓶颈问题，主要表现在：一是互联网时代下的健康素养尚需大幅提升，二是预防保健费用支出结构性不均衡且支付机制不畅，三是预防保健的健康数据标准、安全监管等有待加强，四是"互联网＋预防保健"行业的竞争力亟待提升。建议：

一、运用互联网技术多渠道、多形式提升全民健康素养

一是加强主管部门的专业指导，发挥健康管理行业协会、学会组织的作用，联合医院、健康管理公司等社会各界，统筹推进健康教育和健康科普工作；利用互联网＋健康 APP、微信公众号等多种途径，广泛传播权威性的健康信息，避免"伪健康"信息甚至健康谣言对居民产生误导。

二是在幼儿园、中小学校、大学开设健康教育课程，从小灌输健康知识，倡导健康生活方式。

三是在单位、社区、公共场所和家庭，开辟健康宣传栏，普及中国公民"健康素养 66 条"，广泛宣传合理膳食、适量运动、戒烟限酒、心理平衡等健康科普知识，培养居民自主自律健康行为，促进健康型社会的形成。

四是建设健康支持性环境。依托全省大花园建设，实施全域景区、处处花园行

动；让更多人愿意走出去，享受户外运动，养成积极运动的习惯。

二、突破现有体制，加快建立预防保健付费机制

一是建议将预防保健相关服务费用纳入基本医疗保险目录，明确相应的收费标准，可从社区起步，利用个人账户支持预防保健服务。

二是借鉴深圳罗湖区改革做法，探索建立医保总额管理制度，让患者和医院的利益趋同，医院只有关注居民的健康，做好预防保健工作，使居民少生病少花钱，医务人员的待遇才能提高。

三是进一步将商业健康保险引入预防保健健康管理，鼓励并支持商业健康保险设计预防保健服务类保险产品；支持其整合市场资源，与医疗机构合作开办预防保健健康管理机构，提高健康管理的效率和水平。

四是以政府购买服务的方式，积极引进民营诊所、健康管理企业参与预防保健。

三、以"健康一卡通"为载体，建立全省预防保健健康管理平台

全国 2020 年前实现居民健康卡"一卡通"，我省台州市"健康一卡通"已于 2017 年底在 164 家医疗卫生机构正式上线，到 2018 年年底将实现全市所有公立医疗卫生机构全覆盖。我省应借助数字经济发展优势，推行多种功能于一体的升级版"健康一卡通"，大力推进个人基础健康信息存储、跨地区和跨机构就医、费用结算和金融服务等工作，实现居民与医疗机构之间、医疗机构相互之间、医疗机构与社会公共服务相关部门之间信息互通共享。

四、以高发病率疾病为重点，扩大基因检测覆盖面

对我省居民前几位死因的疾病，如恶性肿瘤（居前 5 位的肺癌、甲状腺癌、大肠癌、胃癌、肝癌）、心脑血管疾病、呼吸道疾病、心脏病，以及占总死亡病例 80% 以上的慢性病中的高血压、糖尿病等，应不断扩大基因检测等新技术的覆盖面，运用云计算、大数据等技术，超前预警、干预、治疗；通过对群体和个体数据进行运算和分析，建立健康管理评估模型、诊断模型和干预模型等，促进精准化健康管理和诊疗。

五、以社区为载体，推行社区健康管理师制度

借鉴上海陆家嘴街道社区的经验做法，利用社区居委会的活动室，设立专门的健康小屋，为居民区配备专职的"社区健康管理师"，为社区居民提供就近的健康咨询服务，实现居民与家庭医生之间的无缝对接。借助智慧社区的建设，利用类似一元真公司的全维云之类的智能化诊断监测设备，帮助街道将居民的健康信息数据纳入到统一的信息化管理平台，对居民开展精准化的健康管理服务，跟踪居民生活习惯的变化对健康带来的影响，适时采取干预措施，做到早预防、早发现、早治疗。与此配套，组织社区开展健康管理师培训，引导相关人员在社区服务和就业。

六、加快制定"互联网＋预防保健"健康数据标准，推动健康数据开放、共享

加快推进健康数据采集标准、交换标准、交互规范的研究制定工作，推进各类健康数据的汇聚统一，打破信息孤岛，推动已有数据的联通和共享。同时，积极融入"浙江健康云"，实现与浙江省人口健康信息平台的功能嫁接；完善患者电子病历、个人电子健康档案、个人慢病专病档案，实现健康数据开放共享，推动多维度掌握患者健康情况的工作，为制定精准化、个性化诊疗方案奠定基础。

七、加强"互联网＋预防保健"数据安全制度建设

尽快研究制定浙江省"互联网＋预防保健"服务的管理办法，明确从业人员、服务机构、服务规范及监督管理等细则，规范"互联网＋预防保健"服务行为。研究制定专项政策法规，明确个人健康信息的隐私保护范围及使用条件，明确数据的所有方、采集方、持有方等各相关主体的责任与义务，保障公众隐私和健康数据安全，推动健康大数据规范发展。

八、重点扶持一批复合型"互联网＋预防保健"健康管理人才培养和科研基地建设

进一步完善"互联网＋预防保健"等健康管理的学历教育、继续教育、职业技能培训的健康管理人才培养体系；鼓励浙江大学、浙江中医药大学、温州医科大学等高等院校加强相关学科建设；加大对专科和高职学校健康服务类相关专业的扶持力度，

积极开展健康从业人员的在岗培训和继续教育；培养适合区域发展的健康管理的学科带头人、专业骨干人才、复合型人才。建设一批国家级、省市级创新平台和公共技术服务平台，加快健康管理科研和实训基地建设。

九、大力扶持"互联网＋预防保健"健康管理龙头企业做大做强

建议对全省健康管理企业进行梳理，针对龙头企业，借鉴深圳市支持华大基因的做法，集中力量重点扶持拥有核心技术和知识产权的互联网＋高技术健康管理企业，下大力气支持其在关键技术领域的研发，完善产业链条，充分释放其发展潜能，帮助其做大做强，使之成为全国、全球的知名企业，让品牌企业引领带动相关上、下游配套产业发展，打造高端健康管理产业，让更多群众享受健康带来的生活品质的提升。

深圳医养融合养老模式借鉴 [1]

医养结合作为满足老年人多层次、多样化的健康养老服务需求的新型养老模式，日益受到社会的关注和重视。

1
本报告主执笔人林忠伟、舒蛟靖，成文于 2019 年 4 月 1 日，原标题为《关于加快推进医养结合发展的几点建议——深圳罗湖区医养融合养老模式的经验启示》。

一、深圳罗湖区探索医养融合养老模式的先进经验

（一）资源整合、医改支撑，加大政策扶持力度

打破行政壁垒，整合医疗和养老资源。成立以卫生、民政、发改、财政、社保等部门为成员的医养融合工作领导小组，统筹协调全区医养融合工作。通过整合区内医疗资源以及公办、民营养老资源，形成"社康中心—老年病专科医院—集团综合医院"的分级诊疗体系，实现医疗服务对养老机构全覆盖。

深化医疗改革，完善社保支付政策。以医疗机构集团化改革为载体，建立了医保费用"总额管理、结余奖励"机制，较好解决了医养结合的社保支付问题。对符合条件的养老机构内设医疗机构或医疗机构在养老机构内开办老年病专科医院，纳入基本医保范围，实现医疗服务嵌入式发展。

政策落实到位，资金大力支持。出台一系列养老及社康服务的政策，并通过加强督查保证每项政策措施落实到位。2016 年起医疗卫生事业经费投入每年递增 20%，加大对区内医养融合事业的经费保障。

（二）多元养老、医疗覆盖，完善医养服务体系

医院搬进养老院，医疗资源直接对接机构养老。区人民医院接管区福利中心老年护理院，成立区医养融合老年病专科医院，破解老人在福利中心就医难的医养分离困

局，避免老年病人把医院当养老院。

社康中心联姻社区日照中心，实现社康和养老一体化。全区 90% 的日间照料中心与周边的社康中心合作，结合社康中心的技术和设备优势，为老人提供便捷的医疗康复服务，打造"十分钟养老服务圈"。医院直接举办"公办公营"日间照料中心，由全科医生、资深护理人员等组成服务团队，提供综合性养老服务。社会出资建设一体化养老机构，规范设置社区家庭病床，保障失能老人居家养老。出台工作方案和操作指南，明确财政对家庭病床的补助标准，家庭病床全部获得医保记账定点资格。成立专门技术支持和服务机构，保证签约对象享受优质的家庭医生上门服务。目前区内设有 4000 余张家庭病床，约占全市 65%。

（三）要素强化、诊疗优化，提供专业服务保障

规范服务标准，畅通医养机构协作通道。依托罗湖医院集团人才和技术优势，为全区养老机构提供技术支撑，牵头制定《深圳市医养融合服务规范》，从专业医疗服务角度规定医养融合的服务标准。建立快捷的会诊和双向转诊通道，目前全区已有 13 家养老机构与专业医疗机构达成合作，全区养老和老人医疗的资源分布和配置更趋合理。

强化实践和培训，培育医养结合专业人才。探索将养老机构内设医疗机构及其医护人员纳入卫计部门统一指导，在专业化培训、资格认定、职称评定、技术准入和推荐评优等方面，与其他医疗机构同等对待。鼓励医师和执业护士到养老机构、老人医疗机构提供服务，与专业院校合作成立养老护理学校，培养既懂医学护理又懂生活护理的专业养老护理员。选派医护骨干到日本等国深造学习，并不定期邀请外国专家来罗湖培训、指导。

借力"互联网＋医疗"，打造医养结合大数据平台。构建医养融合云服务平台，实现远程医疗。开发医养融合信息化管理系统，评估老人健康状况，确定健康管理方案。建立健康管理移动终端，与医院检验、影像信息等对接，并利用可穿戴移动设备采集健康信息，实时进行动态监测和干预。自主研发"健康罗湖"APP，将居民 15 年内在集团就诊数据整理到平台供随时调用。

二、几点建议

（一）完善医养结合工作机制

加强医养结合顶层设计。将推进医养结合发展作为健康浙江建设的重要内容，纳入全省深化医药卫生体制改革以及促进养老、健康服务业发展的总体部署，融合产业、交

通、市政、生态、城乡等规划，统筹制定医养结合服务设施空间布局规划；强化政策顶层设计，建立健全覆盖产业发展、医疗保险、财政支持和人才激励等领域的政策体系。

推进医养结合部门之间的协同。建立医养结合工作领导小组，加强相关部门的沟通和协作，推进养老机构与医疗机构统一规划、同步建设。深化医养结合领域的"最多跑一次"改革，加快推进各地医养结合相关信息平台和部门间的数据共享，探索建立一站式"无障碍"审批通道，缩短医疗机构设立养老机构或养老机构设立医疗机构的审批时限。

深化医养结合领域医保制度改革。将符合条件的医养结合机构纳入我省城乡基本医疗保险定点范围，探索把养老与护理服务的相关医用耗材以及老年护理医疗费用纳入医保支付范围；研究推进将互联网诊疗服务纳入医保支付范围，建立支持医养结合长期发展的保险制度。完善养老机构、医院、康复护理机构及社区卫生服务机构之间的业务协作、转诊机制。

（二）拓展医养结合服务体系

推进养老机构与区域医疗联合体对接。推进我省养老机构标准化建设，支持社区医院与养老机构合作改建，建立以医院为主体的医护结合型养老院。引导更多老年病专科医院、设有老年科的综合医院、社区服务中心以及医养护一体化机构加入"老年病专科联盟＋医疗联合体"模式，助力合建医养护一体化的长期照护体系。

推动医疗服务向社区与家庭延伸。按照我省提倡的"9064"养老模式，96%的老人在社区和居家养老，重点要发挥社区（乡镇）卫生服务中心满足老年人医疗需求的作用。支持有条件的街道社区卫生服务中心、乡镇卫生院开展医养结合服务试点。支持乡镇（街道）居家养老服务中心、社区日间照料中心与社区医疗卫生服务机构开展合作，提供"医疗护理、生活照料、精神慰藉"三位一体服务。支持民营互联网医院融入社区居家养老体系。加强"全科医生＋专科医生"的家庭医生签约服务，注重对居家失能半失能老人的医养服务。

创新发展医养结合项目。引导慈善资金、社会捐赠资金创办一站式养老综合体。发挥我省民营资本优势，探索政府和社会资本合作（PPP）的模式，支持社会力量通过特许经营、公建民营、民办公助等模式建设老年病专科医院等医养结合机构；鼓励利用闲置厂房、办公用房等改建医养结合项目，支持在乡村等环境静美地区发展健康旅游、生态疗养、文化休闲等特色医养结合项目。创新医养结合商业服务主体培育，构建名医名院零距离服务机制，结合未来社区拓展医养服务场景，打造城乡医养结合"20分钟服务圈"。

（三）提升医养结合要素保障

完善医养结合技术支撑。把医养结合信息化作为"新型智慧城市"建设的重要内容，强化医养护信息数据共建共享，深化社区老年人电子信息健康档案建设和医养结合动态监测，构建老年照护统一需求评估工作数字平台。结合新时代人工智能开发和5G技术，助力推进"智慧养老＋智慧医疗"建设；深入开发远程诊疗、刷脸认证、网约护士等智能化医养结合服务。大力发展中医药健康服务业，推进中医药健康养老服务向村、社区一级延伸。

多渠道补齐医养服务人才短板。鼓励家庭医生等执业医师到社区医疗机构和养老机构内设医疗机构多点执业。支持医养结合领军人才开办工作室，支持医疗与养护人才流动执业。通过政府购买职业培训成果的方式，鼓励引导各级各类职业培训机构和医养结合机构，建立养老护理人员培训基地。将老年医学、康复、护理人才作为急需人才纳入卫生技术人员培训规划和临床骨干医师培训项目。对符合条件的参加养老护理职业技能培训和职业技能鉴定的人员，按规定给予职业培训补贴和职业技能鉴定补贴。建立医养结合护理员入职奖励、特岗补贴和工龄补贴机制。支持优秀从业者申报151人才工程医疗健康领域培养专项培养人员。

鼓励金融机构创新金融支持。推进我省金融标准创新建设试点工作，引导政策性商业银行为社区居家养老服务设施、居家养老服务网络建设项目以及配套中小企业提供批量融资支持。引导金融租赁公司开发符合老年人需求的医养服务产品并提供融资租赁等金融服务。开发长期护理保险、健康保险等具有医养结合服务性质的保险产品。探索建立医养结合专项基金，用于养老项目的股本、资本金、贴息、担保、风险补偿等。

办好社区居家养老的多元路径 [1]

所谓社区居家养老是指政府和社会力量依托社区，为居家的老年人提供养老服务的社会化养老模式。浙江作为国内老龄化程度最高的省份之一，应结合全面建成小康标杆省份的战略目标，在养老服务方面继续"走在前列"。

[1] 本报告主执笔人胡虎林、阎逸、夏谊、姚海滨，成文于2017年4月24日，原标题为《完善我省社区居家养老服务的几点建议》。

一、多管齐下，进一步发挥政府主导作用

（一）完善社区居家养老服务平台建设

一是"一站式"提供社区居家养老服务。建立"1＋X"的综合性社区居家养老服务中心，"1"提供基本的生活照料服务，"X"延伸整合提供医疗健康、精神慰藉、法律服务、紧急救援等多元化、专业化服务项目。设立统一的办事服务窗口和社区居家养老服务热线，为老年人提供快捷、高效的"一站式"服务。

二是"一体化"整合社区各类为老服务资源。加快整合基层民政、卫生、教育、体育、文化等公共服务资源，将社区老年照料中心、老年食堂和老年活动室等社区为老服务资源，以及社区卫生服务中心等统筹考虑，相互衔接服务，最大限度地发挥现有设施的功效；加强相邻相近社区的养老服务资源的整合与共享；培育一批为老服务社会组织，合理引入商业养老服务资源。

三是"一张网"搭建"智慧养老"综合信息平台。通过"互联网＋养老"建立"虚拟养老院"，打造集成"养老信息服务网站""养老服务行业管理""养老服务资源数据库"等多项功能的综合信息平台，强化养老服务的信息收集、整理和分析能力；充分利用大数据，增强政府养老服务的决策、分析和供给能力，为跨部门的服务管理提供支持。

（二）改造提升城市社区居家养老服务设施

一是结合"三改一拆"项目，利用旧厂房、旧仓库等改造升级为公共服务用房，建设居家养老服务设施，如杭州市拱墅区华丰社区利用华丰造纸厂的旧厂房，建成总面积 900 平方米的社区居家养老综合服务中心。

二是优化养老设施布点规划，在现有社区养老设施的基础上，以"网格化布局、标准化建设"为方向，按照设施服务半径、社区老龄化程度，增加新的社区养老设施，并形成功能互补。

三是适度调整相关规划，挖掘潜在养老服务资源。杭州市上城区紫阳街道凤凰南苑菜场闲置多年，有社会组织拟将其改造成为养老一条龙服务场所，但因涉及规划调整问题，计划被搁置。类似问题政府部门应作通盘考虑。

（三）加快完善农村社区居家养老服务设施

借鉴金华市按照"中心较大村统一布点、边缘较小村分餐配送相结合"的思路，在老人人数较多、经济实力较强、硬件基础较好、组织建设较优的行政村建设居家养老服务中心，每个中心实用面积在 200 平方米以上，功能辐射到边缘较小村。结合小城镇和农村地区的空间优化重构，合理地利用闲置的会堂、祠堂、学校等进行功能改造，并对农村居家养老服务设施进行统一规划，如永康市西城街道 5 个村共用老年食堂，节省了人力成本、土地空间和建设资金。

二、多策并举，进一步发挥市场主体作用

（一）积极引导民间资本进入养老服务领域

结合"最多跑一次"改革，简化手续、制定政策，拓展民间资本投入社区居家养老产业渠道。建立社会化风险分担机制，探索公建民营、购买服务、委托管理、合资合作等多种民间资本参与方式，改进和完善相应的金融服务。重点扶持"龙头企业"，以"连锁加盟"等形式发展居家养老服务产业。以"PPP"合作模式，推动民间资本参与社区居家养老公共服务设施建设。推进社区居家养老服务设施的社会化运营，可借鉴杭州市以政府购买服务、公益创投、项目招标等方式，引入 500 余家品牌优、服务好的社会组织承担居家养老服务照料中心管理和运营，年投入 500 余万福彩公益金用于资助社区为老服务项目开展。

（二）引导民营养老机构和社区居家养老融合发展

支持民营养老服务机构开门办院，向居家老人开放场地，延伸服务，促进"家院互融"。鼓励有条件的民营养老机构转型升级为枢纽型综合养老服务中心，向居家老年人提供各类服务项目。可借鉴杭州朝晖九区引入日式服务和管理的社区嵌入型微型养老机构，为辖区居家老人提供喘息服务、心理慰藉等多元化养老服务。

（三）促进民营医院进入社区居家养老"医养护"结合领域

进一步深化医疗制度和医疗保障制度改革，降低养老机构设医疗机构、医保定点资质的准入门槛，解决医保结算问题等。探索通过政府购买服务的模式降低老年人的费用支出，如通过向民营医院购买服务，开展医疗健康流动服务车进社区，为空巢、孤寡、失能等困难老人提供上门医疗服务。结合我省"互联网＋医疗服务"的快速发展，探索解决互联网医院医保结算的问题，促进民营互联网医院融入社区居家养老体系。

（四）鼓励发展社区居家养老相关保险业务

在从事养老服务过程中，容易发生疏忽或过失导致老年人人身损害的情况。建议在去年省民政厅开展"社区居家养老服务机构综合保险试点"的基础上，及时总结经验，扩大试点范围。同时，在完善养老保险和医疗保险的基础上，积极提供社区居家养老保险产品和服务，可借鉴推广杭州市的做法，为老年人提供保费低、保障高、保障范围广的团体意外伤害统筹保险。

三、多方参与，进一步发挥社会组织作用

（一）募集更多公益资金投入社区居家养老领域

除财政经费和民间资本投入外，要通过多渠道筹集各类公益性资金投入社区养老服务领域。

一是按照《"十三五"国家老龄事业发展和养老体系建设规划》要求，福彩公益金用于养老服务业的比例要达到50%以上，并随老年人口的增加逐步提高投入比例。我省要加快制定相关实施细则，尽早落实到位。

二是充分调动各类慈善组织、公益机构、基金会等多方社会资源筹集资金，并积极探索盘活城市社区闲置资产和农村集体经济收益用于社区居家养老服务。

（二）倡导社会各界提供老年公益服务

发挥工、青、妇等社会团体作用，推广"志愿服务时间银行""互助服务"等形式，推动社区居家养老志愿服务经常化制度化，对独居老人全面开展义工结对帮助活动。开展养老志愿者培训认证工作，提高养老志愿服务的专业性。同时，拓展老年人参与文化传承、银龄互助、志愿服务、社会治理、邻里和睦的渠道，特别要发挥退休党员干部和知识分子的先锋模范作用，如到社区为群众宣讲党的政策、授课等。结合延迟退休制度的实施，引导部分延迟退休职工转到社区养老服务岗位。

（三）提高社区居家养老服务专业化水平

在加强对养老服务领域从业者资格审查及技能培训的基础上，政府根据服务的数量和质量给予一定奖励或补贴；通过增加中高职院校养老护理相关专业的设置，鼓励相关专业学生参与养老服务的实践，并作为实习的一部分甚至签订长期合约，保证专业志愿者队伍的建设。把养老护理员纳入专业技术人员系列，参照医护体系制定职业发展规划，通过统一指导、同等对待和激励政策，引导医护人员进入医养结合机构执业。

创设世界运河文化交融区

京杭大运河是世界上历史最久、长度居首的人工河流。与长城一起，是中国古代最伟大的工程。长城御敌，运河通商；长城是历史陈迹，运河是活态遗产。运河文化的精髓是开放、探索、交融、吸纳、包容，与"一带一路"战略思想一脉相承。

1
本报告主执笔人刘亭，成文于 2017 年 6 月 23 日，原标题为《关于创设世界运河文化交融区加速杭州国际化进程的建议》。

从文化共性的角度看，京杭运河连世界，运河文化通全球。世界上的重要国家，都曾在一定的发展阶段修建运河，推动本国经济发展和对外开放。运河是便捷通道、国力象征，也是经济推手、文化纽带。世界上许多知名城市，如纽约、巴黎、伦敦、东京、首尔等，都是运河城市。伦敦有运河博物馆，爱尔兰有运河大剧院。

"一带一路"是中国倡导的重大国际合作项目，其目的是促成新的世界经济合作机制，推动全球化开放和共享经济的健康发展。杭州兼有"一带一路一河"节点的城市地位，如能将运河文化和"一带一路"有机结合，在"一带一路"国家战略中融入"一河"特色，以运河文化作为连接世界运河国家和城市的纽带，开辟对外开放的新题材和新平台，唱好天下运河文化的大戏，将有助于推动杭州市国际化进程，是未来杭州市高品质发展不可错失的契机。

拱墅区位于运河杭州段北端，是运河古迹保存完整、文化底蕴深厚、旅游资源丰富的河段。建议在现有运河文化旅游区段，如御马头、富义仓、运河博物馆、运河广场等古、现代建筑之外，再打造一片世界运河文化交融区，着力建设一批异国风情旅游景点和文化设施，集聚包括外国友人、海外归侨、港澳台人士在内的国际化人口社群，承载中外文化交融空间。具体设想如下：

一、以运河文化为核心，以国际化为导向，在运河公园及毗邻区块（如华丰板块或运河两岸），规划建设一个包括运河大剧院等地标性文化设施在内的世界运河文化交融区

围绕运河文化主题，广泛开展涉外文化艺术经营，既弘扬运河文化的精华，也展示世界各运河国家、城市的风情。形成集酒店、住宅、餐饮、中外文化企业总部、艺术创作、展览、艺术品拍卖、演出演艺、文化交流，纪念品销售相结合的特色文化旅游区和休闲商务区。

目前杭州的国际化色彩不浓，既没有明显的涉外社区，也难觅地道的外国餐饮和商品供应店家。外国优秀文艺团体很少来杭演出，外国游客也明显不足。这些问题，绝不能指望通过"一次性"的国际会议或大型体育赛事就能改变。必须加强国际化发展的软硬件建设，大力引进国外优秀人才和优秀文化产品，使杭州成为域外组织和企业驻华机构有竞争力的选址和外国人士向往的宜居城市。让不同肤色的海外朋友能在杭州市共同生活、和谐相处；让东西方思想文化交汇融合成为杭州城市的典型特征。建议在打造运河文化交融区的过程中，补齐杭州涉外设施不足的短板，建设宾至如归的涉外休闲商务社区。在拱墅区运河沿线布局建造世界各国友人喜游乐居、中国民俗和异国风情混合、外向型的"都市洋家乐"，把运河两岸打造成杭州东西方文化交流的新区。

二、生命在于运动，文化在于活动，要依托世界运河文化交融区建设，大力开展国际文化艺术交流活动

杭州虽说是历史文化之都、人文荟萃之地，但目前比起京沪广深等地，涉外文化交流活动并不多，相当多的杭州人还没有养成"买票看戏"的习惯。近年来博鳌、乌镇等小城镇在这方面风头强劲，大有后来居上之势。建议杭州学习借鉴国外利用运河题材、提纲挈领发展文化旅游业的经验。譬如比利时古城布鲁日、英国伯明翰古老的"布林德利"运河区、新加坡昔日卸货的克拉码头，这些城市都视运河为城市的血脉和灵魂，在整治过程中，既保留了运河区原有的特色，又融入了新的时代元素，或成为"欧洲文化之都"，或成为游客首选的不夜城；爱尔兰运河大剧院一台《大河之舞》，让踢踏舞步响彻全世界。建议杭州充分利用运河承载的良渚文化、吴越文化、南宋文化、民国文化等古今优秀文化基因，以运河大剧院为中心舞台，安排国内外知名院团前来演出，组织国内运河沿线城市特色剧目展演，启动丝路城市文化交流年、运河文化城市旅游年等活动，策划举办具有国际影响的艺术节、戏剧节、音乐节、舞蹈节、电影节等重大文化活动；筹划组织龙舟赛、划艇赛、船上人机智力大赛等特色文体赛事。通过这些带有世界顶级影响的文体交流活动，让杭州真正成为开放、现代的世界历史文化之都。

三、在对创设世界运河文化交融区的构想和方案，进行科学论证、统一规划的基础上，积极吸引国内外顶级文化企业参与相关的谋划、投融资、建设和运营

最近中国保利文化集团等国内企业派员前来考察运河投资项目，表现出对运河开发的兴趣。时下有意投资文化产业的主体众多。只要杭州打开思路、广开财路，按照"政府搭台、企业唱戏、民众捧场"的原则博采众家之长，把全国优秀的文化企业和杰出人才吸引过来，积极参与其中，那么力争五年内，在天蓝水清、白帆点点的大运河畔，打造出一个外向型的文化交融新区，成为杭州对外开放的窗口和城市国际化的靓丽名片，是完全可以预期的！

高考新政新问题剖析 [1]

浙江作为高考综合改革全国首批试点单位之一，2017年11月省政府出台了《进一步深化高考综合改革试点的若干意见》（以下简称《意见》），各项工作取得了突破性进展，但也出现了一些新情况、新问题。

[1] 本报告主执笔人蓝蔚青、詹真荣，成文于2019年1月29日，原标题为《浙江高考新政新问题及相关建议》。

一、高考新政的新情况新问题

调查显示，《意见》出台受到师生们的欢迎，受访者普遍认为新高考政策调整及时，符合高考改革初衷：①学生选择权基本得到尊重，②学考选考时间调整有利于教师合理安排教务，③学考选考分离、先学考后选考比以前更公平。但也普遍反映："7选3"后的教学管理存在问题，如学生选课多样性、师资不平衡、走班教学管理、两次考试的弊端等问题依然存在。此外，新政实施中又出现了一些新问题值得关注。

一是"赋分制"争议较多，考生选课存在"去理化"现象。多数受访者认为，赋分制没有从学科价值出发，没有考虑科目和试卷的难度等变量因素，也没有考虑不同次考试的不同对象，容易造成学生实力与成绩的不匹配。另外，因为理科学科相对难度大，因此直接导致普通中学考生选课放弃物理、化学科目的现象。实地调查发现，重点高中选考理科的学生多，而一般高中选考文科的学生多。

二是两次选考机会，让学生高中阶段一直处于备考状态，学业负担更重。新高考改革政策调整后，各高中学校要求学生尽早完成学考，加快课程进度，学生学业负担更重。受访的学生反映，高一学习10门课程，每天上12节课，只有1节自习课，无法完成作业。高一下学期，学校要求学生参加选考科目以外其他3门科目的学考；到了高二，学习8门课程，每天上8节课，进度快，知识点难以消化。很多家长反映，整个高中三年，学生一直在统测、学考和选考中疲于奔命。受访者大多认为，两次选考是给学生多了一次考试的机会，但学生成绩提高并不明显，却大幅增加了社会、学校、学生和家长的时间和成本投入。另外，高考成绩两年有效，滋生了"高复生"投机现象。有少数学生为能考上更好的大学，在高三时专攻"7选3"和英语，考出好成绩，再复读一年专攻语文和数学。

三是高校新生理工科专业素养与高校要求脱节，高校理工科专业发展前景堪忧。 目前高校理工科专业认证工作已全面铺开，而专业认证对于教学质量的评估主要着眼于学生的基本专业素养。随着越来越多在高中未选考物理的学生进入高校理工科专业，对专业认证将产生一定影响。假如高校专业认证不通过，将使相关高校学科建设受到严重影响，专业含金量下降连带影响学科声誉、招生数、高层次科研项目数量下降。

二、对策建议

一是改"7选3"方案为"3＋1＋2"方案，满足高校对文理学科人才培养的基础性要求。 "3"指语文、数学、外语三门必考科目，并可适当降低英语分值；"1"指在物理、历史两门科目中必选一门；"2"指在化学、生物、政治、地理、技术以及除了必选一门以外的或历史或物理，六门科目中任选2门。

二是选考改为一次，或者调整计分机制，减轻学生学业负担。 方案一：取消选考、以及英语等高考科目两考方案，改为每个科目只考一次，统一考试时间，英语仍然是每年6月与语文、数学一起考试，全部科目均采用原始分，高考成绩均一年有效。方案二：在现有选考和英语两考方案不变的情况下，优化赋分制方案，由3分一档变为1分一档，增加等级数量。优化后的赋分制各等级所对应的考生比例越小，能更好显示出学生真实水平，最后得分也能显示更大的区分度。

三是省内各高校要积极应对高考改革带来的挑战，在制度设计上增强系统性和整体性。 各高校要认真研究本校专业建设与发展的要求，进一步细化各专业高考科目要求，增强高中学生选课的针对性。各高校要积极向教育部争取更多的"三位一体"综合评价招生政策，进一步扩大自主招生权，招到学校想要培养的具有学科特长的学生。各高校要积极与省内普通高中开展合作，在学生如何选科、中学生职业生涯规划、大学专业介绍等方面加强对高中学生生涯教育的指导和引导。

创新创业人才培养的"大红鹰模式"[1]

浙江省第十四次党代会强调，实施好重点高校建设计划和产教融合发展工程，突出创新型科技人才、企业家和工匠等紧缺人才培养。宁波大红鹰学院作为全国最早成立的民办本科高校之一，自 2011 年起，在全国率先开展了校企合作培养创新创业人才的教学改革，2016 年毕业生就业率为 96.66%，专业对口率为 57.53%，创业率为 10.8%，较 2011 年分别提高了 1.5 个百分点、12.5 个百分点和 4 个百分点，三项指标均高于其他高校平均水平。

[1] 本报告主执笔人蒋天颖、徐志宏、程偲奇，成文于 2017 年 11 月 24 日，原标题为《高校培养创新创业人才的改革实践与建议》。

一、探索校企合作教学模式，破解创业创新人才培养难题

一是破解高校创业人才培养层面单一、培养环节不完整、培养过程不系统的问题。大多数高校侧重精英教育模式，导致学生就业率偏低。随着创新创业教育深入开展，一些高校囿于资源、条件等限制，只注重理论知识传授，而忽视课程教学改革和技能培训实践，这就导致创业教育的受益面局限于少数参与创业实践的学校或学生。即使有些高校开设了一些创业教育课程，与专业领域就业创业的社会需求差距较大。

二是破解企业参与高校创业教育动力不足、融入深度不够、创业人才培养缺少外部资源的融合与支持问题。当前我国教育基本上属于"校本"教育体系，创业人才培养缺少企业外部资源深度融合。教学与需求脱节，直接导致毕业学生就业后专业不对口。高等院校在课程设置、实践安排、基金投入等方面扮演着主导角色，外在创业力量对高校创业教育支撑乏力，尤其是企业参与高校创业教育的动力和积极性不足，融入深度不够。特别是囿于利益分配机制不健全，企业和社会组织参与高校创业教育、向高校学生提供创业基金和实习机会的积极性不高，参与度较低。

三是破解创业实践孵化平台建设与管理不完善、创业人才培养与后续发展缺乏持

续性的服务与支持问题。由于我国开展大学生创业教育相对较晚，一些教学培养体系和社会支撑机制还不成熟。许多高校将创业教育只是局限于某个学院，没有统一部门或机构指导，创业人才培养与后续发展缺乏持续性的服务与支持。一方面，高校与创客空间、创业园区等孵化基地缺乏有效联动。另一方面，政府部门和社会组织与学校深度合作机制尚未形成，缺乏为学生创业创新提供政策咨询、登记注册、社会融资等方面"一站式"服务。

二、完善校企合作办学机制，构建创新创业人才培养新体系

一是创建校企深度融合的"混合制"创业学院，率先开展四年制创业管理专业的人才培养。 学校与科技部重点支持的国家级教育技术龙头企业——深圳国泰安教育技术有限公司合作共建创业学院，形成双方介入、全程参与、经费共投，风险共担和利益共享的办学机制。在全国率先开设四年制本科创业管理教学，采用"课程总监＋专家主讲＋课程助理"教学模式，双方组建师资团队，合作编印配套教材，企业高管担任课程总监，行业专家担任主讲教师。几年来，已招收 3 个年级 500 多名学员，开展了创业意识教育、创业理论普及、创业实践训练等课程，受益学生 1.9 万余名，形成"以点带面、点面结合、覆盖全校"的多层次创业教育新局面。

二是构建"创业教育与实践、创业培育与引导、创业服务与支持"三位一体的创业人才培养新体系。 根据学生个体发展、社会产业需求和多方要素互动三者结合的创业教育理念，构建"教育与实践、培育与引导、服务与支持"三位一体教学培养体系。一是在创业教育与实践方面，开设"3＋1"四年制创业课程教育、创业实践指导和创业演练；二是在创业培育与引导方面，面向项目团队与创客团队开展项目识别、过程辅导、前期融资、创业孵化等指导与服务；三是在创业服务与支持方面，面向学生提供商业模式设计、管理咨询、资本对接、财务咨询等服务。几年来，创业学院在校生先后获得全国管理决策大赛特等奖、全国高校商业精英挑战赛一等奖、全国大学生创业大赛一等奖，另外，获国家大学生创新创业项目 20 项、浙江省高校各类奖项 117 项。

三是探索"校政企联合共建、企业主导管理、市场化运作"的创业实践孵化平台和有效服务支撑的运营模式。 学校与政府教育部门、国家高新区、人才培训中心、深圳国泰安教育技术有限公司、北京长城战略管理咨询公司等开展紧密合作，共同建立创业模拟实训中心、商业模式实验室、创新创业服务中心等孵化平台。同时，校政企联合创立"大学生创业投资基金"，对接政府创投基金及社会 7 家创投机构，为在校生和毕业生注册成立公司提供全方位服务与支持。这项改革促进了多方资源与要素的互

动融合和支撑。几年来，累计有 1869 名在校生参与创业项目孵化，164 个在校生创客团队入驻校内外创业孵化园，41 名学生在校期间创办了工商注册的公司。

三、深化校企合作教学改革，加大创新创业人才政策支持

一是校企合作的教学改革需要政府部门充分肯定。党的十九大报告特别强调，要完善职业教育和培训体系，大规模开展职业技能培训，鼓励创业带动就业。校企合作教育改革曾受到教育部主要领导和国家高等教育教学评估中心充分肯定，《人民日报》《光明日报》《中国教育报》等 50 余家媒体对教学改革相关内容和成效进行了报道。厦门大学、上海交大、合肥学院等高校领导和教育专家在考察交流中也给予高度评价。这项教学改革已经实施多年，当前需要省级领导和有关部门给予更多关注和肯定，以鼓励和支持这项教学改革深入推进和面上推广。

二是产教融合的培养模式需要社会各界更多支持。"建立以企业为主体、市场为导向、产学研深度融合的创新体系"，这是党的十九大指明的改革方向。为此，高校创业创新人才教学改革需要进一步完善。一是政府对开展产教融合、校企合作的学校，在人才引进、应用型师资队伍建设、项目评审、平台建设等方面，给予政策倾斜和适当经费支持。二是企业参与高校开展产教融合、校企合作的投入，在项目审批、税费减免、贴息贷款方面给予一定优惠，促进企业与高校深度合作。三是可考虑由政府牵头，推动高校与政府部门、行业、科研院所深度合作，共同组建"创业教育合作战略联盟"，形成产教融合、产学研融合的长效机制。

三是人才成长的关键需要营造创新创业良好社会环境。党的十九大报告指出，要"鼓励更多社会主体投身创新创业"，这需要营造一个良好的创新创业社会生态系统。一是政府拟制定创新创业教育规划、推进创新创业教育体制改革、营造创新创业社会文化氛围。二是充分发挥高校在创新驱动中的重要支撑作用，打通专业教育与创业教育有机融合的生态链，从组织、机制、教师、资金和孵化多个层面与区域创业资源对接，实现创业人才培养多维互动与合作。三是社会各类创新创业平台加强与高校教学改革的有机对接，引导金融资源向高校创新创业项目合理配置；社会中介服务机构更好地为学生创业提供法律咨询、技术支持和社会融资等全方位服务，形成全社会支持大众创业、万众创新的良好氛围。

提升博士人才培养水平 [1]

博士人才培养水平是衡量一个地区高等教育质量和科技创新能力的重要因素，提高博士人才培养质量是我省高等教育亟须补齐的短板，博士人才培养数量少是我省高等教育亟须化解的痛点，省属高校博士授予单位少则是我省高等教育亟须攻克的难点。近期，国务院学位委员会决定 2017 年开展博士授权审核增列工作，这对我省来说是一个提升高等教育水平的难得机遇，应千方百计抓住这次机遇，补齐短板，推动我省高等教育提质量、上台阶。

1

本报告主执笔人宋明顺，成文于 2017 年 4 月 28 日，原标题为《抓住机遇 科学规划 提升我省博士学位教育水平——关于开展 2017 年博士授予单位增列工作的建议》。

一、博士学位教育状况与我省经济地位不相称

2015 年全国在校博士生 32.67 万名，当年全国共招收 7.44 万名博士生；2015 年我省在校博士生 10863 名，当年全省高校共招收 2421 名博士生，以上数据包括浙江大学。按全国 31 个省、自治区、直辖市平均计算，2015 年各省（区、市）在校博士生平均人数为 10539 名，当年平均招收博士生 2400 名。从上述数据比较看出，包括浙江大学在内，我省博士培养只有全国平均水平。

浙江省属高校博士人才培养状况更令人堪忧。2015 年浙江省属高校在校博士生只有 1704 名，当年共招收 411 名博士生。浙江工业大学作为省属高校博士学科最多的高校，也只有 5 个一级学科，而全国具有博士学位授权的省属高校（即非教育部直属高校和其他部委直属高校）平均有 6 个一级学科博士点。浙江只有 8 所省属高校有博士学位授权，总共只有 19 个一级学科博士点，另外 3 所高校设有服务国家特殊需求博士人才项目。目前全国共设有 110 个一级学科博士点，我省覆盖率不到 20%，无法满足我省全面建成高水平小康社会的需要。如把浙江大学 58 个一级学科博士点加上，我省

也只有 77 个一级学科博士点，还不到西部地区陕西省的一半（该省有 183 个一级学科博士点）。（见表 1）

表 1　2015 年博士人才培养情况对比表

项目	在校博士生数（名）	当年招收博士生数（名）
全国平均 /31 省区市	10539	2400
浙江省	10863	2421
浙江省属高校	1704	411

在全国 31 个省（区、市）中，我省经济总量一直排名全国第 4，城镇居民人均收入（4.7 万元）排名全国第 3，农村人均收入（2.9 万元）排名全国第 2。浙江博士人才的培养水平与浙江经济社会发展地位、浙江人民对高水平教育的需求差距较大。

二、省属地方高校具备了开展博士教育的良好基础

浙江工业大学在全国高校的综合排名一直位于 60 名左右，超过多数 211 大学，但该校一级学科博士点还不到全国省属高校的平均数。我省其他省属高校的办学实力也不俗，没有博士学位授权的杭州师范大学、中国计量大学、浙江农林大学、浙江财经大学、浙江海洋大学、温州大学都有若干个学科进入全国学科排名前 30%。全国高校中具有博士学位授权的共 350 多所，而我省上述没有博士学位授予权的 6 所高校全国综合排名都在 300 名以内，杭州师范大学、中国计量大学更是位于 200 名以内，也就是说这些高校的办学水平已超过许多其他省（区、市）具有博士学位授予权的高校，但却没有博士学位授权资格。浙江省这 6 所高校已具备培养博士人才的所有条件，但就是缺乏资格，不仅造成教育资源的浪费，而且极不利于浙江高等教育和科技创新的发展，同时也不能满足浙江学生接受更高水平高等教育的需求。

三、2017 年我省博士学位授权单位增列工作的建议

在浙江省委、省政府的领导下，尤其是在省委教育工委和省教育厅的直接领导下，我省高等教育无论在数量上还是质量上都得到了快速发展。之所以具有博士学位授权的高校少，是因为我省硕士教育起步晚等历史原因，加之国务院学位委员会已有十多年没有系统开展博士学位授权单位增列工作。这十多年里我省高校发生了翻天覆地的

变化。2017年国务院学位委员会决定开展博士学位授权审核增列工作，对我省高等教育来说是千载难逢的机遇，是补齐我省高等教育博士人才培养短板、破解制约我省高等教育质量提升难题的良好机遇。为此提出下列建议：

（一）积极向国务院学位委员会和教育部争取特殊政策，支持我省博士人才培养工作

这次博士学位增列工作明确了向西部地区倾斜的政策，但我省同样有充足的理由积极向国务院学位委员会和教育部争取优惠政策。殊不知我省博士人才培养现状比西部地区更加需要政策支持。

（二）根据本次博士学位授权审核增列工作的要求，我省学位委员会须先制定博士学位授权立项建设指南或规划，只有列入指南或规划的高校才有资格申报

若杭州师范大学、中国计量大学、浙江农林大学、浙江财经大学、浙江海洋大学、温州大学等符合申报条件，建议同时将他们一并列入指南或规划，而且不要分批次，同时允许他们都于2017年开展博士学位授予单位申报工作，因为他们各自优势学科之间具有互补性而非内部竞争性；若2017年这6所高校中申报没有成功的，则自然列入下一批申报工作计划。以加快补齐我省博士人才培养短板，提升我省高等教育质量。

推进社区教育转型发展 [1]

总体看，我省社区教育处全国领先地位，共有全国社区教育示范区 14 个，居全国第 1 位，全国社区教育实验区 11 个，居全国第 2 位，创建了 7 所联合国教科文组织农村社区学习中心项目点学校。还形成了一批社区教育的品牌，如学习地图、教育公园、4 点钟学校等。但是，相对于社区教育的巨大需求，供给仍显不足。一是教育资源不足，二是市场与社会力量参与不足，三是教育内容与居民需求吻合度不高。建议：

[1] 本课题主执笔人胡虎林、杨建华，成文于 2017 年 4 月 28 日，原标题为《关于我省社区教育存在的问题与对策建议的函》。

一、充分利用市场与社会力量推进社区教育转型发展

社区教育应从政府包办的老路中解放出来，走社会化、市场化、职业化之路，加大制度供给侧结构性改革，推进我省社区教育转型发展。大力鼓励社会组织和市场力量参与社区教育，鼓励民间资本参与办学；政府对社区教育发展应分类施策，根据老年教育、职业培训、居民学习需求的实际情况，提供差异化的供给。拓展社会力量参与社区教育的深度和广度。通过政企、社企等合作方式兴办各类社区教育。在农村社区，可与文化礼堂建设结合，将农村文化礼堂打造成农村社区教育的重要平台。充分发挥社会组织、志愿者力量为社区居民提供鲜活、实用的社区教育，引导科技工作者、法律工作者、文化工作者及退休教师等参与社区教育。

建立、健全社区教育的政府购买方式和政策。扩大社区教育政府外包范围，设立社区教育券制度，运用市场化手段建设学习资源体系，建立起市场化配置学习资源、政府采购学习资源、社区教育使用学习资源的良性发展机制。

二、将社区教育纳入基本公共服务清单

社区教育也是基本公共服务的组成部分，党政要强化对社区教育的指导引领作用，加大社区教育制度化供给。将社区教育纳入区域社会发展总体规划与社区建设、发展、评估内容体系中，纳入政府基本公共服务清单和责任清单，为社区弱势群体，如老年人、外来务工者、残疾人等提供相关文化知识技能教育与培训。

加强政府对社区教育发展的规划和协调，形成统筹协调机制，有效整合各种教育资源。党政机关、企事业单位、社会团体、高校等部门和单位既是社区教育推动者，也是社区教育资源的提供者，各相关部门要充分发挥各自职能，积极参与到社区教育之中，成为社区教育的积极推动者。作为基层政府机构的街道与乡镇，需承担起社区教育责任主体职能，组织、协调、推动这一工作，努力形成"党政统筹指导、乡镇街道主抓、有关部门配合、社会积极支持、社区自主活动、群众广泛参与"的社区教育发展模式。

三、加快推进我省社区教育立法

加快制定社区教育法规。将社区教育立法提上日程，积极启动立法调研，在教育部等九部门《关于进一步推进社区教育发展的意见》基础上出台我省对应的执行细则，并抓紧制定我省《社区教育条例》或《终身教育促进条例》。通过立法对社区教育予以明晰规定，规范各级党委、政府、职能部门、人民团体、学校以及各种参与社区教育的社会组织机构的责任、权利和义务。提高社区教育的地位，整合资源，形成完备有效的社区教育体系。

政府在经费上应尽力扶持社区教育，可考虑将目前分散在各部门的公民教育专题如科普、普法、精神文明等教育经费打包划拨到社区，由社区居民自主选择相关专题的学习，并由社区居民监督社区教育经费的使用。

努力开放学校教育资源，鼓励各种教育机构将空闲时段的场地、教室对社区教育开放。按照社区教育需求给予专职教师以职称评定、专业化培训以及职业发展的机会。鼓励各类教育师资兼职社区教育，让学校的教师走进社区学院开展专题讲座。完善志愿者招募机制，充分吸纳本社区专业人才及退休教师、科技文化工作者等作为志愿人士组建社区教育志愿者队伍，让他们以专业知识为居民提供教育培训服务。

四、加强社区教育教学内容建设

社区教育需充分尊重居民意愿，根据居民实际需求来开展社区教育。开发与地域文化、社区实情密切相关的特色科目，在农村社区开设职业技能培训课程；开发公民精神、人文艺术、科学技术、职业技能、早期教育、运动健身、养生保健、生活休闲等课程；还可以开发时政讲座课程，对社会热点问题进行及时宣讲与普及性教育，满足居民精神文化需求，增强居民知识获得感。

五、打造"互联网＋社区教育"平台

有效利用我省已在建设的网络学习空间，开展多种形式的网络教育课程；打造"以学习者为中心"的新型教学模式，给社区居民创造学习机会，为那些不能直接参与课堂学习的人提供多形式的学习途径；帮助一些弱势群体如外来务工者、残疾人得到学习机会。充分利用我省各级电大资源，在省级层面对数字化学习平台建设进行资源整合，根据不同群体的学习需求建设更匹配更高质量的数字化教学资源，让网络教学通过智能手机使求学者随时随地学习。各地还可增加特色教学资源，加强共建共享，避免资源浪费。

"稳就业"：高质量发展的优先目标 [1]

面对新形势、新要求，我省就业工作面临一些新问题、新挑战：一是经济下行压力带来周期性就业压力，二是经济结构调整加剧结构性就业压力，三是人力资源市场运行不畅造成摩擦性就业压力。既要关注当前，更要着眼长远，把"稳就业"作为高质量发展的优先目标，加大经济逆周期的调节力度，打好政策组合拳，完善促进就业的工作机制。

1 本报告主执笔人舒蛟靖、林忠伟，成文于 2019 年 3 月 14 日，原标题为《贯彻落实"两会"新精神 把"稳就业"作为高质量发展的优先目标》。

一、统筹"稳企业"与"稳就业"工作，稳住吸纳就业的主渠道

通过降低社保费率降低企业用人成本。我省城镇职工基本养老保险单位缴费比例为 14%，已低于国家此次可下调至 16% 的政策范围，但我省降低社保费率还有较大空间。2017 年社会保险费收入占 GDP 比重为 7.32%，远高于广东（5.07%）和江苏（4.35%）。同时，如果我省社保费率不做调整，养老保险基金外调比例将加大。

把"稳就业"政策和"稳企业"政策相结合。同等条件下，优先帮扶吸纳就业多的企业，可以考虑把就业促进的专项资金纳入扶持小微企业的专项计划。同时，处理好"稳就业"和处置僵尸企业的关系，按照"保人不保企"的原则，做好转岗职工分流安置工作。

因企施策提高"稳就业"的精准性。对互联网等创新行业加强预期引导，为增加就业岗位的创新型企业提供岗位补贴激励，综合评价对创业就业的传导影响，防范和化解规模性裁员风险。对受贸易摩擦影响等遇到暂时困难的企业，采取相应措施帮助企业稳定现有就业岗位。对出现融资困难的小微企业，适度加大对其融资担保的支持力度。

二、充分激发经济社会活力，创造更多新的就业机会

营造有利于创新创业创造的良好发展环境。全面落实创新创业扶持政策，催生更多吸纳就业的新市场主体。对带动就业能力强的小微企业，优先提供创业担保贷款贴息，结合企业信用和缴纳社保情况，提供一定额度的信用贷款。降低自主创业人员支持政策认定的门槛，将自主创业人员范围扩大至全部在校学生，提高创业优惠政策的适用性。

围绕重点产业创造更多就业岗位。如结合"数字经济"一号工程，大力开发"互联网＋"家政、养老、快递等就业岗位；大力发展平台经济、众包经济、共享经济等新业态新模式，创造更多高质量就业岗位。

积极引导人才面向乡村就业。结合我省乡村振兴战略，深入推进高校毕业生基层成长计划，积极引导青年人才到农村工作。借鉴推广淳安下姜村的做法，成立村集体经济股份公司，进行公司化运作，向村外招聘职业经理人。加快农业供给侧结构性改革，培育新型农业经营主体和新型职业农民，支持青年返乡下乡创业，大力发展农村电子商务等新业态，拓宽农村劳动力就地就近就业渠道。

三、推进教育培训体制改革，提高劳动者就业竞争力

加快发展现代职业教育。政府工作报告用很大篇幅强调了要加快发展现代职业教育。我省要继续加大对职业教育的支持力度，加强高职院校软硬件建设，改革完善高职院校考试招生办法，鼓励更多应届高中毕业生和退役军人、下岗职工、农民工等报考职业院校。支持民营企业和社会力量兴办职业教育，深化校企合作，提高职业教育的针对性，加快培养我省发展急需的各类技术技能人才。

加快普通高校的学科专业结构调整。构筑高校招生计划、人才培养与充分就业的联动机制，根据社会实际需要精准调整专业结构，多开设一些产业转型、技术进步所急需的课程与学科，提高人才培养和社会需求的契合度。

加强普通高中职业规划教育。落实就业前接受1~3年的职业培训和职业教育的国家政策，完善职业生涯规划课，提供一系列就业创业教育，帮助学生提前做好专业选择和职业规划，鼓励从校外聘请专业人士、优秀人力资源经理、成功创业者担任老师。实施社会劳动力职业技能提升行动。同步推进传统产业升级和职工技能提升、岗位转换，支持各类职业院校、职业培训机构和符合条件的企业承担职业技能培训。围绕我省重点产业开展岗前培训、职工岗位技能培训和高技能人才培训，强化订单培训、定向培训、定岗培训。

四、支持发展新型灵活就业，促进劳动力资源充分利用

提升新型灵活就业社会保障水平。消除新型灵活就业者参加失业、生育、工伤等社会保险的制度障碍，研究制定补贴政策。探索补充性保障，如为通过网络平台等模式就业的新型灵活就业者提供意外伤害保险等。支持社会组织成立第三方的自由职业者社保中心，为灵活就业者提供退休计划、社保套餐。

维护新型灵活就业者合法权益。建立健全新型灵活就业的规章制度，完善灵活就业者的劳动人事争议调解仲裁和劳动保障监察工作，加强法律援助。如及时研究出台各分享经济平台的监管办法，保障网约车司机、网红直播者等新型灵活就业者的合法权益。创新工会组织形式，将灵活就业者纳入工会体系中，定期组织开展培训和交流活动。

完善新型灵活就业支持政策。健全灵活就业信息统计，依托互联网建立"新型灵活就业云人才库"，为各类主体与灵活就业者提供精准对接、远程匹配，探索政府向灵活就业者购买服务制度。创新探索联合办公产业，依托梦想小镇等众创空间为新型灵活就业者打造联合办公空间。健全新型灵活就业者人才评价体系，研究相应的职称评定方法。

五、完善就业服务体系，提高就业岗位供需匹配度

确保各项"稳就业"政策落实到位。研究制定发布"稳就业"政策实施细则，如明确"面临暂时性生产经营困难且恢复有望、坚持不裁员或少裁员的参保企业"的界定标准，简化企业稳岗补贴裁员率计算方法，并结合"三服务"活动，及时向企业和群众宣传政策。

健全就业形势监测体系及部门间协调机制。构建高质量就业指标体系和就业数据库平台，开展就业形势统计监测评估，按月定期发布就业情况报告，及时评估各项政策对就业的影响。

提高就业公共服务水平。深化就业服务领域"最多跑一次"改革，协同推进线上线下人力资源市场建设，降低企业招聘和劳动者应聘的成本。加强劳动监察和执法，努力消除户籍、学历、专业、年龄、毕业年限等就业歧视，使得人尽其才选岗位。

完善就业援助长效机制。强化分类帮扶和实名制动态管理，规范公益性就业岗位开发和管理。积极创建"扶贫车间"，就近安置贫困劳动力，以奖代投鼓励企业、农民专业合作社、民办非企业等单位积极吸纳建档立卡贫困劳动力就业。

促进新型灵活就业健康发展¹

我省民营经济发达，新型灵活就业更是层出不穷，主要呈现以下特点：一是涉及领域越来越广，除运输、家政等传统行业外，信息、旅游、时尚、文化等重点产业也成为新型灵活就业的主战场；二是就业模式越来越多，出现了自由职业、远程就业、分时段就业等新就业人群；三是从业人员素质越来越高，更多高校毕业生选择新型灵活就业。当前，我省新型灵活就业还面临社保体系不能完全覆盖、就业服务不够完善、社会认同度不高等问题。对此建议：

1

本报告主执笔人舒蛟靖、马欣雅、阎逸、姚海滨，成文于2017年5月4日，原标题为《促进新型灵活就业模式健康发展》。

一、提升新型灵活就业社会保障水平

一是消除新型灵活就业者参加失业、生育、工伤等社会保险的制度障碍。加快研究新型灵活就业的劳动关系管理暂定办法，分类界定平台类企业与新型灵活就业者之间的关系（雇佣、合作），分类界定平台类企业的缴纳责任，以养老、医疗保险为重点将平台型的新型灵活就业者纳入社保覆盖范围。研究制定对新型灵活就业者参加社会保险的补贴政策，完善社会保险转移机制。二是结合"去产能"促进新型灵活就业，如在推进"僵尸企业"退出市场或者重组过程中，通过专项奖补资金支持企业与各分享经济平台开展合作，为职工提供灵活就业岗位，并开展技能培训，有序衔接各类社会保险。三是积极探索新型灵活就业者的补充性保障，如为通过网络平台等模式就业的新型灵活就业者提供意外伤害保险等。借鉴发达国家经验，支持社会组织成立第三方的自由职业者社保中心，为灵活就业者特别是一些高层次的自雇型灵活就业者提供分级分档或可量身定制的退休计划、社保套餐。四是探索将新型灵活就业者纳入住房保障，对符合条件的高层次灵活就业者子女和配偶入院入托、接受义务教育等给予政策支持。

二、维护新型灵活就业者合法权益

一是建立健全适应新型灵活就业的相关法规，完善灵活就业者的劳动人事争议调解仲裁和劳动保障监察工作，加强对权益受侵害者的法律援助。如及时研究出台各分享经济平台的监管办法，保障网约车司机、网红直播者、民宿出租者等新型灵活就业者的合法权益。二是创新工会组织形式，将灵活就业者纳入工会体系中，定期组织相关领域的专家为灵活就业者开展最新政策的解读和法律培训，如为跨境电商的新型灵活就业者讲解我省跨境贸易的各项政策。三是针对设计、创作等领域的新型灵活就业者，加强其成果的知识产权保护。

三、完善新型灵活就业服务体系

一是结合"最多跑一次"改革，进一步梳理新型灵活就业者日常涉及到的社保、税务、贷款、签证等方面的政府服务，提高相关的服务水平。二是健全灵活就业信息统计，推进公共数据的整合共享，对利用平台服务的企业和新型灵活就业者进行评估，并探索逐步完善信用体系。三是依托大数据、云计算等信息技术，建立"新型灵活就业云人才库"，为各类主体与灵活就业者提供全国甚至全球范围的精准对接、远程匹配，同时探索建立政府向灵活就业者购买服务制度。四是支持符合条件、经工商登记注册的新型灵活就业人员，按规定享受现行就业创业扶持政策，加快完善用工、工资支付等相关制度。对于不具备工商注册登记条件的新型灵活就业创业人员，经劳动保障部门审核认定后，允许参照自主创业的个体工商户享受相关扶持政策。五是发挥相关行业协会作用，加强与政府相关部门、培训机构、社会力量的联合沟通，为新型灵活就业者提供职业技能、法律知识等相关内容的培训，并为相互交流创造条件。

四、加强对新型灵活就业者的业务支持服务

一是借鉴欧美国家经验，创新探索联合办公产业，依托梦想小镇等众创空间为新型灵活就业者打造联合办公空间，帮助新型灵活就业者提升社交圈、拓展业务计划等。二是依托杭州城西科创大走廊等创业创新基地，支持能够提供灵活就业平台的企业发展，完善网上零工市场。三是探索建立"互联网＋社区灵活就业公共服务平台"，为从事网络经营、创意设计、手工制作、加工装配、电子商务等的新型居家灵活就业者获取更多的社会资源。四是支持有条件的地区设立灵活就业创业基金，为新型灵活就业创业者提供担保、贴息或科技计划支持，设立服务灵活就业创业的融资担保机构。借

鉴重庆个人创业担保贷款政策改革经验，将实名登记的灵活就业人员纳入可申请贷款范围，对于无抵押物或保证人的优质创业项目，可经相关就业机构推荐，由小微企业融资担保公司提供担保。

五、构建新型灵活就业者人才评价系统

一是针对前沿领域和交叉学科产生的新型灵活就业，面向社会和市场增设职称体系，并探索适宜新型灵活就业者的职称评定方法，如自由撰稿人可根据作品的质量评定职称，技能型的自由职业者可根据不同的技术水平考核来评定职称。二是进一步完善现有的高层次人才评定办法，如杭州市灵活就业者人才认定可在现有的"5＋1"分类标准上，将灵活就业者纳入到社会贡献较大、现行人才目录难以界定的"偏才"或"专才"一类中。三是倡导转变就业观念，大力宣传灵活就业者所承担的社会责任、促进就业的典型经验，并对优秀者给予表彰和奖励。

六、鼓励高校毕业生选择新型灵活就业

一是在高校大学生就业指导服务中增加有关灵活就业的内容，给予在校大学生最新的灵活就业信息资源，与有关企业合作开展新型灵活就业岗位实训课程，并将灵活就业纳入高校就业考核体系。二是完善相关就业政策，如高校毕业生可持毕业证、报到证等申报"灵活就业证明"，凭证可在公共就业（人才）服务机构享受到一系列劳动保障和人事代理服务，包括免费提供政策咨询、代管档案、职称评定申报、党团组织关系接转等。三是鼓励高校通过设立弹性学制、建立灵活就业学生信息登记，为有创业需求的学生开辟绿色通道；通过新型灵活就业成功人士讲座、政府部门有关灵活就业的政策宣讲、举办灵活就业创业比赛等方式增强灵活就业的氛围。

设立法律服务产业园的现实意义 [1]

法律服务产业园以高端知名律师事务所为主，集聚公证处、仲裁评估、司法鉴定、法律援助和会计事务所等机构的高端法律服务，形成以律师服务为核心的产业空间聚集模式，致力于打造法律服务"最佳生态圈"。2018 年 4 月全国第一个法律服务产业园在南京建邺区建立，吸引包括全国律协会长单位金杜律师事务所和亚洲地区规模最大的盈科律师事务所等多家知名品牌律师事务所入驻。浙江可进行试点，设立法律服务产业园具有以下现实意义：

[1] 本报告主执笔人王坤，成文于 2018 年 11 月 21 日，原标题为《关于我省建立法律服务产业园的建议》。

（一）契合法律服务产业化的迫切需求

截至 2017 年底，浙江省共有 19400 名律师，全省业务收入近 81 亿。其中，杭州律师近 8000 人，创收 36 亿，预计到 2025 年，杭州律师将达到 16000 人，创收将达到 122.5 亿元。设立法律服务产业园区，可通过政策扶持、市场化运作和优质服务理念，加大引进、吸纳、招商的力度，集中出台相关政策，制定相应的法律服务产业发展规划，提供最为优质的制度供给、服务供给和要素供给，做大法律服务产业规模，细化专业分工，延伸产业链条，形成品牌优势，大力扩展法律服务空间，在总量上形成规模、在服务上形成特色、在影响上形成声势，产生法律服务集聚效应，成为全省、全国最具影响力的高端法律服务产业集聚区。

（二）有助于打造完整的法律服务产业链

法律产业园区最大优势就在于，便于按照现代服务业理念，打造一条新型法律服务产业链，促使法律服务和其他服务相结合，法律服务和现代科技结合，法律服务和金融资本结合，使我省法律服务业以现代科技和资本为支撑，以法律产品的研发为龙头，以专业化分工为依托，深入法律服务产业的上下游，全面整合本地律界业务资源，开辟新型业务种类和项目，拓展法律服务领域，从而增强法律服务市场的竞争力，为客户提供更为专业的法律服务，为我国法律服务业发展探索一条新路。

（三）便于为市场主体提供多样化的法律服务

在法律产业园区中，可以汇集各律师所、商标所、专利所、会计师事务所、审计师事务所、工程造价所、司法鉴定所、调查所，云集各类顶尖律师和法律服务相关业务专家，共同拓展综合性法律服务，形成"法务办公大厅"，可以为客户"包办"，便捷而高效，省心省时省力。更好地为国内外各种市场主体服务，也有助于提升浙江文化软实力。

（四）便于培养和引进法律服务专业人才

在产业园区形成后，可以主动对标北京、上海等一线城市，以服务最优为目标，吸引国际、国内和省内高端知名律师事务所入驻，通过税收返还、政策优惠、住房补贴、资金补助、就业安置等一系列优惠政策，吸引高层次、复合型法律人才入驻产业园。在此基础上，充分发挥园区的平台优势、人员优势、集聚优势，有效组织开展各类法律产品研发工作，广泛收集汇总行业信息、分析定位律师业发展现状、科学预判市场发展趋势、总结推广管理模式创新。可以举办各种法律论坛，为杭州律师及法务人士搭建汇聚交流的平台。可以引导各相关方持续加大对人才培养的力度，形成政府、行业、事务所、律师团队多层次多形式进行人才培训的格局。

（五）有助于降低法律服务机构的运营成本

建立法律服务产业园，有助于降低律师事务所的硬件成本和管理成本。引导众多的法律服务机构集中于一个产业园区，既便于对其加强管理，也便于律师协会等进行自律性管理。使得法律服务机构在实现经济功能的同时，也能够有效实现法律服务业消除纷争、促进和谐发展的社会功能和政治功能。

（六）有助于赶超一线城市的法律服务产业

秉持法律服务产业化理念，采用法律服务产业园区形式，有效集中法律服务资源，形成法律服务产业链，在最易产生专业知识技能、市场资讯等方面形成集聚效应，为市场主体提供最高效的法律服务产品，以弯道超车方式赶超一线城市的法律服务水平，力争打造国内服务最优、产业链最完整、业态组合最科学、影响力最大的法律服务新高地。

破解节假日"交通难"问题 [1]

大数据显示，2018 年国庆"黄金周"杭州游客量达 1700 万余人次，同比增长 7.2%，交通秩序基本良好，但人流量巨大，对城市治理提出了新课题。如著名的西湖景区北山路沿线"交通难、黑车滥"问题突出，不仅让大批游客和广大市民苦不堪言，而且严重损害杭州开放、文明、有序的良好形象。

[1] 本报告主执笔人杨献国，成文于 2018 年 10 月 16 日，原标题为《西湖北山路重大节假日"交通难""黑车滥"问题亟待整治解决》。

第一，要建立健全重大节假日交通监管应急机制和快速反应机制。有关部门要研究制定重大节假日交通应急预案，对重大节假日期间出现的城市客流量高峰路段和交通拥堵情况，采取应急措施，以快速疏散人流，缓解"交通难"状况。

第二，有关执法部门加大重大节假日的交通执法监管力度。要强化规范北山路交通秩序，对违法"黑车"坚决取缔。尤其在重大节假日晚间 20：00-22：00 之间，是游客和市民游览离开景区的集中时间段，要特别注重组织安排力量在这个时间段的执法管理，不能出现执法监管"空白时间段"。

第三，针对重大节假日客流量特点，在北山路沿线这样客流非常集中的路段，应适时调整公交线路、班次，并增加车次，适当延长运营时间，便于迅捷疏散交通人流。

第四，创新交通服务运能设置。针对北山路道路不宽且可分散车流的支路又极少的特殊情况，可考虑设置短途环线以小面包作为"微公交"投入运行。即"北山路—曙光路—保俶北路"这样的环线运行，便于快速疏散人群。而游客和市民只要能离开北山路，抵达曙光路、保俶北路等路段，用车就会方便许多。

第五，增加北山路沿线共享单车停放点和投放量，便于游客和市民骑行，加速疏散人流，保持有序、良好的交通状况。

G20 峰会维稳安保经验四则 [1]

2016 年 9 月，二十国集团领导人第十一次峰会（简称 G20 峰会）在杭州举行，杭州成为全球瞩目的耀眼舞台，浙江也发展成为国际会展的重要区域。总结 G20 峰会举办经验，可为可持续发展和长治久安，打造规范、科学并符合国际标准的维稳安保机制，提供有益借鉴。

[1] 本课题主执笔人胡虎林、胡铭，成文于 2017 年 3 月 9 日，原标题为《关于总结 G20 杭州峰会维稳安保经验推进我省社会治理创新的函》。

一、维稳安保机制规范化的同时注重法治化

在宏观制度构建方面，制定了囊括整个社会面、涵盖各部门的重大维稳安保等级响应规范，建立起重大行政决策风险评估机制，以及负面效应评估机制等制度规范；在微观指挥体系上，建立了扁平化的领导和指挥体制，在体制机制创新的同时实现了高效畅通的命令传达。同时，运用法治思维和法治方法，具体落实相应的维稳安保措施。实施行政措施，依法授权先行，充分体现了法治思维在社会管理中的运用。依据相关法律开展的"规范化"行业管理和"专业性"物品监管也是本次峰会成功举办的重要安保措施之一。

无论是本次 G20 峰会维稳安保所建立起来的各项体制机制，抑或是法治化的政府行政，在后 G20 时期都有进一步深化的必要。需要认真梳理哪些是可以常态化的维稳安保措施，哪些是特殊情况下的应急措施，哪些是没有必要的举措。以便将特殊时期的应急措施和可常态化的措施相区分，处理好两者的关系。借鉴本次峰会的成功经验，研究制定规范化的维稳安保措施，在日常工作中加强法治建设和权利保障，以实现我省社会的长治久安。

二、信息技术助力社会治理的同时关注公民权利保护

杭州 G20 峰会凸显出信息化社会中互联网、高科技、大数据在社会治理创新中的重要作用。依靠 APP 和网络授权手机定位和通话记录等形成的热力图可以对群众活动的人流情况进行实时监控，便于警方及时调整管控措施，避免人员重大伤亡事故的发生；安装人脸自动识别系统的监控探头可以自动识别出警方数据库中的危险人员，实时报警以便警方采取突处措施；物流、危险品行业巴枪和唯一识别二维码的采用便于对物品进行跟踪与查证；手机 APP 推送诱导则可以在交通管制对群众出行带来不便的情况下，科学地引导群众规划线路，提升交通运力，保障城市运行和市民群众正常生活需要。

在后 G20 时期，我省可以加强与省内外互联网、大数据等高科技企业的合作，运用信息技术手段创新社会管理，进一步提高社会治理的科学性、准确性和效率。进一步推动互联网＋社会治理，实现网上网下的协同，数据的共享，社会信用体系的建构等。或许，我们可以更进一步，再造一个社会治理领域的"阿里巴巴"，实现一套涵盖城市交通精细管理、违法犯罪精确打击、社会治安精确治理等一体的浙江模式。同时，应注意对公民隐私权等基本权利的保护，对公民的大数据信息的运用、公民行为的监控等应当遵循法律的严格规范。既要防止高科技企业对公民信息和大数据的滥用，也要防止有关部门非法监控和信息泄露，对公民的信息监控要严格纳入法治轨道。这便需要构建一整套完善的互联网领域的法律规则，包括电子签名、网络安全、电子商务、数据权益保护等领域，浙江省完全有条件率先开展积极的探索。

三、高效动员干部群众参与的同时争取群众的高度认同

G20 峰会期间，在广泛深入开展宣传、动员的基础上，充分发挥了综合治理和基层组织的作用，将党和国家的意志转化为人民群众的自觉行动，将人民群众自觉参与和尊重人民群众的意愿相契合。整个杭州市划分为 1169 个基础管控网格，配备 4657 名网格民警，基层组织动员了大量的平安巡防志愿者参与，将所有管控要素全部纳入网格之中。"半山群众""武林好大妈"等不仅仅构成一抹鲜亮的杭州"峰会红"，更是切实地为峰会的举办起到了护航的作用。此外，企业主体的参与也发挥了重要作用。

同时，G20 峰会期间对不同社会诉求主体的管控是一次成功的实践。不仅仅要关注动员那些社会的"优势群体"，更要从理解群体行为为起点，调整社会治理的认知，关注社会沉默的少数、边缘群体的利益，加强与这些社会群体的沟通和互动，注重政策公平性，以求得社会最大公约数，画好最大同心圆。高效成功的社会动员需要人们

内心的认同，事先充分释明和替代利益的提供是良好的疏导管道，社会治理需要公民、社会组织的合作，需要提升社会化程度；需要进一步引入市场的方式、市场的要素，还要按照市场经济的通行法则来行事。

四、全面协同式治理的同时强调各司其职

杭州 G20 峰会处处体现了协调、合作、联动的精神。省际合作、省市协同，共下"一盘棋"的指导思想下充分开展全方位的协同合作；省内不同部门的协同，各部门之间的情报共享、会商研判、密切配合；政府和社会组织、企业、社群的协同合作乃至于民众个体的默契配合等。这些协同合作的举措体现了共同治理的创新方式，应进一步创新资源和要素有效汇聚，通过突破治理主体间的壁垒，充分释放彼此间"人才、资金、信息、技术"等创新要素活力而实现深度合作式社会治理。

同时，社会治理包括公共安全、社会治安、交通运输、安全生产、环境保护等众多方面，社会治理应是在"党委领导、政府负责、社会协同、公众参与、法治保障"的总体格局下各司其职、明确责任。应严格落实"属地管理"和"谁主管谁负责"原则，进一步明确党委、政府和各部门在社会综合治理工作中的责任。努力形成职责明确、奖惩分明、衔接配套、务实管用、精准治理的责任体系。对责任督导和追究的情形、方式、实行主体、内容和后果等作出操作性强的具体规定。努力建立长效机制，以避免恶性事件的发生。

创新发展"枫桥经验" [1]

"枫桥经验"是我党群众路线在基层社会治理中的一个典范，是新时代实现基层社会治理体系与能力现代化的一条有效路径。近年来，我省在基层治理中先后推出了村务监督委员会、网格化管理、组团式服务、自治法治德治"三治"融合、"互联网＋社会治理""四个平台"建设等，对创新发展"枫桥经验"作了新探索，形成基层党建与基层治理、自治法治德治、平安建设与百姓安居乐业、优秀传统治理文化与现代科学治理技术四个有机融合。

[1] 本课题主执笔人胡虎林、杨建华，成文于 2018 年 6 月 11 日，原标题为《关于新时代创新发展"枫桥经验"的若干建议的函》。

进入新时代，无论是社会结构、社会矛盾，还是人民群众的需求都发生了重大的变化，这就需要我们对创新发展"枫桥经验"有新的认知、新的方式方法：既要高度重视基层治理的党政引领，也要重视基层村社区自治功能的充分发挥；既要高度重视依法治理，也要重视公众知情、参与、协商、监督的民主机制建设；既要重视基层矛盾的调解，更要重视矛盾根源性问题的解决；既要重视省级层面治理机制的改革，更要重视基层治理资源有效整合机制建设；既要重视"枫桥经验"治理功能的发挥，更要重视百姓获得感、幸福感的满足。

一、加强社区党组织建设，建立完善三项民主制度

加强社区党组织建设，团结、组织党支部成员和居民群众完成本社区所担负的各项任务，支持和保证社区居民委员会依法自治。建立完善三项民主制度：坚持和完善社区成员代表大会制度，讨论决定社区重大事项；完善村（居）民委员会制度，执行社区成员代表大会所作的每一项决定；建立健全社区议事协商制度，行使对社区事务的协商、议事职能，对居委会、村委会工作提出建议和进行监督。最终实现决策、执行、议事、领导四个层次功能分明、运作有序的社区自治组织体系。

二、实施乡镇政府权力清单制度，将基层社区自治纳入法治框架

在总结省级部门和县市政府权力清单改革经验的基础上，尽快推行乡镇政府的权力清单制度。通过权力清单明确乡镇政府与市场、社会的权力边界，明确并优化乡镇（街道）与县（市）的权力纵向配置，形成"按清单办事，依规范用权"规范机制。积极开展街道办事处工作条例的立法论证活动，制定《街道协商工作示范规程》，完善乡镇（街道）社会治理体制。坚决清理和规范各种评比达标活动，严格控制对乡镇党政领导"一票否决"事项。

把基层社会自治纳入法治框架，在城乡社区按照法律赋予村、居委的权利实施民主选举、民主参与、民主管理、民主监督，健全村、居基层民主选举制度，健全以章程为核心的独立自主、权责明确、运转协调、制衡有效的社会组织法人治理结构。积极探索基层协商民主，通过民主评议、办事听证、村、居务公开等协商机制，规范村、居委民主协商程序。在社区公共事务决策中引入协商民主机制，使各方了解彼此的诉求和立场，使群众能够以理性合法的形式表达利益要求，及时化解利益矛盾，保障广大群众合理合法利益。

三、完善基层公共服务平台，建立乡镇（街道）社会工作服务站

完善基层公共服务资源整合平台，合理配置资源，实现公共服务供需双方的精准对接，高效回应人民群众的需求。进一步简化手续，优化流程，让群众办事更方便。落实基层经费保障机制，加大财政对基层社会服务管理平台建设的保障力度。加大政府向自治组织购买服务的力度，提高公共服务供给的质量。完善社区治理结构，探索制定基层自治组织依法履行职责事项和协助政府工作事项，并按照"费随事转，权随责走"原则，理顺基层自治组织与乡镇、街道的关系。

优化城乡社区服务设施布局，拓展社区服务功能，建立公共服务、便民利民服务、志愿服务有机衔接的城乡社区服务体系。总结推广一些地方建立邻里中心、民众联络所、幸福驿站等基层服务管理新平台的经验和做法，在全省建立乡镇（街道）社区工作服务站，其为社会组织属性，省级对乡镇（街道）社会工作服务站服务项目以政府购买服务方式进行补助，支持培育一批社会组织到社会工作服务站设立社工站点，组织社工人才到基层一线开展专业服务，村、居委可设立一名兼职民生协理员，负责社区有关民生，特别是农村留守儿童、妇女、社区老人和其他特殊困难群体的照料、帮扶等服务。

四、强化抓早抓小抓根源，从源头上严控矛盾冲突的萌生

坚持"大平安"理念，创新发展"枫桥经验"，从保障公民权利与法治化、智能化入手，强化抓早、抓小、抓苗头、抓根源。针对上面梳理的一些矛盾根源，在全省范围内减少村庄撤并，尽最大可能保护现有村庄（除因扶贫而需异地搬迁的村庄），保护农村生态空间、文化空间；维护公民基本权利，明晰产权、物权制度，不得为商业利益而随意征用拆迁，不得在执法中随意罚没、扣押公民财物；完善相关制度，依托大数据和人工智能统计分析研究劳资纠纷、金融诈骗、生态环保、企业改制等领域矛盾化解之策，有效落实"一案一策"、挂牌督办等制度，做到排查到位、化解到位。

五、完善基层社会治理资源整合机制，加大基层综合执法队伍建设

充分发挥"网格化管理、组团式服务"机制的先发优势，进一步深化省平安建设信息系统与"网格化管理、组团式服务"的两网融合，建立统一的村（社区）综合服务信息平台，提高基层基础工作信息化管理能力。建立健全系统化、集成化的基层社会治理资源指挥调度机制，由乡镇（街道）党委专职书记统筹政法、环保、民政、安监、土地、社保等部门资源，吸引社会组织、社工、社会志愿者广泛参与。整合属地单位资源，引导离退休党员干部服务村（社区），实现社会治理资源集约化配置，覆盖治理的真空与盲点。加大培养基层综合执法队伍力度，完善综合执法平台建设。加快培养更多高素质的基层综合执法人员，乡镇（街道）建立综合执法平台协调组或综合执法办公室，实现执法资源充分整合、执法队伍统一指挥调度。

六、实施乡村振兴战略，将治理优势转化为经济社会发展优势

大力实施乡村振兴战略，努力为群众创造美好生活创造美好环境，促进基层社会治理与城乡经济发展相互促进。使城乡居民安居乐业，不断增加经济、物质和精神上的获得感。根据本地实际情况，整合资源，确立核心产业与核心竞争力，发展地方支柱产业，如民宿经济、电商经济、智能产业、环保产业、安保产业、文化创意产业、养老产业等，促进镇企、村企融合。将基层治理所带来的良好形势转化为经济、政治、社会、生态环境发展优势，让基层治理与乡村发展两轮驱动，齐头并进。

从"枫桥经验"到"花园经验"[1]

50 年前，浙江枫桥创造了"依靠群众就地化解矛盾"的"枫桥经验"。如何学习推广"枫桥经验"，并根据形势变化不断赋予其新的内涵，已经成为当前推进乡村治理创新的一项重大课题。

东阳市花园村在学习推广"枫桥经验"基础上，融合现代城市管理方式与传统乡村治理经验，发展出一套较为成熟的乡村治理机制，不但实现了 30 年间"矛盾不上交、纠纷不出村、选举不拉票、村民零上访"，还保障了村集体经济的快速发展壮大，花园村也因此成为农村基层构建和谐社会的典型和高水平全面建成小康社会的示范，并初步创造了新时期乡村治理的"花园经验"。其主要做法有：

1
　　本报告主执笔人胡豹、顾益康、陈立辉，成文于 2017 年 6 月 28 日，原标题为《从"枫桥经验"到"花园经验"：新时期乡村治理机制的嬗变与创新》。

一、从能人治村向依法治村的治理转型

花园村建立了一套村治规章制度，涵盖村务管理、党员管理、村民管理三大方面。村务管理包括"决策程序、议事规则、财务管理、村务公开、公共事务管理、联系群众、干部考核和日常管理"八项内容；党员管理包括"党员作用发挥、党员活动、外出党员管理、党费收缴、党员评议、党员考核"六项内容；村民管理主要是村民自治章程和村规民约。

二、打破常规，设立村治专门事务机构

花园村成立了社会综合治理领导小组和法律事务部，发挥派出所和法院的派生功能。社会综合治理领导小组下设治保委员会、人民调解委员会、矛盾纠纷排查调处小组、外来人员管理领导小组、归正人员帮教领导小组、预防青少年违法犯罪领导小组

和消防队，是解决纠纷、处理突发事件的核心机构。一旦有突发事件，治安小组介入处理，3天内解决不了的，移交法律事务部，法律事务部解决不了的，移交国家公检法部门处理。村里还设立了纪委办、政法办、安全保卫处、村建办、招标办、询价组等机构，保证村里每一项事务都有专人依法依规办理。

三、高度重视党员干部服务理念教育

花园村把党员的教育培训放在突出位置，每半月一次党员学习，每月一次党员会议，邀请专家和领导到村里授课，各项工作已坚持20多年，促使党员干部形成"讲奉献"的风气，在工作中恪守"公开、公平、公正"的原则，保证政策的实施效果。凡是涉及村庄规划、房屋拆建、工程招标、选举、发展新党员等事务，一律通过"公示栏"公布，要求党员干部带头履行规章制度；要求每一名党员干部联系农户进行帮扶；规定党员干部服务村里不计报酬，不发误工补贴。

四、挖掘利用乡村内生性治理资源

花园村制定了系列化的《村规民约》《生态公约》《村民道德公约》等，从生活起居、环境保护、道德养成等方面对村民进行全方位行为规范。村民把村规民约看成"小宪法"，与国家大法一样心存敬畏，并严格遵守，许多人都能背出其中的条款。内生性治理资源的有效利用使村民道德水准保持在较高水平，有利于一系列政策的贯彻实施，"三改一拆""五水共治"等工作的提前完成足以说明其价值所在。

五、公平对待新并入村民的民生福祉增进

为解决新老村民利益划分、福利待遇等矛盾，花园村搞起了"一分五统"，"一分"即村企分开，集体企业与花园村在行政和经济上相互独立；"五统"即财务统一管理、干部统一使用、劳动力统一安排、福利统一发放、村庄建设统一规划实施，把老花园村和后并入的村庄集体经济混合到一起，打破原先各村的格局，新老村民混合居住，从而破解了新老村民之间的隔阂和顾虑，打破了原有村落宗派势力，使花园村真正融合成一个整体。

近年来，伴随工业化和城镇化水平不断提升，城乡一体化进程不断加速，城乡社会变革不断加快，社会转型、阶层分化、流动加速、利益多元的态势不断凸显，乡村社会问题不断显化，新老矛盾叠加交织，乡村治理也面临着新情况和新问题。特别是

新时期党群干群关系、外来务工人员管理、准城市化乡村治理、贫富差距、社会公平等问题，考量着乡村治理方式的创新。

其一，创新乡村治理制度体系，全面强化依法治村。要全面确立依法治村的总指引，完善乡村治理的各项规章制度，推进乡村治理体系和治理能力建设现代化；根据需要，允许村一级设置派生职能部门，保证制度的有效实施；有效利用乡村内生性治理资源，使村规民约等内生于乡村的非正式制度成为正式治理制度的有益补充。

其二，创新基层党建工作思路，强化党员干部服务意识。切实推进基层党组织建设，做到支部建在村小组上、党员教育活动点建在户上、党员主体作用发挥在户上；探索打造党建引领的品牌，利用党建品牌的影响力与认可度，营造党员干部恪守"公开、公正、公平"原则，奉献自我，服务群众的良好氛围。

其三，创新乡村精神文明建设，提升村民道德素养。要以高尚道德引导人，发挥典型、榜样的引领作用，开展相关教育活动，组织先进典型的评选；要以优美环境改造人，做好旧村改造和整村规划，着力打造硬化、净化、亮化、绿化、美化的居住环境；要以科学理论教育人，实施全民素质教育工程，建立教育活动点，创办特色课堂，实施高密度培训。

其四，创新乡贤宗族作用机制，增强村民的凝聚力。探索建立乡贤"联络员"机制，发挥其在村民与村委之间的纽带与桥梁作用；探索建立乡贤"调节员"机制，发挥其在家族和邻里的威信力和亲和力；探索建立家训、族约机制，弘扬敬长辈、孝父母、尊师长、崇俭朴、戒奢侈、禁赌博等伦理规范；探索建立乡贤"宣讲员"机制，摒除陈规陋俗，倡导移风易俗。

加强 P2P 网贷风险防控 [1]

一、加快 P2P 网贷监管体系的"数字化转型"

一是加强 P2P 网贷平台的实时监测预警。 结合我省"天罗地网"监测防控系统建设，借鉴厦门市"天罗地网＋特色防控"平台建设及"存证云"监管等经验，将我省 P2P 网贷平台的所有交易合同和标的信息进行实时电子化存证，形成综合监测预警体系，做到早识别、早预警、早发现、早处置。

[1] 本报告主执笔人马欣雅、穆家柱、舒蛟靖，成文于 2018 年 4 月 28 日，原标题为《加强我省 P2P 网贷风险防控的几点建议》。

二是加快形成互联互通的大数据网贷生态链。 借鉴北京建立"X-credit 信息共享系统"的经验，采用政府部门、社会组织和平台机构协商定义数据范围、自愿公开共享的方式，打破网贷链条上的信息"孤岛"，加强大数据在网贷信用评估、审贷决策、风险预警、反欺诈等方面的作用。

三是探索基于区块链技术的事中事后监管。 支持金融监管机构通过架构区块链网络节点，自动监控 P2P 网贷平台贷款的交易记录、资金流向和主体信息，并通过设定自动化的智能合约禁止负面清单行为，降低失信风险。搭建区块链技术支撑的网络财产管理系统，强化资金流转监控设计，从源头上保障借贷资金的合法合规性。

四是加强 P2P 网贷在线统计工作。 建立 P2P 网贷平台统计制度，利用在线直接采集的方式进行数据统计，并采用分步分类实施办法，将 P2P 网贷等互联网金融统计数据纳入"浙江省高质量发展指标体系评价指标"中"风险防范"的下级指标。

二、加强 P2P 网贷的协同监管

一是加强各部门线上线下协同监管。 建立健全我省网络借贷信息中介机构业务活动管理联席会议制度，形成线下联合检查机制，谨防有的平台以科技金融、综合财富管理等幌子游离于监管之外，对重点风险对象采取通知、约谈、整改、关停等措施。

二是加强对辖外分支机构协同监管。针对当前辖内分支平台实际风险难以掌握的情况，建议我省主管部门与域外相关部门加强沟通，建立机构注册地与分支机构经营地的沟通协调机制和问题处置机制。

三是加强各平台从业人员的协同监管。借鉴深圳市搭建"网络借贷信息中介机构从业人员违规违纪信息共享平台"经验，加强对平台从业人员资质的严格审查和管理，实现信息共享，避免形成机构骗贷的"黑色产业链"。

四是建立 P2P 网贷风险应急协同处置机制。梳理总结我省出险的 P2P 网贷案例的经验教训，建立 P2P 网贷风险处置应急预案，明确各有关部门在平台出现风险时的职责，争取将经济损失和社会危害降到最低。

三、促进 P2P 网贷企业合法合规运营

一是做好 P2P 网贷整治验收工作。认真执行存管属地化相关要求，积极配合中国互联网金融协会对浙江符合条件的存管银行的测评工作，加快已签订资金存管协议的 P2P 平台顺利更换存管银行，并设立对 P2P 平台的前期筛选、风险评估和发展指导环节。

二是加强 P2P 网贷行业协会建设。鼓励 P2P 网贷企业普遍加入行业协会，建立行业授信共享机制和联防机制，发起并制定行业标准，出台细化的 P2P 行业规范和准则，通过舆论效应和协会内部制裁机制，协助相关部门做好对 P2P 网贷的监督与指导工作。

三是建立市场退出保护制度。借鉴济南市发布"P2P 平台业务退出指引"经验，建立退出平台的处理流程，提供行业救援和监管部门的行政救济，通过良性退出保障投资人的合法权益。

四、支持 P2P 网贷企业不断发展壮大

一是结合"凤凰行动"计划加快 P2P 网贷龙头企业上市。制定实施"凤凰行动"计划 P2P 网贷行业专项方案，遴选一批实力强、发展快、运营规范的 P2P 网贷"独角兽"企业，帮助指导其加快完善健全公司治理机制，积极争取上市。

二是增强中小 P2P 网贷平台的发展能力。借鉴广东、上海等地经验，引导 P2P 平台引进有实力的战略投资者或加强与上市公司合作，鼓励我省盈利能力强、治理结构完善的法人股东发起设立 P2P 网贷机构，依赖其所处产业链及上下游客户资源，增强平台可持续发展能力。

三是引导 P2P 网贷企业创新发展模式。鼓励中小平台深耕专业化细分领域，开发优质小额资产项目，探索"P2P ＋农村金融""P2P ＋融资租赁"等新模式，引导 P2P 网贷企业加强对乡村振兴和中小微企业的金融服务。结合我省自由贸易试验区金融开放创新，探索引进外资 P2P 金融机构。

五、加强对 P2P 网贷投资者的保护

一是积极引进第三方保护方式。鼓励 P2P 平台与保险、信用中介机构等开展业务合作，积极寻求履约保证保险、第三方担保等方式保障投资人利益。利用权威第三方评价机构对 P2P 网贷机构征信管理、信息披露、资金流转等方面的评价，为个人投资网贷提供参考。

二是加强 P2P 投资风险防范宣传教育。把 P2P 投资风险宣传服务纳入街道（乡镇）基层综治网格管理体系，有效掌握网格内主体设立、理财宣传等信息，强化风险源头排摸与识别，推进金融知识进课堂、进社区、进养老院等。

三是完善 P2P 投资的法律救济。利用杭州互联网法院的试点优势，积极探索互联网小额金融借款等合同纠纷的审判机制。借鉴深圳市首创"互联网和金融审判庭"的经验，打破原民商事、刑事案件分别审理的格局，采用"二审合一"的模式，将 P2P 网络借贷纠纷、涉金融和互联网犯罪的刑事案件等纳入审理范围。

平安文化建设的"六个结合"[1]

我省在平安文化建设中形成的理念、思路以及被实践证明行之有效的举措，是平安浙江建设中的一笔财富，对浙江社会治理与平安中国示范区建设将会发挥积极影响和作用。

[1] 本报告主执笔人杨建华，成文于 2018 年 12 月 3 日，原标题为《浙江平安文化建设的几点经验启示》。

一、坚持静态与动态相结合进行平安文化建设

在静态平安文化建设上，始终弘扬正气，树立标杆。媒体大力宣传，强化营造平安文化建设、构建和谐社会的氛围；打造平安文化建设的画廊或宣传长廊，创办各具特色的平安文化社区、企业、社会机构。在动态平安文化建设上，大力开展群众性平安创建活动。近年来全省各地积极开展"平安社区""平安企业""平安校园""平安机关""平安家庭""平安庙宇"等创建活动，在乡镇开展"示范平安乡镇（街道）"和"示范综治工作中心"创建工作，在村居深化"民主法治村（社区）"创建工作，在企业开展"诚信守法企业"创建活动，在市县连续开展"平安鼎"创建活动，使平安理念进一步深入人心，有力地促进了和谐社会建设。

二、坚持德治文化与平安文化建设相结合

乡村治，百姓安，国家稳。农村要成为百姓安居的乐园、国家稳定的基石，离不开科学有效的治理体系。如浦江县创设"家风指数"考评制度，以家风传承为桥梁纽带，打造人人关注、人人参与、人人尽责"三治融合"的基层治理新格局，有效推进了农村平安文化建设。又如嵊州市针对城市邻里关系淡漠化、社区意识淡薄化等社会治理瓶颈，探索建立"邻舍＋"志愿服务组织，打造"邻舍＋"志愿服务品牌，以志愿服务为媒介真正营造"远亲不如近邻"的小区文明氛围，大力提升城市文明平安程

度和群众生活品质。

三、坚持网络文化与平安文化建设相结合

在平安文化建设中，注意与现代治理技术要素有机融合，形成网格化治理、网格化服务、"互联网＋社会治理"等治理方式，以服务于民生、秩序建构、公共安全、矛盾化解、风险预警等，释放出平安文化与"互联网＋"在社会治理领域的新动能。建立浙江媒体网站联合辟谣平台，提高公众对各类谣言及网络违法有害信息的认知和鉴别能力，初步建成省网络舆情导控平台，推进"百千万"网军建设工程，弘扬主旋律，传播正能量，为营造清朗网络空间发挥积极作用。

四、坚持优秀传统文化与平安文化建设相结合

"三治合一"、村务监督委员会、乡约乡贤等，都包含着传统治理文化中的宝贵元素。我省在平安文化建设中，特别重视对优秀传统平安文化元素的汲取，包括：利用传统共同体文化重构城乡社区新型共同体，重塑乡规民约权威，利用乡贤力量参与乡村治理，依靠生活礼俗进行社会治理，秉持中道理性进行治理。

五、坚持社会矛盾化解机制与平安文化建设相结合

我省在充分汲取中国平安文化中这些优秀的元素，建立了现代的基层社会矛盾纠纷调解化解机制。即以人民调解、行政调解、司法调解三位一体，积极培育和扶持民间的和谐促进力量。建立健全县（市、区）、乡镇（街道）、村（社区）社会矛盾纠纷大调解工作平台，大力推行警调、诉调、检调等衔接机制建设，通过矛盾纠纷大调解中心、行业性专业人民调解组织，进一步完善矛盾纠纷大调解工作体系。

六、坚持人民群众主体地位与平安文化建设相结合

在平安文化建设中，注意落实城市社区民主选举、居务公开、民主决策、民主监督，规范农村村级组织的换届选举、工作规则和村务公开、民主管理制度，积极引导和充分发挥城乡基层自治组织和社团组织在协调利益、化解矛盾、维护稳定中的作用，推进自我管理、自我服务、自我教育、自我监督，社区建设、社会工作者队伍建设和社会组织建设走在全国前列，初步形成以社区为主的新型社会治理体系。

大走访　大宣讲　大解放 [1]

1
本报告主执笔人舒蛟靖、林忠伟、夏谊，成文于 2018 年 10 月 24 日，原标题为《这样的"大走访、大宣讲、大解放"活动值得大力提倡》。

2018 年 8 月初开始，嘉兴市开展了"社情民意大走访、'八八战略'大宣讲、思想观念大解放"活动，着力打造"党群关系最密切、干群关系最融洽"城市，取得了实实在在的成效，值得大力提倡：

一、以思想观念大解放推动"大学习"活动学以致用

我省作为习近平新时代中国特色社会主义思想的重要萌发地，开展"大学习"活动，目的是使全省党员干部思想统一、行动一致，争当学懂、弄通、做实习近平新时代中国特色社会主义思想的排头兵。学习借鉴嘉兴"八八战略大宣讲""思想观念大解放"活动的做法，将学习领会"八八战略"作为各级领导干部从政履职的必修课，围绕我省大湾区大花园大通道大都市区建设、"最多跑一次"改革、乡村振兴战略、重大平台打造、体制机制创新等，开展解放思想大讨论，通过网络问政、专题座谈会等形式，集思广益、凝聚共识，学先进、查短板、明目标、谋举措，真正运用"八八战略"蕴含的立场、观点、方法，把学习成果转化为推进"两个高水平"建设的具体举措。

二、以推动问题解决来展现"大调研"活动成效

当前，国际国内环境复杂，中美贸易摩擦加剧，经济运行下行压力加大，各类社会矛盾叠加，稳企业、保平安是推动经济社会平稳健康发展的重点。学习借鉴嘉兴"大走访"活动的做法，结合"网格化管理、组团式服务"，每个党员干部就近、就亲、就熟联系群众或企业，围绕民生痛点、治理难点、矛盾焦点、政策堵点，直面矛盾、直面问题，带头走进矛盾多发地区、发展遇阻企业、生活困难家庭、信访积案群体开展"大调研"，在一线听取意见、到一线解决难题。对收集到的问题进行分类分级，编制

问题清单，采取属地原则，逐个"挂号"整改、"销号"落实，并定期以"问题墙""回音壁"等形式通报进度，千方百计帮助群众和企业排忧解难，解决实际困难，推动浙江经济社会平稳健康发展。

三、强化督导推进领导干部在"大抓落实"中显担当

"大抓落实"是打通全面深化改革的"最后一公里"，进一步提升党员干部素质能力的重要载体和抓手，关键要在"效"字上做文章。学习借鉴嘉兴"大走访、大宣讲、大解放"活动中建立任务清单、强化落实执行的做法，紧扣三大攻坚战、富民强省十大行动计划以及省委省政府部署的各项重点工作任务，进一步健全完善交办督办、指导督查、工作例会等制度，形成高效协同的工作推进机制，推动重点工作任务的落实和群众关切热点难点问题的解决。定期开展"回头看"工作，采用驻点督查、飞行检查、跟踪督导等多种形式，对前期工作进行"回访"，引导督促党员领导干部特别是一把手担起改革责任，勇挑最重的担子、敢啃最硬的骨头，以钉钉子精神推动各项改革举措早落地、见实效，争当深化改革、扩大开放的排头兵。

大力推进无障碍环境建设 [1]

我省无障碍建设起步较早，1993年全省第一条无障碍样板杭州庆春路建成，2004年出台《杭州市区无障碍设施建设规划（2004–2008）》，并通过了创建全国无障碍设施建设示范城市验收，2005年杭州被命名为全国无障碍设施建设示范城市，2006年宁波被授予"十五"无障碍建设先进城市。特别是2012年国务院出台《无障碍环境建设条例》和第八届残运会以来，我省无障碍环境建设工作取得长足进步，实施了残疾人"社会参与无障碍工程"，为实现残疾人的"平等、参与、共享"奠定了坚实基础。但毋庸讳言，现实生活中无障碍环境建设与维护仍存在诸多问题：一是无障碍环境还存在不少"障碍"，二是社会普遍缺乏无障碍观念意识，三是无障碍设施建设缺乏系统性和通用性，四是无障碍设施维护、管理缺乏主体，五是无障碍环境建设缺少制度保障。为此建议：

[1] 本报告主执笔人杨建华，成文于2017年3月6日，原标题为《关于我省无障碍环境建设的调查与建议》。

一、大力推进出行无障碍环境建设

加强对全省残疾人无障碍环境建设的统一规划，完善城市无障碍设施建设。主要是人行道无障碍设施的新建、重铺，图书馆、体育馆、公共建筑等公共设施中无障碍设施区域性贯通完善，向银行、超市、体育中心、购物中心、文化中心、老年活动中心、图书馆、旅游景点、加油站等与残疾人日常生活联系密切的单位延伸，提供低台服务、残疾人专用磁卡等。增加大中型无障碍公共汽车、逐步配置无障碍出租车，增设残疾人专用厕所或专用厕位、标准的残疾人标志等。

二、全面推进公共场所信息交流无障碍设施建设与服务

网络是整个社会的缩影，上网可以让无法走出家门的残疾人足不出户就能了解社会、参与社会活动从而增加与社会的交往程度，满足其基本情感的需要。推进无障碍信息和交流软硬件建设，建立适合盲人、聋人等特殊需求的信息平台。设立政府残疾人上网工程基金，为重度残疾人提供网费优惠政策，组织上门进行上网基础培训，最大限度普及残疾人上网，对包括信息通信技术和辅助技术在内的信息和通信提供检索便利。新建的公共图书馆等公共文化设施应提供网上阅读服务。提高盲文图书资料等的使用效率，加快有声读物的开发，提供电脑读屏软件和盲文读物及盲人有声读物，为残疾人，尤其是盲人、聋哑人，提供无障碍交流途径。

大力推广新闻媒体的双语节目和残疾人专题广播、影视字幕工程、手机短信的应用。在公共场所增设信息屏幕系统和批示牌，普及手语翻译。政府有关部门、银行、超市、大型商场等应逐步配备手语工作人员。开发研制推广电子语音导盲系统、电子导航定位系统等科技含量高的信息无障碍设施，为盲人和聋人出行、交流提供方便。巩固发展信息和交流无障碍，服务行业开展手语培训和普及活动，推广应用文字转换语音或语音转换文字装置，提供语音、文字提示、盲文、手语等无障碍服务，免费为辖区服务窗口人员组织手语培训。

三、全面推进残疾人家庭和城乡社区的无障碍改造

对有需求的城乡贫困残疾人家庭开展免费无障碍改造，包括安装扶手、提供折叠式轮椅、铲平室内门槛等内容，解决残疾人出行难、如厕难、洗澡难、入厨难等系列问题，方便残疾人居家生活，增强残疾人的生活自理能力和活动能力。有条件的城市可逐步开展提高型的家庭无障碍改造，比如可上下拉动的橱柜和衣柜改造等，让残疾人得到全面关爱。倡导针对残疾人、老年人的家庭装潢进行无障碍设计，将无障碍建设与家庭装潢结合起来。

加强残疾人社区无障碍平台建设是残疾人平等参与社会活动的基础和前提。拓展无障碍设施建设领域，全面开展无障碍设施进社区、进农村。有计划地分期分批改建与残疾人生活密切相关的社区公共服务设施、社区道路无障碍设施。农村重点改建"三室一点"（村委办公室、老年活动室、卫生室、健身活动点），城镇社区主要是社区服务中心、社区卫生中心、社区康复中心和居民住宅楼等的无障碍设施建设，例如坡道、盲道等。

四、完善无障碍设施设计与建设的系统性和科学性

无障碍设施的设计建设应注重使用人的实际需要。让使用对象参与设计与建设过程，关注人行横道入口、人行天桥入口、人行地道入口、广场入口、地下铁道入口、公交车站提示盲道的设计，人行横道的过街指示灯要安装语音提示系统。住宅设计中应该考虑无障碍设计。要点、线、面结合，实现从家门到目的地整个过程的无障碍，真正达到"门到门"的服务。

五、尽快出台全省无障碍环境建设实施办法

建议相关部门加快无障碍环境建设的立法工作，加强立法调研，加快制定《浙江省无障碍环境建设实施办法》，落实无障碍建设环境标准规范，使无障碍设施功能得到有效发挥与不断提升。完善无障碍环境设施建设检查监督机制，加强管理，加大执法力度，确保已建无障碍设施正常使用，保障残疾人等群体出行、交流无障碍。建立相应奖惩机制。各级城建、城管、交通管理等部门要密切配合，协调联动，加强对已投入使用的无障碍设施进行定期检查、维护和管理，对占用、损坏无障碍设施的行为予以查处。将残疾人社会参与度和无障碍环境建设主要指标列入各地文明城市与社会发展考核内容，评比表彰无障碍社区、无障碍建筑、无障碍公共场所等。切实采取措施，多形式、多渠道进行无障碍宣传以提高全社会的无障碍意识。组织开展对无障碍环境的公众意识宣传教育，普及无障碍环境知识，提高全社会的无障碍环境意识，营造关心、帮助、爱护残疾人的社会风尚。

密切关注四个社会问题 [1]

一、关于网络舆情治理问题

近年来，网络舆情突发事件频繁，虽然涉浙网络舆情总体可控，但热点敏感话题也时有出现，给政府社会治理带来一定的影响。建议：

一是强化网络舆情治理多元协同。借鉴深圳网络舆情治理经验，网信办挂牌成立"舆情应对综合协调中心"，集舆情监测、新闻宣传、新闻发布等多功能于一体，利用现代化手段第一时间处置舆情。

二是加强网络舆情正面引导。研究推广部分 G20 峰会期间网络安全工作经验，及时发现舆情苗头，结合大数据舆情监测分析结果，第一时间落实主体责任，发布事件调查进展信息，尽快平息负面舆情。

三是推进网络空间法治化建设。通过强化网络实名制建设等方式，推进网络舆情传播秩序的规范管理，严厉打击网络舆情传播的各类黑灰产业链。严格执行网络言论工作者的执业资格审核制度，促进网络舆情导控工作程序化。

四是拓展网络舆情对话空间。推进舆情服务机构和智库建设，培养"意见领袖"，支持其适时发表网络意见、告知舆情真相，发挥其舆论引导的正能量作用。构建政务全媒体传播矩阵体系，促进政务新媒体与人工智能、智慧城市、平安浙江、"最多跑一次"等工程对接，推进政务信息公开与数据共享共治，提升数据治理能力，营造良好的网络舆论环境。

二、关于由经济风险引发的社会问题

当前国际国内环境复杂多变，经济下行压力加大，互联网金融、企业债务危机事件频发，风险事件涉及面广，事关人民群众切身利益，如果未及时妥善处理，将带来

[1] 本报告主执笔人舒蛟靖、林忠伟、夏谊，成文于 2018 年 8 月 24 日，原标题为《当前值得关注的几个社会问题》。

一系列不良社会影响甚至引发连锁反应带来社会恐慌情绪。建议：

一是压实地方党委政府风险处置责任，防范风险蔓延和叠加。 出险企业属地党委政府要切实承担起风险处置责任，对影响范围大、事关群众利益的风险事项，组织相关职能部门成立风险处置专项工作组，不回避、不遮掩、不推脱，第一时间介入风险处置，避免风险扩散蔓延。

二是掌握舆论引导的主动权，稳定社会情绪。 各地党委政府要快速反应，及时出击，掌握舆论主动权，第一时间通过主流新闻媒体、互联网平台等，对事件进行连续跟踪和报道，让群众及时了解真相和事态进展情况，稳定市场正常秩序。

三是积极稳妥、深入细致地做好善后处置工作。 组织或委托第三方专业机构，对问题企业的资产、债权进行盘点核查和审计，帮助设计、编制资产处置和债务化解方案，压实问题企业实际控制人、股东、高管团队等化解风险的主体责任，最大限度保护群众利益。

四是完善经济风险预警机制，提高风险防范和处置能力。 结合政府数字化转型，推进各行业统计数据和监管信息共享，利用区块链、人工智能和大数据等手段，全面实时掌握行业动态和风险防控趋势，建立各类经济风险预警系统，分类制定危机干预与应急处理方案，主动防范各类经济风险。

三、重视干部岗位变动过于频繁的问题

当前，干部频繁调动问题已引起组织部门的重视和关注。如 2001 年至今，温州市共有 9 任市委书记、8 任市长，平均在任时间不足 3 年，干部群众议论较多。建议：

一是确保干部任期制度的刚性实施。 严格执行有关规定，最大限度保证领导干部在任期内的相对稳定。完善领导干部任期制，制定更有操作性的领导干部任期制实施细则和配套办法，确保各项制度规定得到落实。

二是完善干部激励机制。 借鉴四川省"提拔不离岗"的经验做法，创新对加快发展地区各级干部的激励。积极探索"期望年薪"制度，除正常工资外，设置绩效年薪并逐年累积，在干部任期届满时一次性发放的制度，从经济上对长期扎根基层的干部予以激励。

三是重视专业技术类公务员队伍的稳定性。 探索将政府大数据应用、区域与城市规划、政策研究等专业型干部进行分类管理，研究这一职务系列的晋升通道和待遇保障制度，鼓励这类干部发扬"工匠精神"，精益求精、稳定地钻研业务，努力成为专家型领导干部。

四是完善干部的政绩考核。 积极推行领导干部任期目标责任制，把任期目标与考核

评价挂钩，并以此作为考核、晋升、调动的依据。要把群众普遍关注的环境整治，优质教育、医疗等资源获得等中长期重点工作列入考核，引导干部安心工作。

四、关于促进农民持续增收的问题

改革开放以来，省委省政府高度重视农民增收问题，浙江农民收入水平领跑全国33年。然而，近年来我省农民收入增速减缓，2017年农村常住居民人均可支配收入实际增长7.0%，低于全国平均（7.3%）和广东（7.8%）、江苏（7.2%）、福建（8.0%）等省份。主要表现在：农民就业创业增收渠道青黄不接，农民财产性收入仍处于低位，部分政策不稳定影响农民增收等。建议：

一是拓宽农民就业创业渠道。引导工商资本和人才"上山下乡"，完善农村用地、用钱、用工等配套政策，做好农村一二三产业融合发展文章，鼓励发展农村"零工经济"，推广"一亩山万元钱"林业科技创新模式，推进林业全产业链建设。

二是让农民分享改革红利。稳妥推进农村承包土地"三权分置"和宅基地"三权分置"，激活农村土地经营权，盘活农村闲置农房和宅基地。完善农村新增建设用地保障机制，将年度新增建设用地计划指标确定一定比例用于支持农村新产业、新业态发展。

三是大抓"强农惠农富农政策"落实。保持惠农政策的稳定性和连续性，整合涉农部门和社会资源，推进生产合作、供销合作、信用合作"三位一体"农合联改革，打造为农服务综合平台。短期直补与长期扶持相结合，出台投资补贴、低息信贷和土地流转支持等更多优惠政策，增强成本与补贴的联动机制，引导银行机构加大对农村普惠金融的支持力度。

四是精准扶持低收入农户增收。高质量谋划实施新的低收入农户增收计划，巩固提升"消除4600"成果。聚焦解决因病致贫问题，进一步提高农村医保报销比例，完善大病保险制度。开发乡村公益性岗位，优先安排给低收入农户就业困难人员。

后 记

经过一年多时间的收集、整理、核对，《我们的言论（2017—2019）》终于和大家见面了！本书收录的是第六届浙江省人民政府咨询委员会 2017 年至 2019 年期间的主要研究成果，旨在为读者提供一个独特的视角来观察和思考新时代浙江的改革与发展。

书中的每一辑每一篇无不凝结了各位专家学者对浙江高质量发展的砥砺研思和深耕细作，无不体现了他们对浙江大地的殷切期盼和满腔深情。

在本书付梓之际，谨向所有关心、支持和指导《我们的言论（2017—2019）》编辑和出版的浙江省有关厅局、各市咨询委、浙江省发展规划研究院、浙江大学出版社等单位的领导和同志，一并表示衷心感谢！

由于编纂工作量大、时间紧，加之编者水平有限，书中难免有疏漏和不妥之处，敬请读者批评指正。

编者
2020 年 10 月

图书在版编目(CIP)数据

我们的言论：2017—2019 / 浙江省人民政府咨询委
员会编，—杭州：浙江大学出版社，2020.10
ISBN 978-7-308-20060-8

Ⅰ．①我… Ⅱ．①浙… Ⅲ．①社会主义建设－浙江－
文集 Ⅳ．①D675.5-53

中国版本图书馆CIP数据核字(2020)第032855号

我们的言论：2017—2019
浙江省人民政府咨询委员会　编

责任编辑	冯社宁
文字编辑	张丽珍　庞亚君
责任校对	董雯兰
特约校对	林海滨　任艳艳　程晓倩
封面设计	刘依群
出版发行	浙江大学出版社
	（杭州市天目山路148号　邮政编码　310007）
	（网址：http://www.zjupress.com）
排　　版	杭州林智广告有限公司
印　　刷	浙江印刷集团有限公司
开　　本	787mm×1092mm　1/16
印　　张	31.75
字　　数	625千
版 印 次	2020年10月第1版　2020年10月第1次印刷
书　　号	ISBN 978-7-308-20060-8
定　　价	98.00元